21世纪全国高等院校财经管理系列实用规划教材

中级财务会计习题集

主　编　吴海燕　文佑云

副主编　王有梅　郭葆春

北京大学出版社

PEKING UNIVERSITY PRESS

内 容 简 介

本书是根据《中级财务会计》(吴海燕、文佑云主编)及该课程的教学大纲的内容和要求，结合最新的会计准则、会计制度等会计规范编写而成。全书共分13章，内容丰富、架构合混，每章主要架构为：本章结构、本章重点与难点、练习题、习题解答，对重要观点和疑点、难点进行解析，便于学生更准确地掌握基本概念和基本原理并提高其自主学习能力和实际应用能力。本书还配备了模拟试题及参考答案，可供同学们复习自测时参考。

本书可作为普通高等院校经济管理类会计学、财务管理等专业本科及专科中级财务会计课程的参考用书。

图书在版编目(CIP)数据

中级财务会计习题集/吴海燕，文佑云主编．—北京：北京大学出版社，2015.5

(21世纪全国高等院校财经管理系列实用规划教材)

ISBN 978-7-301-25756-2

Ⅰ.①中…　Ⅱ.①吴…②文…　Ⅲ.①财务会计—高等学校—习题集　Ⅳ.①F234.4-44

中国版本图书馆CIP数据核字(2015)第089531号

书　　名	中级财务会计习题集
著作责任者	吴海燕　文佑云　主编
责任编辑	葛　方
标准书号	ISBN 978-7-301-25756-2
出版发行	北京大学出版社
地　　址	北京市海淀区成府路205号　100871
网　　址	http://www.pup.cn　　新浪微博：@北京大学出版社
电子信箱	pup_6@163.com
电　　话	邮购部 62752015　发行部 62750672　编辑部 62750667
印 刷 者	三河市博文印刷有限公司
经 销 者	新华书店
	787毫米×1092毫米　16开本　20.25印张　468千字
	2015年5月第1版　2016年6月第2次印刷
定　　价	39.00元

前　言

为了帮助学生更好地学习中级财务会计的基础知识、基本理论和实务操作技术，掌握中级财务会计课程的学习方法，理解中级财务会计课程的重点与难点内容，提高学生分析问题、解决问题及应试能力，编者根据《中级财务会计》(吴海燕和文佑云主编，北京大学出版社 2014 年 2 月出版)及该课程教学大纲的内容和要求，结合最新会计准则、会计制度等会计规范，组织编写了本书，作为主教材的配套习题集。

本书在内容取材和体例方面具有结构严谨、内容全面、理论精炼等特点。每章主要架构包括本章结构、本章重点与难点、练习题和习题解答。

“本章结构”用图描述了本章的知识结构，增加学生对本章内容的感性认识。

“本章重点与难点”帮助学生在系统学习教材的基础上，进一步明确重点、理清思路，提纲挈领地把握所学的知识，并针对个别难点作了详细的讲述。

“练习题”与相关章节的内容紧密相联，目的在于帮助学生通过实际练习，更加准确地掌握中级财务会计的基本概念和基本原理。

“习题解答”为学生提供了检查自己练习是否正确的答案，便于学生掌握各习题的完成情况。

本书还配备了两套模拟试题及参考答案(电子版)。模拟试题的内容覆盖了《中级财务会计》的主要内容，可供学生复习自测。

本书由广东外语外贸大学南国商学院吴海燕、文佑云担任主编，吴海燕提出写作指导思想和编写大纲，并对练习题和初稿进行修改与总纂。第 1～3 章由暨南大学管理学院郭葆春编写，第 4～10 章由吴海燕编写，第 11 章由王有梅编写，第 12、13 章由文佑云编写。

由于编者水平所限，本书难免存在疏漏和不当之处，恳请广大读者批评指正。

编　者

2015 年 4 月

课程介绍与学习方法

1. 课程的性质与地位

中级财务会计是为会计学专业和财务管理专业开设的一门专业必修课程，是会计学专业知识结构的主体部分，也是企业会计工作中最重要、最基本的内容。它以基础会计为基础，主要阐明对企业出现的一般会计交易和事项进行确认、计量、记录和报告的财务会计基本理论和方法体系。

由于中级财务会计课程实践性和技能性较强，同时在财务会计学科体系中处于承前启后的地位，既是对会计学原理的具体运用，又是进一步学习高级财务会计的必要前提和基础。因此，必须运用多种教学手段、采用多种教学形式组织教学，使学生比较全面、系统地掌握财务会计的基本理论、基本知识和基本技能，能熟练和正确运用财务会计核算方法并熟练编制相关财务报表，同时为后续专业主干课程的学习打下坚实的基础，为将来的实际工作奠定理论基础和一定的职业技能。

2. 课程的学习方法

中级财务会计课程的重点内容包括六大会计要素的确认和计量，企业财务报告的一般规定，资产负债表、利润表和现金流量表的编制。对于学生来说，要想学好这门课程，并不是一件容易的事情。在学习中应掌握以下方法。

(1) 把握教材的基本思路，结合教学大纲、考核说明的要求进行全面、重点地学习。在学习过程中，把握教材的基本思路，归纳提炼，抓住重点，把书读透。结合教学大纲和教学案例、会计实训和企业实习来了解、认识企业业务流程，熟悉企业经济业务，根据对经济业务的会计处理，加深对会计核算理论的认识。

(2) 将资产各章的内容与其后章节的相关内容对照学习。例如，应收及预付款与应付及预收款、持有至到期投资与应付债券等，分属于同一项业务的两个不同方面，会计核算方法自然有相同之处。还有债务重组，它涉及资产、负债、所有者权益各章内容及债权人与债务人的会计处理，重点应掌握各种债务重组方式及债权人、债务人的会计处理原则，具体的账务处理应以债务人为主。通过以上对照学习，掌握其共性，明察其差别；既能加深理解，又可节省学习时间。

(3) 多做练习题，提高对会计实务的操作能力。会计是一门实用性、技术性很强的学科，中级财务会计课程的学习要求学生提高对会计实务的操作能力，以此考核学生对所学知识的“理解”与“应用”，这对一般本科院校会计学和财务管理专业的学生来说尤为重要，因此平时要多做练习题，先掌握基本的内容(如基本概念、基本核算方法、基本业务的会计处理)，再进行知识的综合运用。

(4) 学习新课与复习旧课相结合。中级财务会计课程内容丰富，信息量大，知识很容易忘记，又容易混乱。学生在学习新课程的同时，不断地复习旧知识，可达到事半功倍的学习效果。

（5）关注新的会计规范。近年来，中国的会计行业一直在不断地改革和发展。财务会计的特点之一是有一套系统的规范体系，我国会计规范的变化，必然会影响财务会计的核算方法。因此，要把这门课学好，首先应扎实地掌握教材内容，但仅限于教材内容是不够的，还要关注会计改革，尤其是会计规范方面的变化，要密切关注我国《企业会计准则》等财务会计规范的调整，以便及时更新学习内容。

目　　录

第1章 总　　论

本章结构

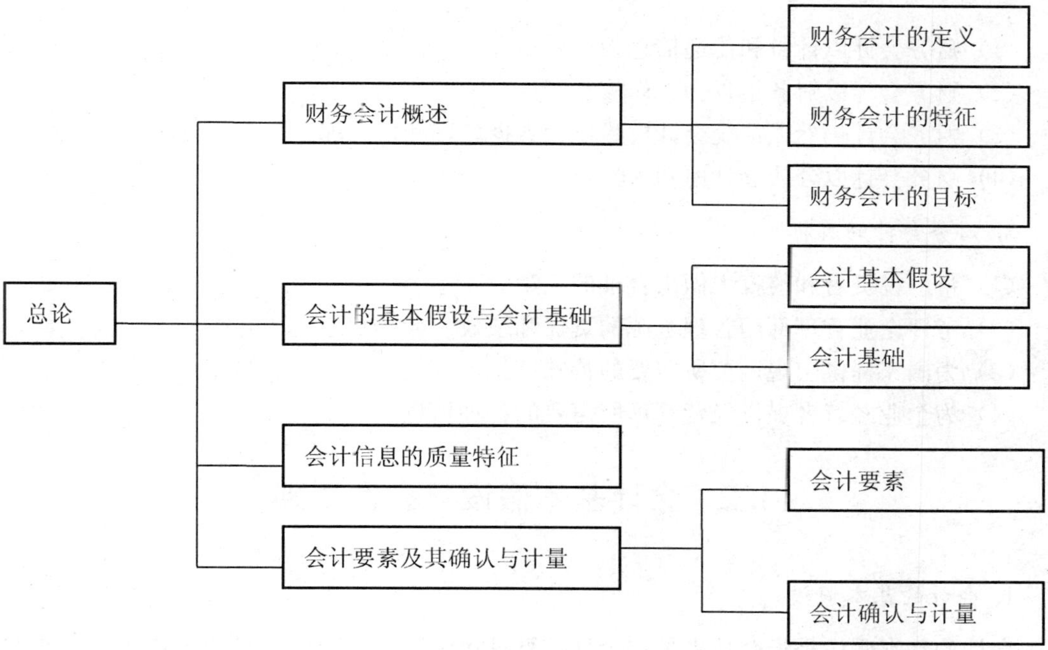
总论
财务会计概述
财务会计的定义
财务会计的特征
财务会计的目标
会计的基本假设与会计基础
会计基本假设
会计基础
会计信息的质量特征
会计要素及其确认与计量
会计要素
会计确认与计量

—— 本章重点与难点 ——

1.1 财务会计概述

1. 财务会计的定义

财务会计是运用簿记系统的专门方法，以通用的会计原则为指导，对企业资金运动进行反映和控制，旨在为投资者、所有者、债权人提供会计信息的对外报告会计。

2. 财务会计的特征

（1）财务会计以计量和传递信息为主要目标。

（2）财务会计以财务报告为工作核心。

（3）财务会计仍然以传统会计模式作为数据处理和信息加工的基本方法。

（4）财务会计以公认会计原则为指导。

3. 财务会计的目标

（1）帮助投资者和债权人做出合理的决策。

（2）考评企业管理部门管理资源的责任和绩效。

（3）为国家提供宏观调控所需要的特殊信息。

（4）为企业经营者提供经营管理所需要的各种信息。

1.2 会计基本假设与会计基础

1. 会计的基本假设

会计的基本假设是指会计人员在会计核算过程中，面对变化不定的经济环境，就不得不作出一些合理的假设，对会计核算的对象及其环境作出的些基本规定，即建立会计核算的基本前提。会计基本假设是企业会计确认、计量和报告的前提，是对会计核算所处时间、空间环境等所作的合理设定。

（1）会计主体。会计主体是指会计工作为其服务的特定单位或组织。会计主体假设明确了核算的空间范围，解决了会计核算谁的经济业务、为谁记账的问题。会计主体与法律主体不是同一概念，需要注意的是，会计主体与法律主体是有区别的，法律主体必然可以作为独立的会计主体，但是会计主体并不一定就是法律主体。

（2）持续经营。持续经营是假设会计主体的生产经营活动将无限期地延续下去，在可以预见的将来，不会大规模削减业务，也不会因为进行清算、解散、倒闭而不复存在。它界定了会计核算的时间范围。

(3) 会计分期。会计分期是指将一个企业持续经营的生产经营活动划分为一个个连续的、长短相同的期间，以便分期结算账目和编制财务会计报告。会计期间分为年度、半年度、季度和月度。年度、半年度、季度和月度均按公历起讫日期确定。半年度、季度和月度均称为会计中期。最常见的会计分期是一年，即会计年度。按年度编制的财务会计报告也称为年报。在我国，会计年度自公历每年的1月1日起至12月31日止。

(4) 货币计量。货币计量是指企业在会计核算过程中采用货币为计量单位，记录、反映企业的经营情况。我国《企业会计准则》规定，我国的记账本位币为人民币。业务收支以人民币以外的货币为主的企业，可以按规定选定其中一种货币作为记账本位币，但是，编报的财务会计报告应当折算为人民币。在境外设立的中国企业向国内报送的财务会计报告，应当折算为人民币。

2. 会计基础

会计基础分为权责发生制和收付实现制，而企业会计的确认、计量和报告应当以权责发生制为基础。权责发生制基础要求，凡是当期已经实现收入和已经发生或应当负担的费用，不论其款项是否已经收付，都应作为当期的收入和费用，计入利润表；凡是不属于当期的收入和费用，即使款项已经在当期收付，也不应作为当期的收入和费用。

1.3　会计信息的质量特征

1. 可靠性

可靠性要求企业应当以实际发生的交易或者事项为依据进行确认、计量和报告，如实反映符合确认和计量要求的各项会计要素及其他相关信息，保证会计信息真实可靠、内容完整。

2. 相关性

相关性要求企业提供的会计信息应当与投资者等财务报告使用者的经济决策需要相关，有助于投资者等财务报告使用者对企业过去、现在或者未来的情况作出评价或者预测。

3. 可理解性

可理解性要求企业提供的会计信息应当清晰明了，便于投资者等财务报告使用者理解和使用。

4. 可比性

可比性要求企业提供的会计信息应当相互可比。这主要包括两层含义：一，同一企业不同时期可比；二，不同企业相同会计期间可比。

5. 实质重于形式

实质重于形式要求企业应当按照交易或者事项的经济实质进行会计确认、计量和报告，不仅仅以交易或者事项的法律形式为依据。

6. 重要性

重要性要求企业提供的会计信息应当反映与企业财务状况、经营成果和现金流量有关的所有重要交易或者事项。

7. 谨慎性

谨慎性要求企业对交易或者事项进行会计确认、计量和报告应当保持应有的谨慎，不应高估资产或者收益、低估负债或者费用。

8. 及时性

及时性要求企业对于已经发生的交易或者事项，应当及时进行确认、计量和报告，不得提前或者延后。

1.4 会计要素及其确认与计量

1. 会计要素

会计要素是对会计核算内容的基本分类，是会计对象的具体化。我国《企业会计准则》将会计要素分为资产、负债、所有者权益(股东权益)、收入、费用(成本)和利润六大会计要素。

(1) 反映企业财务状况的会计要素。财务状况是指企业一定时期的资产及权益情况，是资金运动相对静止状态时的表现。反映财务状况的会计要素包括资产、负债、所有者权益三项。

(2) 反映经营成果的会计要素。经营成果是指企业在一定时期内生产经营活动的结果，具体地说，它是指企业生产经营过程中取得的收入与耗费相配比的差额。经营成果要素一般通过利润来反映，由收入、费用和利润三个要素构成。

2. 会计确认与计量

会计确认是指把一个事项作为资产、负债、收入和费用等加以记录并列入财务报表的过程。会计确认实际上是分两次进行的，第一次解决会计的记录问题，第二次解决财务报表的披露问题。前者称为初始确认，后者称为再确认。会计的计量属性主要包括历史成本、重置成本、可变现净值、现值和公允价值等。

练 习 题

一、单项选择题

1. 导致权责发生制的产生，以及预提、待摊等会计处理方法的运用的前提是(　　)。
A. 持续经营　　B. 历史成本　　C. 会计分期　　D. 货币计量
2. 明确会计反映的特定对象，界定会计核算空间范围的基本假设是(　　)。
A. 会计主体　　B. 持续经营　　C. 会计分期　　D. 货币计量
3. 下列各项中，体现谨慎性质量特征的是(　　)。
A. 无形资产摊销　　B. 应收账款计提坏账准备
C. 存货采用历史成本计价　　D. 当期销售收入与费用配比
4. 企业将融资租入固定资产视同自有固定资产核算，所体现的会计信息质量特征是(　　)。
A. 可靠性　　B. 相关性　　C. 可比性　　D. 实质重于形式
5. 反映经营成果的会计要素是(　　)。
A. 资产　　B. 费用　　C. 所有者权益　　D. 负债
6. 资产按照其正常对外销售所能收到现金或者现金等价物的金额扣减该资产至完工时估计将要发生的成本、估计的销售费用，以及相关税金后的金额计量，其会计计量属性是(　　)。
A. 重置成本　　B. 可变现净值　　C. 历史成本　　D. 公允价值
7. 下列各项中，符合资产会计要素定义的是(　　)。
A. 计划购买的原材料　　B. 待处理财产损失
C. 经营租入的设备　　D. 购入某项专利权
8. 下列各项中，符合收入会计要素定义的是(　　)。
A. 向购货方收取的增值税销项税额
B. 转让固定资产的净收益
C. 出售无形资产的净收益
D. 出售企业库存材料的收入
9. 我国企业会计确认、计量和报告应当遵循的会计基础是(　　)。
A. 权责发生制　　B. 收付实现制
C. 持续经营　　D. 货币计量
10. 根据资产定义，下列各项中不属于资产特征的是(　　)。
A. 资产是企业拥有或控制的经济资源
B. 资产预期会给企业带来未来经济利益
C. 资产是由企业过去交易或事项形成的
D. 资产能够可靠地计量

11. 要求信息在对用户失效之前就提供给用户的会计信息质量要求的是(　　)。

A. 及时性　　B. 相关性　　C. 谨慎性　　D. 重要性

12. 资产和负债按照在公平交易中，熟悉情况的交易双方自愿进行资产交换或者债务清偿的金额计量，则其所采用的会计计量属性为(　　)。

A. 可变现净值　　B. 重置成本　　C. 现值　　D. 公允价值

13. 会计信息的内部使用者是(　　)。

A. 股东　　B. 首席执行官　　C. 供应商　　D. 政府机关

14. 下列各项中，不属于收入要素范畴的是(　　)。

A. 主营业务收入　　B. 提供劳务取得的收入

C. 销售材料取得的收入　　D. 出售无形资产取得的收入

15. 要求会计信息必须是客观的和可验证的信息质量要求是(　　)。

A. 可理解性　　B. 相关性　　C. 可靠性　　D. 可比性

16. 下列各项中，不属于会计计量属性的是(　　)。

A. 可变现净值　　B. 重置成本　　C. 历史成本　　D. 未来成本

二、多项选择题

1. 下列资产中，属于本企业资产范围的有(　　)。

A. 融资租入设备　　B. 经营方式租出设备

C. 委托加工物质　　D. 经营方式租入设备

2. 反映财务状况的会计要素有(　　)。

A. 收入　　B. 费用　　C. 所有者权益

D. 资产　　E. 负债

3. 下列组织中，可以作为一个会计主体进行会计核算的有(　　)。

A. 独资企业　　B. 企业生产车间　　C. 分公司

D. 企业集团　　E. 行政单位

4. 会计计量属性主要包括(　　)。

A. 重置成本　　B. 公允价值　　C. 历史成本

D. 现值　　E. 可变现净值

5. 下列各项中，不应作为负债确认的有(　　)。

A. 因购买货物而暂欠外单位的货款

B. 按照购货合同约定以赊购方式购进货物的货款

C. 计划向银行借款 100 万元

D. 因经济纠纷导致的法院尚未判决且金额无法合理估计的赔偿

6. 下列有关会计主体的表述中，正确的有(　　)。

A. 企业的经济活动应与投资者的经济活动相区分

B. 会计主体可以是独立的法人，也可以是非法人

C. 会计主体可以是盈利组织，也可以是非盈利组织

D. 会计主体必须要有独立的资金，并单独编制财务报告对外报送
E. 会计主体限定了会计确认和计量的空间范围
7. 下列各项中，符合谨慎性会计信息质量要求的有(　　)。
A. 融资租入固定资产作为自有固定资产核算
B. 存货期末计价采用成本与可变现净值孰低法
C. 在物价持续上涨情况下，存货发出计价采用先进先出法
D. 固定资产采用加速折旧法
E. 对可供出售金融资产计提减值准备
8. 流动资产包括(　　)。
A. 交易性金融资产　B. 存货　C. 固定资产
D. 无形资产　E. 在建工程
9. 下列资产中，可以按公允价值进行后续计量的有(　　)。
A. 投资性房地产　B. 可供出售金融资产
C. 固定资产　D. 交易性金融资产　E. 商誉
10. 会计假设包括(　　)。
A. 会计主体　B. 持续经营　C. 历史成本
D. 会计分期　E. 货币计量
11. 会计信息的外部使用者包括(　　)。
A. 债权人　B. 顾客　C. 信用代理人
D. 工商业协会　E. 竞争者
12. 下列各项中，属于资产要素特点的有(　　)。
A. 必须是企业拥有所有权　B. 必须是经济资源
C. 必须是有形的　D. 必须是企业拥有或控制的
E. 必须在未来能够给企业带来经济利益

三、判断题

1. 某一财产物资要成为企业的资产，其所有权必须是属于企业的。　(　　)
2. 企业一定期间发生亏损，则其所有者权益必定减少。　(　　)
3. 法律主体必定是会计主体，会计主体也必定是法律主体。　(　　)
4. 会计分期是产生权责发生制和收付实现制等不同记账基础的前提。　(　　)
5. 如果某项资产不能再为企业带来经济利益，即使是由企业拥有或者控制的，也不能作为企业的资产在资产负债表中列示。　(　　)
6. 资产按流动性分为流动资产和固定资产。　(　　)
7. 应收及预收款是资产，应付及预付款是负债。　(　　)
8. 出售无形资产取得收益会导致经济利益的流入，所以它属于准则所定义的“收入”范畴。　(　　)
9. 收入不包括为第三方或客户代收的款项。　(　　)

10. 企业在对会计要素进行计量时，一般应当采用历史成本。在某些情况下，为了提高会计信息质量，实现财务报告目标，企业会计准则允许采用重置成本、可变现净值、现值、公允价值计量。但应当保证所确定的会计要素金额能够取得并可靠计量。（　　）

11. 企业在对会计要素进行计量时，一般应当采用的计量属性是公允价值。（　　）

12. 持续经营，是指在可以预见的将来，企业将会按当前的规模和状态继续经营下去，不会停业，也不会大规模削减业务。（　　）

13. 在企业负债总额既定的情况下，企业本期净资产的增加额就是企业当期实现的利润数额，净减少额则是企业本期亏损。（　　）

14. 无论在哪种情况下，企业都应按照持续经营的基本假设选择会计核算的原则和方法。（　　）

15. 财务会计的目标侧重于规划未来，对企业的重大经营活动进行预测和决策，以及加强事中控制。（　　）

四、计算与业务分析题

丰源商场一贯按权责发生制原则确认收入与费用。2014 年 6 月发生以下经济业务。

（1）6 月 2 日，支付上月的电费 6 000 元。

（2）6 月 3 日，收回上月的应收账款 9 000 元。

（3）6 月 10 日，收到本月的营业收入款 5 000 元。

（4）6 月 15 日，支付本月应负担的办公费 1 200 元。

（5）6 月 20 日，支付下季度保险费 2 400 元。

（6）6 月 22 日，应收营业收入 30 000 元，款项尚未收到。

（7）6 月 28 日，预收客户货款 8 000 元。

要求：

（1）试按权责发生制原则确定丰源商场 6 月的收入、费用和利润。

（2）试按收付实现制原则确定丰源商场 6 月的收入、费用和利润。

五、案例分析

1. 某企业 2014 年 8 月与销售方签订购买一台设备的合同，但该设备实际是在 10 月购买的。采用融资租赁方式租入机器设备一台。库存的一批材料因水灾而发生损毁。

问题：

上述设备和库存材料是否属于该企业的资产？为什么？

2. ABC 公司 2014 年发生以下经济业务。

（1）2014 年 1 月 5 日，向银行借入的一年期借款 100 万元，将要到期，尚未偿还。

（2）2014 年 5 月，从甲公司购入商品一批，价款 156 万元，货款尚未支付。

（3）2014 年 10 月，W 公司向法院起诉本公司，要求赔偿 20 万元，法院尚未审理宣判。

（4）2014 年 10 月，公司财务处作出 2015 年银行借款计划，计划向银行借款 500 万元。

(5) 2014年11月，应向职工发放工资129万元，因资金紧张，至年底尚未发放。
问题：
以上哪些属于ABC公司2014年年底的负债？哪些不属于？为什么？

习题解答

一、单项选择题

1.C　2.A　3.B　4.D　5.B　6.B　7.D　8.D　9.A　10.D　11.A　12.D　13.B　14.D　15.C　16.D

二、多项选择题

1.ABC　2.CDE　3.ABCDE　4.ABCDE　5.CD　6.ABCE　7.BDE　8.AB　9.ABD　10.ABDE　11.ABCDE　12.BDE

三、判断题

1.×　2.×　3.×　4.√　5.√　6.×　7.×　8.×　9.√　10.√　11.×　12.√　13.×　14.×　15.×

四、计算与业务分析题

答：(1) 权责发生制：收入＝5 000＋30 000＝35 000(元)
费用＝1 200(元)
利润＝35 000－1 200＝33 800(元)
(2) 收付实现制：收入＝9 000＋5 000＋8 000＝22 000(元)
费用＝6 000＋1 200＋2 400＝9 600(元)
利润＝22 000－9 600＝12 400(元)

五、案例分析

1. 资产是过去的交易或事项形成的，由企业拥有或控制的，预期会给企业带来经济利益的资源。首先，资产是过去交易或事项形成的，未来交易或事项产生的结果不能确认现在的资产。企业8月与销售方签订购买设备合同，10月实际购买。因此，该企业8月不能将该设备确认为资产。其次，资产是企业拥有或控制的。企业对于融资租入的机器设备虽然不拥有其所有权，但该设备较长时间能为企业服务，企业能对其进行控制，所以该企业应当将融资租入的设备作为自己的资产确认。最后，资产应该能够给企业带来未来经济利益。企业库存的一批材料因水灾而发生损毁，已不能给企业带来未来经济利益，因此，企业不应将这批材料继续作为资产确认。

以上事项(1)(2)(5)属于ABC公司2014年年底的负债，事项(3)(4)不属于。因为事项(1)(2)(5)是ABC公司2014年1～11月的交易或事项所形成的现时义务，符合负债要素的定义，因此属于 ABC 公司 2014 年年底的负债。而事项(3)是 2014 年 10 月 W 公司起诉本公司要求的赔偿，但法院尚未审理宣判，不满足负债定义中负债必须是企业承担的现时义务的特征，因此不能作为 ABC 公司的负债确认。事项(4)是 2014 年 10 月公司财务处作出 2015 年向银行借款 500 万元的计划，不满足负债定义中负债必须是企业过去交易或事项所形成的现时义务的特征，因此不属于 ABC 公司 2014 年年底的负债。

第2章　货币资金

本章结构

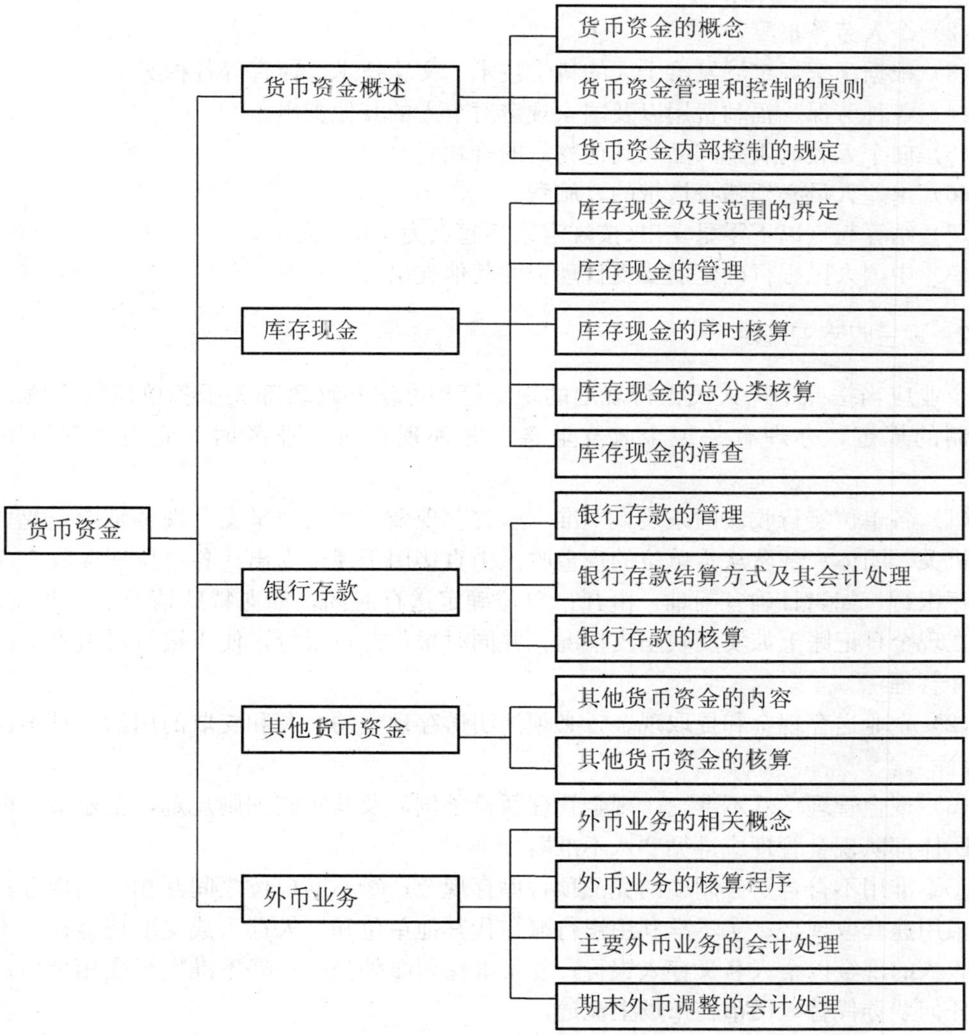

本章重点与难点

2.1 库存现金

2.1.1 现金的使用范围

根据《现金管理暂行条例》（2011 修订）的规定，开户单位可以在下列范围内使用现金。

（1）职工工资、津贴。

（2）个人劳务报酬。

（3）根据国家规定颁发给个人的科学技术、文化技术、体育等各种奖金。

（4）各种劳保、福利费用以及国家规定对个人的其他支出。

（5）向个人收购农副产品和其他物资的价款。

（6）出差人员必须随身携带的差旅费。

（7）结算起点以下零星支出(按规定结算起点为 1 000 元)。

（8）中国人民银行确定需要支付现金的其他支出。

2.1.2 现金收支的规定

企业应当按照中国人民银行规定的现金管理办法和财政部关于各单位货币资金管理和控制的规定，办理有关现金收支业务。办理现金收支业务时，应当遵守以下几项规定。

（1）各单位实行收支两条线，不准“坐支”现金。所谓“坐支”现金是指企业事业单位和机关、团体、部队从本单位的现金收入中直接用于现金支出。各单位现金收入应于当日送存银行，如当日确有困难，由开户单位确定送存时间，如遇特殊情况需要坐支现金，应该在现金日记账上如实反映坐支情况，并同时报告开户银行，便于银行对坐支金额进行监督和管理。

（2）企业送存现金和提取现金，必须注明送存现金的来源和支取的用途，且不得私设“小金库”。

（3）现金管理“八不准”。《现金管理暂行条例》及其实施细则规定，企业事业单位和机关团体部队现金管理应遵循“八不准”：

①不准用不符合财务制度的凭证顶替库存现金；②不准单位之间互相借用现金；③不准谎报用途套取现金；④不准利用银行账户代其他单位和个人存入或支取现金；⑤不准将单位收入的现金以个人名义存入银行；⑥不准保留账外公款；⑦不准发行变相货币；⑧不准以任何票券代替人民币在市场上流通。

2.1.3 库存现金的总分类核算

现金的总分类核算需要设置“库存现金”科目。该科目借方登记现金收入数，贷方登记现金的付出数，余额在借方，反映库存现金的实有数。库存现金总账科目的登记，可以根据现金收、付款凭证和从银行提取现金填制的银行存款付款凭证逐笔登记，但是在现金收付款凭证按照对方科目进行分类，定期(10 天或半月)填制汇总收付款凭证，据以登记库存现金总账科目。

2.1.4 备用金的总分类核算

备用金的总分类核算应设置“其他应收款”科目。该科目是资产类科目，用来核算企业除应收票据、应收账款、预付账款以外的其他各种应收、暂付款项，包括各种赔款、罚款、存储保证金、备用金、应向职工收取的各种垫付款项等。在备用金数额较大或业务较多的企业中，可以将备用金业务从“其他应收款”科目中划分出来，单独设置“备用金”科目进行核算。

备用金的管理办法一般是两种：一是随借随用、用后报销制度，适用于不经常使用备用金的单位和个人；二是定额备用金制度，适用于经常使用备用金的单位和个人。定额备用金制度的特点是对经常使用备用金的部门或车间，分别规定一个备用金定额。按定额拨付现金时，记入“其他应收款”或“备用金”科目的借方和“库存现金”的贷方。报销时，财会部门根据报销单据付给现金，补足用掉数额，使备用金仍保持原有的定额数。报销的金额直接记入“库存现金”科目的贷方和有关科目的借方，不需要通过“其他应收款”或“备用金”科目核算。

2.1.5 库存现金的清查

库存现金清查的方法是进行实地盘点，将实存数与现金日记账余额相核对。清查时，除查明现金是否有短缺或溢余外，还应检查企业遵守现金管理制度的情况，注意有无挪用、以借条或“白条”收据抵充现金的情况。对盘盈或盘亏的现金，原因尚未查明或原因已查明但尚未审批确认前，应通过“待处理财产损溢——待处理流动资产损溢”科目核算，待查明原因后，予以转销。

(1) 属于现金短缺的，按实际盘亏金额，借记“待处理财产损溢——待处理流动资产损溢”科目，贷记“库存现金”科目。查明原因，属于应由责任人或保险公司赔偿的部分，记入“其他应收款”科目；属于无法查明的其他原因，根据管理权限，经批准后记入“管理费用”科目。

(2) 属于现金溢余的，按实际盘盈的金额，借记“库存现金”科目，贷记“待处理财产损溢——待处理流动资产损溢”科目。属于应支付给有关人员或单位的，应记入“其他应付款”科目；属于无法查明原因的现金溢余，经批准后转作“营业外收入”科目。

2.2 银行存款

2.2.1 银行存款的管理

1. 银行存款账户开立的规定

企业在银行开设的人民币存款账户分为基本存款账户、一般存款账户、临时存款账户和专用存款账户四种。

(1) 基本存款账户是指企业办理日常转账结算和现金收付的账户。企业的工资、奖金等现金的支取只能通过基本存款账户办理。

(2) 一般存款账户是指企业基本存款账户以外的用于银行借款转存，以及为与开立基本存款账户的企业不在同一地点的附属非独立核算单位开立的账户。企业可以通过该账户办理转账结算和现金缴存，但不能支取现金。

(3) 临时存款账户是企业因临时经营活动需要开立的账户。企业可以通过该账户办理转账结算和符合现金管理规定的现金收付。

(4) 专用存款账户是企业因特定用途需要开立的账户。

一个企业只能选择一家银行的一个营业机构开立一个基本存款账户，不得在多家银行机构开立基本存款账户，也不得在同一家银行的几个分支机构开立一般存款账户。

2. 银行结算纪律的基本内容

(1) 合法使用银行账户，不得转借给其他单位或个人使用，不得利用银行账户进行非法活动。

(2) 不准签发没有资金保证的票据或远期支票，套取银行信用。

(3) 不准签发、取得和转让没有真实交易和债权债务的票据，套取银行和他人的资金。

(4) 不准无理拒绝付款，任意占用他人资金。

(5) 不准违反规定开立和使用账户。

2.2.2 银行存款的总分类核算

银行存款的总分类核算是为了总括地反映和监督企业在银行开立结算账户的收支结存情况。在核算时，应设置“银行存款”科目，根据其收款凭证和付款凭证登记。为了减少登记的工作量，在实际工作中，企业一般都是把各自的收付款凭证按照对方科目进行归类，定期(10天或半月)填制汇总收付凭证，据以登记银行存款总账科目。企业收入银行存款时，借记“银行存款”科目，贷记“库存现金”、“应收账款”等科目；企业提取现金或支出存款时，借记“库存现金”、“应付账款”等科目，贷记“银行存款”科目。

2.2.3 银行存款余额调节表的编制

企业应定期将“银行存款日记账”的记录与银行送来的对账单核对，每月至少一次，通过核对，检查企业银行存款记录是否正确及期末余额的实际金额。

银行存款日记账与银行送来的对账单在核对时可能会不一致。产生不一致的原因有两个：一是企业和银行某一方发生的记账错误；二是存在未达账项。未达账项是指企业与银行之间，对同一项经济业务由于凭证传递上的时间差所形成的一方已登记入账，而另一方因未收到相关凭证，尚未登记入账的事项。未达账项有4种情况：第一，银行已收而企业未收；第二，银行已付而企业未付；第三，企业已收而银行未收；第四，企业已付而银行未付。出现第一种和第四种情况时，会使开户单位银行存款账面余额小于银行对账单的存款余额；出现第二种和第三种情况时，会使开户单位银行存款账面余额大于银行对账单的存款余额。

在核对过程中，对记账错误造成的双方记录不符的，应查明原因进行更正，并编制正确的会计分录；对未达账项造成的双方记录不符，应逐笔核对，将双方调整相符。具体操作一般是通过编制银行存款余额调节表，调整使之相符。

2.3 其他货币资金

其他货币资金的总分类核算应设置"其他货币资金"科目，企业到外地进行临时或零星采购时，汇往采购地银行开设采购专户形成外埠存款，借记"其他货币资金"科目，贷记"银行存款"科目；会计部门在收到采购员交来的供应单位的材料账单、货物运单等报销凭证时，借记"材料采购"、"应交税费"等科目，贷记"其他货币资金"科目；采购员在离开采购地时，采购专户如有余额款项，应将剩余的外埠存款转回企业当地银行结算账户，会计部门根据银行的收账通知，借记"银行存款"科目，贷记"其他货币资金"科目。企业的银行汇票存款、银行本票存款(如果用于材料采购业务)及信用证存款，在账务处理方法上与外埠存款相同，只是涉及的明细科目不同。企业的信用卡存款一般用于企业的办公、福利等一些消耗性的支出上面，企业申请使用信用卡时，应按规定填制申请表，并连同支票和有关资料一并送交发卡银行，根据银行盖章退回的进账单第一联，借记"其他货币资金"科目，贷记"银行存款"科目。企业用信用卡购物或支付有关费用，借记"管理费用"、"材料采购"等科目，贷记"其他货币资金"科目。企业信用卡在使用过程中，需要向其账户续存资金的，借记"其他货币资金"科目，贷记"银行存款"科目。企业在向证券市场进行股票、债券投资时，应向证券公司申请资金账号并划出资金。会计部门应按实际划出的金额，借记"其他货币资金"科目，贷记"银行存款"科目；购买股票、债券时，应按实际支付的金额，借记"交易性金融资产"、"持有至到期投资"等科目，贷记"其他货币资金"科目。

2.4 外币业务

2.4.1 外币业务的相关概念

1. 外币兑换业务

企业买入外币时，一方面将实际付出的人民币数额(即按照银行外币卖出价计算的人民币数额)登记入账；另一方面按照买入外币当日的即期汇率将买入的外币折算为人民币登记入账，同时按照买入的外币金额登记相应的外币账户。实际付出的人民币数额与收入的外币按当日即期汇率折算为人民币数额之间的差额，作为当期汇兑差额处理。企业卖出外币时，一方面将实际收取的人民币数额(即按照银行外币买入价计算的人民币数额)登记入账；另一方面按照卖出外币当日的即期汇率将卖出的外币折算为人民币登记入账，同时按照卖出的外币金额登记相应的外币账户。实际收入的人民币数额与付出的外币按当日即期汇率折算为人民币数额之间的差额，作为当期汇兑差额处理。

2. 外币购销业务

企业发生的外币购销业务包括从国外或境外购进原材料、商品或引进设备及出口商品或劳务等，按照当日的即期汇率或近似汇率，将支付或应支付的外币折算为人民币记账，以确定购入原材料等货物及债务的入账价值和发生债务的入账价值，同时还按照外币的金额登记有关外币账户，如外币银行存款或外币应付账款账户。此时，不产生汇兑差额，月末时确认汇兑差额。

3. 外币借款业务

企业借入外币时，按照借入外币时的即期汇率折算为记账本位币入账，同时按照借入外币的金额登记相关的外币账户。

4. 接受外币投资业务

企业收到投资者以外币投入的资本，无论是否有合同约定汇率，均不采用合同约定汇率和即期汇率的近似汇率折算，而是采用交易日即期汇率折算。外币投入资本与相应的货币性项目的记账本位币金额之间不产生外币资本折算差额。

2.4.2 期末外币调整的会计处理

1. 期末外币调整会计处理的原则

根据外币折算会计准则，企业在资产负债表日，应当按照下列规定对外币货币性项目和外币非货币性项目进行处理。

(1) 货币性项目。货币性项目，是指企业持有的货币资金和将以固定或可确定的金额收取的资产或者偿付的负债。例如，库存现金、银行存款、应收账款、其他应收款、长期应收款、短期借款、应付账款、其他应付款、长期借款、应付债券、长期应付款等。

外币货币性项目采用资产负债表日即期汇率折算。因资产负债表日即期汇率与初始确认时或者前一资产负债表日即期汇率不同而产生的汇兑差额，计入当期损益。

(2) 非货币性项目。非货币性项目，是指货币性项目以外的项目。例如，存货、长期股权投资、固定资产、无形资产等。

① 以历史成本计量的外币非货币性项目，仍采用交易发生日的即期汇率折算，不改变其记账本位币金额，不产生汇兑差额。

② 以公允价值计量的外币非货币性项目，采用公允价值确定日的即期汇率折算。

2. 期末汇兑损益的确认

由于即期汇率在不断变化，为了使期末外币货币性项目原币折合为记账本位币金额比较符合期末实际情况，每到期末，企业都要对所有外币货币性项目按照期末汇率进行折算，折算金额与账面金额之间的差额确认为汇兑差额。

对于汇兑差额企业应按以下不同情况进行会计处理。

(1) 符合资本化条件的计入工程成本。

(2) 不符合资本化条件而且属于筹建期间发生的部分，计入当期损益，通过“管理费用——开办费”科目核算。

(3) 既不符合资本化条件又未发生在筹建期间的部分，计入当期财务费用。

练　习　题

一、单项选择题

1. 根据《现金管理制度》的规定，不能用现金支付的是(　　)。

A. 支付职工奖金 6 000 元　　B. 支付零星办公用品购置费 800 元

C. 支付物资采购货款 20 000 元　　D. 支付职工差旅费用 1 000 元

2. 零星支出的结算起点是(　　)元。

A. 1 500　　B. 500　　C. 1 000　　D. 2 000

3. 在企业开立的诸多账户中，可以办理提现以发放工资的是(　　)。

A. 专用存款账户　　B. 一般存款账户

C. 临时存款账户　　D. 基本存款账户

4. 在下列各项中，不属于其他货币资金的是(　　)。

A. 向银行申请的银行承兑汇票

B. 委托银行开出的银行汇票

C. 存入证券公司准备购买股票的款项

D. 汇到外地并开立采购专户的款项

5. 我国某企业记账本位币为美元，下列说法中错误的是(　　)。

A. 该企业以人民币计价和结算的交易属于外币交易

B. 该企业以美元计价和结算的交易不属于外币交易

C. 该企业的编报货币为美元

D. 该企业的编报货币为人民币

6. 某企业对外币业务采用交易发生日的即期汇率进行折算，按月计算汇兑损益。2014 年 6 月 8 日进口商品一批，价款为 4 500 万美元，货款尚未支付，当日的即期汇率为 1 美元＝8.25 元人民币，6 月 30 日即期汇率为 1 美元＝8.28 元人民币，7 月 31 日即期汇率为 1 美元＝8.27 元人民币，该外币债务 7 月份所发生的汇兑损益(　　)万元人民币。

A. －90　　B. 45　　C. －45　　D. 90

7. 企业现金清查中，经检查仍无法查明原因的现金短款，经批准后应计入(　　)。

A. 管理费用　　B. 财务费用
C. 冲减营业外收入　　D. 营业外支出

8. 商业汇票的付款期由交易双方商定，但最长不得超过(　　)。
A. 2个月　　B. 3个月　　C. 6个月　　D. 1年

9. 实行定额备用金制度，报销时会计分录是(　　)。
A. 借记“备用金”科目，贷记“库存现金”科目
B. 借记“管理费用”科目，贷记“库存现金”科目
C. 借记“管理费用”科目，贷记“备用金”科目
D. 借记“库存现金”科目，贷记“备用金”科目

10. 不包括在广义现金范围内的项目是(　　)。
A. 定期储蓄存单　　B. 银行存款　　C. 职工借款欠条　　D. 保付支票

11. 下列各项中，属于外币兑换业务的是(　　)。
A. 从银行取得外币借款　　B. 进口材料发生的外币应付账款
C. 归还外币借款　　D. 向银行等金融机构卖出外币

12. 在企业银行账户中，不能办理现金支取的账户是(　　)。
A. 基本存款账户　　B. 临时存款账户
C. 专用存款账户　　D. 一般存款账户

13. 银行本票的提示付款期限自出票日起最长不超过(　　)个月。
A. 1　　B. 2　　C. 3　　D. 4

14. 采购人员预借差旅费，以现金支付，应借记(　　)科目核算。
A. 库存现金　　B. 管理费用　　C. 其他应收款　　D. 其他应付款

15. 企业的存出投资款，应借记(　　)科目。
A. 其他货币资金　　B. 应收票据　　C. 其他应付款　　D. 预付账款

16. 确定企业库存现金限额时，考虑的天数最多不能超过(　　)天。
A. 10　　B. 5　　C. 15　　D. 9

17. 银行汇票的提示付款期限为自出票日起(　　)个月。
A. 1　　B. 3　　C. 4　　D. 6

18. 支票的提示付款期限为自出票日起(　　)天。
A. 10　　B. 5　　C. 3　　D. 6

二、多项选择题

1. 现金管理必须做到(　　)。
A. 出纳人员兼管会计档案　　B. 日清月结
C. 保持大量库存现金　　D. 现金收入当日入账
E. 出纳人员定期轮换

2. 银行存款日记账余额与银行转来的对账单余额不符时，产生的原因可能是(　　)。
A. 应收的货款未办理托收手续
B. 企业方面记账有错误

C. 银行方面记账有错误

D. 企业没有收到收款通知

E. 持票人未到银行办理转账

3. 下列各项中，属于其他货币资金的有(　　)。

A. 外埠存款　　B. 信用卡存款

C. 银行承兑汇票　　D. 银行汇票存款

4. 企业在处理外币交易进行折算时，应当采用交易发生日的即期汇率将外币金额折算为记账本位币金额反映；也可以采用按照系统合理的方法确定、与交易发生日即期汇率近似的汇率折算的有(　　)。

A. 外币兑换业务　　B. 外币购销业务

C. 外币借款业务　　D. 接受外币投资业务

5. 下列属于货币性项目的是(　　)。

A. 固定资产　　B. 应收账款　　C. 银行存款　　D. 应付账款

6. 现金溢缺的核算涉及的会计科目有(　　)。

A. 其他应收款　　B. 财务费用　　C. 营业外收入

D. 营业外支出　　E. 待处理财产损溢

7. 关于银行结算纪律，正确的说法是(　　)。

A. 条件具备时可以将银行账户转借给其他单位或个人使用

B. 不得签发没有资金保证的票据和远期支票

C. 不准任意占用他人资金

D. 不准违反规定开立和使用账户

E. 某些情况下可以套取银行信用

8. 下列交易中，属于外币交易的有(　　)。

A. 买入以外币计价的商品或者劳务

B. 卖出以外币计价的商品或者劳务

C. 借入外币资金

D. 向国外销售以记账本位币计价和结算的商品

9. 备用金可以通过(　　)科目核算。

A. 应收账款　　B. 其他应收款　　C. 其他货币资金　　D. 备用金

10. 可以支取现金的业务是(　　)。

A. 向个人收购农产品　　B. 各种劳保支出

C. 差旅费支出　　D. 缴纳税金

E. 偿还短期借款

三、判断题

1. 清点库存现金发现短缺时，如有“白条”可以抵库。(　　)

2. 企业日常结算和现金收付业务，都应通过基本存款账户办理。(　　)

3. 填写银行结算的有关印鉴，应集中由出纳人员保管。(　　)

4. 出纳人员可以兼管会计稽核工作。 （ ）
5. 在企业的货币性资产中，现金的流动性是最强的。 （ ）
6. 库存现金日记账和库存现金总账都应逐日逐笔进行登记。 （ ）
7. 企业银行存款实有金额通常需要通过编制银行存款余额调节表的方法进行确定。 （ ）
8. 企业只能选择人民币作为记账本位币。 （ ）
9. 企业接受外币资本投资，实收资本应按合同约定汇率折算成记账本位币入账。 （ ）
10. 企业因经营所处的主要经济环境发生重大变化，确需变更记账本位币的，应当采用变更当日的即期汇率将所有项目折算为变更后的记账本位币。 （ ）
11. 企业银行存款日记账不能反映银行存款实有数就是因为存在未达账项。 （ ）
12. 企业从银行转来的对账单上发现的未入账业务，可以对账单为依据进行记账。 （ ）
13. 现金支票只能支取现金，不能转账；转账支票只能转账，不能支取现金。 （ ）
14. 银行汇票存款结算后余额只能从收款单位收取，而不能从银行转回。 （ ）
15. 企业一笔交易确认在未来能够带来大量现金收入时，可以签发远期支票。 （ ）

四、计算与业务分析题

1. 佳佳公司 2014 年 9 月发生下列经济业务。

（1）出纳员李琳开出现金支票一张，向银行提取现金 1 300 元。

（2）职工吴英出差，预借差旅费 1 950 元，以现金支付。

（3）职工吴英出差回来报销差旅费，实报销 2 145 元，差额外负担 195 元即用现金支付。

（4）公司在现金清查中发现现金短款 260 元，原因待查。

（5）上述短款原因已查明，是出纳员李琳工作失职造成，李琳当即交回现金 260 元作为赔偿。

要求：编制相关经济业务的会计分录。

2. 某企业 2014 年 3 月发生下列经济业务。

（1）3 月 12 日，企业开出现金支票一张，从银行提取现金 3 600 元，企业用现金支付水电费 400 元，张明去北京采购材料，不方便携带现款，故委托当地银行汇款 5 850 元到北京开立采购专户，并从财务预借差旅费 2 000 元，财务以现金支付。

（2）3 月 18 日，张明返回企业，交回采购有关的供应单位发票账单，共支付材料款项 5 850 元，其中，材料价款 5 000 元，增值税税额 850 元。材料已验收入库。张明报销差旅费 2 200 元，财务以现金补付余款。

（3）3 月 21 日，企业收到上海公司上月所欠货款 47 000 元的银行转账支票一张。企业将支票和填制的进账单送交开户银行。

（4）3 月 25 日，张明持银行汇票一张前往深圳采购材料，汇票价款 8 000 元，购买材料时，实际支付材料价款 6 000 元，增值税税额 1 020 元。材料已验收入库。

(5) 3月26日，张明返回企业时，银行已将多余款项退回企业开户银行。

(6) 3月30日，企业对现金进行清查，发现现金短缺600元，原因正在调查。

(7) 3月30日，发现短缺的现金是由于出纳员王华的工作失职造成的，应由其负责赔款，金额为300元，另外300元没办法查清楚，经批准转作管理费用。

要求：编制相关经济业务的会计分录。

3. 佳佳公司2014年8月31日收到银行存款对账单的余额为20 350元，银行存款日记账余额为47 220元，通过核对，发现下列情况。

(1) 8月25日，公司开出购货支票一张，金额为12 000元，收款单位尚未兑现。

(2) 委托银行代收的劳务费5 400元，银行已存入佳佳公司账户，但公司尚未收到银行收款通知。

(3) 公司收到A公司支票8 200元，B公司支票12 500元，30日存入银行，银行尚未入账。

(4) 公司支付税金开出的支票为15 350元，在账上误记为15 530元。

(5) 银行将C公司的存款3 450元误记入本公司账户上。

(6) 银行于4月30日支付公司到期的银行承兑汇票24 000元，公司尚未入账。

(7) 银行扣除公司本月的贷款利息3 200元，公司尚未收到通知。

要求：根据上述资料编制银行存款余额调节表，并作必要的会计分录。

4. 某企业对外币业务采用发生时的汇率折算，按月计算汇兑损益。2014年2月28日即期汇率为1美元＝8.25元人民币。2014年2月28日有关外币账户期末余额如表2-1所示。

表2-1　有关外币账户期末余额　　单位：元

项　　目	外币账户余额/美元	汇　　率	人民币账户余额/人民币元
银行存款	100 000	8.25	825 000
应收账款	500 000	8.25	4 125 000
应付账款	200 000	8.25	1 650 000

企业2014年3月发生以下外币业务(假定不考虑增税等相关税费)。

(1) 3月15日，收到某外商投入的外币资本500 000美元，当日的即期汇率为1美元＝8.24元人民币，款项已存入银行。

(2) 3月18日，进口一台机器设备，设备价款为400 000美元，尚未支付，当日的即期汇率为1美元＝8.23元人民币。该机器设备正处在安装调试过程中，预计将于2015年7月完工交付使用。

(3) 3月20日，对外销售产品一批，价款共计200 000美元，当日的即期汇率为1美元＝8.22元人民币，款项尚未收到。

(4) 3月28日，以外币存款偿还2月发生的应付账款200 000美元，当日的即期汇率为1美元＝8.21元人民币。

(5) 3月31日，收到2月发生的应收账款300 000美元，当日的即期汇率为1美元＝

8.20 元人民币。

要求：

（1）编制企业有关外币业务的会计分录。

（2）分别计算 2014 年 3 月 31 日各外币账户的汇兑差额。

（3）编制月末与汇兑差额有关的会计分录。

五、案例分析

五一公司出纳员小张因刚参加工作不久，对于货币资金业务管理和核算的相关规定不是很了解，所以出现一些不应该有的错误，有两件事情让他印象深刻。第一件事，在 2014 年的 7 月 5 日和 8 月 20 日两天的现金业务结束后例行的现金清查中，分别发现现金短缺 100 元和现金溢余 80 元的情况，对此他经过反复思考也弄不明白原因。为了保全自己的面子，同时又考虑到两次账实不符的金额很小，他决定采取下列措施进行处理：现金短缺 100 元，自掏腰包补齐；现金溢余 80 元，暂时收起。第二件事，五一公司经常对其银行存款的实有数心中无数，甚至有时会影响到公司日常业务的结算，公司经理因此指派有关人员检查小张的工作，结果发现，他每次编制银行存款余额调节表时，只根据公司银行存款日记账的余额，加或减对账单中企业的未入账款项来确定公司银行存款的实有数，而且每次做完此项工作以后，小张就立即将这些未入账的款项登记入账。

思考：小张对上述两项业务的处理是否正确？为什么？

习题解答

一、单项选择题

1. C　2. C　3. D　4. A　5. C　6. C　7. A　8. C　9. B　10. C　11. D　12. D　13. B　14. C　15. A　16. C　17. A　18. A

二、多项选择题

1. BDE　2. BCDE　3. ABD　4. ABC　5. BCD　6. ACE　7. BCD　8. ABC　9. BD　10. ABC

三、判断题

1. ×　2. √　3. ×　4. ×　5. √　6. ×　7. √　8. ×　9. ×　10. √　11. ×　12. ×　13. √　14. ×　15. ×

四、计算与业务分析题

1. 库存现金的账务处理。

（1）借：库存现金	1 300	
贷：银行存款		1 300

（2）借：其他应收款——吴英　　1 950
　　贷：库存现金　　1 950
（3）借：管理费用　　2 145
　　贷：其他应收款——吴英　　1 950
　　　　库存现金　　195
（4）借：待处理财产损溢——待处理流动资产损溢　　260
　　贷：库存现金　　260
（5）借：库存现金　　260
　　贷：待处理财产损溢——待处理流动资产损溢　　260

2. 货币资金的账务处理。

（1）借：库存现金　　3 600
　　贷：银行存款　　3 600
借：管理费用　　400
　　贷：库存现金　　400
借：其他货币资金——外埠存款　　5 850
　　贷：银行存款　　5 850
借：其他应收款——张明　　2 000
　　贷：库存现金　　2 000
（2）借：原材料　　5 000
　　应交税费——应交增值税(进项税额)　　850
　　贷：其他货币资金——外埠存款　　5 850
借：管理费用　　2 200
　　贷：其他应收款——张明　　2 000
　　　　库存现金　　200
（3）借：银行存款　　47 000
　　贷：应收账款　　47 000
（4）借：原材料　　6 000
　　应交税费——应交增值税(进项税额)　　1 020
　　贷：其他货币资金——银行汇票存款　　7 020
（5）借：银行存款　　980
　　贷：其他货币资金——银行汇票存款　　980
（6）借：待处理财产损溢——待处理流动资产损溢　　600
　　贷：库存现金　　600
（7）借：其他应收款——王华　　300
　　管理费用　　300
　　贷：待处理财产损溢——待处理流动资产损溢　　600

3. 编制银行存款余额调节表如表 2-2 所示。

表 2-2 银行存款余额调节表

2014 年 8 月 31 日 单位：元

项　　目	金　　额	项　　目	金　　额
企业银行存款余额	47 220	银行对账单余额	20 350
加：企业未入账的代收劳务费	5 400	加：银行未入账的 A、B 公司支票	20 700
多记税金	180	减：银行未支付的购货款	12 000
减：银行已付款的到期银行承兑汇票	24 000	银行误记	3 450
银行已付的贷款利息	3 200		
调节后余额	25 600	调节后余额	25 600

对于佳佳公司多记的税金 180 元，应该冲销，账务处理如下：

借：应交税费　180

　贷：银行存款　180

4. 外币业务的核算

(1) 外币业务的会计分录。

① 借：银行存款——美元(500 000×8.24)　4 120 000

　　贷：实收资本　4 120 000

② 借：在建工程　3 292 000

　　贷：应付账款——美元(400 000×8.23)　3 292 000

③ 借：应收账款——美元(200 000×8.22)　1 644 000

　　贷：主营业务收入　1 644 000

④ 借：应付账款——美元(200 000×8.21)　1 642 000

　　贷：银行存款——美元(200 000×8.21)　1 642 000

⑤ 借：银行存款——美元(300 000×8.20)　2 460 000

　　贷：应收账款——美元(300 000×8.20)　2 460 000

(2) 3 月 31 日，计算当期产生的汇兑差额。

① 银行存款美元户余额 = 100 000+500 000 −200 000+300 000=700 000(美元)

按当日即期汇率折算为人民币金额 = 700 000 × 8.20 =5 740 000(元)

汇兑差额=5 740 000−(825 000+4 120 000−1 642 000+2 460 000)=−23 000(元)

② 应收账款美元余额 = 500 000+200 000 − 300 000 = 400 000(美元)

按当日即期汇率折算为人民币金额 = 400 000 × 8.20=3 280 000(元)

汇兑差额 = 3 280 000−(4 125 000+1 644 000 −2 460 000)= −29 000(元)

③ 应付账款美元余额 = 200 000+400 000−200 000 = 400 000(美元)

按当日即期汇率折算为人民币金额 = 400 000 × 8.20 =3 280 000(元)

汇兑差额 = 3 280 000 −(1 650 000+3 292 000−1 642 000)= −20 000(元)

(3) 借：应付账款——美元　20 000

财务费用——汇兑差额　　32 000

贷：银行存款——美元　　23 000

　　应收账款——美元　　29 000

五、案例分析

小张对上述两项业务的处理不正确。

（1）小张对其在2014年的7月5日和8月20日两天的现金清查结果的处理方法都是错误的。直接后果是可能会掩盖公司在现金管理与核算中存在的诸多问题，有时可能会产生重大的经济问题。按照规定，凡是出现账实不符的情况，必须按照有关的会计规定进行处理。对于现金清查中发现的账实不符，即现金溢缺情况，首先应通过“待处理财产损溢——待处理流动资产损溢”科目进行核算。现金清查中发现短缺的现金，应按短缺的金额，借记“待处理财产损溢——待处理流动资产损溢”科目，贷记“库存现金”科目；现金清查中发现溢余的现金，应按溢余的金额，借记“库存现金”科目，贷记“待处理财产损溢——待处理流动资产损溢”科目。待查明原因后再按以下要求进行处理。

① 如为现金短缺，属于应由责任人赔偿的部分，应借记“其他应收款——应收现金短缺款”或“库存现金”等科目，贷记“待处理财产损溢——待处理流动资产损溢”科目；属于应由保险公司赔偿的部分，借记“其他应收款——应收保险赔款”科目，贷记“待处理财产损溢——待处理流动资产损溢”科目；属于无法查明的其他原因的，应根据管理权限，经批准后处理，借记“管理费用”科目，贷记“待处理财产损溢——待处理流动资产损溢”科目。

② 如为现金溢余，属于应支付给有关人员或单位的，应借记“待处理财产损溢——待处理流动资产损溢”科目，贷记“其他应付款——应付现金溢余”科目；属于无法查明原因的现金溢余，经批准后，借记“待处理财产损溢——待处理流动资产损溢”科目，贷记“营业外收入——盘盈利得”科目。

（2）银行存款实有数与企业银行存款日记账余额或银行对账单余额并不总是一致，原因一般有两个方面：第一，存在未达账项；第二，企业或银行双方可能存在记账错误。小张在确定企业银行存款实有数时，只考虑了第一个方面的因素，而忽略了第二个方面的因素。如果企业或银行没有记账错误，小张的方法可能会确定出银行存款实有数的；但如果未达账项确定不全面或错误，也不会确定出银行存款实有数的。银行存款实有数的确定方法一般有三种：第一种方法是根据错记金额和未达账项同时将银行存款日记账余额和对账单余额调整到银行存款实有数；第二种方法是根据错记金额和未达账项，以银行存款日记账余额为准，将对账单余额调整到银行存款日记账余额；第三种方法是根据错记金额和未达账项，以对账单余额为准，将银行存款日记账余额调整到对账单余额。另外，小张以对账单为依据将企业未入账的未达账项记入账内也是错误的。这是因为银行的对账单并不能作为记账的原始凭证，企业收款或付款必须取得收款或付款的原始凭证才能记账。这是记账的基本要求。

第3章 存　　货

本章结构

- 存货
  - 存货概述
    - 存货的概念与特征
    - 存货的确认条件
    - 存货的分类
  - 存货的初始计量
    - 外购存货
    - 自制存货
    - 委托加工存货
    - 接受捐赠取得的存货
  - 发出存货的计量
    - 存货成本流转假设
    - 发出存货的计价方法
    - 发出存货的会计处理
  - 计划成本法
    - 计划成本概述
    - 存货的取得及成本差异的形成
    - 存货的发出及成本差异的分摊
    - 计划成本法的优点
  - 存货的期末计量
    - 成本与可变现净值孰低法的含义
    - 存货可变现净值的确定
    - 成本与可变现净值孰低法的会计处理
  - 存货的清查
    - 存货清查的意义与方法
    - 存货清查的账务处理

本章重点与难点

3.1 存货概念

1. 存货的概念与特征

存货是指企业在日常活动中持有以备出售的产成品或商品、处在生产过程中的在产品、在生产过程或提供劳务过程中耗用的材料、物料等。存货具有以下特征。

（1）存货是一种具有物质实体的有形资产。

（2）存货属于流动资产，具有较大的流动性。

（3）存货以在正常生产经营过程中被销售或耗用为目的而取得。

（4）存货属于非货币性资产，存在价值减损的可能性。

2. 存货的确认条件

存货的确认应具备以下条件。

（1）与该存货有关的经济利益很可能流入企业。

（2）该存货的成本能够可靠地计量。

3.2 存货的初始计量

存货的初始计量，是指企业取得存货时，对存货入账价值的确定。存货应当按照成本进行初始计量，存货成本包括采购成本、加工成本和其他成本。

1. 外购存货

外购存货的成本即存货的采购成本。存货的采购成本包括购买价款、相关税费、运输费、装卸费、保险费及其他可归属于存货采购成本的费用。

外购的存货应分别以下列情况进行会计处理。

（1）存货验收入库和货款结算同时完成。

（2）货款已结算但存货尚在运输途中。

（3）存货已验收入库但货款尚未结算。

（4）采用预付货款方式购入存货。

（5）采用赊购方式购入存货。

（6）外购存货发生短缺的会计处理。

2. 自制存货

企业自制存货的成本主要由采购成本和加工成本构成，某些存货还包括其他成本。其中，采购成本是由自制存货所使用或消耗的原材料采购成本转移而来的；加工成本是指存货制造过程中发生的直接人工和制造费用；其他成本是指除采购成本、加工成本以外的，使存货达到目前场所和状态所发生的其他支出。

3. 委托加工存货

委托加工存货的成本，一般包括加工过程中实际耗用的原材料或半成品成本、加工费、运输费、装卸费等，以及按规定应计入成本的税金。需要交纳消费税的委托加工存货，由受托加工方代收代缴的消费税应分别以下情况处理。

(1) 委托加工存货收回后直接用于销售的，由受托加工方代收代缴的消费税应计入委托加工存货成本，借记"委托加工物资"科目，贷记"银行存款"、"应付账款"等科目，待销售委托加工存货时，不需要再交纳消费税。

(2) 委托加工存货收回后用于连续生产应税消费品，由受托方代收代缴的消费税按规定准予抵扣的，借记"应交税费——应交消费税"科目，贷记"银行存款"、"应付账款"等科目，待连续生产的应税消费品生产完成并销售时，从生产完成的应税消费品应纳消费税额中抵扣。

4. 投资者投入的存货

投资者投入存货的成本，应当按照投资合同或协议约定的价值确定，但合同或协议价值不公允的除外。

5. 接受捐赠取得的存货

企业接受捐赠取得的存货，应当分别以下情况确定入账成本。

(1) 捐赠方提供了有关凭据(如发票、报关单、有关协议)的，按凭据上标明的金额加上应支付的相关税费作为入账成本。

(2) 捐赠方没有提供有关凭据的，按以下顺序确定入账成本。

① 同类或类似存货存在活跃市场的，按同类或类似存货的市场价格估计的金额，加上应支付的相关税费，作为入账成本。

② 同类或类似存货不存在活跃市场的，按该接受捐赠存货预计未来现金流量的现值，作为入账成本。

3.3 发出存货的计量

3.3.1 发出存货的计价方法

企业在确定发出存货的实际成本时，可以采用先进先出法、月末一次加权平均法、移动加权平均法或者个别计价法。

1. 先进先出法

先进先出法是以先入库的存货应先发出这一存货实物流转假设为前提，对先发出的存货按先入库的存货单位成本计价，后发出的存货按后入库的存货单位成本计价，据以确定本期发出存货和期末结存存货成本的一种方法。

2. 月末一次加权平均法

月末一次加权平均法，是指以月初结存存货数量和本月各批收入存货数量作为权数，计算本月存货的加权平均单位成本，据以确定本期发出存货成本和期末结存存货成本的一种方法。加权平均单位成本的计算公式为

$$加权平均单位成本=\frac{月初结存存货货成+本月购进存货成本}{月初结存存货数量+本月购进存货数量}$$

$$本月发出存货的成本=本期发出存货数量\times 加权平均单位成本$$

$$期末结存存货成本=期末结存存货数量\times 加权平均单位成本$$

3. 移动加权平均法

移动加权平均法，是指平时每入库一批存货，就以原有存货数量和本批入库存货数量为权数，计算一个加权平均单位成本，据以对其后发出存货进行计价的一种方法。移动加权平均单位成本的计算公式为

$$移动加权平均单位成本\frac{原有存货成本+本批入库存货成本}{原有存货数量+本批入库存货数量}$$

$$发出存货成本=本次发出存货数量\times 移动加权平均单位成本$$

$$期末结存存货成本=期末结存存货数量\times 移动加权平均单位成本$$

4. 个别计价法

个别计价法，也称个别认定法或具体辨认法，是指本期发出存货和期末结存存货的成本，完全按照该存货所属购进批次或生产批次入账时的实际成本进行确定的一种方法。其计算公式为

$$发出存货的实际成本=\sum(各批次存货发出数量\times 该批次存货实际进货单价)$$

3.3.2 发出存货的会计处理

1. 发出原材料的核算

（1）企业生产经营领用材料，按实际成本，借记“生产成本”“制造费用”“销售费用”“管理费用”等科目，贷记“原材料”科目；企业发出委托外单位加工的材料，借记“委托加工物资”科目，贷记“原材料”科目。

（2）在建工程领用生产经营储备的原材料，属于改变原材料用途；按税法规定，建造用于福利等非生产经营用固定资产，领用原材料，进项税额不允许抵扣，应将计入“应交税费——应交增值税(进项税额)”科目的增值税转出。账务处理时，将领用的原材料成本和转出的进项税额，借记“在建工程”科目；按照转出的进项税额，贷记“应交税费——应交增值税(进项税额转出)”科目，按领出原材料成本，贷记“原材料”等科目。

（3）对于出售的材料结转成本，企业应当借记“其他业务成本”科目，贷记“原材料”科目。

2. 发出周转材料的核算

企业应根据周转材料的消耗方式、价值大小、耐用程度等，选择适当的摊销方法，将

其账面价值一次或分期计入有关成本费用。常用的摊销方法，将其账面价值一次或分期计入有关成本费用。常用的周转材料摊销方法有一次摊销法、五五摊销法和分期摊销法等。

（1）一次摊销法，是指在领用周转材料时，就将其全部价值一次计入成本、费用的方法。

（2）五五摊销法，是指企业第一次领用周转材料时，摊销其成本的50%，在报废时再摊销另外50%的成本。

（3）分次摊销法，指根据周转材料可供使用的估计次数，将其成本分期计入有关成本费用的一种摊销方法。

3. 发出库存商品的核算

库存商品通常用于对外销售，但也可能用于本企业的固定资产建造工程、职工福利、对外投资、捐赠赞助等方面。企业用于不同方面的库存商品，会计处理有所不同。对用于销售以外的其他方面的库存商品，应视同销售，计算增值税销项税额。

（1）对外销售时，应按从购货方已收或应收合同或协议价款的公允价值确认销售收入，同时按库存商品的账面价值结转销售成本。借记“银行存款”“应收账款”“应收票据”科目，贷记“主营业务收入”“应交税费——应交增值税（销项税额）”科目，同时结转销售成本，借记“主营业务成本”科目，贷记“库存商品”科目。

（2）在建工程领用的库存商品，应视同销售，按库存商品的计税价格计算增值税销项税额，连同领用的库存商品账面价值一并计入有关工程项目成本。领用库存商品时，按其账面价值加上增值税销项税额，贷记“应交税费——应交增值税（销项税额）”科目。

3.4 计划成本法

计划成本法，是指存货的日常收入、发出和结存均按预先制定的计划成本计价，并设置“材料成本差异”科目登记实际成本与计划成本之间的差异，月末，再通过对存货成本差异的分摊，将发出存货的计划成本和结存存货的计划成本调整为实际成本进行反映的一种核算方法。采用计划成本法进行存货日常核算包括以下基本程序。

（1）制定存货的计划成本目录，规定存货的分类，各类存货的名称、规格、编号、计量单位和单位计划成本在年度内一般不作调整。

（2）设置“材料成本差异”科目，登记存货实际成本与计划成本之间的差异，并分别设置“原材料”“周转材料”等明细科目，按照类别或品种进行明细核算。取得存货并形成差异时，实际成本高于计划成本的超支差异，在该科目的借方登记，实际成本低于计划成本的节约差异，在该科目的贷方登记；发出存货并分摊差异时，超支差异从该科目的贷方用蓝字转出，节约差异从该科目的贷方用红字转出。企业也可以根据具体情况，在“原材料”“周转材料”等科目下设置“成本差异”明细科目进行核算。

（3）“材料采购”科目，对购入存货的实际成本与计划成本进行计价对比。该科目的借方登记购入存货的实际成本，贷方登记购入存货的计划成本，并将计算的实际成本与计划成本的差额，转入“材料成本差异”科目分类登记。

（4）存货的日常收入与发出均按计划成本计价，月末，通过存货成本差异的分摊，将

本月发出存货的计划成本和月末结存存货的计划成本调整为实际成本反映。其计算公式为

$$本期材料成本差异率=\frac{月初结存材料的成本差异+本月验收入库材料的成本差异}{月初结存材料的计划成本+本月验收入库材料的计划成本}\times 100\%$$

$$期初材料成本差异率=\frac{月初结存材料的成本差异}{月初结存材料的计划成本}\times 100\%$$

采用计划成本法核算，由于可以简化存货的日常核算手续，并且有利于考核采购部门的工作业绩，因而在我国大中型工业企业中应用得比较广泛。

3.5　存货的期末计量

资产负债表日，存货应当按照成本与可变现净值孰低计量，即当期末存货的成本低于可变现净值时，存货仍按成本计量；当期末存货的可变现净值低于成本时，存货则按可变现净值计量。其中，成本是指期末存货的实际成本；可变现净值是指在日常活动中，存货的估计售价减去至完工时估计将要发生的成本、估计的销售费用及相关税额后的金额。

确定存货的可变现净值，应以确凿的证据为基础，应考虑持有存货的目的，还应考虑资产负债表日后事项的影响。

资产负债表日，企业计提存货跌价准备时，首先应确定本期存货的减值金额，即本期存货可变现净值低于成本的差额；然后将本期存货的减值金额与“存货跌价准备”科目原有的余额进行比较(同坏账准备)，按下列公式计算确定本期应计提的存货跌价准备金额：

$$\begin{matrix}某期应计提的\\存货跌价准备\end{matrix}=\begin{matrix}当期可变现净值\\低于成本的差额\end{matrix}-\begin{matrix}“存货跌价准备”\\科目原有余额\end{matrix}$$

根据上述公式，如果计提存货跌价准备前，“存货跌价准备”科目无余额，则应按本期可变现净值低于成本的差额计提存货跌价准备，借记“资产减值损失”科目，贷记“存货跌价准备”科目；如果本期存货可变现净值低于成本的差额大于“存货跌价准备”科目原有的贷方余额，则应按二者之差补提存货跌价准备，借记“资产减值损失”科目，贷记“存货跌价准备”科目；如果本期存货可变现净值低于成本的差额与“存货跌价准备”科目原有的贷方余额相等，则不需要计提存货跌价准备；如果本期存货可变现净值低于成本的差额小于“存货跌价准备”科目原有的贷方余额，表明以前引起存货减值的影响因素已经部分消失，存货的价值又得以部分恢复，则企业应当相应地恢复存货的账面价值，即按二者之差冲减已计提的存货跌价准备，借记“存货跌价准备”科目，贷记“资产减值损失”科目；如果本期存货可变现净值高于成本，表明以前引起存货减值的影响因素已经完全消失，存货的价值全部得以恢复，企业应将存货的账面价值恢复至账面成本，即应将已计提的存货跌价准备全部转回，借记“存货跌价准备”科目，贷记“资产减值损失”科目。

已经计提了跌价准备的存货，生产经营领用的存货，领用时一般可不结转相应的存货跌价准备，待期末计提存货跌价准备时一并调整。销售的存货，在结转销售成本的同时，应结转相应的存货跌价准备。

可变现净值为零的存货，应当将其账面余额全部转销，同时转销相应的存货跌价准备。

3.6 存货的清查

存货的清查采用实地盘点、账实核对的方法。如果发现存货盘盈或盘亏，应于期末前查明原因，并根据企业的管理权限，报经股东大会或董事会，或经理(厂长)会议或类似机构批准后，在期末结账前处理完毕。

(1) 存货发生盘盈，应按照同类或类似存货的市场价格作为实际成本及时登记入账，待查明原因，报经批准处理后，冲减当期管理费用。

(2) 存货发生盘亏，应将其账面成本及时转销，待查明原因，报经批准处理后，根据造成盘亏的原因，分别以下情况进行会计处理。

① 属于定额内自然损耗的短缺，计入管理费用。

② 属于收发计量差错和管理不善等原因造成的短缺或毁损，将扣除可收回的过失人和保险公司赔款及残料价值后的净损失，计入管理费用。

③ 属于自然灾害或意外事故造成的毁损，将扣除可收回的保险公司和过失人赔款及残料价值后的净损失，计入营业外支出。

应当注意的是，对于盘盈或盘亏的存货，如在期末结账前尚未经批准，应在对外提供财务会计报告时，应按规定进行处理，并在会计报表附注中做出说明；如果其后批准处理的金额与已处理的金额不一致，应按其差额调整会计报表相关项目的期初数，即不得将待处理的存货盘盈、盘亏作为挂账的资产项目列示于会计报表中。

练　习　题

一、单项选择题

1. 不应计入外购存货成本的是(　　)。

A. 购货价格　　B. 关税

C. 运输途中的合理损耗　　D. 市内零星货物运杂费

2. 企业下列科目的期末余额不应列示于资产负债表“存货”项目下的是(　　)。

A. 在途物资　　B. 委托加工物资

C. 工程物资　　D. 生产成本

3. 企业购进存货支付的运杂费，应当计入(　　)。

A. 存货成本　　B. 销售费用　　C. 其他业务成本　　D. 管理费用

4. W企业为增值税一般纳税企业，2014年4月购入A材料1 000千克，增值税专用发票上注明的买价为30 000元，增值税税额5 100元，该批A材料在运输途中发生1%的合理损耗，实际验收入库990千克，在入库前发生挑选整理费用300元，该批入库A材料的实际总成本为(　　)元。

A. 29 700　　B. 29 997　　C. 30 300　　D. 35 400

5. 企业采购过程中发生的存货短缺，应计入有关存货采购成本的是(　　)。

A. 供货单位责任造成的存货短缺

B. 运输途中的合理损耗

C. 运输单位的责任造成的存货短缺

D. 意外事故等非常原因造成的存货短缺

6. 企业购进存货发生短缺，经查属于意外事故造成的存货毁损，扣除保险公司及相关责任人赔款后的净损失应当计入(　　)。

A. 营业外支出　　B. 制造费用　　C. 存货成本　　D. 管理费用

7. 根据我国企业会计准则的规定，企业购货时取得的现金折扣，应当冲减(　　)。

A. 管理费用　　B. 财务费用

C. 购货成本　　D. 资产减值损失

8. 企业摊销的出租周转材料成本，应当计入(　　)。

A. 销售费用　　B. 管理费用　　C. 其他业务成本　　D. 营业外支出

9. 企业本月月初库存原材料计划成本为 75 000 元，材料成本差异贷方余额 1 500 元，本月购进原材料计划成本为 450 000 元，实际成本 441 000 元。该企业本月材料成本差异率为(　　)。

A. 超支 2%　　B. 节约 2%　　C. 超支 1.4%　　D. 节约 1.4%

10. 企业的存货采用计划成本核算。某年年末，结存存货计划成本为 50 000 元，计提的存货跌价准备为 6 000 元，材料成本差异为借方余额 2 000 元。该企业本年度资产负债表中存货项目应填列的金额为(　　)元。

A. 42 000　　B. 44 000　　C. 46 000　　D. 50 000

11. 存货因计量差错造成的盘亏，报经批准处理后应当计入(　　)。

A. 销售费用　　B. 管理费用　　C. 制造费用　　D. 生产成本

12. 企业采用“原材料”科目按计划成本记录的核算方法时，(　　)需按原材料的实际成本记录。

A. “原材料”科目贷方　　B. “材料成本差异”科目

C. “材料采购”科目借方　　D. “在途材料”科目

13. 企业出租包装物收到的押金应贷记(　　)科目。

A. “其他应付款”　　B. “其他业务收入”

C. “营业外收入”　　D. “其他应收款”

14. 某增值税一般纳税企业因意外灾害毁损库存原材料一批，该批原材料实际成本为 40 000 元，收回残料价值 2 000 元，保险公司赔偿 11 200 元。该企业购入材料的增值税税率为 17%，该批毁损原材料造成的非常损失净额为(　　)元。

A. 32 020　　B. 32 200　　C. 32 000　　D. 33 600

15. 某企业为增值税一般纳税人，从外地购入原材料 6 000 吨，收到增值税专用发票上注明的售价为每吨 1 200 元，增值税税款为 1 224 000 元，另发生运输费 60 000 元(可按 7%抵扣增值税)，装卸费 20 000 元，途中保险费为 18 000 元。原材料运到后验收数量为 5 996 吨，短缺 4 吨为合理损耗，则该原材料的入账价值为(　　)元。

A. 7 078 000　　B. 7 098 000　　C. 7 293 800　　D. 7 089 000

16. 企业委托加工存货所支付的下列款项中，不可能计入委托加工存货成本的是(　　)。

A. 支付的往返运杂费　　B. 支付的增值税

C. 支付的加工费　　D. 支付的消费税

17. 企业委托其他单位加工物资，下列项目中，不计入委托加工物资成本的是(　　)。

A. 业务人员的差旅费　　B. 发出原材料的成本

C. 承担的运费　　D. 支付的加工费

18. 需要交纳消费税的委托加工存货，收回后用于继续加工应税消费品，由受托加工方代收代缴的消费税应当借记(　　)科目。

A. “委托加工物资”　　B. “营业税金及附加”

C. “应交税费”　　D. “其他业务成本”

19. 甲企业委托乙单位将A材料加工成用于直接对外销售的应税消费品B材料，消费税税率为5%。发出A材料的实际成本为978 500元，加工费为285 000元，往返运杂费为8 400元。假设双方均为增值税一般纳税人，适用增值税税率为17%。B材料加工完毕验收入库时，其实际成本为(　　)元。

A. 1 374 850　　B. 1 326 400　　C. 1 338 400　　D. 1 273 325

20. A公司委托B企业将一批原材料加工为半成品(为应税消费品)，进一步加工为应税消费品。企业发出委托加工用材料20 000元，需支付的运费1 000元，加工费12 000元，增值税税率为17%，消费税税率10%。假设双方均为增值税一般纳税人。A公司收回半成品时的成本为(　　)元。

A. 32 000　　B. 33 000　　C. 35 040　　D. 36 555

21. 甲企业为增值税一般纳税人，增值税税率为17%，因销售商品出租给乙企业包装物一批，收取押金4 914元。因乙企业逾期未退还租用的包装物，按协议规定，甲企业没收全部押金4 914元。因该业务，甲企业记入“其他业务收入”科目的金额为(　　)元。

A. 4 680　　B. 4 200　　C. 3 884.4　　D. 680

22. 存货计价采用先进先出法，在存货价格上涨的情况下，将会使企业(　　)。

A. 期末存货升高，当期利润增加

B. 期末存货升高，当期利润减少

C. 期末存货减少，当期利润减少

D. 期末存货减少，当期利润增加

23. 企业生产车间领用的管理用低值易耗品，其成本应计入(　　)。

A. 销售费用　　B. 管理费用　　C. 其他业务成本　　D. 制造费用

24. 随同商品出售并单独计价的包装物，其成本应计入(　　)。

A. 生产成本　　B. 制造费用　　C. 销售费用　　D. 其他业务成本

25. 随同商品出售并不单独计价的包装物，其成本应计入(　　)。

A. 制造费用　　B. 销售费用　　C. 营业外支出　　D. 其他业务成本

26. 企业领用的出租包装物，如果金额不大，可将其成本直接计入(　　)。

A. 管理费用　　B. 制造费用　　C. 销售费用　　D. 其他业务成本

27. 企业摊销的出借周转材料成本，应当计入(　　)。

A. 销售费用　　B. 管理费用　　C. 营业外支出　　D. 其他业务成本

28. 甲材料月初结存存货 3 000 元，本月增加存货 4 000 元；月初数量 1 500 件，本月增加 2 500 件，那么，甲材料本月的加权平均单位成本为(　　)元/件。

A. 2　　B. 1.75　　C. 1.6　　D. 2.5

29. 某工业企业为增值税小规模纳税人，原材料采用计划成本核算，A 材料计划成本每吨为 20 元。本期购进 A 材料 600 吨，收到的增值税专用发票上注明的价款总额为 10 200 元，增值税税额为 1 734 元。另发生运杂费用 1 200 元，途中保险费用 166 元。原材料运抵企业后验收入库原材料 599 吨，运输途中合理损耗 1 吨。购进 A 材料发生的成本差异为(　　)元。

A. 414　　B. −414　　C. 1 320　　D. −1 320

30. 计入存货成本的相关税费不应该包括(　　)。

A. 可以抵扣的增值税税额　　B. 消费税税额

C. 资源税税额　　D. 不能抵扣的进项税额

31. 某企业 11 月 1 日存货结存数量为 200 件，单价为 4 元；11 月 2 日发出存货 150 件；11 月 5 日购进存货 200 件，单价 4.4 元；11 月 7 日发出存货 100 件。在对存货发出采用先进先出法的情况下，11 月 7 日发出存货的实际成本为(　　)元。

A. 400　　B. 420　　C. 430　　D. 440

32. A 公司为增值税一般纳税人。2014 年 6 月 1 日“材料成本差异”科目借方余额为 2 000 元，“原材料”科目余额为 400 000 元；本月购入原材料 60 000 千克，计划单位成本 10 元。增值税专用发票上注明的价款 550 000 元，增值税税款 93 500 元，销货方给予的现金折扣条件为：2/10，n/30，A 公司在折扣期限内支付了全部的价款和税款。另外还支付运杂费 8 000 元，保险费 50 000 元，途中仓储费 2 000 元；本月生产领用原材料50 000 千克，在建工程领用原材料 20 000 千克。发出材料单价按月末一次项加权平均法计算。A 公司 2014 年 6 月 30 日结存的原材料实际成本为(　　)元。

A. 300 000　　B. 3 230 000　　C. 303 600　　D. 320 500

33. 用于生产而持有的材料，期末(　　)，应当按照材料成本计价。

A. 其生产的产成品可变现净值预计高于成本

B. 其生产的产成品可变现净值预计低于成本

C. 材料的可变现净值预计高于成本

D. 材料的可变现净值预计低于成本

34. 根据企业会计准则的要求，存货在资产负债表上列示的价值应当是(　　)。

A. 账面成本　　B. 公允价值

C. 可变现净值　　D. 成本与可变现净值两者中较低者

35. “成本与可变现净值孰低”中的成本是指(　　)。

A. 存货的现行买价　　B. 存货的现行卖价

C. 存货的账面成本　　D. 存货的重置成本

36. 企业应于期末，按存货可变现净值低于成本的差额计提存货跌价准备，计入(　　)。

A. 管理费用　　　　　　　　　　　　B. 资产减值损失
C. 公允价值变动损益　　　　　　　　D. 营业外支出

37. 企业的存货如果已经计提了跌价准备，则存货的账面价值是指(　　)。
A. 可变现净值　　B. 入账成本　　C. 现行市价　　D. 公允价值

38. 企业在清查存货时发现存货盘亏，但无法查明原因，应当计入(　　)。
A. 财务费用　　B. 管理费用　　C. 其他业务成本　　D. 营业外支出

39. 由于自然灾害造成的存货毁损，应将其净损失计入当期(　　)。
A. 制造费用　　B. 管理费用　　C. 其他业务成本　　D. 营业外支出

40. 企业在清查存货时发现存货盘盈，报经批准处理后应当(　　)。
A. 冲减销售费用　　　　　　　　　B. 冲减管理费用
C. 作为其他业务收入　　　　　　　D. 根据原因分别处理

41. 甲公司期末原材料的账面余额为100万元，数量为10吨。该原材料专门用于生产与乙公司所签合同约定的20台Y产品。该合同约定：甲公司为乙公司提供Y产品20台，每台售价10万元(不含增值税，本题下同)。将该原材料加工成20台Y产品尚需加工成本总额为85万元。估计销售每台Y产品尚需发生相关税费1.5万元(不含增值税，本题下同)。本期期末市场上该原材料每吨售价为9万元，估计销售每吨原材料尚需发生相关税费0.1万元。期末该原材料的可变现净值为(　　)万元。
A. 85　　B. 89　　C. 100　　D. 105

42. 2014年8月大华公司与新华公司签订了一份不可撤销销售合同，合同约定大华公司2015年2月向新华公司销售A产品8台，每台售价65万元。2014年12月31日，大华公司库存A产品6台，账面价值为372万元；2014年12月31日，A产品的市场销售价格为每台64万元。预计销售6台A产品需发生销售税费24万元。2014年12月31日，大华公司应计提的存货跌价准备为(　　)万元。
A. 0　　B. 6　　C. 9　　D. 12

43. 2014年年末，大华公司决定将用于生产C产品的甲材料对外出售。2014年12月31日，甲材料库存10 000千克，成本为200万元。该材料目前的市场价格为190元/千克，同时销售该材料可能发生销售税费2万元。2014年12月31日，甲材料的账面价值应为(　　)万元。
A. 200　　B. 198　　C. 190　　D. 188

44. 某一般纳税企业因台风毁损材料一批，计划成本80 000元，材料成本差异率为−1%，企业适用的增值税税率为17%，能够获得保险公司赔款50 000元，则因该批材料的毁损而计入"营业外支出"科目的金额为(　　)元。
A. 43 000　　B. 42 664　　C. 30 000　　D. 29 200

45. 企业为自制固定资产而领用了本企业的产成品。该产成品生产成本为2 000元，正常售价为2 500元，增值税税率为17%。企业领用该产成品应计入在建工程成本的金额为(　　)元。
A. 2 000　　B. 2 425　　C. 2 500　　D. 2 925

46. 甲公司的存货采用计划成本核算。该公司购入一批原材料，实际买价10 000元，增值税专用发票上注明的增值税税额为1 700元，发生超支差异200元。“原材料”科目应记录的金额为(　　)元。

A. 11 700　　B. 10 200　　C. 10 000　　D. 9 800

47. 企业的存货采用计划成本核算。某年年末，结存存货计划成本80 000元，计提存货跌价准备10 000元，材料成本差异为贷方余额5 000元。该企业本年度资产负债表上“存货”项目应填列的金额为(　　)元。

A. 65 000　　B. 70 000　　C. 75 000　　D. 80 000

48. 某企业某年年末，A商品账面成本为300 000元，可变现净值为250 000元。计提存货跌价准备前“存货跌价准备”科目有贷方余额20 000元。该企业当年应计提的存货跌价准备金额为(　　)元。

A. 20 000　　B. 30 000　　C. 50 000　　D. 70 000

二、多项选择题

1. 下列各项中，增值税一般纳税企业应计入收回委托加工物资成本的有(　　)。

A. 支付的加工费

B. 随同加工费支付的增值税

C. 支付的收回后继续加工的委托加工物资的消费税

D. 支付的收回后直接销售的委托加工物资的消费税

2. 计划成本法下，“材料成本差异”科目的贷方登记的内容有(　　)。

A. 入库材料的成本超支差　　B. 入库材料的成本节约差

C. 出库材料的成本超支差　　D. 出库材料的成本节约差

3. 增值税一般纳税人购入原材料过程中发生的下列支出，应计入原材料采购成本的有(　　)。

A. 采购人员的差旅　　B. 运杂费

C. 运输途中的合理损耗　　D. 增值税税额

E. 入库前挑选整理费

4. 企业发生盘亏和毁损的存货，经有关部门批准后计入管理费用的有(　　)。

A. 自然灾害毁损　　B. 管理不善造成的短缺

C. 意外事故毁损　　D. 自然损耗产生的定额内损耗

E. 计量收发差错造成短缺

5. 企业领用的下列周转材料中，应将周转材料成本计入销售费用的有(　　)。

A. 生产部门领用的周转材料　　B. 管理部门领用的周转材料

C. 出租的周转材料　　D. 出借的周转材料

E. 专设销售机构领用的周转材料

6. 下列资产项目中，属于企业存货的有(　　)。

A. 在途物资　　B. 工程物资　　C. 委托加工物资

D. 周转材料　　E. 发出商品

7. 下列各项中，属于存货发出的计价方法的有(　　)。

A. 先进先出法　　B. 个别计价法
C. 加权平均法　　D. 权益法
E. 成本与可变现净值孰低法

8. 下列各项中，属于企业包装物核算范围的有(　　)。
A. 生产过程中使用的包装物并作为产品组成部分
B. 随同产品出售不单独计价的包装物
C. 随同产品出售单独计价的包装物
D. 出租出借给其他单位使用的包装物
E. 借入的包装物

9. 企业原材料按计划成本核算，采购材料时应设置的账户有(　　)。
A. “原材料”　B. “材料采购”　C. “在途物资”
D. “材料成本差异” E. “存货跌价准备”

10. 期末通过比较发现存货的成本低于可变现净值，则可能(　　)。
A. 按差额首次计提存货跌价准备　　B. 按差额补提存货跌价准备
C. 冲减存货跌价准备　　D. 按可变现净值冲减存货跌价准备
E. 不进行账务处理

11. 下列项目中，应计入企业存货成本的有(　　)。
A. 进口原材料支付的关税　　B. 生产过程中发生的制造费用
C. 原材料入库前的挑选整理费用　　D. 自然灾害造成的原材料净损失

12. 下列说法或做法中，正确的有(　　)。
A. 从存货的所有权看，代销商品在出售以前，应作为委托方的存货处理，但是，为了加强受托方对代销商品的管理，受托方应在资产负债表上同时反映一项资产和一项负债
B. 外购存货运输途中发生的损耗必须区分合理与否，属于合理损耗部分，可以直接作为存货实际成本计列
C. 如果期初存货计价过高，则可能会因此减少当期收益
D. 存货采用成本与可变现净值孰低法计价，从存货的整个周转过程来看，只起着调节不同会计期间利润的作用，并不影响存货周转期的利润总额

13. 下列情况中，按规定应提取存货跌价损失准备的有(　　)。
A. 市价持续下跌，并且在可预见的未来无回升的希望
B. 存货陈旧过时
C. 企业使用该项原材料生产的产品的成本大于产品的销售价格
D. 已过期且无转让价值的存货

14. 下列各项存货中，属于周转材料的是(　　)。
A. 委托加工物资　B. 包装物　C. 低值易耗品　D. 委托代销商品

15. 下列各项中，应计入其他业务成本的有(　　)。
A. 随同商品出售不单独计价的包装物成本
B. 随同商品出售单独计价的包装物成本
C. 领用的用于出借的新包装物成本

D. 对外销售的原材料成本

三、判断题

1. 企业为生产产品而购入的材料，属于存货；为建造固定资产而购入的材料，不属于存货。（　）

2. 存货的初始计量应以取得存货的实际成本为基础，实际成本具体指存货的采购成本。（　）

3. 如果应付账款附有现金折扣条件，在总价法下，购货方对丧失的现金折扣应视为超期付款支付的利息，计入当期财务费用。（　）

4. 企业在存货采购过程中，如果发生了存货短缺、毁损等情况，报经批准处理后，应计入有关存货的采购成本。（　）

5. 在建工程领用的原材料，相应的增值税进项税额应当转出，应随同原料成本一并作为有关工程项目支出。（　）

6. 需要交纳消费税的委托加工存货，由受托方加工代收代缴的消费税，均应计入委托加工存货成本。（　）

7. 企业没收的出借周转材料押金，应作为营业外收入入账。（　）

8. 存货的日常核算可以采用计划成本法，但在编制会计报表时，应当按实际成本反映存货的价值。（　）

9. 我国企业会计准则要求，存货的期末计价应采用成本与可变现净值孰低法。其中，“成本”是指存货的重置成本。（　）

10. 企业某期计提的存货跌价准备金额，为该期期末存货的可变现净值低于成本的差额。（　）

11. 在物价上涨的情况下，采用先进先出法计算的发出存货的成本将高于采用加权平均法计算的发出存货成本。（　）

12. 采用计划成本进行材料日常核算的，结转入库材料的材料成本差异时，无论是节约差异还是超支差异，均记入“材料成本差异”科目的借方。（　）

13. 企业因收发计量差错造成的库存存货盘亏，应计入产品生产成本。（　）

14. 如果企业持有的同一项存货的数量多于销售合同或劳务合同订购的数量的，应分别确定其可变现净值，并与其相对应的成本进行比较，分别确定存货跌价准备的计提或转回金额。（　）

15. 对于生产和销售机器设备的企业来说，机器设备属于存货；而对于使用机器设备进行生产的企业来说，机器设备属于固定资产。（　）

16. 工业企业在采购存货过程中发生的运输费、装卸费、保险费及其他可归属于存货采购成本的费用，均应计入存货采购成本。（　）

17. 一般来说，市内零星运杂费、采购人员的差旅费、采购机构的经费及供应部门经费等，都不应当包括在存货的采购成本中。（　）

18. 在存货已运达企业并验收入库但结算凭证尚未到达的情况下，企业在收到存货时可先不进行会计处理。（　）

19. 企业在存货采购过程中发生了存货短缺，经查，属于运输途中的合理损耗，应计入当期管理费用。 （ ）

20. 企业在存货采购过程中发生了存货短缺，经查，属于自然灾害或意外事故等非常原因造成的存货毁损，报经批准处理后，将净损失计入存货成本。 （ ）

21. 企业因管理不善而造成库存存货霉烂变质，应将净损失计入营业外支出。 （ ）

22. 委托加工存货收回后直接用于销售，由受托加工方代收代交的消费税应计入委托加工存货成本。 （ ）

23. 如果高估期末存货的价值，则会引起本期收益的高估；如果低估期末存货的价值，则会引起本期收益的低估。 （ ）

24. 发出存货的计价方法一旦选定，前后各期应当保持一致，不得变更。 （ ）

25. 在建工程领用的库存商品，应视同销售，按计税价格计算增值税销项税额，随同库存商品成本一并作为有关工程项目支出。 （ ）

26. 企业用于出租的周转材料，收取的租金应当作为其他业务收入。 （ ）

27. 五五摊销法是指在购入周转材料时先摊销其账面价值的一半，待领用时再摊销其账面价值的另一半的一种摊销方法。 （ ）

28. 五五摊销法与分次摊销法的核算原理是相同的，只是前者分两次摊销，后者分若干次摊销而已。 （ ）

29. 存货采用计划成本法核算，计划成本高于实际成本的差异，称为超支差异。 （ ）

30. 存货采用计划成本法核算，企业对取得的存货均应通过“材料采购”科目进行计价对比、确定存货成本差异。 （ ）

31. 企业持有存货的目的不同，可变现净值的确定方法也有所不同。 （ ）

32. 产成品的可变现净值，应按产成品的估计售价减去至完工时估计将要发生的成本、估计的销售费用和相关税费后的金额确定。 （ ）

33. 已经计提了跌价准备的存货，在销售转出时，应同时结转相应的存货跌价准备。 （ ）

34. 企业在存货清查中发现盘盈，报经批准处理后，应当转入营业外收入。 （ ）

35. 存货计价方法的选择不仅影响着资产负债表中资产总额的多少，而且也影响着利润表中的净利润。 （ ）

36. 存货跌价准备一经计提，在持有期间不得转回。 （ ）

四、计算与业务分析题

1. 2014 年 7 月，龙盛公司购入一批原材料，买价 2 000 元，增值税税额为 340 元。

要求：分别编制下列情况下，龙盛公司购入原材料的会计分录。

（1）原材料已验收入库，款项也已支付。

（2）款项已支付，但材料还在运输途中。

① 7 月 18 日，支付款项。

② 7 月 25 日，材料到达企业验收入库。

（3）材料已验收入库，但发票未到企业。

① 7月28日，材料已验收入库，但发票未到。

② 7月31日，发票还未到，对该批材料暂估1 800元。

③ 8月1日，用红字冲回上月末估价入账分录。

④ 8月8日，发票账单到达企业，支付货款。

2. 龙盛公司2014年3月1日“原材料”月初实际余额为500千克，单价为50元/千克，共25 000元，3月发生以下部分经济业务。

（1）1日，龙盛公司购入一批A材料1 000千克，单价为51元/千克，增值税专用发票上注明的材料价款为51 000元，增值税税额为8 670元，货款已通过银行转账支付，材料也已验收入库。

（2）5日，公司购进一批A材料200千克，增值税专用发票中注明价款50元/千克，总价款10 000元，增值税税额为1 700元，款项已通过银行支付，材料尚未运达。

（3）10日，公司通过信汇方式预付甲公司货款40 000元。

（4）10日，收到5日购进的材料，验收时发现短缺20千克，经查明其中2千克为途中定额内自然损耗，18千克属运输公司失职造成就由其赔偿货款。按实际数量验收入库。

（5）25日，向甲公司购进B材料1 000千克，单价为49元/千克，另以现金支付给运输公司运费500元(运费按11%计算增值税进项税额)，增值税专用发票中注明货款49 000元，增值税税额8 330元，货款尚未支付，材料已验收入库。

（6）28日，龙盛公司购进C材料1 000千克，材料已验收入库，但发票账单等结算凭证尚未到达。31日材料发票仍未到，暂估价50 000元。

（7）31日，汇总本月发料凭证，本月生产产品领用材料1 000千克，车间领用200千克，行政管理部门领用100千克，假设采用一次加权平均法计算发出材料成本。

要求：根据上述业务用原材料的实际成本计价法编制会计分录。

3. 龙盛公司为增值税一般纳税人，2014年4月5日委托乙公司加工材料一批，发出材料成本为5 000元。加工后，甲公司应付的加工费为936元(含增值税)，乙公司代扣代缴的消费税为660元。4月25日甲公司收回该批材料并入库，准备直接对外销售，同时以银行存款支付加工费及各种税金。

要求：为龙盛公司发生的该项业务进行会计处理。

4. 2014年4月，龙盛公司的甲材料购进、发出和结存情况，如表3-1所示。

表3-1　甲材料明细账

单位：千克

2014年		收入			发出			结存		
月	日	数量	单价	金额	数量	单价	金额	数量	单价	金额
4	1	10	5	50						
4	13	15	4	60						
4	14				20					
4	25	20	3	60						
4	27				15			10		

要求：分别采用先进先出法、全月一次加权平均法和移动加权平均法计算龙盛公司4月发出和期末结存存货的实际成本。

5. 龙盛公司领用一批包装物，出借给客户使用，包装物实际成本50 000元，收取押金60 000元，包装物报废时，残料作价200元入库。

要求：编制下列不同情况下的会计分录。

(1) 包装物的成本采用一次摊销法。

(2) 包装物的成本采用五五摊销法。

(3) 收取包装物押金。

(4) 客户如期退还包装物，龙盛公司退还押金。

(5) 客户逾期未退还包装物，龙盛公司没收押金。

(6) 包装物报废时，残料作价入库。

6. 龙盛公司2014年5月初，结存原材料的计划成本50 000元，材料成本差异节约3 000元；6月份，购进的材料的实际成本247 000元，计划成本230 000元，本月领用原材料计划成本200 000元，其中：生产领用150 000元，车间一般消耗30 000元，管理部门耗用20 000元。

要求：做出该公司发出原材料的下列会计处理。

(1) 按计划成本领用原材料。

(2) 计算本月材料成本差异率。

(3) 分摊材料成本差异。

(4) 计算月末结存原材料的实际成本。

7. 龙盛公司的存货采用计划成本法核算。2014年9月15日，购进一批原材料，增值税专用发票上列明的材料价款为40 000元，增值税税额为6 800元，货款已通过银行转账支付，材料已验收入库。

要求：编制龙盛公司购进原材料的下列会计分录。

(1) 支付货款。

(2) 材料验收入库。

① 假定材料的计划成本为39 000元。

② 假定材料的计划成本为42 000元。

8. 某工业企业为增值税一般纳税人，材料按计划成本计价核算。甲材料计划单位成本为每千克10元。该企业2014年4月发生以下经济业务。

(1)“原材料”账户月初余额4 000元，“材料成本差异”账户月初借方余额500元。

(2) 4月5日，企业发出100千克甲材料委托A公司加工成新的物资(注：发出材料时应计算确定其实际成本)。

(3) 4月15日，从外地A公司购入甲材料6 000千克，增值税专用发票注明的材料价款为61 000元，增值税额10 370元，企业已用银行存款支付上述款项，材料尚未到达。

(4) 4月20日，从A公司购入的甲材料到达，验收入库时发现短缺20千克，经查明为途中定额内自然损耗。按实收数量验收入库。

(5) 4月30日，汇总本月发料凭证，本月共发出甲材料5 000千克，全部用于产品生产。

要求：根据上述业务编制相关的会计分录，并计算本月材料成本差异率、本月发出材料应负担的成本差异及月末库存材料的实际成本。

9. 龙盛公司采用成本与可变现净值孰低法按单项存货于期末计提存货跌价准备。2014年12月31日，该公司拥有甲、乙两种商品，成本分别为240万元、320万元。其中，甲商品全部签订销售合同，合同销售价格为200万元，市场价格为190万元；乙商品没有签订销售合同，市场价格为300万元；销售价格和市场价格均不含增值税。该公司预计甲、乙商品尚需分别发生销售费用12万元、15万元，不考虑其他相关税费；截至2014年11月30日，该公司尚未为甲、乙商品计提存货跌价准备。2014年12月31日，该公司应为甲、乙商品计提的存货跌价准备总额为多少？

10. 龙盛公司按成本与可变现净值孰低法对期末存货计价。2012年年末存货的账面成本为100万元(假设每期期末存货的账面成本不变)，可变现净值为90万元；2013年6月末，该批存货的可变现净值为85万元；2013年年末，该批存货的可变现净值有所恢复，可变现净值为97万元；2014年6月末，该批存货的可变现净值进一步恢复，可变现净值为100.5万元。

要求：编制上述业务编制以下日期的会计分录。

(1) 2012年12月31日。

(2) 2013年6月30日。

(3) 2013年12月31日。

(4) 2014年6月30日。

11. 2013年12月31日甲公司库存的原材料——A材料账面余额为88 000元，市价为75 000元，用于生产仪表80台。由于A材料市场价格下降，用该材料生产的仪表的每台市价由2 600元降至1 800元，但是，将A材料加工成仪表，尚需发生加工费用64 000元。估计发生销售费用和税金为4 000元。

要求：

(1) 计算用A材料生产的仪表的生产成本。

(2) 计算2013年12月31日A材料的可变现净值。

(3) 计算2013年12月31日A材料应计提的跌价准备并编制计提跌价准备的会计分录。

12. 龙盛公司将A商品按40 000元的价格售出，增值税税额6 800元，收到的价税款存入银行。A商品账面成本50 000元，已计提存货跌价准备8 000元。

要求：编制龙盛公司销售A商品、结转A商品销售成本和已计提存货跌价准备的会计分录。

13. 大华公司期末存货采用成本与可变现净值孰低法计价。2013年9月26日。大华公司与M公司签订销售合同：由大华公司于2014年3月6日向M公司销售笔记本电脑10 000台，每台1.5万元。2013年12月31日。大华公司库存笔记本电脑14 000台，单位成本1.41万元。2013年12月31日。市场销售价格为每台1.3万元，预计销售税费均为每台0.05万元。大华公司于2014年3月6日向M公司销售笔记本电脑10 000台，每台1.5万元。大华公司于2014年4月6日销售笔记本电脑100台，市场销售价格为每台1.2万元。货款均已收到。大华公司是增值税一般纳税人，适用的增值税税率为17%。

要求：（1）编制计提存货跌价准备会计分录，并列示计算过程。

（2）编制有关销售业务的会计分录。

14. 龙盛公司在存货清查中发现盘亏一批A材料，账面成本3 000元。

要求：编制龙盛公司存货盘亏的下列会计分录。

（1）发现盘亏。

（2）查明原因，报经批准处理。

① 假定属于定额内自然损耗。

② 假定属于管理不善造成的毁损，由过失人赔偿1 000元，款项尚未收取，残料作价200元入库。

③ 假定属于意外事故造成的毁损，由保险公司赔偿2 500元，款项尚未收取，残料处置收入200元，已存入银行。

五、案例分析

F公司生产各种型号的发电机，为扩大销售，争取市场份额，本月有10台新型小型发电机放在展览馆展览，还有30台新型小型发电机寄放在其他企业委托其代销，每台成本12 000元；本月为订货者来料加工制造完成5台代制特殊小型发电机，购货方已付款但尚未提货，还在本公司仓库，材料与加工成本80 000元；本月为扩建第三车间工程购进各种钢筋等材料300 000元。在F公司会计师岗位实习的小李将上述四项均确认为公司存货，这样，本月末公司资产负债表中存货项目的金额为2 150 000元。

思考：

（1）F公司生产的发电机，是该公司的存货吗？D公司为解决临时停电需要准备购买2台F公司生产的新型小型发电机，是D公司的存货吗？为什么？

（2）你认为小李的做法对吗？试指出小李会计处理错误的地方。本月末F公司资产负债表中存货项目的金额应该是多少？

（3）存货的确认对会计信息的正确反映有哪些影响？

习题解答

一、单项选择题

1. D　2. C　3. A　4. C　5. B　6. A　7. B　8. C　9. B　10. C　11. B　12. C　13. A
14. D　15. C　16. B　17. A　18. C　19. C　20. B　21. B　22. A　23. D　24. D　25. B
26. D　27. A　28. B　29. C　30. A　31. B　32. C　33. A　34. D　35. C　36. B
37. A　38. B　39. D　40. B　41. A　42. B　43. D　44. B　45. B　46. D　47. A　48. B

二、多项选择题

1. AD　2. BCD　3. BCE　4. BDE　5. DE　6. ACDE　7. ABC　8. ABCD　9. ABD
10. CE　11. ABC　12. BCD　13. ABC　14. BC　15. BD

三、判断题

1. √　2. ×　3. ×　4. ×　5. ×　6. ×　7. ×　8. √　9. ×　10. ×　11. ×　12. ×
13. ×　14. √　15. √　16. √　17. √　18. √　19. ×　20. ×　21. ×　22. √　23. √
24. ×　25. √　26. √　27. ×　28. √　29. ×　30. ×　31. √　32. ×　33. √　34. ×
35. √　36. ×

四、计算与业务分析题

1. 不同情况下外购存货的会计分录。

（1）原材料已验收入库，款项已支付。

借：原材料	2 000	
应交税费——应交增值税(进项税额)	340	
贷：银行存款		2 340

（2）款项已支付，但材料还在运输途中。

① 7 月 18 日，支付款项。

借：在途物资	2 000	
应交税费——应交增值税(进项税额)	340	
贷：银行存款		2 340

② 7 月 25 日，材料到达企业验收入库。

借：原材料	2 000	
贷：在途物资		2 000

（3）材料已验收入库，但发票未到企业。

① 7 月 28 日，材料已验收入库，但发票未到，不作账务处理。

② 7 月 31 日，发票还未到，对该批材料暂估 1 800 元入账。

借：原材料	1 800	
贷：应付账款——暂估应付账款		1 800

③ 8 月 1 日，用红字冲回上月末估价入账分录。

借：原材料	1 800	
贷：应付账款——暂估应付账款		1 800

④ 8 月 8 日，发票账单到达企业，支付货款。

借：原材料	2 000	
应交税费——应交增值税(进项税额)	340	
贷：银行存款		2 340

2. 用原材料的实际成本计价法编制会计分录。

（1）1 日，购入的 A 材料已验收入库，款项也已支付。

借：原材料——A 材料	51 000	
应交税费——应交增值税(进项税额)	8 670	

贷：银行存款 59 670

(2) 5 日，购入的 A 材料尚未到达，款项已支付。

借：在途物资——A 材料 10 000

应交税费——应交增值税(进项税额) 1 700

贷：银行存款 11 700

(3) 10 日，预付甲公司货款。

借：预付账款——甲公司 40 000

贷：银行存款 40 000

(4) 10 日，收到 5 日购入的 A 材料已验收入库。

借：原材料——A 材料 9 000

待处理财产损溢——待处理流动资产损溢 1 000

贷：在途物资——A 材料 10 000

同时：

借：原材料——A 材料 100

其他应收款 1 053

贷：待处理财产损溢——待处理流动资产损溢 1 000

应交税费——应交增值税(进项税额转出) 153

(5) 25 日，购入 B 材料验收入库，运费以现金支付，货款尚未支付。

借：原材料——B 材料 49 445

应交税费——应交增值税(进项税额) 8 385

贷：应付账款 57 330

库存现金 500

(6) 28 日购入 C 材料已验收入库，但发票账单未到，暂不作账务处理。

31 日发票账单仍未到，按暂估价入账。

借：原材料——C 材料 50 000

贷：应付账款——暂估应付账款 50 000

(7) 加权平均单价＝(25 000＋51 000＋9 000＋100＋49 445＋50 000)/(500＋1 000＋180＋1 000＋1 000)＝50.15(元/千克)

借：生产成本 50 150

制造费用 10 030

管理费用 5 015

贷：原材料 65 195

3. 编制委托加工材料的会计分录。

(1) 发出待加工材料。

借：委托加工物资 5 000

贷：原材料 5 000

(2) 支付加工费、增值税和消费税。

加工费＝936÷(1＋17%)＝800(元)

增值税＝936－800＝136(元)

借：委托加工物资　　1 460

　　应交税费——应交增值税(进项税额)　　136

　　贷：银行存款　　1 596

(3) 收回加工完成的材料，收回加工材料实际成本＝5 000＋1 460＝6 460(元)。

借：原材料　　6 460

　　贷：委托加工物资　　6 460

4. 存货计价方法的应用。

(1) 先进先出法(见表3－2)。

表3－2　甲材料明细账　　单位：千克

2014年		收入			发出			结存		
月	日	数量	单价	金额	数量	单价	金额	数量	单价	金额
4	1	10	5	50				10	5	50
4	13	15	4	60				10 15	5 4	50 60
4	14				10 10	5 4	50 40	5	4	20
4	25	20	3	60				5 20	4 3	20 60
4	27				5 10	4 3	20 30	10	3	30

4月发出存货成本＝50＋40＋20＋30＝140(元)

4月末结存存货成本＝10×3＝30(元)

(2) 全月一次加权平均法。

加权平均单价＝(0＋50＋60＋60)/(0＋10＋15＋20)＝3.78(元/千克)

4月末存货结存成本＝10×3.78＝37.8(元)

4月发出存货成本＝0＋170＝37.8＝132.2(元)

(3) 移动加权平均法(见表3－3)。

表3－3　甲材料明细账　　单位：千克

2014年		收入			发出			结存		
月	日	数量	单价	金额	数量	单价	金额	数量	单价	金额
4	1	10	5	50				10	5	50
4	13	15	4	60				25	4.4	110
4	14				20	4.4	88	5	4.4	22
4	25	20	3	60				25	3.28	82
4	27				15	3.28	49.2	10	3.28	32.8

4 月发出存货成本＝88＋49.2＝137.2(元)

4 月末结存存货成本＝10×3.28＝32.8(元)

5. 编制出借包装物的会计分录。

(1) 包装物的成本采用一次摊销法。

借：销售费用　　50 000

　　贷：周转材料　　50 000

(2) 包装物的成本采用五五摊销法。

① 领用包装物，摊销其价值的 50%。

借：周转材料——在用　　50 000

　　贷：周转材料——在库　　50 000

借：销售费用　　25 000

　　贷：周转材料——摊销　　25 000

② 包装物报废，摊销剩余 50%的价值，并转销已提摊销额。

借：销售费用　　25 000

　　贷：周转材料——摊销　　25 000

借：周转材料——摊销　　50 000

　　贷：周转材料——在用　　50 000

(3) 收取包装物押金。

借：银行存款　　60 000

　　贷：其他应付款　　60 000

(4) 退还包装物押金。

借：其他应付款　　60 000

　　贷：银行存款　　60 000

(5) 没收包装物押金。

借：其他应付款　　60 000

　　贷：其他业务收入　　51 282[60 000÷(1＋17%)]

　　　　应交税费——应交增值税(销项税额)　　8 718

(6) 包装物报废，残料作价入库。

借：原材料　　200

　　贷：销售费用　　200

6. 发出原材料的会计处理(计划成本法)。

(1) 按计划成本领用原材料。

借：生产成本　　150 000

　　制造费用　　30 000

　　管理费用　　20 000

　　贷：原材料　　200 000

(2) 计算本月材料成本差异率＝$\frac{-3\ 000+17\ 000}{50\ 000+230\ 000}$＝5%。

(3) 分摊材料成本差异：

生产成本＝150 000×5%＝7 500(元)

制造费用＝30 000×5%＝1 500(元)

管理费用＝20 000×5%＝1 000(元)

借：生产成本　　7 500

　　制造费用　　1 500

　　管理费用　　1 000

　　贷：材料成本差异　　10 000

(4) 本月领用原材料实际成本＝200 000＋10 000＝210 000(元)

本月结存原材料的实际成本＝50 000－3 000＋247 000－210 000＝84 000(元)

7. 购进原材料的会计分录(计划成本法)。

(1) 支付货款：

借：材料采购　　40 000

　　应交税费——应交增值税(进项税额)　　6 800

　　贷：银行存款　　46 800

(2) 材料验收入库。

① 假定材料的计划成本为39 000元：

借：原材料　　39 000

　　材料成本差异　　1 000

　　贷：材料采购　　40 000

② 假定材料的计划成本为42 000元：

借：原材料　　42 000

　　贷：材料采购　　40 000

　　　　材料成本差异　　2 000

8. 计划成本法的运用。

(1) 4月5日发出时。

借：委托加工物资　　1 000(100×10)

　　贷：原材料　　1 000

借：委托加工物资　　125(1 000×500/4 000)

　　贷：材料成本差异　　125

(2) 4月15日从外地购入材料时。

借：材料采购　　61 000

　　应交税费——应交增值税(进项税额)　　10 370

　　贷：银行存款　　7 1370

(3) 4月20日收到4月15日购入的材料时：

借：原材料　　59 800(5 980×10)

　　材料成本差异　　1 200

　　贷：材料采购　　61 000

(4) 4 月 30 日计算材料成本差异率和发出材料应负担的材料成本差异额，编制相关会计分录。

材料成本差异率＝(500－125＋1 200)/(4 000－1 000＋59 800)＝2.51%

发出材料应负担的材料成本差异＝50 000×2.51%＝1 255(元)

借：生产成本　　50 000

　　贷：原材料　　50 000

借：生产成本　　1 255

　　贷：材料成本差异　　1 255

(5) 月末结存材料的实际成本＝(4 000－1 000＋59 800－50 000)＋(500－125＋1 200－1 255)＝13 120(元)

9. 甲、乙商品可变现净值＝200＋300－(12＋15)＝473(万元)

甲、乙商品的生产成本＝240＋320＝560(万元)

计提存货跌价准备＝560－473＝87(万元)

10. (1) 2012 年 12 月 31 日，存货的账面成本大于可变现净值，发生减值 10 万元。

可变现净值低于成本的差额＝1 000 000 －900 000 ＝100 000(元)

借：资产减值损失　　100 000

　　贷：存货跌价准备　　100 000

(2) 2013 年 6 月 30 日，存货成本为 100 万元，可变现净值为 85 万元。

可变现净值低于成本的差额＝1 000 000 －850 000 ＝150 000(元)

本年应计提存货跌价准备＝150 000 － 100 000 ＝ 50 000(元)

借：资产减值损失　　50 000

　　贷：存货跌价准备　　50 000

(3) 2013 年 12 月 31 日，存货成本为 100 万元，可变现净值为 97 万元。

可变现净值低于成本的差额＝1 000 000 －970 000 ＝30 000(元)

本年应计提存货跌价准备＝30 000 －(100 000＋50 000)＝ －120 000(元)

借：存货跌价准备　　120 000

　　贷：资产减值损失　　120 000

(4) 2014 年 6 月 30 日，存货成本为 100 万元，可变现净值为 100.5 万元。由于可变现净值高于账面成本，因此，应将存货的账面价值恢复至账面成本，即将已计提的存货跌价准备全部转回。

借：存货跌价准备　　30 000

　　贷：资产减值损失　　30 000

11. (1) 用 A 材料生产的仪表的生产成本＝88 000＋64 000＝152 000(元)

(2) 用 A 材料生产的仪表的可变现净值＝1 800×80－4 000＝140 000(元)

因为用 A 材料生产的仪表的可变现净值 140 000 元小于仪表的生产成本 152 000 元，所以，A 材料应当按可变现净值计量。

A 材料的可变现净值＝1 800×80－64 000－4 000＝76 000(元)

(3) 2013 年 12 月 31 日 A 材料应计提的跌价准备＝88 000－76 000＝12 000(元)

借：资产减值损失——计提的存货跌价准备　　12 000
　　贷：存货跌价准备——A 材料　　12 000

12.（1）销售 A 商品。

借：银行存款　　46 800
　　贷：主营业务收入　　40 000
　　　　应交税费——应交增值税（销项税额）　　6 800

（2）结转 A 商品销售成本和已计提存货跌价准备。

借：主营业务成本　　50 000
　　贷：库存商品——A 商品　　50 000

借：存货跌价准备　　8 000
　　贷：主营业务成本　　8 000

13. 由于大华公司持有的笔记本电脑数量 14 000 台多于已经签订销售合同的数量 10 000 台。因此，销售合同约定数量 10 000 台，应以销售合同约定的销售价格作为计量基础，超过的部分 4 000 台可变净值应以一般销售价格作为计量基础。

（1）有合同的部分。

① 可变现净值＝10 000×1.5－10 000×0.05＝14 500（万元）

② 账面成本＝10 000×1.41＝14 100（万元）

③ 计提存货跌价准备金额＝0（万元）

（2）没有合同的部分。

① 可变现净值＝4 000×1.3－4 000×0.05＝5 000（万元）

② 账面成本＝4 000×1.41＝5 640（万元）

③ 计提存货跌价准备金额＝5 640－5 000＝640（万元）

（3）编制会计分录。

借：资产减值损失——计提的存货跌价准备　　6 400 000
　　贷：存货跌价准备　　6 400 000

（4）2014 年 3 月 6 日向 M 公司销售笔记本电脑 10 000 台。

借：银行存款　　175 500 000
　　贷：主营业务收入　　150 000 000（10 000×15 000）
　　　　应交税费——应交增值税（销项税额）　　25 500 000

借：主营业务成本　　141 000 000（10 000×14 100）
　　贷：库存商品　　141 000 000

（5）2014 年 4 月 6 日销售笔记本电脑 100 台，市场销售价格为每台 1.2 万元。

借：银行存款　　1 404 000
　　贷：主营业务收入　　1 200 000（100×12 000）
　　　　应交税费——应交增值税（销项税额）　　204 000

借：主营业务成本　　1 410 000（100×14 100）
　　贷：库存商品　　1 410 000

因销售应结转的存货跌价准备＝640÷4 000×100＝16（万元）

借：存货跌价准备　　160 000

　　贷：主营业务成本　　160 000

注意：期末对存货进行计量时，如果同一类存货，其中一部分是有合同价格约定的，另一部分没有合同价格，则需要将该类存货区分为合同价格约定部分和没有合同价格约定部分，分别计算其期末可变现净值，并与其相应的成本比较，以分别确定是否需要计提存货跌价准备，由此所计提的存货跌价准备不得相互抵消。

14. （1）发现盘亏。

借：待处理财产损溢——待处理流动资产损溢　　3 000

　　贷：原材料——A材料　　3 000

（2）查明原因，报经批准处理。

① 假定属于定额内自然损耗。

借：管理费用　　3 000

　　贷：待处理财产损溢——待处理流动资产损溢　　3 000

② 假定属于管理不善造成的毁损。

借：其他应收款——××过失人　　1 000

　　原材料　　200

　　管理费用　　2 310

　　贷：待处理财产损溢——待处理流动资产损溢　　3 000

　　　　应交税费——应交增值税(进项税额转出)　　510

③ 假定属于意外事故造成的毁损：

借：其他应收款——应收保险赔款　　2 500

　　银行存款　　200

　　营业外支出——非常损失　　300

　　贷：待处理财产损溢——待处理流动资产损溢　　3 000

五、案例分析

（1）F公司生产的发电机是该公司的存货，因为放在展览馆展览的发电机、委托代销的发电机，其所有权相关的风险和报酬还是由F公司承担，并未发生转移，所以属于该公司的存货；D公司为解决临时停电需要准备购买2台F公司生产的新型小型发电机不属于D公司的存货，因为D公司只是准备购买发电机，实际还没有发生，不能可靠确定其成本，因此不能确认为D公司的存货。

（2）小李的做法不对，后两项不属于公司存货：

存货项目的金额＝2 150 000－80 000－300 000＝1 770 000(元)

（3）存货的确认对会计信息的正确反映影响资产负债表中存货项目的披露，还影响利润额。

第4章 金融资产

本章结构

- 金融资产
  - 金融资产及其分类
    - 金融资产的内容
    - 金融资产的分类
  - 交易性金融资产
    - 交易性金融资产概述
    - 交易性金融资产的初始计量
    - 交易性金融资产持有收益的确认
    - 交易性金融资产的期末计量
    - 交易性金融资产的处置
  - 持有至到期投资
    - 持有至到期投资概述
    - 持有至到期投资的初始计量
    - 持有至到期投资利息收入的确认
    - 持有至到期投资的处置
    - 持有至到期投资减值损失
    - 持有至到期投资重分类
  - 贷款和应收款项
    - 贷款和应收款项的会计处理原则
    - 一般企业应收款项的会计处理
    - 应收款项减值的核算
  - 可供出售金融资产
    - 可供出售金融资产概述
    - 可供出售金融资产的初始计量
    - 可供出售金融资产的后续计量
    - 可供出售金融资产减值损失
    - 可供出售金融资产重分类

本章重点与难点

4.1 金融资产及其分类

金融资产通常是指企业的库存现金、银行存款、应收账款、应收票据、贷款、其他应收款项、股权投资、债权投资和衍生金融工具形成的资产等。金融资产(货币资金和长期股权投资除外)在初始确认时将其应划分为以公允价值计量且变动计入当期损益的交易性金融资产、持有至到期投资、贷款和应收账款、可供出售金融资产4类。

4.2 交易性金融资产

(1)企业应设置"交易性金融资产"科目，核算为交易目的而持有的债券投资、股票投资、基金投资等交易性金融资产的公允价值，并按交易性金融资产的类别和品种，分别设"成本""公允价值变动"等明细科目进行核算。

(2)企业取得交易性金融资产时，应当按照该金融资产取得时的公允价值作为其初始确认金额，记入"交易性金融资产——成本"科目。取得交易性金融资产所支付价款中包含了已宣告但尚未发放的现金股利或已到付息期但尚未领取的债券利息的，应当单独确认为应收项目，记入"应收股利"或"应收利息"科目。取得交易性金融资产所发生的相关交易费用应当在发生时计入投资收益。

(3)企业持有交易性金融资产期间对于被投资单位宣告发放的现金股利或企业在资产负债表日按分期付息、一次还本债券投资的票面利率计算的利息收入，应当确认为应收项目，记入"应收股利"或"应收利息"科目，并计入投资收益。

(4)资产负债表日，交易性金融资产应当按照公允价值计量，公允价值与账面余额之间的差额计入当期损益。

(5)出售交易性金融资产时，应当将该金融资产出售时的公允价值与其初始入账金额之间的差额确认为投资收益，同时调整公允价值变动损益。

4.3 持有至到期投资

(1)企业应设置"持有至到期投资"科目，核算持有至到期投资的摊余成本，并按照持有至到期投资的类别和品种，分别"成本""利息调整""应计利息"进行明细核算。

(2)持有至到期投资初始投资时应当按取得时实际支付价款和支付相关交易费用之和作为初始计量。支付的价款中包含的已到付息期但尚未领取的债券利息，应单独确认为应收项目，不构成持有至到期投资初始成本。

(3)持有至到期投资在持有期间应当采用实际利率法，按照摊余成本和实际利率计算确认当期利息收入，计入投资收益。以当期利息收入与按面值和票面利率计算确定的当期应收利息的差额作为当期利息调整摊销额。

(4) 出售持有至到期投资，应按实际收到的金额与该投资账面价值之间的差额计入投资收益。已计提减值准备的，还司时结转减值准备。

(5) 企业因持有意图或能力发生改变，使某项投资不再适合划分为持有至到期投资的，应当将其重分类为可供出售金融资产，并以公允价值进行后续计量。重分类日，该投资的账面价值与公允价值之间的差额，计入所有者权益(资本公积——其他资本公积)，在该可供出售金融资产发生减值或终止确认时转出，计入当期损益(投资收益)。

4.4 贷款和应收款项

(1) 应收账款是指企业销售商品、产品或提供劳务等而形成的应向购货方收取的款项，包括价款、增值税和代垫的运杂费等。应收账款存在商业折扣的情况下，其入账金额应按扣除商业折扣以后的实际价值确定；存在现金折扣的情况下，将未减去现金折扣前的金额作为应收账款的入账价值，把给予客户的现金折扣视为融资的理财费用，会计上作为财务费用处理。

(2) 应收票据是指企业持有的还没有到期、尚未兑现的商业票据，商业汇票按其承兑人不同分为商业承兑汇票和银行承兑汇票；按其是否带息分为不带息商业汇票和带息商业汇票。

(3) 企业对应收款项进行减值测试，应根据本单位的实际情况分为单项金额重大和非重大的应收款项，分别进行减值测试，计算确定减值损失，计提坏账准备。对应收款项减值损失的核算有两种方法，即直接转销法与备抵法。直接转销法是指在实际发生坏账时确认坏账损失，计入资产减值损失，同时注销该笔应收账款；备抵法是按期估计坏账损失，形成坏账准备，当某一应收账款全部或者部分被确认为坏账时，应根据其金额冲减坏账准备，同时转销相应的应收账款。用备抵法估计坏账常用的方法有应收账款余额百分比法、账龄分析法和销货百分比法三种。

4.5 可供出售金融资产

(1) 企业应当设置“可供出售金融资产”科目，核算持有的可供出售金融资产的公允价值，并按照可供出售金融资产类别和品种，分别“成本”“利息调整”“公允价值变动”“应计利息”等明细科目进行核算。

(2) 可供出售金融资产应当按取得该金融资产的公允价值和相关交易费用之和作为初始确认金额。支付的价款中包含的已到期付息期但尚未领取的债券利息或已宣告但尚未发行的现金股利，应单独确认为应收项目。

(3) 可供出售金融资产在持有期间取得的现金股利或债券利息(不包括取得该金融资产时支付的价款中包含的已到付息期但尚未领取的利息或已宣告但尚未发放的现金股利)，应当计入投资收益。

(4) 可供出售金融资产的价值应按资产负债表日的公允价值反映，公允价值的变动计入所有者权益。

（5）出售可供出售金融资产，应按实际收到的金额与其账面余额之间的差额，计入投资收益；同时，将原直接计入所有者权益的累计公允价值变动对应出售部分的金额转出，计入投资收益。

练 习 题

一、单项选择题

1. 下列各项中，应计入交易性金融资产取得成本的是（　　）。

A. 支付的交易费用

B. 购买价款中已宣告尚未领取的现金股利

C. 支付的已到付息期但尚未领取的利息

D. 支付的不含已到付息期但尚未领取的利息或已宣告但尚未发放的现金股利的购买价款

2. 企业购入股票作为交易性金融资产，初始入账金额是指（　　）。

A. 股票的面值　　B. 股票的公允价值

C. 实际支付的全部价款　　D. 股票的公允价值与交易税费之和

3. 企业取得交易性金融资产支付的手续费等相关交易费用，应当计入（　　）。

A. 初始入账金额　　B. 投资收益　　C. 财务费用　　D. 管理费用

4. 企业购入股票支付的价款中如果包含已宣告但尚未领取的现金股利，应当（　　）。

A. 计入初始入账金额　　B. 作为其他应收款

C. 作为应收股利　　D. 计入投资收益

5. 企业在持有交易性金融资产期间获得的现金股利，应当（　　）。

A. 计入投资收益　　B. 冲减初始入账金额

C. 计入资本公积　　D. 冲减财务费用

6. 企业在持有交易性金融资产期间，公允价值的变动应当计入（　　）。

A. 投资收益　　B. 公允价值变动损益

C. 资本公积　　D. 营业外收入

7. 资产负债表日，交易性金融资产的价值应按（　　）。

A. 初始入账金额计量　　B. 可变现净值计量

C. 公允价值计量　　D. 成本与市价孰低计量

8. M股份有限公司于2014年2月28日，以每股15元的价格购入某上市公司股票100万股，划分为交易性金融资产，购买该股票支付手续费20万元。6月22日，收到该上市公司按每股1元发放的现金股利。12月31日该股票的市价为每股18元。2014年12月31日该交易性金融资产计入公允价值变动损益的金额为（　　）万元。

A. 300　　B. 1 500　　C. 1 800　　D. 100

9. 关于交易性金融资产的计量，下列说法中不正确的是（　　）。

A. 应按取得该金融资产的公允价值和相关交易费用之和作为初始确认金额

B. 应按取得该金融资产的公允价值作为初始确认金额，相关交易费用在发生时计入当期损益

C. 资产负债表日，企业应将交易性金融资产的公允价值变动计入当期损益

D. 处置交易性金融资产时，其公允价值与初始入账金额之间的差额应确认为投资收益，同时结转公允价值变动损益

10. 2014年1月1日，A公司购入甲公司于2013年1月1日发行的面值为100万元、期限5年、票面年利率为6%、每年12月31日付息的债券并将其划分为交易性金融资产，实际支付购买价款108万元(包括应收债券利息6万元，交易税费0.2万元)。甲公司债券的初始确认金额为(　　)万元。

A. 100　　B. 101.8　　C. 102　　D. 107.8

11. 甲公司2013年1月1日购入面值为100万元、年利率为4%的A债券；取得时支付价款104万元(含已到付息期但尚未领取的利息4万元)，另支付交易费用0.5万元，甲公司将该项金融资产划分为交易性金融资产。2013年1月5日，收到购买时价款中所含的利息4万元，2013年12月31日，A债券的公允价值为106万元，2014年1月5日，收到A债券2013年度的利息4万元；2014年4月20日，甲公司出售A债券售价为108万元。甲公司从购入到出售该项交易性金融资产的累计损益为(　　)万元。

A. 12　　B. 11.5　　C. 16　　D. 15.5

12. 2014年2月2日，A公司支付830万元取得一项股权投资作为交易性金融资产核算，支付价款中包括已宣告尚未领取的现金股利20万元，另支付交易费用5万元。A公司该项交易性金融资产的入账价值为(　　)万元。

A. 810　　B. 815　　C. 830　　D. 835

13. 2014年7月1日，A公司从二级市场以2 100万元(含已到期尚未领取的利息100万元)，购入B公司发行的债券，另发生交易费用10万元，划分为交易性金融资产，当年12月31日，该项交易性金融资产的公允价值为2 200万元。假定不考虑其他因素，当日，A公司应就该资产确认的公允价值变动损益为(　　)万元。

A. 90　　B. 100　　C. 190　　D. 200

14. 企业购入债券作为持有至到期投资，该债券的初始确认金额应为(　　)。

A. 债券面值　　B. 债券面值加相关交易费用

C. 债券公允价值　　D. 债券公允价值加相关交易费用

15. 企业于2014年1月1日，支付85 200元(含应收债券利息)的价款购入面值80 000元、2013年1月1日发行、票面年利率为5%、期限4年、次年1月1日付息的债券作为持有至到期投资。2014年1月1日购入时应记入“持有至到期投资——利息调整”科目的金额为(　　)万元。

A. 5 200　　B. 4 000　　C. 2 000　　D. 1 200

16. 企业购入债券作为持有至到期投资，该债券初始入账金额与其面值的差额，在取得债券时应当作为(　　)。

A. 财务费用　　B. 投资收益　　C. 应计利息　　D. 利息调整

17. 资产负债表日，持有至到期投资的价值通常是指(　　)。

A. 债券的入账成本　　B. 债券的公允价值

C. 债券的摊余成本　　D. 债券的面值

18. 企业按低于面值的成本购入债券作为持有至到期投资，如果该债券在持有期间没有计提减值准备也没有收回部分本金，其摊余成本是指(　　)。

A. 债券面值加尚未摊销的利息调整

B. 债券面值减尚未摊销的利息调整

C. 债券面值加已经摊销的利息调整

D. 债券面值减已经摊销的利息调整

19. 企业“持有至到期投资”账户某年年末余额为 60 000 元，其中，将于 1 年内到期的投资为 10 000 元。该企业为持有至到期投资计提了减值准备 5 000 元。本年度的资产负债表中，“持有至到期投资”项目应列示的金额为(　　)元。

A. 45 000　　B. 50 000　　C. 55 000　　D. 60 000

20. 企业 2013 年 12 月 31 日资产负债表中，持有至到期投资项目金额为 3 000 万元。2014 年度收回已到期的债券 800 万元，另有 500 万元的债券将于 2015 年度内到期。该企业 2014 年年末计提持有至到期投资减值准备 50 万元，持有至到期投资减值准备累计已计提 200 万元。假定不考虑摊销等其他因素，2014 年 12 月 31 日资产负债表中，持有至到期投资项目应填列的金额为(　　)万元。

A. 1 500　　B. 1 650　　C. 2 300　　D. 2 450

21. 商业承兑汇票到期，如果债务人无力支付票款，债权人应将应收票据的账面余额转入(　　)。

A. 应收账款　　B. 其他应收款　　C. 预收账款　　D. 预付账款

22. 企业销售货物时代购货方垫付的运杂费，在未收回货款之前，应作为(　　)。

A. 应收账款　　B. 其他应收款　　C. 预收账款　　D. 预付账款

23. 根据企业会计准则的规定，在销售附有现金折扣的情况下，销售方对购货方取得的现金折扣，应当(　　)。

A. 计入销售费用　　B. 计入管理费用　　C. 计入财务费用　　D. 冲减销售收入

24. 预付账款不多的企业，可以不设“预付账款”科目，而将预付的款项记入(　　)。

A. “应付账款”科目的借方　　B. “应付账款”科目的贷方

C. “应收账款”科目的借方　　D. “应收账款”科目的贷方

25. 某企业 2014 年 5 月 10 日销售产品一批，销售收入为 20 000 元，规定的现金折扣条件为“2/10，1/20，n/30”，适用的增值税税率为 17%。企业 5 月 26 日收到该笔款项时，应给予客户的现金折扣为（　　）元(假定计算现金折扣时不考虑增值税)。

A. 0　　B. 200　　C. 468　　D. 234

26. 甲公司 2014 年 1 月 1 日购入 A 公司发行的两年期公司债券。公允价值为 51 886.09 万元，债券面值 50 000 万元，每年末付息一次，到期还本，票面利率为 6%，实际利率为 4%。采用实际利率法摊销，则甲公司 2014 年 12 月 31 日“持有至到期投资——利息调整”科目的金额为(　　)万元。

A. 1 886.09　　B. 961.53　　C. 924.56　　D. 2 075.44

27. 下列关于持有至到期投资的表述不正确的是(　　)。

A. 持有至到期投资在符合一定条件下重分类为以公允价值计量且其变动计入当期损益的金融资产

B. 企业应采用实际利率法，按摊余成本对持有至到期投资进行后续计量

C. 持有至到期投资在初始确认时，相关交易费用应计入初始确认金额

D. 处置持有至到期投资时，应将所取得价款与持有至到期投资账面价值之间的差额，计入当期损益

28. 下列各项中，不可以证明应收账款收回的可能性不大，不应全额计提坏账准备的是(　　)。

A. 债务单位现金流量严重不足　　B. 债务单位已撤销或破产

C. 债务单位已停产，等待重组　　D. 债务单位所有者权益为负债

29. 下列票据中通过"应收票据"科目核算的是(　　)。

A. 银行汇票　　B. 银行本票　　C. 银行支票　　D. 商业汇票

30. 下列各项中，不应作为"其他应收款"核算的是(　　)。

A. 租入包装物支付的押金　　B. 暂收职工未领的工资

C. 应收的各种罚款　　D. 应收保险公司的各种赔款

31. 下列各项中，通过"长期应收款"科目核算的项目是(　　)

A. 企业销售产品产生的应收款项

B. 出租人融资租赁产生的应收租赁款项

C. 备用金

D. 企业销售材料产生的应收款项

32. 企业销售产品一批，价款4 000元，增值税专用发票注明的增值税税额为680元，企业规定的现金折扣条件为"2/10，1/20，n/30"，应收账款采用总价法核算，则企业"应收账款"账户反映的金额为(　　)元。

A. 4 633.2　　B. 4 680　　C. 4 620　　D. 4 586.4

33. 下列各项中，公允价值变动不应记入"公允价值变动损益"科目的是(　　)。

A. 可供出售金融资产

B. 以公允价值模式进行后续计量的投资性房地产

C. 交易性金融资产

D. 交易性金融负债

34. 某企业赊销商品一批，售价为10 000元，商业折扣5%，适用的增值税税率为17%，现金折扣条件为"2/10，1/20，n/30"。企业销售该商品时代垫运费600元，则应收账款的入账金额是(　　)元。

A. 11 700　　B. 10 000　　C. 11 715　　D. 12 300

35. 可供出售金融资产在发生减值时，不可能涉及的会计科目是(　　)。

A. 资产减值损失　　B. 资本公积——其他资本公积

C. 可供出售金融资产减值准备　　D. 公允价值变动损益

36. 2014 年 1 月 1 日，甲公司自证券市场购入面值总额为 1 000 万元的债券。购入时实际支付价款 990 万元，另外支付交易费用 10 万元。该债券发行日为 2014 年 1 月 1 日，系分期付息、到期还本债券，期限为 5 年，票面年利率为 5%，甲公司计算确定的实际年利率也为 5%，每年 12 月 31 日支付当年利息。甲公司将该债券作为可供出售金融资产核算。2014 年年末该项债券投资的公允价值下降为 700 万元，甲公司预计该项债券投资的公允价值还会下跌。不考虑其他因素，则下列说法正确的是(　　)。

A. 甲公司应于 2014 年年末借记资本公积 300 万元

B. 甲公司应于 2014 年年末确认资产减值损失 300 万元

C. 2014 年年初该项可供出售金融资产的账面价值为 700 万元

D. 2014 年年末该项可供出售金融资产应确认的投资收益为 35 万元

37. 阳光公司于 2014 年 3 月 1 日从证券市场购入甲公司发行在外的股票 60 万股作为可供出售金融资产，每股支付价款 13 元(含已宣告但尚未发放的现金股利 3 元)，另支付相关费用 5 万元，阳光公司取得该项可供出售金融资产时的入账价值为(　　)万元。

A. 600　　B. 785　　C. 780　　D. 605

38. M 公司于 2014 年 1 月 1 日，以 600 万元的价格购进 N 公司当日发行的面值为 550 万元的公司债券。其中债券的买价为 595 万元，相关税费为 5 万元。公司债券票面利率为 8%，期限为 5 年，一次还本付息。M 公司将其划分为持有至到期投资，则 M 公司记入“持有至到期投资——利息调整”科目的金额为(　　)万元。

A. 600　　B. 550　　C. 50　　D. 5

39. 2014 年 1 月 1 日，甲公司购买了一项债券，剩余年限 5 年，将其划分为持有至到期投资，买价(公允价值)为 90 万元，交易费用为 5 万元，每年末按票面利率可获得固定利息 4 万元。该债券在第五年年末兑付(不能提前兑付)时可得本金 110 万元，债券实际利率为 6.96%，该债券 2014 年年末的摊余成本为(　　)万元。

A. 94.68　　B. 97.61　　C. 92.26　　D. 100.40

40. 企业以每股 3.6 元的价格购入 G 公司股票 20 000 股作为可供出售金融资产，并支付交易税费 300 元。股票的买价中包括了每股 0.2 元已宣告但尚未派发的现金股利。该股票的初始确认金额为(　　)元。

A. 68 000　　B. 68 300　　C. 72 000　　D. 72 300

41. 已计提减值准备的可供出售金融资产，如果以后公允价值又回升，应恢复投资的账面价值，但应当以(　　)为限。

A. 投资的公允价值　　B. 投资的面值

C. 初始投资成本　　D. 已计提的减值准备

42. B 公司于 2014 年 3 月 20 日，购买甲公司股票 150 万股，成交价格每股 9 元，作为可供出售金融资产；购买该股票另支付手续费等 22.5 万元。5 月 20 日，收到甲公司按每 10 股分派 3.75 元的上年现金股利。6 月 30 日该股票市价为每股 8.25 元，2014 年 8 月 30 日以每股 7 元的价格将股票全部售出，则可供出售金融资产影响 2014 年 利润表“投资收益”项目的金额为(　　)万元。

A. −266.25　　B. 52.5　　C. −18.75　　D. 3.75

43. M公司于2013年5月5日从证券市场购入N公司股票5 000股，划分为交易性金融资产，每股买价5元(其中包括已宣告但尚未发放的现金股利0.6元)，另外支付相关税费及、佣金3 000元。2013年12月31日，M公司持有的该股票的市价总额(公允价值)为27 500元。2014年5月1日，M公司出售N公司股票5 000股，收入现金39 000元。M公司持有该交易性金融资产累计计入“投资收益”的金额为(　　)元。

A. 15 000　　B. 27 000　　C. 14 000　　D. 10 000

44. 可供出售金融资产期末公允价值的变动，应当计入(　　)。

A. 公允价值变动损益　　B. 投资收益

C. 资本公积　　D. 盈余公积

45. 关于可供出售金融资产，下列各项中不应确认为当期投资收益的是(　　)。

A. 可供出售金融资产持有期间获得的现金股利

B. 出售可供出售金融资产时原计入资本公积的贷方差额

C. 出售可供出售金融资产收到的价款高于其账面余额的差额

D. 可供出售金融资产在资产负债表日公允价值高于账面价值的差额

46. 持有至到期投资的减值金额是指该投资的账面摊余成本与其(　　)。

A. 可变现净值之间的差额　　B. 预计可收回本息之间的差额

C. 预计可收回本息的现值之间的差额　　D. 面值之间的差额

47. 已经计提了减值准备的持有至到期投资，如果以后价值又得以恢复，应当(　　)。

A. 计入投资收益　　B. 恢复投资的账面价值

C. 增加资本公积　　D. 不作账务处理

48. 某企业年末应收账款余额为200 000元，坏账比率为1%，计提坏账准备前，“坏账准备”科目的借方余额500元。该企业当年应计提的坏账准备金额为(　　)。

A. 500　　B. 1 500　　C. 2 000　　D. 2 500

49. 甲公司应收账款年末余额为800 000元，坏账比率为1%，计提坏账准备前，“坏账准备”科目的贷方余额2 000元。甲公司于当年计提坏账准备后，其应收账款的账面价值为(　　)元。

A. 800 000　　B. 798 000　　C. 794 000　　D. 792 000

50. 某企业2012年年末应收账款余额为2 000 000元，“坏账准备”科目无余额；2013年确认不能收回的账款金额为30 000元，年末应收账款余额为4 000 000元；2014年收回已转销的坏账20 000元，年末应收账款余额为3 500 000元。坏账比率为1%。该企业3年内通过计提坏账准备确认的资产减值损失累计金额为(　　)元。

A. 45 000　　B. 65 000　　C. 75 000　　D. 95 000

51. 根据企业会计准则的规定，企业确实无法收回的应收账款，应当(　　)。

A. 转为其他应收款　　B. 计入当期损益

C. 冲减已计提的坏账准备　　D. 不作会计处理

52. 可供出售金融资产计提减值准备时，已计入其他综合收益的公允价值变动累计损失，应当转入(　　)。

A. 投资收益　　B. 公允价值变动损益

C. 资产减值损失　　D. 营业外支出

53. 企业持有的下列投资中，不计提减值准备的是(　　)。

A. 交易性金融资产　　B. 持有至到期投资

C. 可供出售金融资产　　D. 长期股权投资

54. 资产负债表日，应按账面摊余成本计量的投资是(　　)。

A. 交易性金融资产　　B. 持有至到期投资

C. 可供出售金融资产　　D. 长期股权投资

55. 企业为持有的金融资产计提减值准备，体现了(　　)。

A. 实际成本原则　　B. 配比原则

C. 谨慎性会计信息质量要求　　D. 实质重于形式会计信息质量要求

56. 关于金融资产，下列说法中正确的是(　　)。

A. 衍生工具不能划分为交易性金融资产

B. 长期股权投资也属于金融资产

C. 货币资金不属于金融资产

D. 企业的应收账款和应收票据不属于金融资产

57. 企业取得交易性金融资产的主要目的是(　　)。

A. 利用闲置资金短期获利　　B. 控制对方的经营政策

C. 向对方提供财务援助　　D. 分散经营风险

二、多项选择题

1. 下列各项中，属于金融资产的有(　　)。

A. 库存现金　　B. 持有至到期投资

C. 应收款项　　D. 长期股权投资

2.“持有至到期投资”科目下应设置的明细科目有(　　)。

A.“成本”　　B.“公允价值变动”C.“利息调整”

D.“损益调整”　　E.“应计利息”

3. 关于金融资产的计量，下列说法中正确的有(　　)。

A. 可供出售金融资产应当按取得该金融资产的公允价值和相关交易费用之和作为初始确认金额

B. 交易性金融资产应当按照取得时的公允价值和相关的交易费用作为初始确认金额

C. 持有至到期投资在持有期间应当按照摊余成本和实际利率计算确认利息收入，计入投资收益

D. 可供出售金融资产应当按照取得时的公允价值作为初始确认金额，相关的交易费用在发生时计入当期损益

4. 企业出售可供出售金融资产时，对其累计的公允价值变动，可能进行的会计处理有(　　)。

A. 借：公允价值变动损益

　　贷：投资收益

B. 借：投资收益

　　贷：资本公积——其他资本公积

C. 借：投资收益

　　贷：公允价值变动损益

D. 借：资本公积——其他资本公积

　　贷：投资收益

5. 企业对有关交易性金融资产的下列交易或事项进行会计处理时，会涉及“投资收益”科目的有(　　)。

A. 取得投资时支付的交易费用　　B. 取得投资时支付的价款中包含的现金股利

C. 持有期间获得的现金股利　　D. 持有期间获得的股票股利

E. 持有期间发生的公允价值变动损益

6. 关于持有至到期投资的会计处理，下列表述中正确的有(　　)。

A. 持有至到期投资应按面值和票面利率确认投资收益

B. 持有至到期投资应按摊余成本和实际利率确认投资收益

C. 持有至到期投资期末应按摊余成本计量

D. 持有至到期投资不需要计提减值准备

E. 持有至到期投资的投资对象可以是债券但不能是股票

7. 下列会计方法中，属于坏账损失估计方法的有(　　)。

A. 应收账款余额百分比法　　B. 账龄分析法

C. 销货百分比法　　D. 年数总和法

E. 双倍余额百分比法

8. 下列各项中，可以作为应收账款入账金额的是(　　)。

A. 商品销售价款　　B. 增值税销项税额

C. 商业折扣　　D. 代垫运费

9. 现金折扣的会计处理方法有(　　)。

A. 直接转销法　　B. 备抵法　　C. 总价法　　D. 净价法

10. 下列各项中，应记入“坏账准备”科目借方的有(　　)。

A. 按规定提取的坏账准备

B. 收回已确认为坏账并转销的应收账款

C. 已发生的坏账损失

D. 冲回已多提的坏账准备

11. 持有至到期投资应具有的特征主要有(　　)。

A. 到期日固定

B. 回收金额固定或可确定

C. 企业有明确意图和能力持有至到期

D. 有活跃市场

12. 企业持有的持有至到期投资产生的投资收益，包括(　　)。

A. 按持有至到期投资票面价值和票面利率计算确定的利息收入
B. 按持有至到期投资摊余成本和实际利率计算确定的利息收入
C. 持有至到期投资取得时发生的相关费用
D. 持有至到期投资处置时所取得对价的公允价值与投资账面价值之间的差额

13. 下列各项中，影响持有至到期投资摊余成本因素的有(　　)。
A. 确认的减值准备　　B. 分期收回的本金
C. 利息调整的累计摊销额　　D. 对到期一次付息债券确认的票面利息

14. 下列金融资产中，发生的减值准备可以转回的有(　　)。
A. 长期股权投资　　B. 持有至到期投资
C. 应收款项　　D. 可供出售金融资产

15. “交易性金融资产”科目下应设置的明细科目有(　　)。
A. 成本　　B. 利息调整　　C. 应计利息
D. 公允价值变动　　E. 损益调整

16. “交易性金融资产”科目核算为交易目的而持有的(　　)。
A. 认沽权证　　B. 认购权证　　C. 股票投资
D. 债券投资　　E. 基金投资

17. 持有至到期投资的初始入账金额高于其面值的情况下，在持有期间按实际利率法确认的各期利息收入金额(　　)。
A. 不相等　　B. 相等　　C. 递减
D. 递增　　E. 递增或递减

18. 企业发生的下列往来款项中，应作为其他应收款核算的有(　　)。
A. 租入包装物支付的押金　　B. 企业内部周转使用的备用金
C. 代职工垫付的水电费　　D. 销售产品代购货方垫付的运杂费
E. 应收的保险公司赔款

19. “可供出售金融资产”科目下应设置的明细科目有(　　)。
A. 成本　　B. 利息调整　　C. 应计利息
D. 公允价值变动　　E. 损益调整

20. 关于可供出售金融资产，下列说法中正确的有(　　)。
A. 购买价款中包含的已宣告但尚未发放的现金股利应确认为应收项目
B. 可供出售金融资产的公允价值变动应计入资本公积
C. 可供出售金融资产按公允价值计量因而不需要确认减值损失
D. 处置可供出售金融资产时原计入所有者权益的公允价值变动应转入投资损益
E. 可供出售金融资产的投资对象既可以是股票也可以是债券

三、判断题

1. 企业取得的交易性金融资产为债券投资的，应当按照面值，借记“交易性金融资产——成本”科目。(　　)

2. “交易性金融资产”科目的期末借方余额，反映企业持有的交易性金融资产的成本

与市价孰低值。 ( )

3. 交易性金融资产和持有至到期投资的相同点是都按公允价值进行初始计量，且交易费用计入初始入账金额。 ( )

4. 交易性金融资产发生的减值损失直接计入公允价值变动损益。 ( )

5. 企业在持有交易性金融资产期间所获得的现金股利或债券利息，应当冲减交易性金融资的初始入账金额。 ( )

6. 资产负债表日，无论交易性金融资产的公允价值大于还是小于账面价值，其差额均计入当期损益。 ( )

7. 交易性金融资产不需要计提资产减值准备。 ( )

8. 收到购买债券时支付的价款中包含的已到付息期尚未领取的持有至到期投资利息，应计入当期损益。 ( )

9. 企业为取得持有至到期投资发生的交易费用应计入其初始确认金额。 ( )

10. 企业购入的债券可以划分为持有至到期投资，但购入的股票不能划分为持有至到期投资。 ( )

11. “利息调整”是指持有至到期投资的初始入账金额与其面值之间的差额。 ( )

12. 如果持有至到期投资的初始入账金额高于面值，则各期确认的投资收益大于当期的应收利息。 ( )

13. 企业摊销利息调整金额，可能导致持有至到期投资的摊余成本逐期减少，也可能导致持有至到期投资的摊余成本逐期增加。 ( )

14. 如果持有至到期投资的初始入账金额低于其面值，则利息调整的摊销会导致持有至到期投资账面摊余成本逐期减少。 ( )

15. 如果持有至到期投资的初始入账金额高于其面值，则利息调整的摊销会导致持有至到期投资账面摊余成本逐期增加。 ( )

16. 企业应在收到开出、承兑的商业汇票时，按商业汇票的票面金额对应收票据计价入账。 ( )

17. 商业汇票到期时，如果因债务人无力支付票款而发生退票，应将应收票据转为其他应收款。 ( )

18. 企业计提的带息应收票据利息，计入财务费用。 ( )

19. 如果企业贴现的应收票据到期债务人未能如期付款，则申请贴现企业不负有任何还款责任，申请贴现企业应将应收票据贴现作为以票据为质押取得借款处理。 ( )

20. 企业应当定期或者至少于每年年度终了时，对应收款项进行减值测试，分析各项应收款项的可收回性，预计可能发生的减值损失。 ( )

21. 采用账龄分析法计提坏账准备的会计处理方法与应收款项余额百分比法相同，只是计算的坏账准备金额比应收款项余额百分比法更合理。 ( )

22. 虽然预付账款与应收账款同属于债权，但预付账款产生于购货业务，而应收账款产生于销货业务。 ( )

23. 企业内部周转使用的备用金，可单独设置“备用金”科目核算，但在资产负债表上应列入其他应收款项目合并反映，不单设报表项目。 ( )

24. 企业应向职工收取的代垫水电费，应记入“应收账款”账户。 （ ）

25. “坏账准备”账户期末余额在贷方，在资产负债表上列示时，应列示于流动负债项目中。 （ ）

26. 不带息票据的到期价值等于应收票据的面值。 （ ）

27. 存在商业折扣的情况下，企业应收账款入账金额应按不扣除商业折扣以后的实际价值确定。 （ ）

28. 贷款和应收款项与持有至到期投资回收金额都是固定或可确定的。 （ ）

29. 其他应收款尽管也有发生减值损失的可能，但不需要计提坏账准备。 （ ）

30. 企业取得交易性金融资产支付的相关交易费用应计入当期损益，而取得可供出售金融资产支付的相关交易费用应当计入初始入账金额。 （ ）

31. 可供出售金融资产期末按公允价值计量，因此期末不能计提减值准备。 （ ）

32. 资产负债表日，交易性金融资产应按公允价值计量，且公允价值的变动计入当期投资损益。 （ ）

33. 可供出售金融资产的投资对象可以是股票，也可以是债券。 （ ）

34. 可供出售金融资产应当按照取得时的公允价值和相关交易费用之和作为初始入账金额。 （ ）

35. 企业取得的可供出售金融资产，在持有期间应按公允价值计量，且公允价值的变动计入所有者权益。 （ ）

36. 交易性金融资产与可供出售金融资产均按公允价值计量，但公允价值的变动前者计入当期损益，后者计入所有者权益。 （ ）

37. 处置可供出售金融资产时，应将已计入所有者权益的公允价值累计变动额转入公允价值变动损益。 （ ）

38. 资产负债表日，持有至到期投资如果发生了减值，企业应按其未来现金流量低于账面摊余成本的差额确认减值损失。 （ ）

39. 已计提减值准备的持有至到期投资价值以后又得以恢复，应在原已计提的减值准备金额内恢复其账面价值。 （ ）

40. 企业初始确认金融资产，应当按照公允价值计量，相关交易费用应当直接计入当期损益。 （ ）

41. 企业在持有以公允价值计量且其变动计入当期损益的金融资产期间取得的利息或现金股利，应当确认为投资收益。 （ ）

四、计算与业务分析题

1. 2014 年 1 月 3 日，A 公司按每股 3.0 元的价格购入每股面值 1 元的 B 公司股票 50 000 股作为交易性金融资产，并支付交易税费 1 000 元。2014 年 3 月 8 日，B 公司宣告分派每股 0.10 元的现金股利，并于 2014 年 4 月 12 日发放。2014 年 9 月 5 日，A 公司将该股票转让，取得转让收入 165 000 元。

要求：编制 A 公司有关该项交易性金融资产的下列会计分录。

（1）2014 年 1 月 3 日，购入股票。

（2）2014年3月8日，B公司宣告分派现金股利。

（3）2014年4月12日，收到现金股利。

（4）2014年9月5日，转让股票。

2. A公司于每年年末对交易性金融资产按公允价值计量。2013年12月31日，该公司作为交易性金融资产持有的C公司股票账面余额为500 000元。

要求：编制下列不同情况下，2014年12月21日，A公司对交易性金融资产按公允价值计量的会计分录。

（1）假定C公司股票期末公允价值为550 000元。

（2）假定C公司股票期末公允价值为460 000元。

3. 2014年1月9日，A公司以每股6.0元的价格购入B公司每股1元的普通股10 000股作为交易性金融资产，并支付税金和手续费800元。2014年4月6日，B公司宣告2013年度股利分配方案，每股分派现金股利0.20元，并于4月28日发放。2014年6月30日，B公司股票每股公允价值7.0元。2014年9月27日，将B公司股票出售，收到出售价款78 000元。

要求：编制A公司有关该项交易性金融资产的下列会计分录。

（1）2014年1月9日，购入股票。

（2）2014年4月6日，B公司宣告分派现金股利。

（3）2014年4月28日，收到现金股利。

（4）2014年6月30日，确认公允价值变动损益。

（5）2014年9月27日，将B公司股票出售。

4. 2014年2月15日，A公司以56 800元的价格购入B公司债券作为交易性金融资产，并支付相关税费200元。该债券于2013年7月1日发行，面值50 000元、期限5年、票面利率4%、每年7月1日付息一次，到期还本。2014年12月6日，A公司将债券转让，收到转让价款56 000元。

要求：编制A公司有关该项交易性金融资产的下列会计分录。

（1）2014年2月15日，购入债券。

（2）2014年7月1日，收到债券利息。

（3）2014年12月6日，转让债券。

5. 2013年5月10日，甲公司以620万元（含已宣告但尚未领取的现金股利20万元）购入乙公司股票200万股作为交易性金融资产，另支付手续费6万元，5月30日，甲公司收到现金股利20万元。2013年6月30日该股票每股市价为3.2元，2013年8月10日，乙公司宣告分派现金股利，每股0.2元，8月20日，甲公司收到分派的现金股利。至12月31日，甲公司仍持有该交易性金融资产，期末每股市价为3.6元，2014年1月3日以630万元出售该交易性金融资产。假定甲公司每年6月30日和12月31日对外提供财务报告。

要求：

（1）编制上述经济业务的会计分录。

（2）计算该交易性金融资产的累计损益。

6. 2014年3～5月，甲上市公司发生以下交易性金融资产业务。

(1) 3月1日，向D证券公司划出投资款1 000万元，款项已通过开户行转入D证券公司银行账户。

(2) 3月2日，委托D证券公司购入A上市公司股票100万股，每股8元，另发生相关的交易费用2万元，并将该股票划分为交易性金融资产。

(3) 3月31日，该股票在证券交易所的收盘价格为每股7.70元。

(4) 4月30日，该股票在证券交易所的收盘价格为每股8.10元。

(5) 5月10日，将所持有的该股票全部出售，所得价款825万元，已存入银行，假定不考虑相关税费。

要求：根据以上资料，编制甲上市公司的会计分录。

7. M公司2013年发生以下有关债券投资业务。

(1) 2013年1月1日，M公司从活跃市场购买了N公司一项债券，期限5年，债券面值2 200万元，公允价值为1 922万元(含交易费用20万元)，2014年1月5日按票面利率3%支付利息。该债券在第5年兑付本金及最后一期利息。实际利率为6%。

(2) 2013年年末，该债券的公允价值为2 000万元。

要求：分别编制该项债券投资划分为交易性金融资产、持有至到期投资、可供出售金融资产时，M公司2013年的相关会计分录。

8. 2014年1月8日，A公司购入B公司债券作为持有至到期投资，实际支付的全部价款为62 000元(包括2013年度已到付息期但尚未支付的债券利息和相关税费)。B公司债券于2013年1月1日发行、面值60 000元、期限5年、票面利率6%、每年12月31日付息一次、到期还本。

要求：编制A公司取得该持有至到期投资的会计分录。

9. 甲股份有限公司(以下简称“甲公司”)为上市公司。甲公司持有至到期投资于每年年末计提债券利息，并采用实际利率法摊销债券溢折价。甲公司发生以下有关持有至到期投资业务。

(1) 2009年12月31日，以21 909.2万元的价格购入乙公司于2009年1月1日发行的5年期一次还本、分期付息债券，债券面值总额为20 000万元，付息日为每年1月1日，票面年利率为6%，实际年利率为5%。未发生其他相关税费。

(2) 2010年1月1日，收到乙公司发放的债券利息，存入银行。

(3) 2010年12月31日，计提债券利息，并摊销债券溢价。

(4) 2011年1月1日，收到乙公司发放的债券利息，存入银行。

(5) 2011年12月31日，计提债券利息，并摊销债券溢价。

(6) 2012年1月1日，收到乙公司发放的债券利息，存入银行。

(7) 2012年12月31日，计提债券利息，并摊销债券溢价。

(8) 2013年1月1日，收到乙公司发放的债券利息，存入银行。

(9) 2013年12月31日，计提债券利息，并摊销债券溢价。

(10) 2014年1月1日，该债券到期，收到乙公司发放的债券本金和利息，存入银行。(假定各年实际利率均为5%，不考虑其他因素)

要求：逐笔编制上述各项业务的会计分录。

10. A公司于2011年1月2日从证券市场上购入B公司于2010年1月1日发行的债券，该债券4年期、票面年利率为4%，每年1月5日支付上年度的利息，到期日为2014年1月1日，到期日一次归还本金和最后一次利息。A公司购入债券的面值为1 000万元，实际支付价款为992.77万元，另支付相关费用20万元。A公司购入后将其划分为持有至到期投资。购入债券的实际利率为5%。假定按年计提利息，利息不是以复利计算。

要求：编制A公司从2011年1月1日～2014年1月1日上述有关业务的会计分录。

11. A公司于2013年1月1日从证券市场上购入B公司于2012年1月1日发行的债券，该债券5年期、票面利率为5%、每年1月5日支付上年度的利息，到期日为2017年1月1日，到期日一次归还本金和最后一次利息。A公司购入债券的面值为1 000万元，实际支付价款为1 005.35万元，另支付相关费用10万元。A公司购入后将其划分为持有至到期的投资。购入债券的实际利率为6%。假定按年计提利息。2013年12月31日，该债券的预计未来现金流量现值为930万元(不属于暂时性的公允价值变动)。2014年1月2日，A公司将持有至到期投资重分类为可供出售金融资产，其公允价值为925万元。

要求：编制A公司从2013年1月1日～2014年1月2日上述有关业务的会计分录。

12. 龙盛公司2014年8月发生以下经济业务。

(1) 5日，向甲公司销售产品一批，价款50 000元，增值税税额8 500元，采用托收承付结算方式结算，在产品发运时，以银行存款代垫运杂费500元，已向银行办妥托收手续。

(2) 10日，应收乙公司货款95 000元，经协商改为商业汇票结算。已收到乙公司交来一张面值为95 000元的3个月到期的商业承兑汇票。

(3) 12日，向丙公司销售产品一批，价款100 000元，增值税税额17 000元，付款条件为“2/10，1/20，n/30”(计算现金折扣时不考虑增值税)。

(4) 15日，收到银行通知，应收甲公司货款59 000元已收妥入账。

(5) 21日，收到12日向丙公司销售的货款并存入银行。

(6) 25日，向华夏公司预付购材料款58 000元，银行转账付讫。

要求：根据上述资料编制有关会计分录。

13. 龙盛公司为增值税一般纳税人，增值税税率为17%，本公司2014年3月5日向B公司销售产品一批，价目表标明的价格为20 000元，给予购买方10%的商业折扣，规定的现金折扣条件为“2/10，1/20，n/30”，产品已交运并办妥手续。该公司采用总价法核算现金折扣，计算现金折扣时不考虑增值税。

要求：根据上述资料编制下列会计分录。

(1) 2014年3月5日向B公司销售产品。

(2) 假设在2014年3月13日收到货款。

(3) 假设在2014年3月20日收到货款。

(4) 假设在2014年3月27日收到货款。

14. 2014年10月8日，龙盛公司向D公司采购材料，按合同规定预付货款25 000

元，开出转账支票支付；10 月 25 日，龙盛公司收到向 D 公司采购的材料，价款 40 000 元，增值税专用发票所列税款 6 800 元，材料已验收入库；11 月 8 日，龙盛公司开出转账支票，补付货款 21 800 元。

要求：编制有关经济业务的会计分录。

15. 龙盛公司采用应收账款余额百分比法核算坏账，坏账提取比率为 0.3%。该企业从 2011 年开始提取坏账，2011 年年末应收账款余额为 20 万元。2012 年实际发生坏账 800 元，2012 年年末应收账款余额为 18 万元。2013 年收回 2012 年实际发生的坏账 600 元，2013 年年末应收账款余额为 10 万元。

要求：根据上述业务编制下列会计分录。

(1) 2011 年年末计提坏账的分录。

(2) 2012 年实际发生坏账的分录。

(3) 2012 年年末计提坏账的分录。

(4) 2013 年收回 2012 年发生坏账的分录。

(5) 2013 年年末计提坏账的分录。

16. 龙盛公司坏账损失采用备抵法核算，本年初应收账款余额为 1 000 000 元，“坏账准备”账户的借方余额为 100 000 元，本年度确认坏账损失 50 000 元。年末应收账款余额的具体资料如表 4－1 所示。

表 4－1 年末应收账款余额

应收账款账龄	应收账款余额/元	估计坏账损失比例
6 个月内	2 000 000	0.5%
6～12 个月	800 000	10%
1～2 年	100 000	20%
2～3 年	200 000	40%
3 年以上	100 000	100%
合计	3 200 000	—

要求：

(1) 编制年度确认坏账损失的会计分录。

(2) 若该公司采用应收账款余额百分比法提取坏账准备，提取比例为 20%，计算年末应提取的坏账准备并编制会计分录。

(3) 若该公司采用账龄分析法提取坏账准备，计算年末应提取的坏账准备并编制会计分录。

17. 龙盛公司 2013 年 8 月 5 日从二级市场上购入 M 公司股票 100 000 股作为可供出售金融资产，每股市价 9 元，交易费用 2 000 元。2013 年 12 月 31 日，该股票市价升至 10 元。2014 年 3 月 18 日，龙盛公司将该股票全部售出，售价为每股 8 元，交易费用 2 000 元。假定不考虑其他因素。

要求：根据上述业务编制下列会计分录。

(1) 2013 年 8 月 5 日购入股票。

(2) 2013 年 12 月 31 日，股票价格变动。

(3) 2014 年 3 月 18 日，股票全部出售。

18. 龙盛公司 2013 年 1 月 1 日以银行存款 1 035 000 元购入 N 公司发行的 3 年期分期付息、一次还本债券作为可供出售金融资产，该债券票面金额 1 000 000 元，票面利率 6%，实际利率 4%。每年 12 月 31 日为付息日。2013 年 12 月 31 日，该债券市场价格为 1 000 500 元，假定无交易费用和其他因素。

要求：根据上述业务编制相关会计分录。

19. 2011 年 1 月 1 日，甲公司从股票二级市场以每股 15 元(其中包含每股 0.2 元的已宣告但尚未发放的现金股利)的价格购入乙公司发行的股票 200 000 股，占乙公司有表决权股份的 5%，对乙公司无重大影响，划分为可供出售金融资产。

2011 年 3 月 10 日，甲公司收到乙公司发放的上年现金股利 40 000 元。

2011 年 12 月 31 日，该股票的市场价格为每股 16 元。甲公司预计该股票的价格变动是暂时的。

2012 年，乙公司因违反相关证券法规，受到证券监管部门查处。受此影响，乙公司股票的价格发生下跌。至 2012 年 12 月 31 日，该股票的市场价格下跌到每股 9 元。

2013 年，乙公司整改完成，加之市场宏观面好转，股票价格有所回升，至 12 月 31 日，该股票的市场价格上升到每股 11 元。

2014 年 1 月 15 日，甲公司将该股票全部出售，实际收到价款 3 100 000 元。

假定 2012 年和 2013 年均未分派现金股利，不考虑其他因素。

要求：根据上述资料编制甲公司的相关会计分录。

五、案例分析

1. 甲公司 2014 年 3 月 1 日购入乙公司的股票作为交易性金融资产，购买的股票数为 20 万股，每股市价 10 元，另支付手续费 10 万元，对于该业务，甲公司会计王某确认了一项 210 万元(20×10+10)的投资成本；2014 年 12 月 31 日，乙公司的股价上涨到每股市价 12 元。为此王某又确认了一项 40 万元(20×12−20×10)的投资收益。

要求：假如你是一名注册会计师，判断王某对上述事项和业务的会计处理是否正确。如果不正确，说明理由并作出恰当的处理。

2. 龙盛公司 2014 年对下述事项和业务有以下会计处理。

(1) 2014 年年末应收账款的余额为 1 000 万元，公司对坏账准备的核算采用余额百分比法，提取坏账准备的比例为 0.3%，在计提坏账准备前，“坏账准备”科目有借方余额 2 万元，本年收到已冲销的上年西方公司应收账款 10 万元。为此龙盛公司今年提取的坏账准备为 3 万元，将收回的西方公司的应收账款直接冲减当期的资产减值损失。

(2) 为公司职工王某垫付的应交个人人身保险费 300 元，记入“应收账款”科目。

(3) 在编制的会计报表中注明的“应付账款”科目余额为 2 000 万元，其中包括预付给南方公司的原材料预付款 10 万元，该企业发生的预付账款仅此一项。

(4) 年末收到北方公司交来的一张面值为500万元的商业承兑汇票，获知北方公司的现金流量不足，资金周转困难，为此龙盛公司对该票据计提了20万元的坏账准备。

要求：

(1) 龙盛公司对上述业务的会计处理中，哪些是正确的？哪些是错误的？(用序号表明即可)

(2) 对不正确的会计处理说明理由并简要说明正确的会计处理。

习题解答

一、单项选择题

1. D 2. B 3. B 4. C 5. A 6. B 7. C 8. A 9. A 10. B 11. B 12. A 13. D
14. D 15. D 16. D 17. C 18. B 19. A 20. D 21. A 22. A 23. C 24. A
25. B 26. C 27. A 28. C 29. D 30. B 31. B 32. B 33. A 34. C 35. D
36. B 37. D 38. C 39. D 40. B 41. D 42. A 43. C 44. C 45. D 46. C
47. B 48. D 49. D 50. A 51. C 52. C 53. A 54. B 55. C 56. B 57. A

二、多项选择题

1. ABCD 2. ACE 3. AC 4. BD 5. AC 6. BCE 7. ABC 8. ABD 9. CD 10. CD
11. ABC 12. BD 13. ABCD 14. BCD 15. AD 16. CDE 17. AC 18. ABCE
19. ABCD 20. ABDE

三、判断题

1. × 2. × 3. × 4. × 5× 6. √ 7. √ 8. × 9. √ 10. √ 11. √
12. × 13. √ 14. × 15. × 16. √ 17. × 18. √ 19. × 20. √ 21. √
22. √ 23. √ 24. × 25. × 26. √ 27. × 28. √ 29. × 30. √ 31. ×
32. × 33. √ 34. √ 35. √ 36. √ 37. × 38. × 39. √ 40. × 41. √

四、计算与业务分析题

1. 交易性金融资产的购入、持有、转让(股票)。

(1) 2014年1月3日，购入股票。

借：交易性金融资产——B公司股票(成本)	150 000	
投资收益	1 000	
贷：银行存款		151 000

(2) 2014年3月8日，B公司宣告分派现金股利。

应收股利＝0.10×50 000＝5 000(元)

借：应收股利	5 000	
贷：投资收益		5 000

(3) 2014 年 4 月 12 日，收到现金股利。

借：银行存款　　5 000

　　贷：应收股利　　5 000

(4) 2014 年 9 月 5 日，转让股票。

借：银行存款　　165 000

　　贷：交易性金融资产——B 公司股票(成本)　　150 000

　　　　投资收益　　15 000

2. 交易性金融资产公允价值变动。

(1) 假定 C 公司股票期末公允价值为 550 000 元：

公允价值变动＝550 000－500 000＝50 000(元)

借：交易性金融资产——C 公司股票(公允价值变动)　　50 000

　　贷：公允价值变动损益　　50 000

(2) 假定 C 公司股票期末公允价值为 460 000 元：

公允价值变动＝460 000－500 000＝－40 000(元)

借：公允价值变动损益　　40 000

　　贷：交易性金融资产——C 公司股票(公允价值变动)　　40 000

3. 交易性金融资产的购入、持有、转让(股票)。

(1) 2014 年 1 月 9 日，购入股票。

借：交易性金融资产——B 公司股票(成本)　　60 000

　　投资收益　　800

　　贷：银行存款　　60 800

(2) 2014 年 4 月 6 日，B 公司宣告分派现金股利。

借：应收股利　　2 000

　　贷：投资收益　　2 000

(3) 2014 年 4 月 28 日，收到现金股利。

借：银行存款　　2 000

　　贷：应收股利　　2 000

(4) 2014 年 6 月 30 日，确认公允价值变动损益。

借：交易性金融资产——B 公司股票(公允价值变动)　　10 000

　　贷：公允价值变动损益　　10 000

(5) 2014 年 9 月 27 日，将 B 公司股票出售。

借：银行存款　　78 000

　　贷：交易性金融资产——B 公司股票(成本)　　60 000

　　　　　　　　　　　——B 公司股票(公允价值变动)　　10 000

　　　　投资收益　　8 000

借：公允价值变动损益　　10 000

　　贷：投资收益　　10 000

4. 交易性金融资产的购入、持有、转让(债券)。

(1) 2014 年 2 月 15 日，购入债券。

借：交易性金融资产——B公司债券(成本)　　56 800

　　投资收益　　200

　　贷：银行存款　　57 000

(2) 2014 年 7 月 1 日，收到债券利息。

债券利息＝50 000×4%＝2 000(元)

借：银行存款　　2 000

　　贷：投资收益　　2 000

(3) 2014 年 12 月 6 日，转让债券。

借：银行存款　　56 000

　　投资收益　　800

　　贷：交易性金融资产——B公司债券(成本)　　56 800

5. 交易性金融资产的购入、持有、转让(股票)。

(1) 编制会计分录。

① 2013 年 5 月 10 日，购买股票。

借：交易性金融资产——乙公司股票(成本)　　6 000 000

　　应收股利　　200 000

　　投资收益　　60 000

　　贷：银行存款　　6 260 000

② 2013 年 5 月 30 日，收到购买前已宣告的股利。

借：银行存款　　200 000

　　贷：应收股利　　200 000

③ 2013 年 6 月 30 日股票市价每股上涨 0.2 元。

借：交易性金融资产——乙公司股票(公允价值变动)　　400 000

　　贷：公允价值变动损益　　400 000

④ 2013 年 8 月 10 日，确认持有期间实现的股利。

借：应收股利　　400 000

　　贷：投资收益　　400 000

⑤ 2013 年 8 月 20 日收到现金股利。

借：银行存款　　400 000

　　贷：应收股利　　400 000

⑥ 2013 年 12 月 31 日，公允价值发生变动。

借：交易性金融资产——乙公司股票(公允价值变动)　　800 000

　　贷：公允价值变动损益　　800 000

⑦ 2014 年 1 月 3 日，出售交易性金融资产。

借：银行存款　　6 300 000

　　投资收益　　900 000

贷：交易性金融资产——乙公司股票(成本) 6 000 000
——乙公司股票(公允价值变动) 1 200 000

同时，结转持有期间已确认的公允价值变动损益。

借：公允价值变动损益 1 200 000
贷：投资收益 1 200 000

(2) 累计损益＝400 000＋1 200 000－60 000－900 000＝640 000(元)

6. 交易性金融资产的购入、持有、转让(股票)。

(1) 2014 年 3 月 1 日，向 D 证券公司划出投资款。

借：其他货币资金——存出投资款 10 000 000
贷：银行存款 10 000 000

(2) 2014 年 3 月 2 日购入股票。

借：交易性金融资产——A 公司股票(成本) 8 000 000
投资收益 20 000
贷：其他货币资金——存出投资款 8 020 000

(3) 2014 年 3 月 31 日，该股票为每股 7.70 元。

借：公允价值变动损益 300 000
贷：交易性金融资产——A 公司股票(公允价值变动) 300 000

(4) 2014 年 4 月 30 日，该股票为每股 8.10 元。

借：交易性金融资产——A 公司股票(公允价值变动) 400 000
贷：公允价值变动损益 400 000

(5) 2014 年 5 月 10 日，该股票全部出售。

借：银行存款 8 250 000
贷：交易性金融资产——A 公司股票(成本) 8 000 000
交易性金融资产——A 公司股票(公允价值变动) 100 000
投资收益 150 000

同时：

借：公允价值变动损益 100 000
贷：投资收益 100 000

7. 交易性金融资产、持有至到期投资和可供出售金融资产的购入、持有。

(1) 2013 年 1 月 1 日购入债券。

① 划分为交易性金融资产。

借：交易性金融资产——N 公司债券(成本) 19 020 000
投资收益 200 000
贷：银行存款 19 220 000

② 划分为持有至到期投资。

借：持有至到期投资——N 公司债券(成本) 22 000 000
贷：银行存款 19 220 000
持有至到期投资——N 公司债券(利息调整) 2 780 000

③ 划分为可供出售金融资产

借：可供出售金融资产——N公司债券(成本)　　22 000 000
　　贷：银行存款　　19 220 000
　　　　可供出售金融资产——N公司债券(利息调整)　　2 780 000

(2) 2013年年末，该债券的公允价值为2 000万元。

① 划分为交易性金融资产。

借：应收利息　　660 000(22 000 000×3%)
　　贷：投资收益　　660 000
借：交易性金融资产——N公司债券(公允价值变动)
　　980 000(20 000 000－19 020 000)
　　贷：公允价值变动损益　　980 000

② 划分为持有至到期投资。

借：应收利息　　660 000(22 000 000×3%)
　　持有至到期投资——N公司债券(利息调整)　　493 200
　　贷：投资收益　　1 153 200(19 220 000×6%)

③ 划分为可供出售金融资产。

借：应收利息　　660 000(22 000 000×3%)
　　可供出售金融资产——N公司债券(利息调整)　493 200(1 153 200－660 000)
　　贷：投资收益　　1 153 200(19 220 000×6%)

2013年年末摊余成本＝1 922＋49.32＝1 971.32(万元)

借：可供出售金融资产——N公司债券(公允价值变动)　286 800
　　贷：资本公积——其他资本公积　　286 800(20 000 000－19 713 200)

8. 购入持有至到期投资。

借：持有至到期投资——B公司债券(成本)　　60 000
　　应收利息　　3 600
　　贷：银行存款　　62 000
　　　　持有至到期投资——B公司债券(利息调整)　　1 600

9. 持有至到期投资的购入至到期收回。

(1) 2009年12月31日购入债券。

借：持有至到期投资——乙公司债券(成本)　　200 000 000
　　　　　　　　——乙公司债券(利息调整)　　7 092 000
　　应收利息　　12 000 000
　　贷：银行存款　　219 092 000

(2) 2010年1月1日，收到乙公司发放的债券利息。

借：银行存款　　12 000 000
　　贷：应收利息　　12 000 000

(3) 2010年12月31日，计提债券利息，摊销溢价。

借：应收利息　　12 000 000

贷：投资收益 10 354 600

持有至到期投资——乙公司债券(利息调整) 1 645 400

(4) 2011 年 1 月 1 日，收到债券利息。

借：银行存款 12 000 000

贷：应收利息 12 000 000

(5) 2011 年 12 月 31 日，计提债券利息。

借：应收利息 12 000 000

贷：投资收益 10 272 330

持有至到期投资——乙公司债券(利息调整) 1 727 670

(6) 2012 年 1 月 1 日，收到债券利息。

借：银行存款 12 000 000

贷：应收利息 12 000 000

(7) 2012 年 12 月 31 日，计提债券利息。

借：应收利息 12 000 000

贷：投资收益 10 185 946.5

持有至到期投资——乙公司债券(利息调整) 1 814 053.5

(8) 2013 年 1 月 1 日，收到债券利息。

借：银行存款 12 000 000

贷：应收利息 12 000 000

(9) 2013 年 12 月 31 日，计提债券利息。

借：应收利息 12 000 000

贷：投资收益 10 095 123.5

持有至到期投资——乙公司债券(利息调整) 1 904 876.5

(10) 2014 年 1 月 1 日，该债券到期。

借：银行存款 212 000 000

贷：持有至到期投资——乙公司债券(成本) 200 000 000

应收利息 12 000 000

10. 持有至到期投资的购入至到期收回(会计分录中单位用万元表示)。

(1) 2011 年 1 月 2 日购入债券。

初始确认金额＝992.77＋20－1 000×4%＝972.77(万元)

借：持有至到期投资——B 公司债券(成本) 1 000

应收利息 40

贷：银行存款 1 012.77

持有至到期投资——B 公司债券(利息调整) 27.23

(2) 2011 年 1 月 5 日，收到利息。

借：银行存款 40

贷：应收利息 40

(3) 2011 年 12 月 31 日计提利息。

应收利息＝40(万元)

利息收入＝ 972.77×5％＝48.64(万元)

利息调整摊销额＝48.64－40＝8.64(万元)

借：应收利息　　40

　　持有至到期投资——B公司债券(利息调整)　　8.64

　　贷：投资收益　　48.64

(4) 2012年1月5日，收到利息。

借：银行存款　　40

　　贷：应收利息　　40

(5) 2012年12月31日计提利息。

应收利息＝40(万元)

利息收入＝(972.77＋8.64)×5％＝49.07(万元)

利息调整摊销额＝49.07－40＝9.07(万元)

借：应收利息　　40

　　持有至到期投资——B公司债券(利息调整)　　9.07

　　贷：投资收益　　49.07

(6) 2013年1月5日，收到利息。

借：银行存款　　40

　　贷：应收利息　　40

(7) 2013年12月31日计提利息。

应收利息＝40(万元)

利息收入＝(972.77＋8.64＋9.07)×5％＝49.52(万元)

利息调整摊销额＝49.52－40＝9.52(万元)

借：应收利息　　40

　　持有至到期投资——B公司债券(利息调整)　　9.52

　　贷：投资收益　　49.52

(8) 2014年1月1日，收到利息。

借：银行存款　　1 040

　　贷：应收利息　　40

　　　　持有至到期投资——B公司债券(成本)　　1 000

11. 持有至到期投资的购入、利息收益的确认、发生减值和重分类(会计分录中单位用万元表示)。

(1) 2013年1月1日购入债券。

借：持有至到期投资——B公司债券(成本)　　1 000

　　应收利息　　50

　　贷：银行存款　　1 015.35

　　　　持有至到期投资——B公司债券(利息调整)　　34.65

(2) 2013年1月5日收到利息。

借：银行存款　50

　　贷：应收利息　50

(3) 2013 年 12 月 31 日计提利息和减值损失。

2013 年应收利息＝1 000×5%＝50(万元)

2013 年实际利息收入＝(1 000－34.65)×6%＝57.92(万元)

借：应收利息　50

　　持有至到期投资——B 公司债券(利息调整)　7.92

　　贷：投资收益　57.92

持有至到期投资减值：

2013 年 12 月 31 日，“持有至到期投资”的账面值＝1 000－34.65＋7.92＝973.27(万元)

2013 年应计提的减值金额＝973.27－930＝43.27(万元)

借：资产减值损失　43.27

　　贷：持有至到期投资减值准备　43.27

如以后价值又得以恢复，应在原已计提的减值准备金额内，按恢复增加的金额，做相反会计分录。

(4) 2014 年 1 月 2 日，持有至到期投资的重分类。

借：可供出售金融资产——B 公司债券(成本)　1 000

　　持有至到期投资减值准备　43.27

　　持有至到期投资——B 公司债券(利息调整)　26.73

　　资本公积　5

贷：持有至到期投资——B 公司债券(成本)　1 000

　　可供出售金融资产——B 公司债券(利息调整)　75

12. 应收款项的核算。

(1) 2014 年 8 月 5 日销售产品。

借：应收账款——甲公司　59 000

　　贷：主营业务收入　50 000

　　　　应交税费——应交增值税(销项税额)　8 500

　　　　银行存款　500

(2) 2014 年 8 月 10 日，应收乙公司货款改为商业汇票结算。

借：应收票据　95 000

　　贷：应收账款——乙公司　95 000

(3) 2014 年 8 月 12 日销售产品。

借：应收账款——丙公司　117 000

　　贷：主营业务收入　100 000

　　　　应交税费——应交增值税(销项税额)　17 000

(4) 2014 年 8 月 15 日收到货款。

借：银行存款　59 000

贷：应收账款——甲公司 59 000

(5) 2014 年 8 月 21 日收到货款。

借：银行存款 115 000

财务费用 2 000

贷：应收账款——丙公司 117 000

(6) 2014 年 8 月 25 日预付货款。

借：预付账款——华夏公司 58 000

贷：银行存款 58 000

13. 应收账款的核算(商业折扣和现金折扣)。

(1) 2014 年 3 月 5 日向 B 公司销售产品。

借：应收账款——B 公司 21 060

贷：主营业务收入 18 000

应交税费——应交增值税(销项税额) 3 060

(2) 假设在 2014 年 3 月 13 日收到货款。

现金折扣＝18 000×2％＝360(元)

借：银行存款 20 700

财务费用 360

贷：应收账款——B 公司 21 060

(3) 假设在 2014 年 3 月 20 日收到货款。

现金折扣＝18 000×1％＝180(元)

借：银行存款 20 880

财务费用 180

贷：应收账款——B 公司 21 060

(4) 假设在 2014 年 3 月 27 日收到货款。

借：银行存款 21 060

贷：应收账款——B 公司 21 060

14. 预付账款的核算。

(1) 2014 年 10 月 8 日预付货款。

借：预付账款——D 公司 25 000

贷：银行存款 25 000

(2) 2014 年 10 月 25 日收到采购原材料。

借：原材料 40 000

应交税费——应交增值税(进项税额) 6 800

贷：预付账款——D 公司 46 800

(3) 2014 年 11 月 8 日补付货款。

借：预付账款——D 公司 21 800

贷：银行存款 21 800

15. 坏账准备的核算。

(1) 2011 年年末计提坏账。

借：资产减值损失 600

　　贷：坏账准备 600

(2) 2012 年实际发生坏账。

借：坏账准备 800

　　贷：应收账款 800

(3) 2012 年年末计提坏账。

借：资产减值损失 740

　　贷：坏账准备 740

(4) 2013 年收回 2012 年发生坏账。

借：应收账款 600

　　贷：坏账准备 600

同时：

借：银行存款 600

　　贷：应收账款 600

(5) 2013 年年末计提坏账。

借：坏账准备 840

　　贷：资产减值损失 840

16. 坏账准备的核算。

(1) 本年度确认坏账损失。

借：坏账准备 50 000

　　贷：应收账款 50 000

(2) 采用应收账款余额百分比法，年末提取的坏账准备。

借：资产减值损失 790 000

　　贷：坏账准备 790 000

(3) 采用账龄分析法，年末提取的坏账准备。

借：资产减值损失 440 000

　　贷：坏账准备 440 000

17. 可供出售金融资产的购入、价格变动和出售。

(1) 2013 年 8 月 5 日购入股票：

借：可供出售金融资产——M 公司股票(成本) 902 000

　　贷：银行存款 902 000

(2) 2013 年 12 月 31 日，股票价格变动。

借：可供出售金融资产——M 公司股票(公允价值变动) 98 000

　　贷：资本公积——其他资本公积 98 000

(3) 2014 年 3 月 18 日，股票全部出售。

借：银行存款 798 000

资本公积——其他资本公积 98 000
投资收益 104 000
贷：可供出售金融资产——M公司股票(公允价值变动) 98 000
——M公司股票(成本) 902 000

18. 可供出售金融资产的购入、计提利息和公允价值变动。

(1) 2013年1月1日购入债券。

借：可供出售金融资产——N公司债券(成本) 1 000 000
——N公司债券(利息调整) 35 000
贷：银行存款 1 035 000

(2) 2013年12月31日，收到债券利息并确认公允价值变动：

借：应收利息 60 000(1 000 000×6%)
贷：投资收益 41 400(1 035 000×4%)
可供出售金融资产——N公司债券(利息调整) 18 600
借：资本公积——其他资本公积 15 900
贷：可供出售金融资产——N公司债券(公允价值变动) 15 900

19. 可供出售金融资产的购入、计提利息、公允价值变动和出售。

(1) 2011年1月1日购入股票。

借：可供出售金融资产——乙公司发股票(成本) 2 960 000
应收股利 40 000
贷：银行存款 3 000 000

(2) 2011年3月10收到现金股利。

借：银行存款 40 000
贷：应收股利 40 000

(3) 2011年12月31日确认股票公允价值变动。

借：可供出售金融资产——乙公司发股票(公允价值变动) 240 000
贷：资本公积——其他资本公积 240 000

(4) 2012年12月31日，确认股票投资的减值损失。

借：资产减值损失 1 160 000
资本公积——其他资本公积 240 000
贷：可供出售金融资产——乙公司发股票(公允价值变动) 1 400 000

(5) 2013年12月31日确认股票价格上涨。

借：可供出售金融资产——乙公司发股票(公允价值变动) 400 000
贷：资本公积——其他资本公积 400 000

(6) 2014年1月15日出售该金融资产。

借：银行存款 3 100 000
可供出售金融资产——乙公司发股票(公允价值变动) 760 000
贷：可供出售金融资产——乙公司发股票(成本) 2 960 000
投资收益 900 000

借：资本公积——其他资本公积　400 000
　贷：投资收益　400 000

五、案例分析

1. 分析如下：

（1）甲公司会计王某确认了一项210万元的投资成本不正确，交易性金融资产按照取得时的公允价值作为初始确认金额，记入“交易性金融资产——成本”明细科目，相关的交易费用在发生时计入当期损益。

正确做法：

借：交易性金融资产——乙公司股票(成本)　2 000 000
　投资收益　100 000
　贷：银行存款　2 100 000

（2）王某又确认了一项40万元的投资收益不正确，企业会计准则规定，资产负债表日，交易性金融资产的价值应按资产负债表日的公允价值反映，公允价值的变动计入当期损益。但是要记入“交易性金融资产——公允价值变动”科目，而不是记入“投资收益”科目。

正确做法：

借：交易性金融资产——乙公司股票(公允价值变动)　400 000
　贷：公允价值变动损益　400 000

2. 分析如下：

（1）①～④项都不正确。

（2）现逐项分析如下：

① 从某种意义上讲，坏账收回可以看作是以前转销应收款项的会计处理的错误判断，因此，在坏账收回时，应做一笔原来转销应收账款相反的会计分录，以示对以前判断失误的订正，其次再按正常的方式记录应收账款的收回。

借：应收账款——西方公司　100 000
　贷：坏账准备　100 000

同时：借：银行存款　100 000
　　贷：应收账款　100 000

2014年年末应收账款余额为1 000万元。

坏账准备原有贷方余额＝－2＋10 ＝8(万元)

本年计提的坏账准备＝1 000×0.3％－8＝－5(万元)

借：坏账准备　50 000
　贷：资产减值损失　50 000

②“应收账款”科目主要用来核算因销售商品和提供劳务等而应向购货单位或接受劳务单位收取的货款，以及代购买单位垫付的各种款项等，而为职工垫付的人身保险费应在“其他应收款”科目中核算。

借：其他应收款　300

贷：库存现金　　300

③ 不正确，对于预付款项不多的企业，可以不设“预付账款”，而用“应付账款”代替，但在编制资产负债表时，仍须分开填列。

④ 不正确。对于应收票据不能计提坏账准备，只有待应收票据转入到应收账款后，如有证据证明减值，才可计提坏账准备。

第5章 长期股权投资

本章结构

- 长期股权投资
  - 长期股权投资的初始计量
    - 长期股权投资概述
    - 长期股权投资初始计量确定
  - 长期股权投资的后续计量
    - 长期股权投资的成本法
    - 长期股权投资的权益法
    - 长期股权投资的减值
  - 长期股权投资的转换及处置
    - 长期股权投资核算方法的转换
    - 长期股权投资的处置

本章重点与难点

5.1 长期股权投资概述

长期股权投资是指企业准备长期持有的权益性投资。企业持有的下列权益性投资，在初始确认时应当划分为长期股权投资。

（1）投资企业能够对被投资单位实施控制的权益性投资，即对子公司投资。

（2）投资企业与其他合营方一同对被投资单位实施共同控制的权益性投资，即对合营企业投资。

（3）投资企业对被投资单位具有重大影响的权益性投资，即对联营企业投资。

5.2 长期股权投资的初始计量

1. 同一控制下的企业合并形成的长期股权投资计量

（1）合并方以支付现金、转让非现金资产或承担债务方式作为合并对价的，应当在合并日按照取得被合并方所有者权益账面价值的份额作为长期股权投资的初始投资成本。长期股权投资初始投资成本与支付的现金、转让的非现金资产及所承担债务账面价值之间的差额，应当调整资本公积；资本公积不足冲减的，调整留存收益；为合并发生的直接费用计入当期损益，不构成长期股权投资的初始投资成本。

（2）合并方为合并发生的直接费用计入当期损益，借记“管理费用”科目，贷记“银行存款”科目。

（3）合并方以发行权益性证券作为合并对价的，应当在合并日按照取得被合并方所有者权益账面价值的份额作为长期股权投资的初始投资成本。按照发行股份的面值总额作为股本，长期股权投资初始投资成本与所发行股份面值总额之间的差额，应当调整资本公积；资本公积不足冲减的，调整留存收益。合并方以发行权益性证券进行投资的，为发行权益性证券而向证券公司支付的佣金、手续费等直接冲减证券溢价收入，不足冲减的留存收益，即长期股权投资的初始投资成本中不包括发行权益性证券而向证券公司支付的佣金和手续费。

2. 非同一控制下的企业合并形成的长期股权投资计量

（1）购买方以支付现金、转让非现金资产或承担债务方式作为合并对价的，合并成本为购买方在购买日为取得对被购买的控制权而付出的资产、发生或承担的负债的公允价值。购买方作为合并对价付出的资产，应当按照以公允价值处置该资产进行会计处理。其中，付出资产为固定资产、无形资产的，付出资产的公允价值与其账面价值的差额，计入营业外收入或营业外支出；付出资产为金融资产的，付出资产的公允价值与其账面价值的差额，计入投资收益；付出资产为存货的，按其公允价值确认收入，同时按其账面价值结转成本，涉及增值税的，还应进行相应的处理。此外，企业以可供出售金融资产作为合并对价的，该可供出售金融资产在持有期间因公允价值变动而形成的其他综合收益(即计入资本公积的累计金额)应同时转出，计入当期投资收益。

(2) 购买方为进行企业合并而发行债券支付的手续费、佣金等费用，应当计入所发行债券及其他债务的初始确认金额，不构成初始投资成本；购买方为进行企业合并而发生的各项直接相关费用，如审计费用、评估费用、法律服务费用等，应当于发生时计入当期管理费用。

(3) 购买方以发行权益性证券作为合并对价的，合并成本为购买方在购买日为取得对被购买方的控制权而发行的权益性证券的公允价值。购买方为发行权益性证券而支付的手续费、佣金等费用，应当抵减权益性证券的溢价发行收入，溢价发行收入不足冲减的，冲减留存收益，不构成初始投资成本。

(4) 购买方通过多次交换交易，分步取得股权最终实现企业合并的，合并成本为购买日之前所持有的被购买方股权投资账面价值与购买日取得进一步股份新支付对价的公允价值之和。其中，购买日之前所持有的被购买方股权投资原划分为长期股权投资的，合并成本为该项长期股权投资采用成本法或者权益法核算的账面价值与购买日取得进一步股份新支付对价的公允价值之和；购买日之前所持有的被购买方股权投资原划分为以公允价值计量的金融资产(如可供出售金融资产)的，合并成本为该项金融资产采用公允价值计量的账面价值与购买日取得进一步股份新支付对价的公允价值之和。购买日之前所持有的被购买方股权投资涉及其他综合收益(如可供出售金融资产因公允价值变动而计入资本公积的累计金额)的，应当在处置该项股权投资时，将与之相关的其他综合收益转入处置当期投资收益。

3. 企业合并以外其他方式取得的长期股权投资计量

(1) 以支付现金取得的长期股权投资，应当按照实际支付的购买价款作为长期股权投资的初始投资成本，包括购买过程中支付的手续费等必要支出。但所支付的价款中包含的被投资单位已宣告但尚未发放的现金股利应作为应收项目核算，不构成取得长期股权投资的成本。

(2) 以发行权益性证券取得的长期股权投资，应当按照发行权益性证券的公允价值加上为合并发生的直接费用之和作为长期股权投资初始投资成本。但不包括为发行权益性证券支付的手续费、佣金等，为发行权益性证券支付的手续费、佣金记入“资本公积(股本溢价)”科目。

(3) 投资者投入的长期股权投资，应当按照投资合同或协议约定的价值作为初始投资成本，但合同或协议约定价值不公允的除外。

5.3 长期股权投资的后续计量

1. 长期股权投资的成本法

1) 成本法及其范围

成本法，是指长期股权投资通常按初始投资成本计量，除追加或收回投资外，一般不对长期股权投资的账面价值进行调整的一种会计处理方法。长期股权投资的成本法核算适用于以下情况。

（1）投资企业对被投资单位实施控制的权益性投资，即对子公司投资。

（2）企业对被投资单位不具有控制、共同控制或重大影响、在活跃市场上没有报价且公允价值不能可靠计量的权益性投资。

2）成本法的基本核算程序

（1）设置“长期股权投资”科目，反映长期股权投资的初始投资成本。

（2）如果发生追加投资或收回投资等情况，应按追加投资或收回投资增加或减少长期股权投资的账面价值。

（3）除取得投资时实际支付的价款或对价中包含的已宣告但尚未发放的现金股利或利润外，投资企业应当按照被投资单位宣告分派的现金股利或利润中属于投资企业享有的部分，应确认为当期投资收益；被投资单位宣告分派股票股利，投资企业应于除权日作备忘记录；被投资单位未分派股利，投资企业不作任何会计处理。

2. 长期股权投资的权益法

（1）采用权益法核算，在“长期股权投资”科目下应当设置“成本”“损益调整”“其他权益变动”明细科目，分别反映长期股权投资的初始投资成本、被投资单位发生净损益或其他权益变动而对长期股权投资账面价值进行调整的金额。

（2）在取得长期股权投资时，按照确定的初始投资成本入账。初始投资成本与应享有被投资单位可辨认净资产公允价值份额之间的差额，应分别情况分别处理。

① 如果长期股权投资的初始投资成本大于取得投资时应享有被投资单位可辨认净资产公允价值份额的差额，二者之间的差额在本质上是通过投资作价体现的与所取得的股权份额相对应的商誉及被投资单位不符合确认条件的资产价值，两者之间的差额不要求对长期股权投资的成本进行调整。

② 如果长期股权投资的初始投资成本小于取得投资时应享有被投资单位可辨认净资产公允价值份额的差额，二者之间的差额体现的是投资作价过程中转让方的让步，该差额导致的经济利益流入应作为一项收益，计入取得投资当期的营业外收入，同时调整长期股权投资的账面价值。

（3）投资企业取得长期股权投资后，应当按照在被投资单位实现的净利润或发生的净亏损中，投资企业应享有或应分担的份额确认投资损益，同时相应调整长期股权投资的账面价值。投资企业应当在被投资单位账面净损益的基础上，考虑以下因素对被投资单位净损益的影响并进行适当调整后，作为确认投资损益的依据。

① 被投资单位采用的会计政策及会计期间与投资企业不一致的，应当按照投资企业的会计政策及会计期间对被投资单位的财务报表进行调整，以调整后的净利润为基础计算确认投资损益。

② 以取得投资时被投资单位各项可辨认资产等公允价值为基础，对投资单位的净损益进行调整后，作为确认投资损益的依据。

③ 投资企业与联营企业及合营企业之间发生的未实现内部交易损益按照持股比例计算归属于投资企业的部分应当予以抵消，在此基础上确认投资损益。投资企业与被投资单位发生的未

实现内部交易损失，属于所转让资产发生的减值损失，应当全额确认，不应予以抵消。

(4) 被投资单位宣告分派现金股利或利润时，投资企业按应获得的现金股利或利润确认应收股利，同时抵减长期股权投资的账面价值；被投资单位分派股票股利时，投资企业不进行账务处理，但应于除权日在备查簿中登记增加的股份。

(5) 在被投资单位发生亏损、投资企业按持股比例确认应分担的亏损份额时，应当以长期股权投资的账面价值及其他实质上构成对被投资单位净投资的长期权益减记至零为限，投资企业负有承担额外损失义务的除外。

(6) 投资企业对于被投资单位除净损益以外所有者权益的其他变动，在持股比例不变的情况下，按照持股比例计算的应享有或承担的部分，相应调整长期股权投资的账面价值，同时增加或减少资本公积(其他资本公积)。

3. 长期股权投资的减值

长期股权投资在按照规定进行核算确定其账面价值的基础上，如果存在减值迹象的，应当按照相关准则的规定计提减值准备。确定其可收回金额及应予以计提的减值准备，借记“资产减值损失”科目，贷记“长期股权投资减值准备”科目，提取以后均不允许转回。

5.4 长期股权投资核算方法的转换

1. 成本法转换为权益法

因处置投资等原因导致对被投资方由能够实施控制转为具有重大影响或者与其他投资方一起实施共同控制的，首先应按处置投资的比例结转应终止确认的长期股权投资成本。然后，比较剩余长期股权投资的成本与按照剩余持股比例计算原投资时应享有被投资方可辨认净资产公允价值的份额，前者大于后者的，不调整长期股权投资的账面价值；前者小于后者的，在调整长期股权投资成本的同时，调整留存收益。

2. 公允价值计量或权益法核算转成本法核算

投资方原持有的对被投资方不具有控制、共同控制或重大影响的按照金融工具确认和计量准则进行会计处理的权益性投资，或者原持有对联营企业、合营企业的长期股权投资，因追加投资等原因，能够对被投资方实施控制的，应按企业合并形成的长期股权投资有关内容进行会计处理。

3. 公允价值计量转权益法核算

原持有的对被投资方的股权投资(不具有控制、共同控制或重大影响的)，按照金融工具确认和计量准则进行会计处理的，因追加投资等原因导致持股比例上升，能够对被投资方施加共同控制或重大影响的，在转按权益法核算时，投资方应当按照金融工具确认和计量准则确定的原股权投资的公允价值加上为取得新增投资而应支付对价的公允价值，作为改按权益法核算的初始投资成本。原持有的股权投资分类为可供出售金融资产的，其公允价值与账面价值之间的差额，以及原计入其他综合收益的累计公允价值变动应当转入改按权益法核算的当期损益。然后，比较上述计算所得的初始投资成本，与按照追加投资后全新的持股比例计算确定的应享有被投资方在追加投资日可辨认净资产公允价值的份额之间的差额，前者大于后者的，不调整长期股权投资的账面价值；前者小于后者的，差额应调整长期股权投资的账面价值，并计入当期营业外收入。

4. 权益法核算转公允价值计量

原持有的对被投资方具有共同控制或重大影响的长期股权投资，因部分处置等原因导致持股比例下降，不能再对被投资方实施共同控制或重大影响的，应改按金融工具确认和计量准则对剩余股权投资进行会计处理，其在丧失共同控制或重大影响之日的公允价值与账面价值之间的差额计入当期损益。原采用权益法核算的相关其他综合收益应当在终止采用权益法核算时，采用与被投资方直接处置相关资产或负债相同的基础进行会计处理，因被投资方除净损益、其他综合收益和利润分配以外的其他所有者权益变动而确认的所有者权益，应当在终止采用权益法核算时全部转入当期损益。

5. 成本法核算转公允价值计量

原持有的对被投资方具有控制的长期股权投资，因部分处置等原因导致持股比例下降，不再对对被投资方实施控制、共同控制或重大影响的，应改按金融工具确认和计量准则进行会计处理，在丧失控制之日的公允价值与账面价值之间的差额计入当期投资收益。

练 习 题

一、单项选择题

1. 下列投资中，不应作为长期股权投资核算的是(　　)。

A. 对子公司的投资

B. 对联营企业和合营企业的投资

C. 在活跃市场中没有报价、公允价值无法可靠计量的没有控制、共同控制或重大影响的权益性投资

D. 在活跃市场中没有报价、公允价值能够可靠计量的没有控制、共同控制或重大影响的权益性投资

2. 合并方或购买方为进行企业合并而发生的各项直接相关费用，如审计费用、评估费用、法律服务费用等，应当于发生时(　　)。

A. 计入投资收益　　B. 计入初始投资成本

C. 计入管理费用　　D. 冲减资本公积

3. 下列情况下持有的长期股权投资中，应当采用成本法核算的是(　　)。

A. 具有控制或共同控制　　B. 具有控制或无重大影响

C. 具有共同控制或重大影响　　D. 具有控制或重大影响

4. 长期股权投资采用成本法核算，投资企业对收到的股票股利，应当(　　)。

A. 计入投资收益　　B. 冲减投资成本

C. 只作备忘登记　　D. 冲减财务费用

5. 长期股权投资采用成本法核算，不会影响投资企业利润表的事项是(　　)。

A. 长期股权投资发生减值　　B. 被投资单位分派现金股利

C. 部分处置长期股权投资　　D. 被投资单位分派股票股利

6. 非同一控制下企业合并取得的长期股权投资，初始投资成本应当是(　　)。

A. 支付合并对价的公允价值

B. 支付合并对价的账面价值

C. 支付合并对价的账面价值加直接合并费用

D. 支付合并对价的公允价值加直接合并费用

7. 同一控制下企业合并取得的长期股权投资，初始投资成本是指(　　)。

A. 支付合并对价的公允价值　　B. 占被合并方所有者权益的份额

C. 股权投资的公允价值　　D. 支付合并对价的账面价值

8. A公司2014年1月1日从B公司购入其持有的W公司10%的股份，A公司以银行存款支付买价500万元，同时支付相关税费5万元。A公司购入W公司股份后准备长期持有，W公司2014年1月1日的所有者权益账面价值总额为5 000万元，W公司可辨认净资产的公允价值为5 500万元，则A公司应确认的长期股权投资初始投资成本为(　　)万元。

A. 505　　B. 525　　C. 500　　D. 550

9. 2014年1月，甲公司取得B公司5%的股权，采用成本法核算。B公司于2014年3月宣告派发2013年度现金股利，甲公司对该现金股利的会计处理是(　　)。

A. 确认投资收益　　B. 冲减财务费用

C. 确认资本公积　　D. 冲减投资成本

10. M企业于2013年8月1日以银行存款取得N公司10%的股份，并准备长期持有。N公司当年实现净利240万元(假定利润均衡实现)，2014年4月3日宣告分配2013年度现金股利120万元，M企业应确认的投资收益为(　　)万元。

A. 12　　B. 10　　C. 8　　D. 1.2

11. 下列情况下持有的长期股权投资中，应当采用权益法核算的是(　　)。

A. 具有控制或共同控制　　B. 具有控制或无重大影响

C. 具有共同控制或重大影响　　D. 具有控制或重大影响

12. 甲公司投资3 000万元(包括8万元的相关税费)，持有B公司有表决权股份的20%，能够对B公司施加重大影响，采用权益法核算。投资当时，B公司可辨认净资产公允价值为12 000万元。甲公司在初始投资成本的基础上，应当(　　)。

A. 调减投资成本590万元　　B. 不调整投资成本

C. 调增投资成本600万元　　D. 调减投资成本600万元

13. 甲公司投资1 160万元(包括3万元的相关税费)，持有B公司有表决权股份的20%，能够对B公司施加重大影响，采用权益法核算。投资当时，B公司可辨认净资产公允价值为 6 000 万元。甲公司在初始投资成本的基础上，应当(　　)。

A. 调减投资成本 40 万元　　B. 调增投资成本 45 万元

C. 调减投资成本 45 万元　　D. 调增投资成本 40 万元

14. A 公司于 2014 年 1 月 1 日用货币资金从证券市场上购入 B 公司发行在外的股份的 25%，实际支付价款 500 万元，同时支付相关税费 5 万元。同日，B 公司可辨认净资产的公允价值为 2 100 万元，A 公司 2014 年 1 月 1 日应确认的营业外收入为(　　)万元。

A. 45　　B. 0　　C. 50　　D. 20

15. 长期股权投资采用权益法核算，如果被投资企业发生亏损，投资企业对应负担的亏损额的会计处理是(　　)。

A. 冲减投资成本　　B. 冲减资本公积

C. 计入营业外支出　　D. 不作会计处理

16. 长期股权投资采用权益法核算，对于被投资单位除净损益以外所有者权益的其他变动，在持股比例不变的情况下，按照应享有或承担的部分，计入(　　)。

A. 投资收益　　B. 财务费用　　C. 资本公积　　D. 营业外收入

17. 长期股权投资采用权益法核算，如果初始投资成本小于投资时应享有被投资单位可辨认净资产公允价值的份额，则其差额应当调整长期股权投资的初始投资成本，同时计入(　　)。

A. 投资收益　　B. 公允价值变动损益

C. 资本公积　　D. 营业外收入

18. 长期股权投资采用权益法核算，被投资单位发生的下列引起所有者权益变动的事项中，会导致投资企业确认资本公积的情形是(　　)。

A. 发生亏损　　B. 取得利润

C. 分派现金股利　　D. 确认可供出售金融资产公允价值变动

19. 长期股权投资采用权益法核算，在确认应分担的被投资单位亏损额时，长期股权投资的账面价值不足以冲减的，应当(　　)。

A. 全部作为资产减值损失　　B. 继续冲减其他长期权益账面价值

C. 计入营业外支出　　D. 冲减资本公积

20. 长期股权投资采用权益法核算，下列事项中不会影响股权投资账面价值的是(　　)。

A. 被投资单位派发股票股利　　B. 被投资单位取得利润

C. 被投资单位发生亏损　　D. 被投资单位派发现金股利

21. 甲公司 2013 年 6 月 1 日购入乙公司股票进行长期投资，取得乙公司 40%的股权。2013 年 12 月 31 日，该长期股权投资明细科目的情况如下：成本为 300 万元，损益调整(贷方余额)为 100 万元，其他权益变动(借方余额)为 150 万元，假设 2013 年 12 月 31 日该股权投资的可收回金额为 340 万元，2013 年 12 月 31 日下面的有关计提该项长期股权投资减值准备的账务处理正确的是(　　)。

A. 借：投资收益　　210

　　贷：长期股权投资减值准备　　210

B. 借：资产减值损失　　100

　　贷：长期股权投资减值准备　　100

C. 借：投资收益　　10

　　贷：长期股权投资减值准备　　10

D. 借：资产减值损失　　10

　　贷：长期股权投资减值准备　　10

22. 甲公司对丙公司进行投资，持股比例为70%。截至2012年年末该项长期股权投资账户余额为650万元，2013年年末该项投资的减值准备余额为20万元，丙公司2013年发生亏损1 000万元。2013年年末甲公司“长期股权投资”的账面价值应为(　　)万元。

A. 0　　B. 630　　C. 20　　D. −20

23. 2014年1月5日，A公司取得B公司股票作为长期投权投资，投资成本为50 000元，采用成本法核算。2014年4月20日，B公司宣告分派现金股利，A公司应享有2 000元。2013年12月31日，A公司为B公司股票计提减值准备6 000元。计提减值准备后，B公司股票的账面价值为(　　)元。

A. 42 000　　B. 44 000　　C. 48 000　　D. 50 000

24. 2014年7月1日，A公司购入B公司股票1 500万股，实际支付购买价款3 600万元(包括交易税费10万元)。该股份占B公司普通股股份的20%，能够对B公司施加重大影响，A公司采用权益法核算。购买当日，B公司可辨认净资产公允价值为20 000万元。A公司确定的该项长期股权投资成本为(　　)万元。

A. 3 590　　B. 3 600　　C. 3 990　　D. 4 000

25. 甲公司2012年持有乙公司40%的权益性投资，采用权益法核算，账面价值为2 000万元。甲公司另有一项对乙公司的长期应收款500万元，该债权在未来期间不准备收回。乙公司2012年12月31日确认损失7 000万元。2013年获得净利润1 500万元。假定取得投资时乙公司各资产公允价值等于账面价值，双方采用的会计政策、会计期间相同，则2013年12月31日甲公司长期股权投资的账面价值为(　　)万元。

A. 2 000　　B. −800　　C. 0　　D. 200

26. 某企业于2012年6月1日以银行存款取得M公司10%的股份，并准备长期持有。M公司当年实现净利1 200 000元(假定利润均衡实现)，2013年5月20日宣告分配2012年度现金股利480 000元，则2013年该企业当年应确认的投资收益为(　　)元。

A. 72 000　　B. 48 000　　C. 42 000　　D. 6 000

27. 某企业2013年年初购入B公司30%的有表决权股份，对B公司能够施加重大影响，实际支付价款200万元(与享有B公司的可辨认净资产的公允价值的份额相等)。当年B公司经营获利100万元，发放现金股利20万元，资本公积变动使所有者权益增加30万元。2013年年末企业的股票投资账面余额为(　　)万元。

A. 224　　B. 233　　C. 239　　D. 200

28. M公司2011年年初按投资份额出资340万元对N公司进行长期股权投资，占N公司股权比例的30%。当年N公司亏损400万元；2012年N公司亏损1 000万元；2013年N公司实现净利润300万元(假定这些利润、亏损金额与投资方认定的金额相同，不需要再进行调整)。2013年M公司计入投资收益的金额为(　　)万元。

A. 24　　B. 16　　C. 10　　D. 0

29. 长期股权投资发生下列事项时，不能确认当期损益的是(　　)。

A. 权益法核算下，被投资单位实现净利润时投资方确认应享有的份额

B. 成本法核算下，被投资单位分配的现金股利中属于投资后实现的净利润

C. 收到分派的股票股利

D. 处置长期股权投资时，处置收入大于长期股权投资账面价值的差额

30. 甲公司2014年1月5日支付价款2 000万元购入乙公司30%的股份，准备长期持有，另支付相关税费20万元，购入时乙公司可辨认净资产公允价值为12 000万元。甲公司取得投资后对乙公司具有重大影响。假定不考虑其他因素，甲公司因确认投资而影响利润的金额为(　　)万元。

A. －20　　B. 0　　C. 1 580　　D. 1 600

31. 2013年1月1日，A公司以银行存款1 800万元取得B公司35%的股权，能够对B公司施加重大影响，取得投资时被投资单位可辨认净资产的公允价值为6 000万元。B公司2013年度共实现净利润600万元。不考虑其他因素，则2013年年末A公司该项长期股权投资的账面价值为(　　)万元。

A. 2 100　　B. 2 310　　C. 2 010　　D. 1 800

32. 2013年1月1日，A公司支付价款700万元取得乙公司(非上市公司)10%的股权并将其划分为长期股权投资，采用成本法核算，当日，乙公司可辨认净资产公允价值为8 000万元；2014年1月1日，A公司又支付价款2 200万元取得乙公司20%的股权，当日，乙公司可辨认净资产公允价值总额为10 000万元。取得该部分股权后A公司能够对乙公司生产经营决策实施重大影响，因而改用权益法核算。A公司在取得乙公司10%股权后至追加投资期间，乙公司实现净利润1 500万元，未分派现金股利。A公司由成本法转换为权益法后，长期股权投资的账面价值为(　　)万元。

A. 2 900　　B. 3 000　　C. 3 100　　D. 3 200

33. 甲公司2010年年初以银行存款680万元作为对价取得乙公司30%的股权。当年乙公司亏损800万元；2012年乙公司亏损2 000万元；2013年乙公司实现净利润600万元(假定这些利润、亏损金额与投资方认定的金额相同，不需要再进行调整)。2012年甲公司计入投资收益的金额为(　　)万元。

A. 48　　B. 32　　C. 20　　D. 0

34. 因追加投资导致成本法转换为权益法，转换核算方法时，对于原持有的长期股权投资账面价值，应当(　　)。

A. 按照权益法的要求追溯调整　　B. 作为权益法的初始投资成本

C. 按照公允价值重新计量　　D. 按照未来现金流量现值重新计量

35. 追加投资导致成本法转换为权益法，转换核算方法时，对于取得原投资后至追加投资交易日之间被投资单位实现的净损益中投资企业按原持股比例计算的应享有的份额，一方面应当调整长期投权投资的账面价值，同时应当根据具体情况，调整(　　)。

A. 留存收益和资本公积　　B. 投资收益和资本公积

C. 投资收益和营业外支出　　D. 留存收益和投资收益

36. 甲公司追加投资300万元，使原持有的对联营企业的投资转变为对子公司的投资，

股权投资的核算由权益法改为成本法。长期股权投资采用权益法核算的账面价值为280万元，其中，“成本”明细科目的借方余额200万元，“损益调整”明细科目的借方余额100万元，“其他权益变动”明细科目的贷方余额20万元。假定该项合并为非同一控制下的企业合并，改为成本法核算时确认的投资成本为(　　)万元。

A. 480　　B. 580　　C. 500　　D. 600

二、多项选择题

1. 采用权益法核算时，下列各项中，会引起长期股权投资账面价值发生变动的有(　　)。
A. 收到被投资单位分派的股票股利
B. 被投资单位实现净利润
C. 计提长期股权投资减值准备
D. 被投资单位以资本公积转增资本

2. 关于长期投权投资的核算，投资方应采用权益法核算的有(　　)。
A. 控制　　B. 重大影响　　C. 无重大影响　　D. 共同控制

3. 长期投权投资采用成本法核算，下列各项中，不会导致调整股权投资账面价值的有(　　)。
A. 被投资单位派发现金股利　　B. 被投资单位派发股票股利
C. 被投资单位取得利润　　D. 被投资单位发生亏损
E. 投资发生减值

4. 长期投权投资采用权益法核算，“长期投权投资”科目下应设置的明细科目有(　　)。
A. 成本　　B. 损益调整　　C. 公允价值变动
D. 被投资单位发生亏损　　E. 投资发生减值

5. 长期投权投资采用成本法核算，关于持有股权投资期间的会计处理，下列各项中正确的有(　　)。
A. 按获得的现金股利确认投资收益
B. 按应享有的收益份额确认投资收益
C. 被投资方无论盈亏均不需要对此进行相应处理
D. 获得的股票股利不确认投资收益
E. 投资发生减值应减记投资的账面价值

6. 长期投权投资采用权益法核算，应当调整股权投资账面价值的情况有(　　)。
A. 被投资单位获得利润　　B. 被投资单位发生亏损
C. 被投资单位分派现金股利　　D. 被投资单位分派股票股利
E. 被投资单位发生除净损益以外的其他权益变动

7. 企业处置采用权益法核算的长期投权投资，会影响处置当期投资收益的因素有(　　)。
A. 股票的交易价格　　B. 股票的交易税费
C. 股票的账面价值　　D. 应收未收的现金股利
E. 原计入资本公积的相关金额

8. 采用权益法核算时，可能记入“长期投权投资——××公司(损益调整)”科目贷方发生额的有(　　)。

A. 被投资企业宣告分派现金股利　　B. 投资企业收回长期投权投资

C. 被投资单位发生亏损　　D. 被投资企业实现净利润

E. 被投资企业宣告分派股票股利

9. 下列各项中，可能记入“投资收益”科目的有(　　)。

A. 长期投权投资采用权益法下被投资方宣告分配的现金股利

B. 长期投权投资采用成本法下被投资方宣告分配的现金股利

C. 期末长期投权投资账面价值大于可收回金额的差额

D. 处置长期投权投资时，结转的“资本公积——其他资本公积”

E. 被投资方发生超额亏损

10. 下列条件可确认投资企业对被投资单位具有重大影响的有(　　)。

A. 在被投资单位的董事会或类似的权力机构中派有代表

B. 参与被投资单位的政策制定过程

C. 向被投资单位派出管理人员

D. 直接持有被投资单位20%～50%的表决权资本

E. 直接持有被投资单位50%以上的表决权资本

11. 企业处置长期股权投资时，正确的处理方法有(　　)。

A. 处置长期股权投资时，持有期间计提的减值准备也应一并结转

B. 采用权益法核算的长期股权投资，因被投资单位除净损益以外所有者权益的其他变动而计入所有者权益的，处置该项投资时应当将原计入所有者权益的部分按相应比例转入投资收益

C. 处置长期股权投资，其账面价值与实际取得价款的差额，应当计入投资收益

D. 处置长期股权投资，其账面价值与实际取得价款的差额，应当计入营业外收入

12. 企业的长期股权投资采用权益法核算的，下列各项中正确的会计处理有(　　)。

A. 长期股权投资的初始投资成本大于投资时应享有被投资单位可辨认净资产公允价值份额的，不调整已确认的初始投资成本

B. 长期股权投资的初始投资成本大于投资时应享有被投资单位可辨认净资产公允价值份额的，作为商誉进行确认

C. 长期股权投资的初始投资成本小于投资时应享有被投资单位可辨认净资产公允价值份额的，应按其差额，借记“长期股权投资——成本”科目，贷记“营业外收入”科目

D. 长期股权投资的初始投资成本小于投资时应享有被投资单位可辨认净资产公允价值份额的，作为股权投资贷方差额，计入资本公积

三、判断题

1. 企业取得长期股权投资，实际支付的价款或对价中包含的已宣告但尚未发放的现金股利或利润，作为投资收益处理，不构成长期股权投资的成本。　　(　　)

2. 成本法下，企业在长期股权投资持有期间取得的现金股利，若属于投资前被投资单位实现的净利润，应冲减长期股权投资成本。　　(　　)

3. 长期股权投资采用权益法核算，被投资单位发生其他权益变动时，投资企业应按持股比例相应调整长期股权投资账面价值，同时计入投资收益。（　　）

4. 采用权益法核算的长期股权投资，处置投资时应将原计入资本公积项目的相关金额转出，计入处置投资当期投资损益。（　　）

5. 无论是追加投资还是处置投资，都可能导致成本法转换为权益法。（　　）

6. 长期股权投资采用权益法核算，如果初始投资成本大于投资时应享有的被投资单位可辨认净资产公允价值的份额，应按其差额调整减少已确认的初始投资成本。（　　）

7. 长期股权投资的核算方法由权益法改为成本法时，应以股权投资的公允价值作为成本法下的初始投资成本。（　　）

8. 企业处置长期股权投资时，应同时结转已计提的长期股权投资减值准备。（　　）

9. 长期股权投资采用成本法核算，应按被投资单位实现的净利润中投资企业应当分享的份额确认投资收益。（　　）

10. 持有至到期投资、可供出售金融资产和长期股权投资都可以计提减值准备，但只有长期股权投资计提的减值准备不允许转回。（　　）

11. 在权益法下，当被投资企业发生盈亏时，投资企业一般不作账务处理；当被投资企业宣告分配现金股利时，投资企业均应将分得的现金股利确认为投资收益。（　　）

12. 企业以合并以外的其他方式取得的长期股权投资，其应交纳的相关税费及评估费等，均应计入长期股权投资的成本。（　　）

13. 长期股权投资成本法的适用范围，包括投资企业能够对被投资单位实施控制的长期股权投资、投资企业对被投资单位不具有共同控制或重大影响，并且在活跃市场中没有报价、公允价值不能可靠计量的长期股权投资。（　　）

14. 投资企业收到被投资单位分派股票股利时，只会引起股份数量的变化，不会引起所有者权益金额的变化，所以除权日投资企业应在备查账簿中登记收到的股票数量。

（　　）

15. 对于同一控制下的控股合并，合并方应以所取得的对方账面净资产份额作为长期股权投资成本。（　　）

16. 对于非同一控制下的控股合并，合并方所支付合并对价的公允价值与账面价值的差额均应计入营业外收支。（　　）

17. A公司购入B公司5%的股份，支付的价款为150万元，其中含有已宣告但尚未领取的现金股利4万元。那么A公司取得长期股权投资的成本为150万元。（　　）

18. 甲公司出资500万元取得乙公司40%的股权，合同约定乙公司董事会2/3的人员由甲公司委派，则甲公司对该项长期股权投资应采用成本法核算。（　　）

19. 长期股权投资采用权益法核算，被投资单位采用的会计政策及会计期间与投资企业不一致的，应当按照投资企业的会计政策及会计期间对被投资单位的确认的损益进行调整，并据以确认投资损益。（　　）

20. 处置长期股权投资时，其账面价值与实际取得价款的差额，应当计入当期损益。采用权益法核算的长期股权投资，因被投资单位除净损益以外所有者权益的其他变动而计入所有者权益的，处置该项投资时应当将原计入所有者权益的部分按相应比例转

入当期损益。 （ ）

21. 长期股权投资采用成本法核算的，获得的现金股利不一定都确认为投资收益。 （ ）

22. 长期股权投资采用成本法核算的，投资企业确认的投资收益应以被投资单位在接受投资后产生的累积净利润的分配额为限。 （ ）

23. 长期股权投资采用成本法核算的，投资企业应当在被投资单位宣告分派现金股利时，按照应享有的份额确认投资收益。 （ ）

24. 长期股权投资采用权益法核算的，应按被投资单位当期分派的现金股利中投资企业应当分享的份额确认投资收益。 （ ）

25. 无论是追加投资还是处置投资，都可能导致权益法转换为成本法。 （ ）

四、计算与业务分析题

1. 2014 年 1 月 8 日，A 公司购入 B 公司每股面值 1 元的普通股 80 000 股，实际支付购买价款(包括税金和手续费)2 000 000 元。由于 B 公司的股票在活跃市场中没有报价、公允价值不能可靠计量，A 公司将其划分为长期股权投资并采用成本法核算。2014 年 3 月 6 日，B 公司宣告 2013 年度股利分配方案，每股分派现金股利 0.20 元。

要求：编制 A 公司有关该项长期股权投资的下列会计分录。

(1) 2014 年 1 月 8 日，购入股票。

(2) 2014 年 3 月 6 日，B 公司宣告分派现金股利。

2. 东方公司与 B 公司 2012—2014 年发生下列与投资有关资料。

(1) 2012 年 1 月 5 日，东方公司支付现金 500 万元取得 B 公司 10%的股权(不具有重大影响)，发生相关税费 2 万元，东方公司将其划分为长期股权投资并采用成本法核算。假定该项投资无公允价值。

(2) 2012 年 4 月 8 日，B 公司宣告分配 2011 年实现的净利润，分配现金股利 10 万元。

(3) 东方公司于 2012 年 4 月 25 日收到现金股利。

(4) 2012 年，B 公司发生亏损 50 万元。

(5) 2013 年 B 公司发生巨额亏损，2013 年年末东方公司对 B 公司的投资按当时市场收益率对未来现金流量折现确定的现值为 300 万元。

(6) 2014 年 1 月 20 日，东方公司将持有的 B 公司的全部股权转让给乙企业，收到股权转让款 320 万元。

要求：编制东方公司上述与投资有关业务的会计分录。

3. 东方公司发生下列与长期股权投资相关的业务。

(1) 2012 年 1 月 8 日，购入 B 公司有表决权的股票 100 万股，占 B 公司股份的 10%，并准备长期持有。该股票每股买入价为 8 元，其中每股包含已宣告分派但尚未领取的现金股利 0.20 元；另外，东方公司在购买股票时还支付相关税费 10 000 元，款项均由银行存款支付。

(2) 2012 年 2 月 15 日，收到 B 公司宣告分派的现金股利。

（3）2012 年度，B 公司实现净利润 2 000 000 元。

（4）2013 年 1 月 5 日，B 公司宣告分派 2012 年度股利，每股分派的现金股利 0.10 元。

（5）2013 年 2 月 5 日，东方公司收到 B 公司分派的 2012 年度的现金股利。

（6）2013 年度，B 公司发生亏损 200 000 元。

（7）2014 年 1 月 8 日，东方公司出售所持有的 B 公司股票 10 万股，每股销售价格为 10 元。

要求：假定不考虑长期股权投资减值因素，根据上述业务编制东方公司相关会计分录。

4. 甲公司发生下列有关长期股权投资的业务。

（1）2012 年 2 月 25 日，甲公司用银行存款 2 000 万元取得乙公司 10%的股权，支付的价款中包含已宣告但尚未发放的现金股利 40 万元，另支付相关税费 20 万元，并准备长期持有。乙公司的可辨认净资产公允价值为 22 000 万元。

（2）2012 年 3 月 10 日，收到乙公司分派的上述股利。

（3）2012 年度，乙公司实现净利润 800 万元，资本公积变动 300 万元。

（4）2013 年 2 月 16 日，乙公司宣告分派 2012 年度股利，分派现金股利 450 万元。

（5）2013 年 3 月 12 日，甲公司收到乙公司分派的 2012 年度的现金股利。

（6）2013 年 12 月 31 日，乙公司实现净利润 100 万元。甲公司判断长期股权投资存在减值迹象，经测试得出可收回金额为 1 800 万元。

（7）2014 年 2 月 1 日，甲公司将持有的乙公司的股票全部售出，收到价款净额 1 900 万元，款项已由银行收妥。

要求：编制甲公司上述经济业务事项的会计分录。

5. 2014 年 9 月 1 日，东方公司以 2 000 万元的价款（包括相关税费）取得 B 公司普通股 1 500 万股，占 B 公司股份的 25%。东方公司在取得股份后，派人参与了 B 公司的生产经营决策，因能够对 B 公司施加重大影响，东方公司将该项投资划分为长期股权投资并采用权益法核算。

要求：根据下列不同假定情况，编制东方公司取得长期股权投资的会计分录。

（1）假定投资当时，B 公司可辨认净资产公允价值为 7 800 万元。

（2）假定投资当时，B 公司可辨认净资产公允价值为 8 500 万元。

6. A 公司于 2011 年 1 月 1 日以 1 035 万元（含支付的相关费用 1 万元）购入 B 公司股票 400 万股，每股面值 1 元，占 B 公司实际发行在外股份的 30%，A 公司采用权益法核算该项投资。2011 年 1 月 1 日 B 公司可辨认净资产公允价值为 3 000 万元（与账面价值相同）。2011 年 B 公司实现净利润 180 万元，提取盈余公积 40 万元。2012 年 B 公司因可供出售金融资产增其他综合收益 100 万元，2012 年度 B 公司发生亏损 4 020 万元。2013 年度 B 公司实现净利润 500 万元。假定不考虑所得税和其他事项的影响。

要求：编制 A 公司上述有关投资业务的会计分录。

7. 甲公司发生下列与长期股权投资相关的业务。

（1）2012 年 1 月 7 日，购入乙公司有表决权的股票 100 万股，占乙公司股份的 25%，从而对乙公司的财务和经营决策有重大影响。该股票每股买入价为8元，其中每股已宣告分派但尚未领取的现金股利0.2元，另外，甲公司在购买股票时还支付相关税费10 000元，款项均由银行存款支付。假定乙公司2012年初可辨认净资产的公允价值为3 000万元。

（2）2012年2月15日，收到乙公司宣告分派的现金股利。

（3）2012年度，乙公司实现净利润200万元。

（4）2013年1月6日，乙公司宣告分派2012年度股利，每股分派现金股利0.1元。

（5）2013年2月15日，甲公司收到乙公司分派的2012年度的现金股利。（不考虑相关税费）。

（6）2013年度，乙公司发生亏损20万元。

（7）2013年12月31日，乙公司可辨认净资产的公允价值变动使资本公积增加10万元。

（8）2014年1月7日，甲公司出售所持有的乙公司的股票10万股，每股销售价格为10元。（假定不考虑相关税费；甲公司售出部分股票后，仍能对乙公司财务与经营决策产生重大影响）

要求：假定不考虑长期投资减值因素，根据上述业务，编制甲公司相关会计分录。（“长期股权投资”科目要求写出明细科目）

8. 2011年4月1日，长江公司购买B公司20%有表决权的股票300万元，B公司可辨认净资产公允价值为950万元，B公司2011年度实现净利润为200万元(其中1～3月实现的净利润为50万元)；2012年度B公司亏损100万元，2013年度B公司盈利200万元，其中40%用于发放现金股利。

要求：分别按成本法和权益法编制相关会计分录。

9. 东方公司持有B公司40%的股份，能够对B公司施加重大影响，东方公司对该项股权投资采用权益法核算。除了对B公司的长期股权投资外，东方公司还有一笔金额为300万元的应收B公司长期债权，该项债权没有明确的清收计划，且在可预见的未来期间不准备收回。假定投资当时，B公司各项可辨认资产、负债的公允价值与其账面价值相同，东方公司与B公司的会计年度及采用的会计政策相同，双方未发生任何内部交易，东方公司按照B公司的账面净损益和持股比例计算确认投资损益。由于B公司持续亏损，东方公司在确认了2007年度的投资损失以后，该项股权投资的账面价值已减至500万元，其中，“长期股权投资——成本”科目借方余额2 400万元，“长期股权投资——损益调整”科目贷方余额1 900万元。东方公司未对该项股权投资计提减值准备。2008年度B公司继续亏损，当年亏损为1 500万元；2009年度B公司仍然亏损，当年亏损额为800万元；2010年度B公司经过资产重组，经营情况好转，当年取得净收益200万元；2011年度B公司经营情况进一步好转，当年取得净收益600万元；2012年度B公司取得净收益1 200万元；2013年度B公司取得净收益1 600万元。

要求：根据上述资料，东方公司编制下列会计分录。

（1）2008年度B公司继续亏损，当年亏损为1 500万元。

（2）2009年度B公司仍然亏损，当年亏损额为800万元。

（3）2010年度B公司经营情况好转，当年取得净收益200万元。

（4）2011年度B公司经营情况进一步好转，当年取得净收益600万元。

（5）2012年度B公司取得净收益1 200万元。

（6）2013年度B公司取得净收益1 600万元。

10. A公司于2012年1月1日以600万元购买B公司50%的股份，B公司当日账面净资产为1 000万元，公允价值为1 200万元，其中可辨认净资产升值100万元(固定资产升值80万元，存货升值20万元)。2012年度，B公司实现利润200万元；2013年度，B公司实现利润150万元，同年，资本公积减少50万元。B公司确认升值的固定资产的剩余年限为5年，按直线法计提折旧，不考虑残值，升值存货于2012年全部销售。

要求：按权益法登记A公司对B公司的长期股权投资。

11. A公司持有D公司20%的股份，采用权益法核算，截至2013年12月31日，该项股权投资的账面价值为300万元，其中成本200万元，损益调整100万元(应享有D公司2013年度的收益份额已确认入账)。2014年1月1日，A公司以160万元的价格将持有的D公司股份转让了一半，A公司对D公司的持股比例降到10%，不再具有重大影响，因此改按成本法核算。

要求：编制A公司转让股权和转换核算方法的下列会计分录。

（1）2014年1月1日，转让D公司股份。

（2）2014年1月1日，转换核算方法。

12. 2013年1月1日，A公司支付632万元的价款(包括交易费用)购入B公司10%的股份作为长期股权投资，A公司采用成本法核算。2014年1月5日，A公司再次以1 756万元的价款(包括交易费用)购入B公司25%的股份作为长期股权投资，至此，A公司已累计持有B公司35%的股份，因此，对B公司的股权投资改按权益法核算。2012年12月31日，B公司可辨认净资产公允价值为5 462万元，2013年度，B公司报告净收益825万元，未进行利润分配；2013年12月31日，B公司可辨认净资产公允价值为6 512万元。

要求：做出A公司购入股权和转换核算方法的下列会计处理。

（1）2013年1月1日，购入B公司10%的股份。

（2）2014年1月5日，再次购入B公司25%的股份。

（3）分析是否需要对原投资成本和追加投资成本进行调整。

（4）分析应享有B公司可辨认净资产公允价值变动的金额，并编制相应的调整分录。

五、案例分析

1. A公司2014年1月1日对B公司投资入股，占B公司股东权益比例30%，并具有重大影响。2014年7月1日，A公司购买B公司另一投资人张三持有B公司的15%股份，持股比例达到45%。B公司2014年度实现净利润500万元，其中，1～6月200万元，7～12月300万元。假定取得投资时被投资单位各资产公允价值等于账面价值。

思考：A公司如何进行会计处理?

2. A公司直接持有B公司40%的股权，同时受托行使其他股东所持有B公司18%股权的表决权。B公司董事会由11名董事组成，其中A公司派出6名。B公司章程规定，其财务和经营决策经董事会三分之二以上成员通过即可实施。

思考：A公司能否对B公司实施控制?

习题解答

一、单项选择题

1. D 2. C 3. B 4. C 5. D 6. A 7. B 8. A 9. A 10. A 11. C 12. B 13. D
14. D 15. A 16. C 17. D 18. D 19. B 20. A 21. D 22. B 23. C 24. D
25. C 26. B 27. C 28. C 29. C 30. C 31. B 32. C 33. C 34. A 35. D 36. B

二、多项选择题

1. BC 2. BD 3. ABCD 4. ABE 5. ACDE 6. ABCE 7. ABCDE 8. ABC
9. BDE 10. ABCD 11. ABC 12. AC

三、判断题

1. × 2. × 3. × 4. √ 5. √ 6. × 7. × 8. √ 9. × 10. √ 11. ×
12. × 13. √ 14. √ 15. √ 16. × 17. × 18. √ 19. √ 20. √ 21. √
22. × 23. √ 24. × 25. √

四、计算与业务分析题

1. 购入股票、确认应收股利(成本法)。

(1) 2014 年 1 月 8 日，购入股票。

借：长期股权投资——B公司	2 000 000	
贷：银行存款		2 000 000

(2) 2014 年 3 月 6 日，B公司宣告分派现金股利。

现金股利＝0.2×80 000＝16 000(元)

借：应收股利	16 000	
贷：投资收益		16 000

2. 长期股权投资成本法的核算。

(1) 2012 年 1 月 5 日，取得B公司 10%的股权。

借：长期股权投资——B公司	5 020 000	
贷：银行存款		5 020 000

(2) 2012 年 4 月 8 日，B公司宣告分派现金股利。

借：应收股利	10 000	
贷：投资收益		10 000

(3) 2012 年 4 月 25 日，收到现金股利。

借：银行存款	10 000	
贷：应收股利		10 000

(4) 2012 年，B公司发生亏损，该公司不进行账务处理。

(5) 2013年B公司发生巨额亏损，确定减值损失。

长期股权投资账面价值＝502(万元)

可收回金额＝300(万元)

发生减值损失＝502－300＝202(万元)

借：资产减值损失　　2 020 000
　　贷：长期股权投资减值准备　　2 020 000

(6) 2014年1月20日，收到股权转让款。

借：银行存款　　3 200 000
　　长期股权投资减值准备　　2 020 000
　　贷：长期股权投资——B公司　　5 020 000
　　　　投资收益　　200 000

3. 长期股权投资成本法的核算。

(1) 2012年1月8日，购入股票。

借：长期股权投资——B公司　　7 810 000
　　应收股利　　200 000
　　贷：银行存款　　8 010 000

(2) 2012年2月15日，收到现金股利。

借：银行存款　　200 000
　　贷：应收股利　　200 000

(3) 2012年度，B公司实现净利润，东方公司不进行账务处理。

(4) 2013年1月5日，B公司宣告分派现金股利。

借：应收股利　　100 000
　　贷：投资收益　　100 000

(5) 2013年2月5日，收到现金股利。

借：银行存款　　100 000
　　贷：应收股利　　100 000

(6) 2013年度，B公司发生亏损，东方公司不进行账务处理。

(7) 2014年1月8日，出售股票。

借：银行存款　　1 000 000
　　贷：长期股权投资——B公司　　781 000
　　　　投资收益　　219 000

4. 长期股权投资的核算(成本法)。

(1) 2012年2月25日，取得长期股权投资。

借：长期股权投资——乙公司　　19 800 000
　　应收股利　　400 000
　　贷：银行存款　　20 200 000

长期股权投资采用成本法核算，不调整初始投资成本。

(2) 2012年3月10日，收到现金股利。

借：银行存款　400 000
　　贷：应收股利　400 000

(3) 2012年度，乙公司实现净利润，资本公积变动，该公司不进行账务处理。

(4) 2013年2月16日，乙公司宣告分派现金股利。

借：应收股利　450 000
　　贷：投资收益　450 000

(5) 2013年3月12日，收到现金股利。

借：银行存款　450 000
　　贷：应收股利　450 000

(6) 2013年12月31日，确认减值损失。长期股权投资的账面价值为1 980万元，可收回金额为1 800万元，发生减值。

借：资产减值损失　1 800 000
　　贷：长期股权投资减值准备　1 800 000

(7) 2014年2月1日，股票全部售出，收到价款。

借：银行存款　19 000 000
　　　长期股权投资减值准备　1 800 000
　　贷：长期股权投资——乙公司　19 800 000
　　　　投资收益　1 000 000

5. 购入股票(权益法)。

(1) 假定投资当时，B公司可辨认净资产公允价值为7 800万元。

应享有的B公司可辨认净资产公允价值份额＝7 800×25%＝1 950(万元)

借：长期股权投资——B公司(成本)　20 000 000
　　贷：银行存款　20 000 000

(2) 假定投资当时，B公司可辨认净资产公允价值为8 500万元。

应享有的B公司可辨认净资产公允价值份额＝8 500×25%＝2 125(万元)

初始投资成本调整额＝2 125－2 000＝125(万元)

借：长期股权投资——B公司(成本)　20 000 000
　　贷：银行存款　20 000 000

借：长期股权投资——B公司(成本)　1 250 000
　　贷：营业外收入　1 250 000

6. 长期股权投资权益法的核算。

(1) 2012年1月1日，购入股票。

借：长期股权投资——B公司(成本)　10 350 000
　　贷：银行存款　10 350 000

长期股权投资的初始投资成本1 035万元，大于投资时应享有被投资单位可辨认净资产公允价值份额900(3 000×30%)万元，不调整长期股权投资的初始投资成本。

(2) 2012年B公司实现净利润180万元，确认应享有的收益份额。

A公司应确认的投资收益＝180×30%＝54(万元)

借：长期股权投资——B公司(损益调整)　　540 000
　　贷：投资收益　　540 000

(3) 2013年B公司资本公积增加100万元，确认应享有的所有者权益份额。

借：长期股权投资——B公司(其他综合收益)　　300 000
　　贷：其他综合收益　　300 000

(4) 2013年度B公司发生亏损4 020万元，确认应分担的亏损分额。

在调整亏损前，A公司对B公司长期股权投资的账面余额为1 119万元(1 035+54+30)。当被投资单位发生亏损时，投资企业应以投资账面价值减记至零为限，因此应调整的“损益调整”的数额为1 119万元，而不是1 206万元(4 020×30%)。

借：投资收益　　11 190 000
　　贷：长期股权投资——B公司(损益调整)　　11 190 000

备查登记中应记录未减记的长期股权投资87万元(1 206－1 119)。因长期股权投资账面价值减记至零。

(5) 2014年度B公司实现净利润500万元，确认应享有的收益份额。

借：长期股权投资——B公司(损益调整)　　630 000(5 000 000×30%－870 000)
　　贷：投资收益　　630 000

7. 长期股权投资权益法的核算。

(1) 2012年1月7日购入股票成本＝1 000 000×(8－0.2)＋10 000＝7 810 000(元)

应收股利＝1 000 000×0.2＝200 000(元)

借：长期股权投资——乙公司(成本)　　7 810 000
　　应收股利　　200 000
　　贷：银行存款　　8 010 000

投资成本大于投资时被投资单位可辨认净资产的公允价值的份额(30 000 000×25%＝7 500 000元)，不调整长期股权投资成本。

(2) 2012年2月15日，收到乙公司宣告分派的现金股利。

借：银行存款　　200 000
　　贷：应收股利　　200 000

(3) 2012年度，乙公司实现净利润，甲公司应享有净利500 000元(2 000 000×25%)。

借：长期股权投资——乙公司(损益调整)　　500 000
　　贷：投资收益　　500 000

(4) 2013年1月6日，乙公司宣告分派派现金股利。

甲公司应分得股利＝1 000 000×0.1＝100 000(元)

借：应收股利　　100 000
　　贷：长期股权投资——乙公司(损益调整)　　100 000

(5) 2013年2月15日，甲公司收到乙公司分派的现金股利。

借：银行存款　　100 000
　　贷：应收股利　　100 000

(6) 2013 年度，乙公司发生亏损，甲公司应承担 50 000 元(200 000×25%)。

借：投资收益　　50 000

　　贷：长期股权投资——乙公司(损益调整)　　50 000

(7) 2013 年 12 月 31 日，乙公司资本公积增加 10 万元。

借：长期股权投资——乙公司(其他权益变动)　　25 000

　　贷：资本公积——其他资本公积　　25 000

(8) 2014 年 1 月 7 日，甲公司售出部分股票获得价款 1 000 000 元(100 000×10)。

转让应分摊的损益调整＝(500 000—100 000—50 000)/100×10＝35 000(元)

转让应分摊的投资成本＝7 810 000/100×10＝781 000(元)

借：银行存款　　1 000 000

　　贷：长期股权投资——乙公司(成本)　　781 000

　　　　　　　　　　——乙公司(损益调整)　　35 000

　　　　　　　　　　——乙公司(其他权益变动)　　2 500

　　　　投资收益　　181 500

借：资本公积——其他资本公积　　2 500

　　贷：投资收益　　2 500

8. 长期股权投资的核算(成本法和权益法)。

(1) 权益法下的会计处理。

① 2012 年 4 月 1 日，长江公司取得投资。

借：长期股权投资——B 公司(成本)　　3 000 000

　　贷：银行存款　　3 000 000

② 2012 年年末，确认所享有的净利润。

借：长期股权投资——B 公司(损益调整)　　300 000

　　贷：投资收益　　300 000

③ 确认 2013 年应分担的亏损。

借：投资收益　　200 000

　　贷：长期股权投资——B 公司(损益调整)　　200 000

④ 2014 年年末，确认所享有的净利润。

借：长期股权投资——B 公司(损益调整)　　400 000

　　贷：投资收益　　400 000

⑤ 宣布发放股利。

借：应收股利　　160 000

　　贷：长期股权投资——B 公司(损益调整)　　160 000

(2) 成本法下的会计处理。

① 2011 年 4 月 1 日，长江公司取得投资。

借：长期股权投资——B 公司(成本)　　3 000 000

　　贷：银行存款　　3 000 000

② 2011 年年末、2012 年年末不进行账务处理。

③ 2013年年末宣布发放股利。

借：应收股利　　160 000

　贷：投资收益　　160 000

9. 超额亏损的会计处理。

(1) 2008年度B公司亏损，确认应分担亏损份额。

应分担的亏损份额＝1 500×40%＝600(万元)

由于应分担的亏损份额大于该项长期股权投资的账面价值，因此，东方公司应以该项长期股权投资的账面价值减记至零为限确认投资损失，剩余应分担的亏损份额100万元，应继续冲减实质上构成对B公司净投资的长期应收款，并确认投资损失。东方公司确认当年投资损失应编制下列会计分录。

借：投资收益　　5 000 000

　贷：长期股权投资——B公司(损益调整)　　5 000 000

借：投资收益　　1 000 000

　贷：长期应收款——B公司　　1 000 000

(2) 2009年度B公司仍然亏损，确认应分担亏损份额。

应分担的亏损份额＝800×40%＝320(万元)

由于应分担的亏损份额大于尚未冲减的长期应收款账面余额，因此，东方公司不能再按应分担的亏损份额确认当年的投资损失，而只能以长期应收款账面余额200万元为限确认当年的投资损失，其余120万元未确认的亏损分担额应在备查登记簿中作备忘记录，留待以后年度B公司取得收益后抵消。东方公司确认当年投资损失应编制下列会计分录。

借：投资收益　　2 000 000

　贷：长期应收款——B公司　　2 000 000

(3) 2010年度B公司取得净收益，确认应享有收益份额。

应享有的收益份额＝200×40%＝80(万元)

由于东方公司以前年度在备查簿中记录的未确认亏损分担额为120万元，而当年应享有的收益份额不足以抵消该亏损分担额，因此，不能按当年应享有的收益份额恢复长期应收款及长期股权投资的账面价值。东方公司当年不作正式的会计处理，但应在备查登记簿中记录已抵消的亏损分担额80万元及尚未抵消的亏损分担额40万元。

(4) 2011年度B公司取得净收益，确认应享有收益份额。

应享有的收益份额＝600×40%＝240(万元)

由于当年应享有的收益份额超过了以前年度在备查簿中记录的尚未抵消的亏损分担额，因此，应在备查登记簿中记录对以前年度尚未抵消的亏损分担额40万元抵消，并按超过部分首先恢复长期应收款的账面价值。

应恢复长期应收款账面价值＝240－40＝200(万元)

借：长期应收款——B公司　　2 000 000

　贷：投资收益　　2 000 000

(5) 2012年度B公司取得净收益，确认应享有收益份额。

应享有的收益份额＝1 200×40%＝480(万元)

由于当年应享有的收益份额超过了尚未恢复的长期应收款的账面价值，因此，在完全恢复了长期应收款的账面价值后，应按超过部分继续恢复长期应收款的账面价值。

应恢复长期股权投资账面价值＝480－100＝380(万元)

借：长期应收款——B公司　　1 000 000

　　贷：投资收益　　1 000 000

借：长期股权投资——B公司(损益调整)　　3 800 000

　　贷：投资收益　　3 800 000

(6) 2013年度B公司取得净收益，确认应享有收益份额。

应享有的收益份额＝1 600×40%＝640(万元)

借：长期股权投资——B公司(损益调整)　　6 400 000

　　贷：投资收益　　6 400 000

10. 长期股权投资权益法的核算。

(1) 2012年1月1日，取得长期股权投资。

借：长期股权投资——B公司(成本)　　6 000 000

　　贷：银行存款　　6 000 000

(2) 2012年度B公司实现利润，确认应享有的收益份额。

2012年B公司所获利润＝200－20－80 /5＝164(万元)

借：长期股权投资——B公司(损益调整)　　820 000

　　贷：投资收益　　820 000(164万元×50%)

(3) 2013年度B公司实现利润，确认应享有的收益份额。

2013年B公司所获利润＝150－80 /5＝134(万元)

借：长期股权投资——B公司(损益调整)　　670 000

　　贷：投资收益　　670 000(134万元×50%)

(4) 2013年度B公司资本公积减少，确认应减少的所有者权益份额。

借：资本公积——其他资本公积　　250 000

　　贷：长期股权投资——B公司(其他权益变动)　　250 000

五、案例分析

1. 2014年7月以前A公司占B公司股东权益比例为30%，并具有重大影响，应当采用权益法核算；2014年7月1日以后，A公司占B公司股东权益比例上升为45%，不具有控制B公司的财务和经营政策的能力，仍应当采用权益法核算。其有关投资收益确认的会计处理如下：

2014年度应确认的投资收益＝200×30%＋300×45%＝195(万元)

借：长期股权投资——B公司(损益调整)　　1 950 000

　　贷：投资收益　　1 950 000

2. 因为A公司在B公司董事会成员的比例没有达到三分之二，所以A公司不能对B公司实施控制。

第6章　固定资产

本章结构

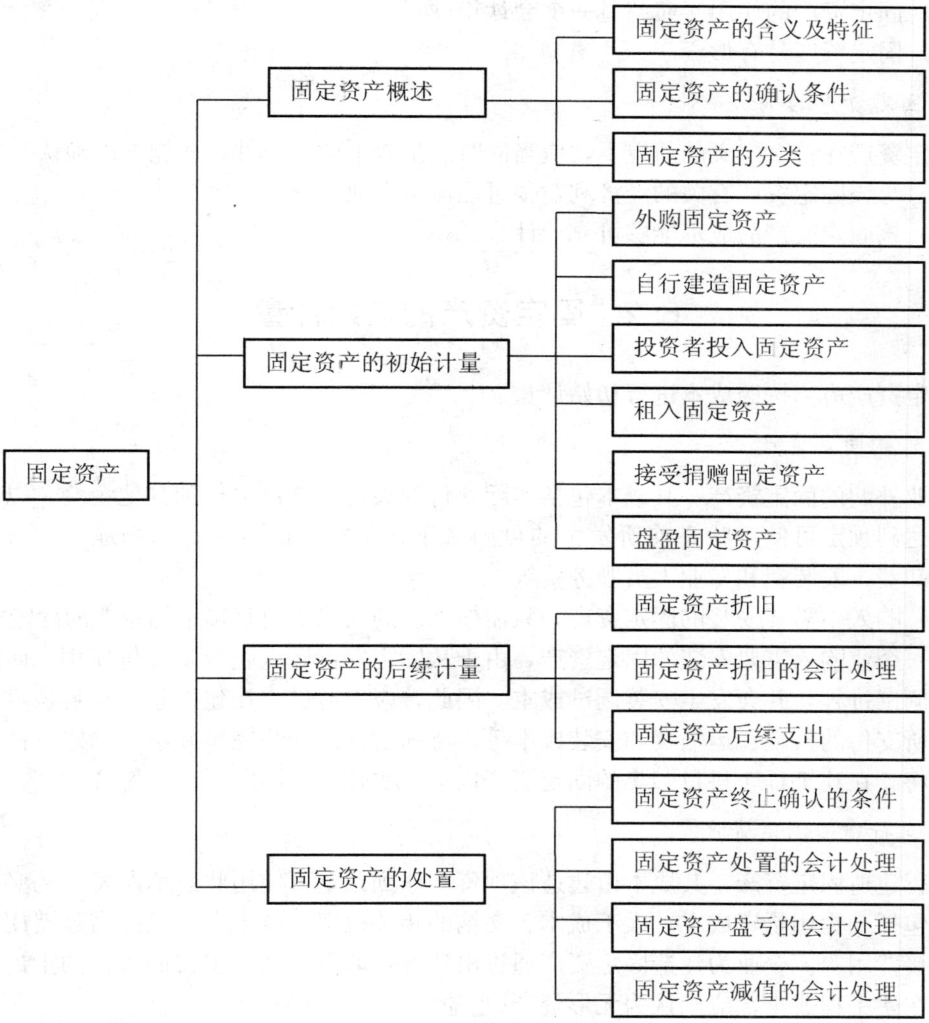

本章重点与难点

6.1 固定资产概述

1. 固定资产的含义及其特征

固定资产是指为生产产品、提供劳务、出租或经营管理而持有的，使用寿命超过一个会计年度。固定资产具有以下 3 个特征。

（1）为生产商品、提供劳务、出租或经营管理而持有。

（2）固定资产的使用寿命超过一个会计年度。

（3）固定资产是有形资产。

2. 固定资产的确认条件

固定资产在符合定义的前提下，应当同时满足以下两个条件，才能加以确认。

（1）与该固定资产有关的经济利益很可能流入企业。

（2）该固定资产的成本能够可靠地计量。

6.2 固定资产的初始计量

固定资产应当按照成本进行初始计量。

1. 外购固定资产

企业外购的固定资产，其成本包括实际支付的买价、进口关税和其他税费，以及使固定资产达到预定可使用状态前所发生的可归属于该项资产的费用，如场地整理费、运输费、装卸费、安装费和专业人员服务费等。

（1）购入不需要安装的固定资产，只需按确认的入账价值直接增加企业的固定资产。

（2）企业购入需要安装的固定资产，由于从固定资产运抵企业到交付使用，尚需经过安装和调试过程，并会发生安装调试成本。因此，应先通过“在建工程”科目核算购置固定资产所支付的价款、运输费和安装成本等，待固定资产安装完毕并达到预定可使用状态后，再将“在建工程”科目归集的固定资产成本一次转入“固定资产”科目。

2. 自行建造固定资产

自行建造固定资产，其成本由建造该项资产达到预定可使用状态前所发生的必要支出构成，包括工程用物资成本、人工成本、交纳的相关税费、应予资本化的借款费用及应分摊的间接费用等。企业为建造固定资产通过出让方式取得土地使用权而支付的土地出让金不计入在建工程成本，应确认为无形资产(土地使用权)。

（1）自营工程。自营工程的成本应当按照实际发生的材料、人工、机械施工费等计量。企业购入为工程准备的物资，应按购入物资的实际成本先记入“工程物资”科目或

“在建工程——工程物资”科目；自营工程领用工程物资、应负担的职工工资、耗用本企业经营的商品、为工程提供劳务，以及其他支出，按实际发生额归集到“在建工程”科目；待工程达到预定可使用状态时，按实际发生的全部支出由“在建工程”科目结转到“固定资产”科目。

(2) 出包工程。企业以出包方式建造固定资产，其成本由建造该项固定资产达到预定可使用状态前所发生的必要支出构成，包括发生的建筑工程支出、安装工程支出及需分摊计入的待摊支出。待摊支出是指在建设期间发生的、不能直接计入某项固定资产价值而应由所建造固定资产共同负担的相关费用，包括为建造工程发生的管理费、可行性研究费、临时设施费、公证费、监理费、应负担的税金、符合资本化条件的借款费用、建设期间发生的工程物资盘亏、报废及毁损净损失及负荷联合试车费等。

3. 投资者投入固定资产

投资者投入固定资产，其成本应当按照投资合同或协议约定的价值和相关的税费，作为固定资产的入账价值入账，但合同或协议约定价值不公允的除外。

4. 租入固定资产

(1) 经营性租入固定资产。企业采用经营性租赁方式租入固定资产，由于没有所有权，因此不能作为固定资产的增加记入会计账簿，但为了便于对实物的管理，应登记在备查簿中。对于支付的租赁费，应根据固定租入固定资产的用途，分别计入制造费用、管理费用、销售费用、在建工程等。经出租人同意，对租入固定资产进行改良所发生的支出，如果数额很大，摊销期在一年以上，应作为长期待摊费用并分期摊销。

(2) 融资性租入固定资产。融资租入的固定资产，在融资租赁期内，应作为企业自有固定资产进行管理和核算。融资租入固定资产的入账价值按租赁开始日租赁资产的公允价值与最低租赁付款额的现值两者中较低者来确定，而最低租赁付款额作为长期应付款入账核算，二者的差额作为未确认融资费用。未确认融资费用入账，应在租赁期内按合理的方法分期摊销，计入各期财务费用。承租人在分摊未确认融资费用时，应当采用实际利率法。在实际利率法下，各年应分摊的未确认融资费用按照各年未偿还租赁负债额的现值(长期应付款减去未确认融资费用余额)乘以实际利率进行计算。

5. 接受捐赠的固定资产

应根据具体情况合理确定其入账价值，一般分为以下两种情况。

(1) 捐赠方提供了有关凭据的，按凭据上标明的金额加上应支付的相关税费，作为入账价值。

(2) 捐赠方没有提供有关凭据的，按以下顺序确定其入账价值。

① 同类或类似固定资产存在活跃市场的，按该接受捐赠固定资产的市场价格估计的金额，加上应支付的相关税费，作为入账价值。

② 同类或类似固定资产不存在活跃市场的，按该接受捐赠固定资产预计未来现金流量的现值，加上应支付的相关税费，作为入账价值。

企业接受的固定资产在按照上述会计规定确定入账价值以后，按接受捐赠金额计入营业外收入。

6. 盘盈固定资产

盘盈固定资产入账价值的确定方法是，如果同类或类似固定资产存在活跃市场的，应按同类或类似固定资产的市场价格，减去按该项固定资产新旧程度估计价值损耗后的余额，作为入账确定；如果同类或类似固定资产不存在活跃市场的，应按盘盈固定资产的预计未来现金流量的现值计价入账。盘盈的固定资产待报经批准处理后，应作为企业以前年度的差错，记入"以前年度损益调整"科目。

6.3 固定资产折旧

1. 固定资产折旧的含义

固定资产的折旧是指在固定资产的使用寿命内，按确定的方法对应计折旧额进行的系统分摊。影响固定资产折旧计算的因素主要有三个，即原始价值、预计净残值和预计使用年限。

2. 固定资产折旧范围

企业应对所有固定资产计提折旧，但已提足折旧继续使用的固定资产和单独计价入账的土地除外。在确定计提折旧的范围时还应注意以下几点。

(1) 固定资产应当按月计提折旧，并根据用途计入相关资产的成本或者当期损益。

(2) 固定资产提足折旧后，不论能否继续使用，均不再提取折旧；提前报废的固定资产，也不再补提折旧。

(3) 已达到预定可适用状态尚未办理竣工决算的固定资产，应当按照估计价值确定其成本并计提折旧；待办理竣工决算后，再按实际成本调整原来的暂估价值，但不需要调整原已计提的折旧额。

3. 固定资产折旧方法

固定资产折旧方法包括年限平均法、工作量法、双倍余额递减法和年数总和法。

(1) 年限平均法。年限平均法又称直线法，是指将固定资产的应计折旧额均衡的分摊到固定资产预计使用寿命内的一种方法。采用这种方法计算的每期折旧额均相等。其计算公式为

$$年折旧额=\frac{原始价值-预计净残值}{预计使用年限}$$

$$年折旧率=\frac{年折旧额}{原始价值}\times100\%=\frac{1-预计净残值率}{预计使用年限}\times100\%$$

$$月折旧率=年折旧率/12$$

其中：

$$预计净残值率=\frac{预计净残值}{原始价值}\times100\%$$

$$年折旧额=原始价值\times年折旧率$$

月折旧额＝年折旧额/12

年限平均法的优点：计算过程简便易行，容易理解，是会计实务中应用最广泛的一种方法。

年限平均法的缺点：①只注重固定资产的使用时间，而忽视使用状况，使固定资产无论物质磨损程度如何，都计提同样的折旧费用，这显然不合理。②固定资产各年的使用成本负担不均衡。一般来说，随着资产的变旧，所需要的修理、保养等费用将会逐年增加，而年限平均法确定的各年折旧费用是相同的，这就产生了固定资产使用早期负担费用偏低，而后期负担偏高的现象，从而违背了收入与费用相配比的原则

(2) 工作量法。工作量法是以固定资产预计可完成的工作总量为分摊标准，根据各年实际完成的工作量计算折旧的一种方法。其计算公式为

单位工作量折旧额＝(固定资产原值－预计净残值)/预计总工作量

＝固定资产原值×(1－预计净残值)/预计总工作量

月折旧额＝某项固定资产当月工作量×单位工作量折旧额

采用工作量法计提折旧，简单实用，而且应提的折旧额与资产的使用成正比例关系，体现了收入与费用相配比的会计原则。但这种方法未考虑无形损耗的因素，更何况资产在预计使用寿命内究竟能完成多少工作量也是很难测定的。因此，该方法适用于使用情况很不均衡，使用的季节性较为明显的大型机器设备、大型施工机械，以及运输单位或其他企业专业车队的客、货运汽车等固定资产折旧的计算。

(3) 双倍余额递减法。双倍余额递减法，是指在不考虑固定资产预计净残值的情况下，根据每期期初固定资产原价减去累计折旧后的金额(即固定资产净值)和双倍的直线法折旧率计算固定资产折旧的一种方法。其计算公式为

$$年折旧率=\frac{2}{预计使用寿命(年)}\times 100\%$$

月折旧率＝年折旧率/12

月折旧额＝固定资产账面净值×月折旧率

由于每年年初固定资产净值没有扣除预计净残值。因此，在双倍余额递减法下，必须注意不能使固定资产的净值低于其预计净残值以下。应当在其折旧年限到期前两年内，将固定资产净值扣除预计净残值后的余额平均摊销。

(4) 年数总和法。年数总合法又称年限合计法，是将固定资产的原价减去预计净残值的余额乘以一个固定资产尚可使用寿命为分子、以预计使用寿命逐年数字之和为分母的逐年递减的分数计算每年的折旧额。其计算公式为

$$年折旧率=\frac{尚可使用寿命}{预计使用寿命的年数总和}\times 100\%$$

月折旧率＝年折旧率/12

月折旧额＝(固定资产原价－预计净残值)×月折旧率

4. 固定资产折旧的会计处理

固定资产应当按月计提折旧，计提的折旧应通过“累计折旧”科目核算，并根据用途计入相关资产的成本或者当期损益。企业基本生产车间所使用的固定资产，其折旧应计入

制造费用；管理部门所使用的固定资产，其计提的折旧应计入管理费用；销售部门所使用的固定资产，其计提的折旧应计入销售费用；自行建造固定资产过程中使用的固定资产，其计提的折旧应计入在建工程成本；经营租出的固定资产，其计提的折旧应计入其他业务成本；未使用的固定资产，其计提的折旧应计入管理费用。

5. 固定资产的后续支出

固定资产的后续支出是指固定资产在使用过程中发生的更新改造支出、修理费用等。企业的固定资产在投入使用后，为了适应新技术发展的需要，或者为维护或提高固定资产的使用效能，往往需要对现有固定资产进行维护、改建、扩建或者改良。后续支出的处理原则是：满足固定资产确认条件的，应当计入固定资产成本，如有被替换的部分，应同时将被替换部分的账面价值从该固定资产原账面价值中扣除；与固定资产有关的修理费用等后续支出，不符合固定资产确认条件的，应当在发生时计入当期损益。

6.4 固定资产的处置

1. 固定资产处置的会计处理

固定资产处置包括固定资产的出售、转让、报废或毁损、对外投资、非货币性资产交换、债务重组等。其会计处理一般经过以下几个步骤。

(1) 固定资产转入清理。固定资产转入清理时，按固定资产账面价值借记“固定资产清理”科目，按已计提的累计折旧借记“累计折旧”科目，按已计提的减值准备借记“固定资产减值准备”科目，按固定资产账面余额贷记“固定资产”科目。

(2) 发生的清理费用。固定资产清理过程中发生的有关费用及应支付的相关税费借记“固定资产清理”科目，贷记“银行存款”“应交税费”等科目。

(3) 出售收入和残料等的处理。企业收回出售固定资产的价款、残料价值和变价收入等，应冲减清理支出。按实际收到的出售价款及残料变价收入等借记“银行存款”“原材料”等科目，贷记“固定资产清理”“应交税费——应交增值税”等科目。

(4) 保险赔偿的处理。企业计算或收到的应由保险公司或过失人赔偿的损失，应冲减清理支出，借记“其他应收款”“银行存款”等科目，贷记“固定资产清理”科目。

(5) 清理净损失的处理。固定资产清理完成后的净损失，属于生产经营期间正常的处理损失，借记“营业外支出——处置非流动资产损失”科目，贷记“固定资产清理”科目；属于生产经营期间由于自然灾害等非正常原因造成的，借记“营业外支出——非常损失”科目，贷记“固定资产清理”科目。固定资产清理完成后的净收益，借记“固定资产清理”科目，贷记“营业外收入”科目。

2. 固定资产减值

固定资产在资产负债表日存在可能发生减值的迹象时，其可收回金额低于账面价值时，企业应当将固定资产的账面价值减记至可收回金额，减记的金额确认为资产减值损失，同时计提相应的资产减值准备。固定资产减值损失一经确认，在以后会计期间不得转回。

练 习 题

一、单项选择题

1. 企业购入需要安装的固定资产，应通过(　　)科目进行核算。

A. “固定资产”　　B. “制造费用”

C. “在建工程”　　D. “固定资产清理”

2. 不计提折旧的固定资产是(　　)。

A. 暂停使用的房屋　　B. 经营租入的固定资产

C. 大修理停用的设备　　D. 经营租出的固定资产

3. 固定资产清理所取得的净收益，最后应记入的会计科目是(　　)。

A. “本年利润”　　B. “营业外收入”

C. “营业外支出”　　D. “其他业务收入”

4. 一台机器原始价值为 80 000 元，预计可使用 10 年，预计净残值为 4%，采用平均年限法计算折旧时，第二年应提的折旧额为(　　)元。

A. 7 680　　B. 7 780　　C. 7 880　　D. 7 980

5. 某项固定资产原值为 100 000 元，预计净残值收入 5 000 元，预计使用年限 10 年，采用双倍余额递减法计算的固定资产年折旧率为(　　)。

A. 10%　　B. 20%　　C. 9.5%　　D. 19%

6. 企业购入一台需要安装的自营设备，实际支付买价 20 万元，增值税税额 3.4 万元；另支付运杂费 0.3 万元，途中保险费 0.1 万元；安装过程中，领用一批原材料，成本 4 万元，售价为 5 万元，支付安装人员工资 2 万元，该设备达到预定可使用状态时，其入账价值为(　　)万元。

A. 30.65　　B. 27.08　　C. 30.48　　D. 26.4

7. 一项固定资产以 20 000 元价格转让出售，该固定资产已提折旧 25 000 元，出售时获得净收益 4 000 元，发生清理费用 1 000 元，则该固定资产的原值为(　　)元。

A. 40 000　　B. 41 000　　C. 39 000　　D. 35 000

8. 计提固定资产折旧时，可以先不考虑固定资产残值的方法是(　　)。

A. 年限平均法　　B. 工作量法　　C. 双倍余额递减法　　D. 年数总和法

9. 一般而言，下列固定资产后续支出中不属于资本性支出的是(　　)。

A. 固定资产日常修理支出　　B. 固定资产重新安装支出

C. 固定资产单元换新支出　　D. 租入固定资产改良支出

10. 企业行政管理部门于 2011 年 12 月 8 日增加一项固定资产，原始价值 75 000 元，预计使用 5 年，预计净残值率 4%，采用双倍余额递减法计算折旧。至 2013 年年末，根据会计职业判断，该项固定资产发生减值，经计算其可收回金额为 21 000 元。该项固定资产对企业 2013 年损益的影响金额为(　　)元。

A. 18 000　　B. 17 280　　C. 25 200　　D. 24 000

11. 采用出包方式建造固定资产时，对于按合同规定预付的工程价款应借记的会计科目是(　　)。

A. “在建工程”　　B. “固定资产”　　C. “工程物资”　　D. “预付账款”

12. 企业接受投资者投入的一项固定资产，应按(　　)作为入账价值。

A. 公允价值

B. 投资方的账面原值

C. 投资方的账面价值

D. 投资合同或协议约定的价值(但合同或协议约定的价值不公允的除外)

13. 锦秋公司一台设备的账面原值为200 000元，预计净残值率为5%，预计使用年限为5年，采用双倍余额递减法按年计提折旧。该设备在使用3年6个月后提前报废，报废时发生清理费用2 000元，取得残值收入5 000元。则该设备报废对企业当期税前利润的影响额为减少(　　)元。

A. 40 200　　B. 31 900　　C. 31 560　　D. 38 700

14. 某企业2012年2月1日购入待安装的生产设备一台，价款1 500万元、增值税税额255万元均尚未支付。为安装此设备购入价值50万元的专用物资一批，增值税税额8.5万元，签发商业承兑汇票一张结算该物资款，不带息，期限6个月。安装工程于3月1日开工，领用所购入的全部专用物资。另外还领用企业生产用的原材料一批，实际成本为10万元，适用的增值税税率为17%；分配工程人员工资20万元，企业辅助生产车间为工程提供有关劳务支出5万元，安装工程到2012年9月20日完成并交付使用。原先领用的工程物资尚有部分剩余，价值2万元，可作为本企业库存材料使用，该材料适用的增值税税率为17%。该设备估计可使用10年，估计净残值11.86万元，该企业采用双倍余额递减法计提固定资产折旧。该项固定资产业务将增加该企业2013年度折旧费用金额为(　　)元。

A. 3 511 580　　B. 3 515 380　　C. 2 956 576　　D. 3 007 700

15. W企业购进设备一台，设备的入账价值为172万元，预计净残值为16万元，预计使用年限为5年。在采用年数总和法计提折旧的情况下，该项设备第二年应提折旧额为(　　)万元。

A. 40　　B. 41.6　　C. 30　　D. 45.87

16. 某企业为延长甲设备的使用寿命，2013年6月份其进行改良并于当月完工，改良时发生相关支出共计20万元，估计能使甲设备延长使用寿命2年。根据2013年6月末的账面记录，甲设备的账面原价为120万元，已提折旧为57万元，未计提减值准备。若确定甲设备改良完工后的可收回金额为78万元，则该企业2013年6月可予以资本化的甲设备后续支出为(　　)万元。

A. 0　　B. 15　　C. 18　　D. 20

17. 新华公司2013年3月初向欣欣公司购入生产设备一台，实际支付买价50万元，增值税税额8.5万元，支付运杂费1.5万元，途中保险费5万元。该设备预计可使用4年，无残值。该企业固定资产折旧采用年数总和法计提。由于操作不当，该设备于2013年年末报废，责成有关人员赔偿3万元，收回变价收入2万元，则该设备的报废净损失(　　)万元。

A. 36　　B. 34.55　　C. 39　　D. 42.5

18. 企业盘盈的固定资产，应在报告批准后，转入(　　)科目。

A. “其他业务收入”　　B. “以前年度损益调整”

C. “资本公积”　　D. “营业外收入”

19. 下列各项中所发生的固定资产后续支出中，不能资本化的支出是(　　)。

A. 资产生产的产品质量提高

B. 资产的生产能力增大

C. 恢复或保持资产的原有性能标准，以确保未来经济效益的实现

D. 资产的估计使用年限延长

20. 东风公司2010年9月初增加小轿车一辆，该项设备原值88 000元，预计可使用8年，净残值为8 000元，采用直线法计提折旧。至2012年年末，对该项设备进行检查后，估计其可收回金额为59 750元，减值测试后，该固定资产的折旧方法、年限和净残值等均不变。则2013年应计提的固定资产折旧额为(　　)元。

A. 10 000　　B. 8 250　　C. 11 391.3　　D. 9 000

21. 下列固定资产不能计提折旧的是(　　)。

A. 季节性停产的固定资产　　B. 未使用的固定资产

C. 已计价入账的土地　　D. 大修理期间的固定资产

22. 下列各项固定资产中，应计提折旧的是(　　)。

A. 闲置的设备　　B. 已提足折旧继续使用的设备

C. 未提足折旧提前报废的设备　　D. 经营租赁租入的设备

23. 购入需要安装的生产设备的增值税进项税额应计入(　　)科目。

A. “应交税费”　　B. “固定资产”　　C. “营业外支出”　　D. “在建工程”

24. 企业以一笔款项购入多项没有单独标价的固定资产，各项固定资产的成本应当按(　　)。

A. 各项固定资产的公允价值确定

B. 各项同类固定资产的历史成本确定

C. 各项同类固定资产的历史成本比例对总成本进行分配后确定

D. 各项固定资产的公允价值比例对总成本进行分配后确定

25. 下列各项中，不应计入固定资产入账价值的是(　　)。

A. 固定资产购入时支付的买价

B. 固定资产安装过程中发生的各种材料、工资等费用

C. 固定资产大修理期间发生的修理费

D. 固定资产改良过程中发生的材料费

二、多项选择题

1. 下列固定资产应计提折旧的有(　　)。

A. 超期使用的汽车　　B. 上月购入的暂时不需用的新设备

C. 上月已经完工但尚未使用的建筑物　　D. 本月中旬购入的一台新设备

E. 处于季节性大修理的机器　　F. 本月中旬报废的一辆运输车

2. 下列应记入“固定资产清理”科目借方的是(　　)。

A. 转入清理固定资产的净值　　B. 清理过程中发生的清理费用

C. 清理过程中发生的变价收入　　D. 清理过程中取得的保险公司的赔款

E. 清理过程中取得的责任人的赔款

3. 购入的固定资产，其入账价值包括(　　)。

A. 买价　　B. 运杂费　　C. 途中保险费

D. 进口关税　　E. 安装调试费

4. 采用自营方式建造固定资产时，下列项目应计入固定资产取得成本的有(　　)。

A. 工程耗用的原材料　　B. 工程人员的工资

C. 工程领用本企业商品实际成本　　D. 生产车间为工程提供的水、电等费用

E. 企业行政管理部门为组织和管理生产经营活动而发生的管理费用

5. 下列项目需记入“在建工程”科目的有(　　)。

A. 固定资产的改扩建　　B. 需要安装的固定资产

C. 不需要安装的固定资产　　D. 支付的费用化的固定资产后续支出

6. 下列不能通过“固定资产”科目核算的有(　　)。

A. 购入正在安装的设备　　B. 经营性租出的设备

C. 经营性租入的设备　　D. 融资租入的不需要安装的设备

7. 影响固定资产折旧的因素有(　　)。

A. 固定资产原值　　B. 固定资产的使用年限

C. 固定资产的净残值　　D. 固定资产的折旧方法

E. 固定资产后续支出金额

8. 双倍余额递减法和年数总和法的共同点有(　　)。

A. 属于加速折旧法　　B. 每期折旧率固定

C. 前期折旧高，后期折旧低　　D. 不考虑净残值

9. 第一年度提取折旧时，就需要考虑固定资产净残值的折旧方法有(　　)。

A. 年限平均法　　B. 工作量法

C. 双倍余额递减法　　D. 年数总和法

10. 下列各项中，引起固定资产账面价值发生增减变化的有(　　)。

A. 购买固定资产时所支付的有关契税、耕地占用税

B. 发生固定资产修理支出

C. 发生固定资产改良支出

D. 对固定资产计提折旧

11. 下列各项中，应计入当期损益的有(　　)。

A. 计提固定资产减值准备

B. 融资租赁固定资产未确认融资费用的摊销

C. 不超过固定资产可收回金额的改良支出

D. 生产车间所计提的固定资产折旧

12. 下列各项中，会引起固定资产账面价值发生变化的有(　　)。

A. 计提固定资产减值准备　　B. 计提固定资产折旧

C. 固定资产改扩建　　D. 固定资产大修理

13. 以下属于固定资产特征的有(　　)。

A. 为生产商品、提供劳务而持有的资产

B. 单位价值在2 000元以上的设备

C. 为出租或经营管理而持有的资产

D. 使用寿命超过一个会计年度

14. 下列有关固定资产成本的确定，说法正确的有(　　)。

A. 投资者投入固定资产的成本，应当按照投资合同或协议约定的价值确定，但合同或协议约定价值不公允的除外

B. 融资租入的固定资产，承租人应当将租赁开始日租赁资产原账面价值与最低租赁付款额现值两者中较低者作为租入资产的入账价值

C. 购置的不需要安装的固定资产，按实际支付的买价、运输费、包装费、安装成本等，作为入账价值，不包括所支付的增值税

D. 企业以经营租赁方式租入的固定资产发生的改良支出，应予资本化

15. 企业结转固定资产清理净损益时，可能涉及的会计科目有(　　)。

A. "待处理财产损溢"　　B. "营业外收入"

C. "营业外支出"　　D. "其他业务成本"

E. "其他业务收入"

16. 下列各项中，应通过"固定资产清理"科目核算的有(　　)。

A. 盘亏的固定资产　　B. 出售的固定资产

C. 报废的固定资产　　D. 毁损的固定资产

三、判断题

1. 按双倍余额递减法计提的折旧额在任何时期都大于按年数总和法计提的折旧额。(　　)

2. 企业在计提固定资产折旧时，对于当月增加的固定资产当月照提折旧，当月减少的固定资产当月不提折旧。(　　)

3. 接受捐赠的固定资产，所发生的各项费用，不应计入固定资产的价值。(　　)

4. 固定资产提足折旧后，不管是否继续使用，均不再提取折旧；提前报废的固定资产，不再补提折旧。(　　)

5. 固定资产发生的经常性修理作为收益性支出，在支出时作为当期费用入账。(　　)

6. 固定资产出售或报废的净损益都应计入营业外收入或营业外支出。(　　)

7. 固定资产都是不动产。(　　)

8. 辅助生产部门为工程提供的水电费应计入工程的成本。(　　)

9. 企业一次购入多项没有标价的固定资产，各项固定资产的原价，应按各项固定资

产和重置完全价值确定。（　）

10. 企业盘亏固定资产应通过"固定资产清理"账户核算。（　）

11. 如果固定资产在当月1日增加的，则在当月就应计提折旧。（　）

12. 全新未使用的固定资产不能计提折旧。（　）

13. 企业对经营租入的固定资产和融资租入的固定资产均应按照自有资产对其计提折旧。（　）

14. 按照新准则的规定，对于计提的固定资产减值准备，在以后期间价值恢复时，不转回任何原已计提的减值准备金额。（　）

15. 企业采用的折旧方法中，年数总和法计算折旧额时，在固定资产使用初期不考虑净残值，只有在最后两年才考虑净残值的问题。（　）

16. 企业接受投资者投入的固定资产按照双方确认的价值作为入账价值。（　）

17. 按照企业会计制度规定，对于融资租入的固定资产，能够合理确定租赁期满时将会取得租赁资产所有权的，应当按照固定资产预计可使用年限计提折旧，其发生的修理费用，也应比照自有固定资产的修理费用处理。（　）

18. 正常报废和非常报废的固定资产均应通过"固定资产清理"科目核算。（　）

19. 固定资产未来给企业带来的经济利益是可以计量的。（　）

20. 经营性租入固定资产的风险仍然由出租人承担。（　）

四、计算与业务分析题

1. 甲公司为一家制造企业，2014年1月1日向乙公司购进A、B、C三辆不同型号的小车，共支付货款7 800 000元，增值税税额1 326 000元，包装费42 000元。全部以银行存款支付。假定A、B、C均满足固定资产的定义和确认条件，公允价值分别为2 926 000元、3 594 800元、1 839 200元。不考虑其他相关税费因素。

要求：

（1）确定固定资产A、B、C的入账价值。

（2）做出购入固定资产的会计分录。

2. 华源公司2014年发生以下有关固定资产的业务。

（1）3月1日，华源公司购入一批不需安装的运输设备，增值税发票注明价款600 000元，增值税进项税额102 000元，另支付运输保险费8 000元。款项均以银行存款支付。

（2）5月3日，华源公司购入一条需要安装的生产流水线，增值税发票注明价款150 000元，增值税进项税额25 500元，另支付运杂费4 000元。安装过程中，发生安装费5 000元，款项均以银行存款支付。

（3）6月10日，华源公司接收一台他人捐赠的全新设备，捐赠者提供的有关价值凭证标明设备的价格为100 000元，应交增值税17 000元，办理产权过户手续时支付相关税费3 200元。

（4）6月20日，华源公司对生产车间使用的固定资产进行日常修理，用银行存款支付修理费用500元。

（5）6月30日，华源公司对固定资产进行清查，发现盘盈一台仪器，市场价格9 000

元，估计折旧 3 000 元；盘亏一台设备，原始价值 6 000 元，已计提折旧 3 000 元。

（6）6 月 30 日，华源公司各车间、部门使用的固定资产应计提的折旧计算结果如表 6－1 所示。

表 6－1　折旧费用计算表　　单位：元

车间、部门	折旧额
行政管理部门	5 000
基本生产部门	12 000
专营销售机构	2 000
经营出租的固定资产	1 000
合计	20 000

要求：根据上述资料编制有关会计分录。

3. 2014 年 1 月，丙股份有限公司准备自行建造一座厂房，为此发生以下业务。

（1）购入工程物资一批，价款为 500 000 元，支付的增值税进项税额为 85 000 元，款项以银行存款支付。

（2）至 6 月，工程先后领用工程物资 545 000 元。

（3）领用生产用原材料一批，价值为 64 000 元。

（4）辅助生产车间为工程提供有关的劳务支出为 50 000 元。

（5）计提工程人员工资 95 800 元。

（6）6 月底，工程达到预定可使用状态，但尚未办理竣工决算手续，工程按暂估价值结转固定资产成本。

（7）7 月中旬，该项工程决算实际成本为 800 000 元，经查其与暂估成本的差额为应付职工工资。

要求：编制上述业务相关的会计分录(假定不考虑其他相关税费)。

4. 2012 年 12 月 20 日，甲公司购入一台不需要安装的机器设备，价款 138 000 元，增值税税额 23 460 元，另支付运杂费 2 000 元，款项均以银行存款支付。该设备即日起投入基本生产车间使用，预计可使用 5 年，预计净残值为 5 000 元，假定不考虑固定资产减值因素。

要求：

（1）编制甲公司购入设备时的会计分录。

（2）分别用年限平均法、双倍余额递减法和年限总和法计算每年的折旧额。

（3）如果该设备具有明显的季节性，企业决定采用总工作量法，假设该设备总运转工时为 270 000 小时，2013 年运转了 56 000 小时，用工作量法计算 2013 年的折旧额。

5. 甲公司 2014 年 5 月发生以下有关固定资产的业务。

（1）2014 年 5 月 8 日，甲公司将一栋多年闲置不用的车间整体出售，出售的价款为 1 100 000 元，已通过银行收到款项。该项固定资产的原始价值为 1 860 000 元，累计折旧 750 000 元。支付整修费用 900 元。

（2）2014 年 5 月 12 日，甲公司一台设备报废。该项设备原始价值 56 000 元，累计折旧 53 760 元。报废时支付清理费用 260 元，残料入库 720 元。

（3）2014 年 5 月 20 日，甲公司一台设备因火灾烧毁。该设备原始价值 68 000 元，累计折旧 21 000 元。清理现场时发生清理费用 500 元，收到保险公司赔款 30 000 元，残料变卖收入 800 元。

要求：根据上述业务编制会计分录。

6. 甲公司为增值税一般纳税人。2009 年 1 月，甲公司因生产需要，决定用自营方式建造一间材料仓库。其发生以下业务。

（1）2009 年 1 月 5 日，购入工程用专项物资 20 万元，增值税税额为 3.4 万元，该批专项物资已验收入库。款项用银行存款付讫。

（2）领用上述专项物资，用于建造仓库。

（3）领用本单位生产的水泥一批用于工程建设，该批水泥成本为 2 万元，税务部门核定的计税价格为 3 万元，适用的增值税税率为 17%。

（4）领用本单位外购原材料一批用于工程建设，原材料实际成本为 1 万元，增值税 1 700 元。

（5）2009 年 1 月至 3 月，应付工程人员工资 4 万元，用银行存款支付其他费用 2.92 万元。

（6）2009 年 3 月 31 日，该仓库达到预定可使用状态，估计可使用 20 年，估计净残值为 2 万元，采用直线法计提折旧。

（7）2013 年 12 月 31 日，该仓库突遭火灾焚毁，残料估计价值 5 万元，验收入库，用银行存款支付清理费用 2 万元。经保险公司核定的应赔偿损失 7 万元，尚未收到赔款。甲公司确认了该仓库的毁损损失。

要求：

（1）计算该仓库的入账价值。

（2）计算 2009 年度该仓库应计提的折旧额。

（3）编制甲公司 2009 年度与上述业务相关的会计分录。

（4）编制甲公司 2013 年 12 月 31 日清理该仓库的会计分录。（“应交税费”科目要求写出明细科目和专栏名称，答案中的金额单位用万元表示）

五、案例分析

A 公司以出包方式建造一座办公楼，办公楼于 2008 年 6 月 12 日完工，建造成本为 960 万元。A 公司预计其使用寿命为 20 年，预计净残值为 0，采用年限平均法计提折旧。由于当地气候的原因，该办公楼的屋顶损坏严重，2014 年 3 月 31 日 A 公司更换了新的屋顶，其成本为 92 000 元。新屋顶的材质不同于旧屋顶，旧屋顶的成本估计为 65 000 元。A 公司在办公楼建成时预计旧屋顶的使用寿命也是 20 年。更换新屋顶后，A 公司认为办公楼的使用寿命会增加 4 年，即预计使用寿命为 24 年。

思考：

（1）更换新屋顶支出应当予以资本化，还是费用化？

（2）计算 2014 年 3 月末 A 公司更换新屋顶后办公楼的账面价值。

(3) 计算更换新屋顶后该办公楼的月折旧额(金额保留到元)。

(4) 假设2014年3月10日A公司没有更换新屋顶，而是对屋顶进行维修，维修成本为8 400元，且此次维修不会对办公楼使用寿命有明显的影响。分析A公司维修屋顶与更换新屋顶在会计处理上有什么区别。

习题解答

一、单项选择题

1. C　2. B　3. B　4. A　5. B　6. D　7. A　8. C　9. A　10. D　11. D　12. D　13. B　14. D　15. B　16. B　17. B　18. B　19. C　20. D　21. C　22. A　23. A　24. D　25. C

二、多项选择题

1. BCEF　2. AB　3. ABCDE　4. ABCD　5. AB　6. AC　7. ABC　8. AC　9. ABD　10. ACD　11. AB　12. ABC　13. ACD　14. AD　15. BC　16. BCD

三、判断题

1. ×　2. ×　3. ×　4. √　5. √　6. √　7. ×　8. √　9. ×　10. ×　11. ×　12. ×　13. ×　14. √　15. ×　16. ×　17. √　18. √　19. √　20. √

四、计算与业务分析题

1. 购入固定资产的核算。

(1) 本题中应该计入固定资产的总成本的金额包括买价、增值税额和包装费。

7 800 000＋1 326 000＋42 000＝9 168 000(元)

应该将总价值按设备公允价值的比例进行分配，故

A型小车应该分配的固定资产价值的比例＝2 926 000/(2 926 000＋3 594 800＋1 839 200)×100%＝35%

B型小车应该分配的固定资产价值的比例＝3 594 800/(2 926 000＋3 594 800＋1 839 200)×100%＝43%

C型小车应该分配的固定资产价值的比例＝1 839 200/(2 926 000＋3 594 800＋1 839 200)×100%＝22%

A型小车的入账价值＝9 168 000×35%＝3 208 800(元)

B型小车的入账价值＝9 168 000×43%＝3 942 240(元)

C型小车的入账价值＝9 168 000×22%＝2 016 960(元)

(2) 编制以下会计分录。

借：固定资产——A型小车	3 208 800
——B型小车	3 942 240
——C型小车	2 016 960

贷：银行存款　　9 168 000

2. 固定资产的核算。

(1) 3 月 1 日，购入不需安装的运输设备。

借：固定资产　　608 000
　　应交税费——应交增值税(进项税额)　　102 000
　　贷：银行存款　　710 000

(2) 5 月 3 日，购入需要安装的生产流水线，支付设备价款、税金、运输费。

借：工程物资　　154 000
　　应交税费——应交增值税(进项税额)　　25 500
　　贷：银行存款　　179 500

设备投入安装并支付安装费用：

借：在建工程　　159 000
　　贷：工程物资　　154 000
　　　　银行存款　　5 000

设备安装完毕交付使用，确定固定资产的价值：

借：固定资产　　159 000
　　贷：在建工程　　159 000

(3) 6 月 10 日，接收捐赠设备。

借：固定资产　　103 200
　　应交税费——应交增值税(进项税额)　　17 000
　　贷：营业外收入　　117 000
　　　　银行存款　　3 200
　　　　应交税费——应交增值税(进项税额转出)　　10 880

(4) 6 月 20 日，支付修理费用。

借：制造费用　　500
　　贷：银行存款　　500

(5) 6 月 30 日，清查固定资产，发现盘盈一台仪器，盘亏一台设备。

① 批准处理前。

a. 盘盈设备：

借：固定资产　　6 000
　　贷：以前年度损益调整　　6 000

b. 盘亏设备：

借：待处理财产损溢——待处理固定资产损溢　　3 000
　　累计折旧　　3 000
　　贷：固定资产　　6 000

② 批准处理后。

盘亏设备：

借：营业外支出——固定资产盘亏　　3 000
　　贷：待处理财产损溢——待处理固定资产损溢　　3 000

(6) 6 月 30 日，计提折旧。

借：管理费用	5 000	
制造费用	12 000	
销售费用	2 000	
其他业务成本	1 000	
贷：累计折旧		20 000

3. 自营工程的账务处理。

(1) 购入为工程准备的物资。

借：工程物资	585 000	
贷：银行存款		585 000

(2) 工程领用物资。

借：在建工程——厂房	545 000	
贷：工程物资		545 000

(3) 工程领用原材料。

借：在建工程——厂房	74 880	
贷：原材料		64 000
应效税费——应交增值税(进项税额转出)		10 880

(4) 辅助生产车间为工程提供劳务支出。

借：在建工程——厂房	50 000	
贷：生产成本——辅助生产成本		50 000

(5) 计提工程人员工资。

借：在建工程——厂房	95 800	
贷：应付职工薪酬		95 800

(6) 6 月底，工程达到预定可使用状态，尚未办理结算手续，固定资产按暂估价值入账。

借：固定资产——厂房	765 680	
贷：在建工程——厂房		765 680

(7) 7 月中旬，按竣工决算实际成本调整固定资产成本。

借：固定资产——厂房	34 320	
贷：应付职工薪酬		34 320

4. 固定资产折旧的核算。

(1) 购入设备时。

借：固定资产	140 000	
应交税费——应交增值税(进项税额)	23 460	
贷：银行存款		163 460

(2) 计算折旧额。

① 平均年限法。

每年折旧额=(140 000－5 000)/5=27 000(元)

② 双倍余额递减法：年折旧率＝2/5＝40％。
第一年折旧额＝140 000×40％＝56 000(元)
第二年折旧额＝(140 000－56 000)×40％＝33 600(元)
第三年折旧额＝(140 000－56 000－33 600)×40％＝20 160(元)
第四年折旧额＝(140 000－56 000－33600－20160－5 000)/2＝12 620(元)
第五年折旧额＝12 620(元)
③ 年数总和法。
第一年折旧率＝5/15＝1/3
第二年折旧率＝4/15
第三年折旧率＝3/15＝1/5
第四年折旧率＝2/15
第五年折旧率＝1/15
第一年折旧额＝(140 000－5 000)×1/3＝45 000(元)
第二年折旧额＝(140 000－5 000)× 4/15＝36 000(元)
第三年折旧额＝(140 000－5 000)× 3/15＝27 000(元)
第四年折旧额＝(140 000－5 000)× 2/15＝18 000(元)
第五年折旧额＝(140 000－5 000)× 1/15＝9 000(元)
(3) 工作量法。
单位工作量折旧额＝(140 000－5 000)/270 000＝0.5(元/小时)
2013 年折旧额＝56 000 ×0.5＝28 000(元)
5. 固定资产处置的核算。
(1) 出售固定资产。
① 注销原价入累计折旧。

借：固定资产清理	1 110 000	
累计折旧	750 000	
贷：固定资产		1 860 000

② 支付整修费用。

借：固定资产清理	900	
贷：银行存款		900

③ 收到出售价款。

借：银行存款	1 100 000	
贷：固定资产清理		1 100 000

④ 计提应交营业税。
应交营业税＝1 100 000×5％＝55 000(元)

借：固定资产清理	55 000	
贷：应交税费——应交营业税		55 000

⑤ 结转出售净损益。
出售净损益＝1 100 000－1 110 000－900－55 000＝－65 900(元)(损失)

借：营业外支出——处置非流动资产损失　　65 900
　　贷：固定资产清理　　65 900

（2）报废固定资产。

① 注销原价入累计折旧。

借：固定资产清理　　2 240
　　累计折旧　　53 760
　　贷：固定资产　　56 000

② 支付清理费用。

借：固定资产清理　　260
　　贷：银行存款　　260

③ 残料入库。

借：原材料　　720
　　贷：固定资产清理　　720

④ 结转报废净损益。

报废净损益＝720－2 240－260＝－1 780(元)(损失)

借：营业外支出——处置非流动资产损失　　1 780
　　贷：固定资产清理　　1 780

（3）毁损固定资产。

① 注销原价入累计折旧。

借：固定资产清理　　47 000
　　累计折旧　　21 000
　　贷：固定资产　　68 000

② 支付清理费用。

借：固定资产清理　　500
　　贷：银行存款　　500

③ 收到保险赔款。

借：银行存款　　30 000
　　贷：固定资产清理　　30 000

④ 收到变价收入。

借：银行存款　　800
　　贷：固定资产清理　　800

⑤ 结转毁损净损益。

毁损净损益＝30 000＋800－47 000－500＝－16 700(元)(损失)

借：营业外支出——处置非流动资产损失　　16 700
　　贷：固定资产清理　　16 700

6. 固定资产的核算。

（1）仓库的入账价值＝20＋3.4＋2＋3×17％＋1＋0.17＋4＋2.92＝34(万元)

（2）2009 年应计提的折旧额＝(34－2)÷20×9/12＝1.2(万元)

(3) 编制以下相关会计分录。

① 2009 年 1 月 5 日购入工程物资。

借：工程物资　　234 000

　　贷：银行存款　　234 000

② 领用工程物资。

借：在建工程　　234 000

　　贷：工程物资　　234 000

③ 领用水泥。

借：在建工程　　25 100

　　贷：库存商品　　20 000

　　　　应交税费——应交增值税(销项税额)　　5 100

④ 领用原材料。

借：在建工程　　10 000

　　贷：原材料　　10 000

　　　　应交税费——应交增值税(进项税额转出)　　1 700

⑤ 2009 年 3 月 31 日，应支付工程人员工资及其他费用。

借：在建工程　　69 200

　　贷：应付职工薪酬　　40 000

　　　　银行存款　　29 200

(4) 2013 年 12 月 31 日，仓库突遭火灾。

2009 年 4 月 1 日至 2013 年 12 月 31 日应计提的折旧额＝(34－2)÷20×9/12＋(34－2)÷20×4＝7.6(万元)

① 固定资产转入清理。

借：固定资产清理　　264 000

　　　　累计折旧　　76 000

　　贷：固定资产　　340 000

② 残料入库。

借：原材料　　50 000

　　贷：固定资产清理　　50 000

③ 支付清理费用。

借：固定资产清理　　20 000

　　贷：银行存款　　20 000

④ 责任方赔款。

借：其他应收款　　70 000

　　贷：固定资产清理　　70 000

⑤ 结转净损失。

借：营业外支出　　164 000

　　贷：固定资产清理　　164 000

五、案例分析

（1）更换新屋顶支出应当予以资本化。

（2）2008年7月至2014年3月期间，该办公楼已使用5年零9个月：

办公楼5年零9个月折旧额＝(960/20)×5＋(960/20)×9/12＝276(万元)

2014年3月末A公司更换新屋顶后办公楼的账面价值＝960－276－9.2＝693.2(万元)

（3）更换新屋顶后该办公楼的月折旧额＝6 932 000÷(24－5.75)÷12＝31 652.97(元)

（4）维修屋顶发生的维修费用8 400元应当费用化，计入管理费用，更换新屋顶发生的成本92 000元应当资本化，计入该办公楼的成本中。

第7章 无形资产

本章结构

- 无形资产
  - 无形资产概述
    - 无形资产的概念和特征
    - 无形资产的内容和分类
    - 无形资产的确认
  - 无形资产的初始计量
    - 外购的无形资产
    - 投资者投入的固定资产
    - 政府补助取得的无形资产
    - 其他类型取得的无形资产
  - 内部研究开发费用的确认与计量
    - 研究阶段和开发阶段的划分
    - 研究与开发支出的确认
    - 内部开发的无形资产的计量
    - 内部研究开发费用的账务处理
  - 无形资产的后续计量
    - 无形资产使用寿命的确定
    - 使用寿命有限的无形资产摊销
    - 无形资产的减值
  - 无形资产的处置
    - 无形资产的出售
    - 无形资产的出租
    - 无形资产的报废

—— 本章重点与难点 ——

7.1 无形资产及其确认

无形资产是指企业拥有或者控制的没有实物形态的可辨认非货币性资产，通常包括专利权、非专利技术、商标权、著作权、特许权、土地使用权等。

无形资产的确认包括以下条件。

(1) 符合无形资产的定义。

(2) 与该无形资产相关的预计未来经济利益很可能流入企业。

(3) 无形资产的成本能够可靠地计量。

7.2 无形资产的初始计量

1. 外购的无形资产

(1) 外购的无形资产，其成本包括购买价款、相关税费及直接归属于使该项资产达到预定用途所发生的其他支出。其中，直接归属于使该项资产达到预定用途所发生的其他支出包括使无形资产达到预定用途所发生的专业服务费用、测试无形资产是否能够正常发挥作用的费用等，但不包括为引入新产品进行宣传发生的广告费、管理费用及其他间接费用，也不包括在无形资产已经达到预定用途以后发生的费用。

(2) 采用分期付款方式购买无形资产，购买无形资产的价款超过正常信用条件延期支付，实际上具有融资性质的，无形资产的成本为购买价款的现值，借记“无形资产”科目，按支付的金额贷记“长期应付款”科目，按其差额借记“未确认融资费用”科目。未确认融资费用反映了企业实际支付的无形资产价款与确认其成本之间的差额，该差额除按照借款费用准则规定予以资本化以外，应当在信用期内确认为利息费用。

(3) 企业通过外购方式取得的土地使用权通常应确认为无形资产。土地使用权用于自行开发建造厂房等地上建筑物时，土地使用权的账面价值不与地上建筑物合并计算其成本，而仍作为无形资产进行核算，土地使用权与地上建筑物分别进行摊销和提取折旧。但下列情况除外：

① 房地产开发企业取得的土地使用权用于建造对外出售的房屋建筑物，相关的土地使用权应当计入所建造的房屋建筑物成本。

② 企业外购的房屋建筑物，实际支付的价款中包括土地以及建筑物的价值，则应当对支付的价款按照合理的方法(如公允价值)在土地和地上建筑物之间进行分配；如果确定无法在地上建筑物与土地使用权之间进行合理分配的，应当全部作为固定资产核算。

企业改变土地使用权的用途，将其用于出租或增值目的时，应将无形资产转为投资性房地产。

2. 投资者投入的无形资产

投资者投入的无形资产的成本，应当按照投资合同或协议约定的价值确定，在投资合同或协议约定价值不公允的情况下，应按无形资产的公允价值入账。无形资产的入账价值与折合资本额之间的差额，作为资本溢价，计入资本公积。

3. 政府补助取得的无形资产

企业通过政府补助方式取得的无形资产应当按照公允价值计量。具体要分别几种情况进行处理：如果企业取得的无形资产附带有关文件、协议、发票、报关单等凭证，在这些凭证注明的价值与公允价值相差不大时，应当以有关凭据中注明的价值作为公允价值；没有注明价值或注明价值与公允价值差异较大，但有活跃交易市场的，应当根据有确凿证据表明的同类或类似市场交易价格作为公允价值；如没有注明价值，且没有活跃交易市场、不能可靠取得公允价值的，应当按照名义金额计量，名义金额即为人民币1元。

7.3 研究阶段和开发阶段的划分

1. 研究阶段

研究是指为获取新的技术和知识等进行的有计划的调查，具体是指意于获取知识而进行的活动；研究成果或其他知识的应用研究、评价和最终选择；材料、设备、产品、工序、系统或服务服务替代品的研究；新的或经改进的材料、设备、产品、工序、系统或服务服务替代品的配制、设计、评价和最终选择。研究阶段具有计划性的探索性的特点。计划性是指研究阶段是建立在有计划的调查基础上，即研发项目已经董事会或者相关管理层的批准，并着手收集相关资料、进行市场调查等；探索性是指研究阶段基本上是探索性的，为进一步的开发活动进行资料及相关方面的准备，该阶段不会形成阶段性成果。

2. 开发阶段

开发是指在进行商业性生产或使用前，将研究成果或其他知识应用于某项计划或设计，以生产出新的或具有实质性改进的材料、装置、产品等。例如，生产前或使用前的原型和模型的设计、建造和测试；售新技术的工具、夹具、模具和冲模的设计；不具有商业性生产经济规模的试生产设施的设计、建造和运营；新的或改造的材料、设备、产品、工序、系统或服务所选定的替代品的设计、建造和测试等。开发阶段具有针对性和形成成果的可能性较大的特点。

7.4 研究与开发支出的确认

(1) 研究与开发支出的确认包括以下内容。研究阶段的有关支出，应当在发生时全部费用化，计入当期损益(管理费用)。

(2) 开发阶段的费用支出是否应计入无形资产的成本，要视其是否满足资本化的条件。满足足资本化条件的支出计入无形资产的价值，不能满足足资本化条件的费用支出应计入当期损益。

7.5 开发阶段费用支出的资本化条件

（1）完成该无形资产以使其能够使用或出售在技术上具有可行性。

（2）具有完成该无形资产并使用或出售的意图。

（3）无形资产产生经济利益的方式，包括能够证明运用该无形资产生产的产品存在市场或无形资产自身存在市场，无形资产将在内部使用的，应当证明其有用性。

（4）有足够的技术、财务资源和其他资源支持，以完成该无形资产的开发，并有能力使用或出售该无形资产。

（5）归属于该无形资产开发阶段的支出能够可靠地计量。

7.6 无形资产的使用寿命

（1）源自合同性权利或其他法定权利取得的无形资产，其使用寿命不应超过合同性权利或其他法定权利的期限。但如果企业使用资产预期的期限短于合同性权利或其他法定权利规定的期限的，则应当按照企业预期使用的期限确定其使用寿命。例如，企业取得一项专利技术，法律保护期间为20年，企业预计运用该专利生产的产品在未来15年内会为企业带来经济利益。就该项专利技术，第三方企业承诺在5年内以其取得之日公允价值的60%购买该专利权，从企业管理层目前的持有计划来看，准备在5年内将其出售给第三方。为此，该项专利权的实际使用寿命为5年。

（2）没有明确的合同或法律规定无形资产的使用寿命的，企业应当综合各方面情况，如聘请相关专家进行论证或与同行业的情况进行比较及企业的历史经验等，来确定无形资产为企业带来未来经济利益的期限。如果经过这些努力，仍确实无法合理确定无形资产为企业带来经济利益期限，再将其作为使用寿命不确定的无形资产。

（3）企业至少应当于每年年度终了，对使用寿命有限的无形资产的使用寿命进行复核。如果有证据表明无形资产的使用寿命与以前估计不同的，应当改变其摊销期限，并按照会计估计变更进行处理；对使用寿命不确定的无形资产，如果有证据表明该无形资产的使用寿命是有限的，则视为会计估计变更，应当估计其使用寿命并按照使用寿命有限的无形资产的处理原则进行会计处理。

7.7 无形资产的摊销

（1）无形资产的摊销期自其可供使用时(即其达到预定用途)开始至终止确认时止。在无形资产的使用寿命内系统地分摊其应摊销金额，存在多种方法，这些方法包括直线法、产量法等。对某项无形资产摊销所使用的方法应依据从资产中获取的预期未来经济利益的预计消耗方式来选择，并一致地运用于不同会计期间，例如，受技术陈旧因素影响较大的专利权和专有技术等无形资产，可采用类似固定资产加速折旧的方法进行摊销；有特定产量限制的特许经营权或专利权，应采用产量法进行摊销。

（2）持有待售的无形资产不进行摊销，照账面价值与公允价值减去处置费用后的净额孰低进行计量。

（3）无形资产摊销一般按月进行，当月增加的无形资产，当月开始摊销，当月减少的无形资产，当月不再摊销。

（4）使用寿命有限的无形资产应当在其预计的使用寿命内，采用合理的摊销方法进行摊销，其摊销金额一般应确认为当期损益，计入管理费用。如果某项无形资产包含的经济利益是通过所生产的产品或其他资产实现的，无形资产的摊销金额可以计入产品或其他资产的成本中。按月摊销无形资产时，借记“管理费用”“制造费用”“其他业务成本”等科目，贷记“累计摊销”科目。

7.8 无形资产的减值

（1）由于无形资产所带来的收益具有很大的不确定性，资产负债表日，企业应对无形资产的账面价值进行检查。如果出现减值迹象，应对无形资产的可收回金额进行估计，如果无形资产预计可收回金额低于其账面价值，应当计提减值准备。

（2）无形资产的可收回金额，是指下列两者的较高者：①无形资产的公允价值减去处置费用后的金额；②无形资产的预计未来现金流量的现值。

（3）企业已确认的无形资产减值，应按无形资产的账面价值与可收回金额的差额，借记“资产减值损失”科目，贷记“无形资产减值准备”科目。无形资产减值损失一经确认，在以后会计期间不得转回。

7.9 无形资产的处置

1. 无形资产的出售

企业出售无形资产，表明企业放弃无形资产的所有权。无形资产准则规定，企业出售无形资产时，应将所取得的价款与该无形资产账面价值的差额作为资产处置利得或损失（营业外收入或营业外支出）。同时，按现行税法的规定，出售无形资产应按实际转让收入计算缴纳营业税，营业税税率为5%。

出售无形资产时，应按实际收到的金额，借记“银行存款”等科目；按已摊销的累计摊销额，借记“累计摊销”科目；原已计提减值准备的，借记“无形资产减值准备”科目；按应支付的相关税费，贷记“应交税费”等科目；按其账面余额，贷记“无形资产”科目；按其差额，贷记“营业外收入——处置非流动资产利得”科目或借记“营业外支出——处置非流动资产损失”科目。

2. 无形资产的出租

无形资产的出租是指企业将所拥有的无形资产的使用权让渡给他人，并收取租金与企业日常活动相关的其他经营活动业务，如出租商标使用权等。出租无形资产应收取的租金一般可以按照固定金额或者销售额的一定百分比等方法计算。在满足收入确认条件的情况下，应确认相关的收入及成本。无形资产出租业务作为经营活动业务一部分，其取得的租金收入作为营业收入，计入其他业务收入，确认时，借记“银行存款”等科目，贷记“其他业务收入”科目；摊销的无形资产成本，借记“其他业务成本”科目，贷记“累计摊销”；企业收取的租金应按5%的营业税税率向国家计算缴纳营业税，对于应交的营业税，借记“营业税金及附加”科目，贷记“应交税费——应交营业税”科目。

3. 无形资产的报废

无形资产未来能否给企业带来经济利益由于受到很多不可预知因素的影响，而变得具有很大的不确定性。如果在无形资产使用的某一个期间，由于各种因素的影响，使得无形资产预期不能为企业带来未来的经济利益，则不再符合无形资产的定义，应将该无形资产转入报废并予以注销。报废无形资产的账面价值作为非流动资产处置损失，应予以转销，计入营业外支出。转销时，应按已计提的累计摊销，借记“累计摊销”科目；按其账面余额，贷记“无形资产”科目；按其差额，借记“营业外支出”科目。已计提减值准备的，还应同时结转减值准备。

练　习　题

一、单项选择题

1. 下列各项目中，属于企业无形资产的是(　　)。

A. 企业自创的品牌　　B. 商誉

C. 经营租入的专利权　　D. 技术诀窍

2. 关于企业内部研究开发项目的支出，下列说法中错误的是(　　)。

A. 企业内部研究开发项目开发阶段的支出，应确认为无形资产

B. 企业内部研究开发项目研究阶段的支出，应当于发生时计入当期损益

C. 企业内部研究开发项目的支出，应当区分研究阶段支出与开发阶段支出

D. 企业内部研究开发项目开发阶段的支出，可能确认为无形资产，也可能确认为费用

3. 企业出售无形资产发生的净损失，应计入(　　)。

A. 销售费用　　B. 其他业务成本

C. 营业外支出　　D. 管理费用

4. 企业进行研究与开发无形资产过程中发生的各项支出，发生时应借记(　　)科目。

A. “研发支出”　　B. “无形资产”　　C. “销售费用”　　D. “管理费用”

5. 下列各项中，不可以辨认的是(　　)。

A. 专利权　　B. 商标权　　C. 非专利技术　　D. 商誉

6. 企业购入或支付土地出让金取得的土地使用权，在已经开发或建造自用项目的，通常通过(　　)科目核算。

A. “固定资产”　　B. “在建工程”　　C. “无形资产”　　D. “长期待摊费用”

7. 下列属于无形资产后续支出的是(　　)。

A. 相关宣传活动支出　　B. 无形资产研究费用

C. 无形资产开发支出　　D. 无形资产购买价款

8. A公司于2011年1月5日购入专利权支付价款225万元。该无形资产预计使用年限为7年，法律规定年限为5年。法律规定：合同规定了受益年限，法律也规定了有效年限，摊销期不应超过受益年限与有限年限两者之中较短者。2012年12月31日，由于与该无形资产相关的经济因素发生不利变化，致使其发生减值，A公司估计可收回金额为90万元。假定无形资产按照直线法进行摊销。截至2013年年底，无形资产的累计摊销额为(　　)万元。

A. 30　　B. 45　　C. 135　　D. 120

9. 企业摊销自用的、使用寿命确定的无形资产时，借记“管理费用”科目，贷记(　　)科目。

A. “无形资产”　　B. “累计摊销”

C. “累计折旧”　　D. “无形资产减值准备”

10. 在会计期末，股份有限公司所持有的无形资产的账面价值高于其可收回金额的差额，应当记入(　　)科目。

A. 管理费用　　B. 资产减值损失　　C. 其他业务成本　　D. 营业外支出

11. 2016年1月1日，甲公司某项特许使用权的原价为960万元，已摊销600万元，已计提减值准备60万元。预计尚可使用年限为2年，预计净残值为零，采用直线法按月摊销。不考虑其他因素，2016年1月甲公司该项特许使用权应摊销的金额为(　　)万元。

A. 12.5　　B. 15　　C. 37.5　　D. 40

12. 甲公司于2010年6月1日，以60万元的价格转让一项无形资产所有权，同时，发生相关税费3万元。该无形资产系2007年6月1日购入并投入使用，其入账价值为300万元，法律规定的有效年限为6年，预计使用年限为5年，该无形资产按照直线法摊销。转让该无形资产发生的净损益为(　　)万元。

A. 53　　B. −53　　C. 63　　D. −63

13. 2014年1月1日，乙公司将某专利权的使用权转让给丙公司，每年收取租金10万元，适用的营业税税率为6%。转让期间乙公司不使用该项专利。该专利权系乙公司2013年1月1日购入的，初始入账价值为10万元，预计使用年限为5年。该无形资产按直线法摊销。假定不考虑其他因素，乙公司2014年度因该专利权形成的其他业务利润为(　　)万元。

A. −2　　B. 7.5　　C. 8　　D. 9.5

14. A公司2014年3月1日开始自行开发成本管理软件，在研究阶段发生材料费用10万元，开发阶段发生开发人员工资100万元，福利费20万元，支付租金30万元。开发阶段的支出满足资本化条件。2014年3月16日，A公司自行开发成功该成本管理软件，并依法申请了专利，支付注册费1万元，律师费2.5万元。2014年3月20日，A公司为向社会展示其成本管理软件，特举办了大型宣传活动，支付费用50万元。A公司无形资产的入账价值应为(　　)万元。

A. 213.5　　B. 3.5　　C. 153.5　　D. 163.5

15. 甲公司出售所拥有的无形资产一项，取得收入300万元，适用营业税税率6%。该无形资产取得时实际成本为400万元，已摊销120万元，已计提减值准备50万元。甲公司出售该项无形资产应计入当期损益的金额为(　　)万元。

A. －100　　B. －20　　C. 300　　D. 70

二、多项选择题

1. 关于无形资产的确认，应同时满足的条件有(　　)。

A. 符合无形资产的定义

B. 与该资产有关的经济利益很可能流入企业

C. 该无形资产的成本能够可靠地计量

D. 必须是企业外购的

2. 下列各项中，会引起无形资产账面价值发生增减变动的有(　　)。

A. 对无形资产计提减值准备

B. 企业内部研究开发项目研究阶段发生的支出

C. 摊销无形资成本

D. 企业内部研究开发项目开发阶段的支出不满足无形资产确认条件

3. 下列各项中，可以辨认的有(　　)。

A. 专利权　　B. 商标权　　C. 著作权

D. 商誉　　E. 土地使用权

4. 下列可以确认为无形资产的有(　　)。

A. 计算机公司购入的为客户开发的软件

B. 高级专业技术人才

C. 企业通过行政划拨无偿取得的土地使用权

D. 有偿取得一项为期15年的高速公路收费权

E. 购买的商标权

5. 外购无形资产的成本，包括(　　)。

A. 购买价款

B. 进口关税

C. 其他相关税费

D. 直接归属于使该项资产达到预定用途所发生的其他支出

6. 投资者投入无形资产的成本，应当按照(　　)确定，但该金额不公允的除外。

A. 投资合同约定的价值　　B. 公允价值

C. 投资方无形资产的账面价值　　D. 协议约定的价值

7. 下列属于研究活动的是(　　)。

A. 意于获取知识而进行的活动

B. 研究成果或其他知识的应用研究、评价和最终选择

C. 材料、设备、产品、工序、系统或服务替代品的研究

D. 新的或经改进的材料、设备、产品、工序、系统或服务的可能替代品的配制、设计、评价和最终选择

8. 企业内部研究开发项目开发阶段的支出，同时满足(　　)的，才能确认为无形资产。

A. 完成该无形资产以使其能够使用或出售在技术上具有可行性

B. 具有完成该无形资产并使用或出售的意图

C. 无形资产产生经济利益的方式，包括能够证明运用该无形资产生产的产品存在市场或无形资产自身存在市场，无形资产将在内部使用的，应当证明其有用性

D. 有足够的技术、财务资源和其他资源支持，以完成该无形资产的开发，并有能力使用或出售该无形资产

E. 归属于该无形资产开发阶段的支出能够可靠地计量

9. 下列有关无形资产会计处理的表述中，正确的有(　　)。

A. 无形资产后续支出应该在发生时计入当期损益

B. 企业自用的、使用寿命确定的无形资产的摊销金额，应该全部计入当期管理费用

C. 不能为企业带来经济利益的无形资产的摊余价值，应该全部转入当期的管理费用

D. 使用寿命有限的无形资产应当在取得当月起开始摊销

10. 下列有关无形资产的会计处理中，不正确的是(　　)。

A. 转让无形资产使用权所取得的收入应计入营业外收入

B. 使用寿命不确定的无形资产，不应摊销

C. 转让无形资产所有权所发生的支出应计入其他业务成本

D. 购入但尚未投入使用的、使用寿命确定无形资产的价值不应进行摊销

11. 下列有关无形资产的后续计量中，说法不正确的是(　　)。

A. 使用寿命不确定的无形资产，其应摊销的金额应该按照 10 年进行摊销

B. 无形资产的摊销方法必须采用直线法进行摊销

C. 使用寿命不确定的无形资产应该按照系统合理的方法摊销

D. 企业无形资产的摊销方法应当反映与该项无形资产有关的经济利益的预期实现方式

三、判断题

1. 研究开发支出中的研究阶段的支出应资本化，计入无形资产成本。(　　)

2. 在我国研究与开发费用应在成功申请专利以后，将其转入无形资产的价值。(　　)

3. 无形资产有的有期限，有的没有期限。(　　)

4. 无形资产摊销期限一经确定，不得随意改变。(　　)

5. 无形资产只能转让使用权，而不能转让所有权。(　　)

6. 无形资产是指企业为生产商品、提供劳务、出租给他人，或为管理目的而持有的、没有实物形态的非货币性长期资产。(　　)

7. 某企业以50万元外购一项专利权，同时还发生相关费用6万外购无形资产的成本，那么该外购专利权的入账价值为56万元。 ( )

8. 对自行开发并按法律程序申请取得的无形资产，按在研究与开发过程中发生的材料费用、直接参与开发人员的工资及福利费、开发过程中发生的租金、借款费用，以及注册费、聘请律师费等费用作为无形资产的实际成本。 ( )

9. 已计入各期费用的研究费用，在该项无形资产获得成功并依法申请专利时，再将原已计入费用的研究费用予以资本化。 ( )

10. 无形资产的后续支出应判断是否可以资本化，符合资本化条件的应予以资本化，计入无形资产成本；不符合资本化条件的应直接计入当期费用。 ( )

四、计算与业务分析题

1. A公司2013年12月有关无形资产发生以下业务。

(1) 12月8日，购入一项专利权，支付专利权转让费及有关手续费共计160 000元，按合同规定，公司在合同签订日先行支付40 000元，其余款项在产品上市以后再行支付。

(2) 12月12日，公司成功申请一项专利。申请专利过程中发生注册费5 000元、聘请律师费9 000元。

(3) 12月15日，为开发市场的需要，购入B公司商标使用权，一次性支付款项1 600 000元。

(4) 12月19日，公司接受B公司以土地使用权作价向本公司进行投资。经专业评估师评估，土地使用权的价值为1 000 000元，折换成公司每股面值为1元的普通股股票800 000股。

(5) 12月22日，公司出售一项专利权的所有权，出售价格130 000元，营业税率为6%，出售时无形资产的账面原值为150 000元，已摊销金额35 000元，已计提减值准备3 000元。

(6) 12月25日，公司将其拥有的一项专利权出租给C公司使用。适用的增值税税率为6%，合同规定，C公司每年支付使用费40 000元，出租期限为5年。该项无形资产每年的摊销额为15 000元。

(7) 12月31日，公司一项专利权发生减值，预计可收回金额180 000元，初始入账金额为250 000元，累计摊销60 000元。

要求：根据以上资料，编制相关会计分录。

2. 某公司正在研究和开发一项新工艺，2013年1～10月发生的各项研究、调查、试验等费用100万元，2013年10～12月发生材料人工等各项支出60万元，在2013年9月末，该公司已经可以证实该项新工艺必然开发成功，并满足无形资产确认标准。2014年1～6月又发生材料费用、直接参与开发人员的工资、场地设备等租金和注册费等支出240万元。2014年6月末该项新工艺完成，达到了预定可使用状态。

要求：根据以上资料，编制相关会计分录。

3. A公司发生以下有关无形资产业务。

（1）2011 年 1 月，A 公司以银行存款 2 400 万元购入一项土地使用权(不考虑相关税费)。该土地使用年限为 60 年。

（2）2011 年 6 月，A 公司研发部门准备研究开发一项专利技术，在研究阶段，企业为了研究成果的应用研究、评价，以银行存款支付了相关费用 600 万元。

（3）2011 年 8 月，上述专利技术研究成功，转入开发阶段。企业将研究成果应用于该项专利技术的设计，直接发生的研发人员工资、材料费及相关设备折旧费分别为 800 万元、1 300 万元和 200 万元，同时以银行存款支付了其他相关费用 100 万元。以上开发支出均满足无形资产的确认条件。

（4）2011 年 10 月，上述专利技术的研究开发项目达到预定用途，形成无形资产。A 公司预计该专利技术的预计使用年限为 10 年。A 公司无法可靠确定与该专利技术有关的经济利益的预期实现方式。

（5）2012 年 4 月，A 公司利用上述外购的土地使用权，自行开发建造厂房。厂房于 2012 年 9 月达到预定可使用状态，累计所发生的必要支出 5 550 万元(不包含土地使用权)。该厂房预计使用寿命为 10 年，预计净残值为 50 万元。假定 A 公司对其采用年数总和法计提折旧。

（6）2014 年 5 月，A 公司研发的专利技术预期不能为企业带来经济利益，经批准将其予以转销。

要求：

（1）编制 A 公司 2011 年 1 月购入该项土地使用权的会计分录。

（2）编制土地使用权 2011 年摊销的会计分录，并计算 A 公司 2011 年 12 月 31 日的该项土地使用权的账面价值。

（3）编制 A 公司 2011 年研制开发专利技术的有关会计分录。

（4）计算 A 公司研制开发的专利技术至 2013 年年末累计摊销的金额(假定没有计提减值准备)。

（5）分析土地使用权是否应转入该厂房的建造成本；计算 A 公司自行开发建造的厂房 2013 年计提的折旧额。

（6）编制 A 公司该项专利技术 2014 年 5 月予以转销的会计分录。(答案中的金额单位用万元表示)

五、案例分析

审计人员在对 W 公司的无形资产审计中，发现以下事项：W 公司 2013 年 3 月 1 日购买某项专有技术，支付价款 360 万元，根据相关法律规定，该项无形资产的有效使用年限为 10 年。2013 年 12 月 31 日，公司与转让该技术的单位发生合同纠纷，专有技术的使用范围也因受到一定的限制而可能造成减值，预计可收回金额为 280 万元。年末检查发现 W 公司未进行摊销和减值账务处理。

问题：若你作为审计人员，根据 W 公司账务处理中存在的问题进行分析，并帮助 W 公司编制有关会计分录。

习题解答

一、单项选择题

1. D 2. A 3. C 4. A 5. D 6. C 7. A 8. A 9. B 10. B 11. A 12. D 13. C 14. C 15. D

二、多项选择题

1. ABC 2. AC 3. ABCE 4. ADE 5. ABCD 6. AD 7. ABCD 8. ABCDE 9. AD 10. ACD 11. ABC

三、判断题

1. × 2. × 3. √ 4. √ 5. × 6. × 7. √ 8. × 9. × 10. ×

四、计算与业务分析题

1. 无形资产的核算。

（1）12月8日，购入一项专利权。

借：无形资产	160 000	
贷：银行存款		40 000
应付账款		120 000

（2）12月12日，公司成功申请一项专利。

借：无形资产	14 000	
贷：银行存款		14 000

（3）12月15日，购入商标使用权。

借：无形资产	1 600 000	
贷：银行存款		1 600 000

（4）12月19日，接受投资。

借：无形资产	1 000 000	
贷：股本		800 000
资本公积		200 000

（5）12月22日，出售专利权。

借：银行存款	137 800	
无形资产减值准备	3 000	
累计摊销	35 000	
贷：无形资产		150 000
应交税费——应交增值税（销项税额）		7 800
营业外收入——处置非流动资产利得		18 000

(6) 12 月 25 日，出租专利权。

借：银行存款 42 400

　　贷：其他业务收入 40 000

　　　　应交税额——应交增值税(销项税额) 2 400

借：其他业务成本 15 000

　　贷：累计摊销 15 000

(7) 12 月 31 日，专利权发生减值。

减值损失＝250 000－60 000－180 000＝10 000(元)

借：资产减值损失 10 000

　　贷：无形资产减值准备 10 000

2. 内部研究开发费用的账务处理。

该公司可以确定 2013 年 10 月 1 日是该项无形资产的确认标准满足日。

(1) 2013 年 10 月 1 日以前发生研发支出。

借：研发支出——费用化支出 1 000 000

　　贷：应付职工薪酬 1 000 000

(2) 期末，应将费用化的研发支出予以结转。

借：管理费用 1 000 000

　　贷：研发支出——费用化支出 1 000 000

(3) 2013 年 10 月 1 日以后发生研发支出。

借：研发支出——资本化支出 600 000

　　贷：应付职工薪酬 600 000

(4) 2014 年 1～6 月又发生材料费用、直接参与开发人员的工资、场地设备等租金和注册费等支出 240 万元。

借：研发支出——资本化支出 2 400 000

　　贷：应付职工薪酬 2 400 000

(5) 2014 年 6 月末该项新工艺完成，达到预定可使用状态。

借：无形资产 3 000 000

　　贷：研发支出——资本化支出 3 000 000

3. 无形资产的核算。

(1) 2011 年 1 月，购入一项土地使用权。

借：无形资产 24 000 000

　　贷：银行存款 24 000 000

该土地使用权每年摊销额＝2400/60＝40(万元)

借：管理费用 400 000

　　贷：累计摊销 400 000

2011 年 12 月 31 日该项土地使用权的账面价值＝2 400—40＝2 360(万元)

(2) 2011 年 6 月，支付研究阶段相关费用。

借：研发支出——费用化支出 6 000 000

贷：银行存款 6 000 000

借：管理费用 6 000 000

贷：研发支出——费用化支出 6 000 000

2011 年 8 月，开发阶段直接发生的研发人员工资、材料费及相关设备折旧费和其他相关费用。

借：研发支出——资本化支出 24 000 000

贷：原材料 13 000 000

银行存款 1 000 000

应付职工薪酬 8 000 000

累计折旧 2 000 000

2011 年 10 月，上述专利技术的研究开发项目达到预定用途，形成无形资产。

借：无形资产 24 000 000

贷：研发支出——资本化支出 24 000 000

(3) 该专利至 2013 年年末累计摊销的金额＝2400÷(12×10)×(3＋12＋12)＝540(万元)。

(4) 通常情况下，土地使用权不转入建筑物的建造成本，上述厂房的建造不应将土地使用权转入建造成本，而是自行摊销。

2013 年厂房计提的折旧额＝(5 550—50)×10/55×9/12＋(5 550—50)×9/55×3/12＝750 ＋225＝975(万元)。

(6) 2014 年专利权摊销额＝2 400 /(12×10)×4＝80(万元)

专利权报废时累计摊销额＝540＋80＝620(万元)

借：营业外支出 17 800 000

累计摊销 6 200 000

贷：无形资产 24 000 000

五、案例分析

(1)《企业会计准则——无形资产》规定。无形资产的成本，应自取得当月起在预计使用年限内分期平均摊销。如果预计使用年限超过了相关合同规定的受益年限或法律规定的有效年限，该无形资产的摊销年限按如下原则确定：合同规定了受益年限但法律没有规定有效年限的，摊销年限不应超过受益年限；合同没有规定受益年限但法律规定有效年限的；摊销年限不应超过有效年限；合同规定了受益年限，法律也规定了有效年限的，摊销年限不应超过受益年限和有效年限二者之中较短者。如果合同没有规定受益年限，法律也没有规定有效年限的，摊销年限不应超过 10 年。

2013 年 12 月 31 日，W 公司应在规定预计使用年限内平均摊销该项无形资产。

当年应摊销额＝(360/10)/12×10＝30(万元)

会计处理如下

借：管理费用 300 000

贷：无形资产 300 000

(2)《企业会计制度》规定，无形资产应当按照账面价值与可收回金额孰低计量，对于可收回金额低于账面价值的差额，应当计提无形资产减值准备。

2013 年 12 月 31 日，提请 W 公司对该专有技术发生减值准备后可能收回的金额计提无形资产减值准备。若经有关专业技术人员估计，预计可收回金额为 280 万元，为此，应进行以下会计处理：

借：资产减值损失　　500 000

　　贷：无形资产减值准备　　500 000

第8章 投资性房地产

本章结构

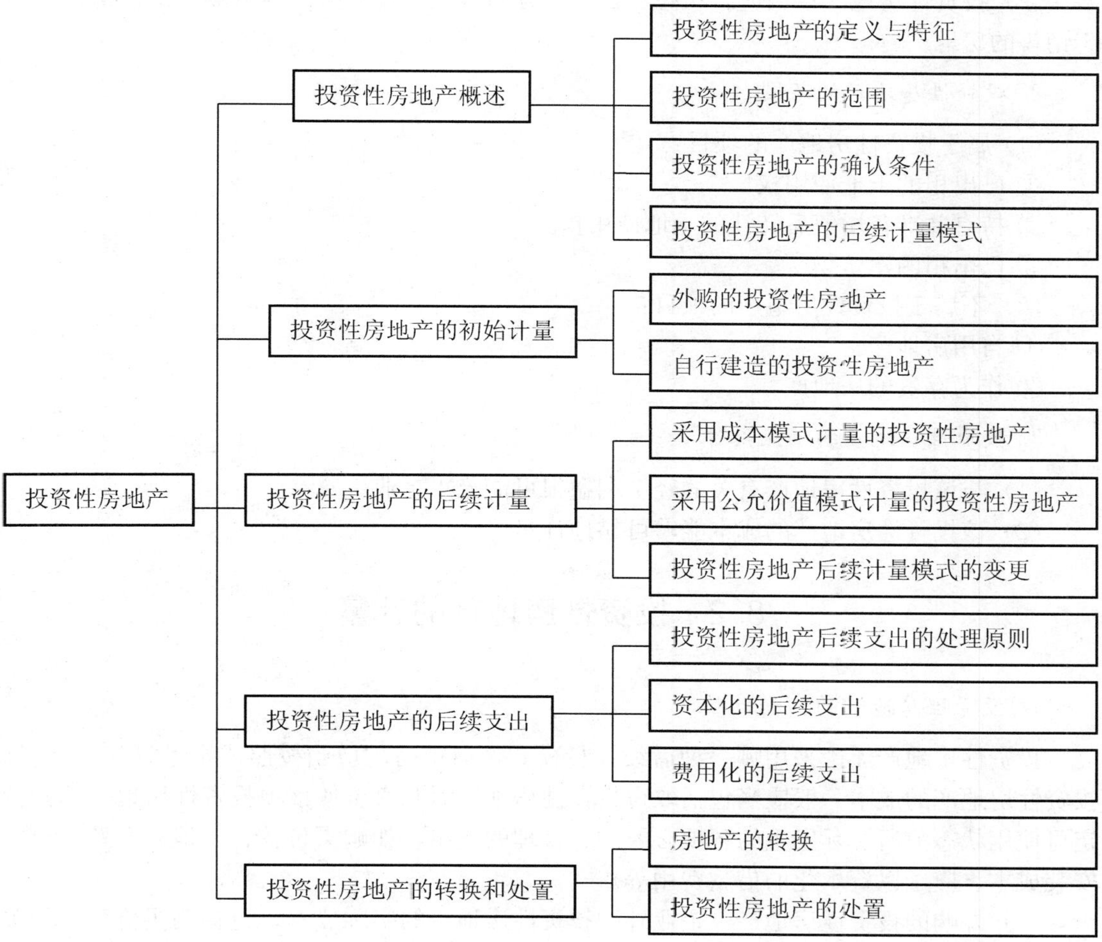

本章重点与难点

8.1 投资性房地产概述

1. 投资性房地产及其特征

投资性房地产，是指为赚取租金或资本增值，或两者兼有而持有的房地产。投资性房地产应当能够单独计量和出售。投资性房地产具有以下特征。

(1) 投资性房地产是一种经营活动。

(2) 投资性房地产在用途、状态、目的等方面区别于作为生产经营场所的房地产和用于销售的房地产。

2. 投资性房地产的范围

(1) 属于投资性房地产的项目：

① 已出租的土地使用权。

② 持有并准备增值后转让的土地使用权。

③ 已出租的建筑物。

(2) 不属于投资性房地产的项目：

① 自用房地产。

② 作为存货的房地产。

3. 投资性房地产的确认条件

(1) 与该投资性房地产有关的经济利益很可能流入企业。

(2) 该投资性房地产的成本能够可靠地计量。

8.2 投资性房地产的计量

1. 投资性房地产的初始计量

投资性房地产无论采用哪一种后续计量模式，取得时均应当按照成本进行初始计量。投资性房地产的成本一般应当包括取得投资性房地产时和直至使该项投资性房地产达到预定可使用状态前所实际发生的各项必要的、合理的支出，如购买价款、土地开发费、建筑安装成本、应予以资本化的借款费用等。

(1) 外购的投资性房地产。企业外购投资性房地产的实际成本，包括购买价款、相关税费和可直接归属于该资产的其他支出。

(2) 自行建造投资性房地产。其成本由建造该项资产达到预定可使用状态前发生的必要支出构成，包括土地开发费、建筑成本、安装成本、应予以资本化的借款费用、支付的其他费用和分摊的间接费用等。建造过程中发生的非正常性损失，直接计入当期营业外支出，不计入建造成本。

2. 投资性房地产的后续计量

（1）采用成本模式计量的投资性房地产。企业选择成本模式，就应当按照固定资产或无形资产的有关规定，按期(月)计提折旧或摊销；取得的租金收入，确认为其他业务收入；投资性房地产存在减值迹象的，应当按照资产减值的有关规定进行处理，经减值测试后确定发生减值的，应当计提减值准备；已经计提减值准备的投资性房地产，其减值损失在以后的会计期间不得转回。

（2）采用公允价值模式计量的投资性房地产。

① 采用公允价值模式的前提条件：

a. 投资性房地产所在地有活跃的房地产交易市场；

b. 企业能够从活跃的房地产交易市场上取得同类或类似房地产的市场价格及其他相关信息，从而对投资性房地产的公允价值作出合理的估计。

② 采用公允价值模式计量的会计处理。不对投资性房地产计提折旧或摊销，企业应当以资产负债表日投资性房地产的公允价值为基础调整其账面价值，公允价值与原账面价值之间的差额确认为公允价值变动损益，计入当期损益。投资性房地产取得的租金收入，确认为其他业务收入。

（3）投资性房地产后续计量模式的变更。

① 为保证会计信息的可比性，企业对投资性房地产的计量模式一经确定，不得随意变更。只有在房地产市场比较成熟、有确凿证据表明投资性房地产的公允价值能够持续可靠取得、可以满足采用公允价值模式条件的情况下，企业才能将投资性房地产的计量从成本模式转为公允价值模式的。已采用公允价值模式计量的投资性房地产，不得从公允价值模式转为成本模式。

② 成本模式转为公允价值模式，应当作为会计政策变更处理，将计量模式变更时投资性房地产的公允价值与账面价值的差额。调整期初留存收益。

8.3 投资性房地产的后续支出

1. 投资性房地产后续支出的处理原则

投资性房地产发生的后续支出，如果延长了投资性房地产的使用寿命或明显改良了投资性房地产的使用效能，从而导致流入企业的经济利益超过了原先的估计，能够满足投资性房地产确认条件的，应当计入投资性房地产的成本。如果只是维护或恢复投资性房地产原有的使用效能，不可能导致流入企业的经济利益超过原先的估计，应当在发生时计入当期损益。

2. 资本化的后续支出

企业对某项投资性房地产进行改扩建等再开发且将来仍作为投资性房地产的，再开发期间应继续将其作为投资性房地产，再开发期间不计提折旧或摊销。

3. 费用化的后续支出

与投资性房地产有关的后续支出，不满足投资性房地产确认条件的，如企业对投资性房地产进行日常维护所发生的支出，应当在发生时计入当期损益。

8.4 投资性房地产的转换

1. 房地产的转换形式

（1）自用房地产转换为投资性房地产；
（2）作为存货的房地产转换为投资性房地产；
（3）投资性房地产转换为自用房地产；
（4）投资性房地产转换为存货。

2. 成本模式下的转换

（1）投资性房地产转换为自用房地产。企业将采用成本模式计量的投资性房地产转换为自用房地产时，应当按该项投资性房地产在转换日的账面余额、累计折旧或摊销、减值等，分别转入“固定资产”、“累计折旧”、“固定资产减值准备”等科目；按其账面余额，借记“固定资产”、“无形资产”科目；贷记“投资性房地产”科目；按已计提的折旧或摊销，借记“投资性房地产累计折旧(摊销)”科目；贷记“累计折旧”或“累计摊销”科目；原已计提减值准备的，借记“投资性房地产减值准备”科目，贷记“固定资产减值准备”或“无形资产减值准备”科目。

（2）投资性房地产转换为存货。企业将采用成本模式计量的投资性房地产转换为存货时，应当按照该项房地产在转换日的账面价值，借记“开发产品”科目；按照已计提的折旧或摊销，借记“投资性房地产累计折旧(摊销)”科目；原已计提减值准备的，借记“投资性房地产减值准备”科目；按其账面余额，贷记“投资性房地产”科目。

（3）自用房地产转换为投资性房地产。企业将自用土地使用权或建筑物转换为采用成本模式计量的投资性房地产时，应当按该项建筑物或土地使用权在转换日的原价、累计折旧、减值准备等，分别转入“投资性房地产”、“投资性房地产累计折旧(摊销)”、“投资性房地产减值准备”科目；按其账面余额，借记“投资性房地产”科目，贷记“累计折旧”或“累计摊销”科目，贷记“投资性房地产累计折旧(摊销)”科目；原已计提减值准备的，借记“固定资产减值准备”或“无形资产减值准备”科目，贷记“投资性房地产减值准备”科目。

（4）作为存货的房地产转换为投资性房地产。企业将作为存货的房地产转换为采用成本模式计量的投资性房地产时，应当按该项存货在转换日的账面价值，借记“投资性房地产”科目，原已计提跌价准备的，借记“存货跌价准备”科目；按其账面余额，贷记“开发产品”等科目。

3. 公允价值模式下的转换

（1）投资性房地产转换为自用房地产。企业将采用公允价值模式计量的投资性房地产转为自用房地产时，应当以其转换当日的公允价值作为自用房地产的账面价值，公允价值与原账面价值的差额计入当期损益。转换日，按该项投资性房地产的公允价值，借记“固定资产”或“无形资产”科目，按该项投资性房地产的成本，贷记“投资性房地产——成本”科目；按该项投资性房地产的累计公允价值变动，贷记或借记“投资性房地产——公允价值变动”科目；按其差额，贷记或借记“公允价值变动损益”科目。

(2) 投资性房地产转换为存货。企业将采用公允价值模式计量的投资性房地产转为存货时，应当以其转换当日的公允价值作为存货的账面价值，公允价值与原账面价值的差额计入当期损益。转换日，按该项投资性房地产的公允价值，借记“开发产品”等科目，按该项投资性房地产的成本，贷记“投资性房地产——成本”科目；按该项投资性房地产的累计公允价值变动，贷记或借记“投资性房地产——公允价值变动”科目；按其差额，贷记或借记“公允价值变动损益”科目。

(3) 自用房地产转换为投资性房地产。企业将自用土地使用权或建筑物转换为采用公允价值模式计量的投资性房地产时，应当按该项建筑物或土地使用权在转换日的公允价值，借记“投资性房地产——成本”科目；按已计提的累计摊销或累计折旧，借记“累计摊销”或“累计折旧”科目；按已计提减值准备的，借记“无形资产减值准备”、“固定资产减值准备”科目，按其账面余额，贷记“固定资产”或“无形资产”科目；同时，转换日的公允价值小于账面价值，按其差额，借记“公允价值变动损益”科目，转换日的公允价值大于账面价值，按其差额，贷记“其他综合收益”科目。待该项投资性房地产处置时，因转换计入资本公积的部分应转入当期损益。

(4) 作为存货的房地产转换为投资性房地产。企业将作为存货的房地产转换为采用公允价值模式计量的投资性房地产时，应当按该项存货在转换日的公允价值，借记“投资性房地产——成本”科目，原已计提跌价准备的，借记“存货跌价准备”科目，按其账面余额，贷记“开发产品”等科目。同时，转换日的公允价值小于账面价值，按其差额，借记“公允价值变动损益”科目，转换日的公允价值大于账面价值，按其差额，贷记“其他综合收益”科目。待该项投资性房地产处置时，因转换计入资本公积的部分应转入当期损益。

8.5 投资性房地产的处置

1. 投资性房地产的终止确认与处置损益

当投资性房地产被处置，或者永久退出使用且预计不能从其处置中取得经济利益时，应当终止确认该项投资性房地产。

投资性房地产的处置损益，是指取得的处置收入扣除投资性房地产账面价值和相关税费后的金额。投资性房地产的处置损益，应当计入处置当前损益。

2. 成本模式计量的投资性房地产的处置

企业处置采用成本模式计量的投资性房地产，应将取得的处置收入作为其他业务收入，将所处置的投资性房地产账面价值计入其他业务成本。

3. 公允价值模式计量的投资性房地产的处置

企业处置采用公允价值模式计量的投资性房地产，应将取得的收入作为其他业务收入，将所处置的投资性房地产账面价值计入其他业务成本；同时，还应将该投资性房地产累计公允价值变动损益转出，计入处置当期其他业务成本；若存在原转换日计入其他综合收益的金额，也需一并转出，计入处置当期其他业务成本。

练　习　题

一、单项选择题

1. 根据《企业会计准则——投资性房地产》，下列项目不属于投资性房地产的是(　　)。

A. 持有并准备增值后转让的房屋建筑物

B. 已出租的土地使用权

C. 已出租的建筑物

D. 持有并准备增值后转让的土地使用权

2. A公司将其拥有产权的办公楼经营出租给B公司，B公司又将其转租给C公司使用，下列说法正确的是(　　)。

A. 该办公楼属于B公司的固定资产

B. 该办公楼属于A公司的固定资产

C. 该办公楼属于A公司的投资性房地产

D. 该办公楼属于B公司的投资性房地产

3. 企业取得投资性房地产发生的下列支出中，不应计入投资性房地产成本的是(　　)。

A. 建筑安装成本　　B. 土地开发费

C. 应予以资本化的借款费用　　D. 业务人员差旅费

4. 企业采用成本模式核算投资性房地产，通过自营方式建造的投资性房地产，当工程达到预定可使用状态、交付使用投资性房地产时，应按所发生的必要支出，借记(　　)。

A. “投资性房地产”科目

B. “投资性房地产——成本”科目

C. “投资性房地产——公允价值变动”科目

D. “投资性房地产减值准备”科目

5. 某企业购入一栋写字楼用于对外出租，并与客户签订了经营租赁合同。写字楼买价为20 000元，另支付相关税费150万元。在与客户签订经营租赁合同过程中，支付咨询费、律师费等10万元，差旅费2万元。该投资性房地产的入账价值为(　　)万元。

A. 20 000　　B. 20 150　　C. 20 160　　D. 20 162

6. 采用公允价值模式进行后续计量时，下列各项中不能作为投资性房地产公允价值确定依据的是(　　)。

A. 活跃市场上同类或类似房地产的现行市场价格

B. 取得该投资性房地产时实际支付的价款

C. 活跃市场上同类或类似房地产的最近交易价格

D. 预计未来获得的租金收益和相关现金流量的现值

7. 企业对投资性房地产采用成本模式计量。企业的一幢作为投资性房地产的建筑物原始价值10 000万元，预计净残值500万元，预计使用20年，采用直线法计提折旧。在第四年年末，计提减值准备 200 万元。该投资性房地产第 4 年年末的账面价值为(　　)万元。

A. 8 000　　B. 7 800　　C. 7 900　　D. 8 100

8. 如果企业的投资性房地产期末进行计提折旧和减值准备，则企业投资性房地产采用的计量模式是(　　)。

A. 成本模式　　B. 公允价值模式

C. 可变现净值模式　　D. 现值模式

9. 企业对投资性房地产采用成本模式计量。2013 年 1 月 15 日，企业购入一栋房屋准备用于对外出租。2013 年 2 月 26 日是，与客户签订了房屋经营租赁协议，租赁期开始日为 2013 年 3 月 1 日。房屋购买成本为 380 万元，预计净残值 20 万元，预计使用年限为 20 年，采用直线法计提折旧。2013 年度企业对该房屋计提的折旧额为（　　)万元。

A. 18　　B. 15　　C. 13.5　　D. 16.5

10. 企业对投资性房地产采用成本模式计量。企业的一幢写字楼因原客户退租又未与新的客户签订租赁协议而暂时空置，对于该写字楼应当(　　)。

A. 停止计提折旧　　B. 继续计提折旧

C. 减半计提折旧　　D. 计提减值准备

11. A 公司于 2014 年 1 月 1 日将一幢商品房对外出租并采用公允价值模式计量，租期为 3 年，每年 12 月 31 日收取租金 100 万元。出租时，该幢商品房的成本为 2 000 万元，公允价值为 2 200 万元。2014 年 12 月 31 日，该幢商品房的公允价值为 2 150 万元，A 公司 2014 年应确认的公允价值变动损益为(　　)。

A. 损失 50 万元　　B. 收益 150 万元　　C. 收益 100 万元　　D. 损失 100 万元

12. 企业将作为存货的商品房转换为采用公允价值模式后续计量的投资性房地产时，商品房公允价值高于账面价值的差额应当计入的项目是(　　)。

A. 其他综合收益　　B. 投资收益　　C. 营业外收入　　D. 公允价值变动损益

13. A 企业的投资性房地产采用公允价值模式计量。2014 年 1 月 1 日，A 企业将一项固定资产的账面余额为 260 万元，已提折旧 20 万元，已经计提的减值准备为 20 万元。该投资性房地产的公允价值为 140 万元。转换日投资性房地产的入账价值为(　　)万元。

A. 260　　B. 220　　C. 120　　D. 140

14. 企业对以公允价值模式进行后续计量的投资性房地产取得的租金收入，应贷记(　　)科目。

A. 投资收益　　B. 管理费用　　C. 营业外收入　　D. 其他业务收入

15. 2014 年 1 月 1 日，甲公司购入一幢建筑物用于出租，取得发票上注明的价款为 100 万元，款项以银行存款支付。购入该建筑物发生的谈判费用为 0.2 万元，差旅费为 0.3 万元。该投资性房地产的入账价值为(　　)万元。

A. 100　　B. 100.2　　C. 100.3　　D. 100.5

16. 下列关于投资性房地产的确认和初始计量的表述，不正确的是(　　)。

A. 外购的投资性房地产按照购买价款、相关税费和可直接归属于该资产的其他支出确认成本

B. 自行建造投资性房地产的成本，由建造该项资产达到可使用状态前所发生的必要支出构成

C. 企业购入房地产，使用一段时间之后再改为出租或用于资本增值的，购入时应当确认为投资性房地产

D. 非货币性资产交换取得的投资性房地产按照非货币性资产交换准则的规定处理

17. 某企业投资性房地产采用成本计量模式。2014 年 1 月 25 日购入一幢建筑物用于出租，该建筑物的成本为 270 万元，预计使用年限为 20 年，预计净残值为 30 万元，采用直线法计提折旧。2014 年应该计提的折旧额为(　　)万元。

A. 12　　B. 20　　C. 11　　D. 10

18. 采用成本模式核算投资性房地产，当投资性房地产发生减值时，计提投资性房地产减值准备，应借记(　　)科目。

A. “营业外支出”　　B. “其他业务成本”

C. “资产减值损失”　　D. “投资性房地产减值准备”

19. 某企业对投资性房地产采用成本模式计量，且投资性房地产不属于该企业的主营业务，计提的折旧费用或摊销费用应当计入(　　)。

A. 制造费用　　B. 其他业务成本　　C. 管理费用　　D. 营业外支出

20. 企业发生的下列投资性房地产后续支出中，一般应作为资本性支出的是(　　)。

A. 投资性房地产大修理支出　　B. 投资性房地产日常修理支出

C. 投资性房地产维护支出　　D. 投资性房地产改建扩建支出

21. 企业发生的下列投资性房地产后续支出中，一般作为费用化支出的是(　　)。

A. 日常修理支出　　B. 房屋改造支出

C. 房屋装修支出　　D. 房屋扩建支出

22. 关于投资性房地产后续计量的转换，下列说法正确的是(　　)。

A. 已采用公允价值模式计量的投资性房地产，可以从公允价值模式转为成本模式

B. 已采用公允价值模式计量的投资性房地产，不得从公允价值模式转为成本模式

C. 已采用成本模式计量的投资性房地产，可以从成本模式转为公允价值模式

D. 企业对投资性房地产的计量模式可以随意变更

23. 企业将自用房地产转换为以公允价值模式计量的投资性房地产，该投资性房地产的入账价值为(　　)。

A. 转换日该房地产的公允价值　　B. 转换日该房地产的原始价值

C. 转换日该房地产的账面价值　　D. 转换日该房地产的重置价值

24. 某企业以 600 万元的价格出售一幢作为房地产并且采用成本模式计量的建筑物。该建筑物账面原价 800 万元，已提折旧 500 万元，发生清理费用 10 万元，适用营业税税率为 5%。出售该建筑物的净收益为(　　)万元。

A. 290　　B. 260　　C. 600　　D. 300

25. 某企业对投资性房地产采用公允价值模式计量。2014 年 1 月 1 日，该企业处置一项投资性房地产，实际收到的处置收入为 2 500 万元。所处置的房地产是由自用房地产转换而来的，转换日的公允价值为 1 800 万元，原账面价值为 1 600 万元。转换为投资性房地产后，累计租金收入为 500 万元。企业处置该投资性房地产对 2014 年度损益的影响金额(不考虑相关税费)为(　　)万元。

A. 400　　B. 200　　C. 900　　D. 1 400

26. 某企业对投资性房地产采用公允价值模式计量。2014 年 1 月 1 日，该企业处置一项投资性房地产，实际收到的处置收入为 2 500 万元。所处置的房地产是由自用房地产转换而来的，转换日的公允价值为 1 800 万元，原账面价值为 1 600 万元。转换为投资性房地产后，累计租金收入为 600 万元，累计公允价值变动(借方)为 500 万元。自该房地产转换为投资性房地产后开始至处置时为止，对各期损益的影响金额(不考虑相关税费)总计为(　　)万元。

A. 800　　B. 1 300　　C. 1 500　　D. 1 400

27. 企业处置投资性房地产时，应当将处置收入计入(　　)。

A. 其他业务收入　　B. 投资收益　　C. 营业外收入　　D. 公允价值变动损益

28. 企业将自用房地产转换为以公允价值模式计量的投资性房地产时，公允价值大于原账面价值的差额计入其他综合收益，待处置投资性房地产时，该项其他综合收益应当(　　)。

A. 计入投资收益　　B. 计入公允价值变动损益

C. 冲减其他业务成本　　D. 计入营业外收入

29. 投资性房地产的后续计量从成本模式转为公允价值模式的，转换日投资性房地产的公允价值高于其账面价值的差额会对下列财务报表项目产生影响的是(　　)。

A. 资本公积　　B. 营业外收入　　C. 未分配利润　　D. 投资收益

30. 甲公司对投资性房地产采用成本模式进行后续计量，2014 年 7 月 1 日开始对一项投资性房地产进行改良，改良后将继续用于经营出租。该投资性房地产原价为 500 万元，采用直线法计提折旧，使用寿命为 20 年，预计净残值为零，已使用 4 年。改良期间共发生改良支出 100 万元，均满足资本化条件，2014 年 12 月 31 日改良完成，则 2014 年末该项投资性房地产的账面价值为(　　)万元。

A. 500　　B. 487.5　　C. 475　　D. 100

31. 甲公司 2014 年 1 月 1 日外购一幢建筑物，支付价款 400 万元。甲公司于购入当日将其对外出租，年租金为 40 万元，每年年初收取租金。甲公司对此项投资性房地产采用公允价值模式进行后续计量。2014 年 12 月 31 日，该建筑物的公允价值为 430 万元。不考虑相关税费，则该项房地产对甲公司 2014 年度损益的影响金额为(　　)万元。

A. 70　　B. 40　　C. 30　　D. 50

32. 存货转换为采用公允价值模式计量的投资性房地产，投资性房地产应当按照转换当日的公允价值计量。转换当日的公允价值小于原账面价值的差额通过(　　)科目核算。

A. “营业外支出”　　B. “公允价值变动损益”

C. “投资收益”　　D. “资本公积”

33. 2013 年 12 月 31 日，甲公司外购一幢建筑物，支付价款 2 000 万元。预计使用年限为 20 年，预计净残值为零。甲公司于购入当日将其以经营租赁方式对外出租，年租金为 200 万元，每年年末收取租金，第 1 期租金于 2014 年年末收取。2014 年 12 月 31 日，该建筑物的公允价值为 2 150 万元。2014 年甲公司为该幢建筑物发生日常维护支出 10 万元。甲公司对投资性房地产采用公允价值模式进行后续计量。不考虑所得税等其他因素，则该项房地产对甲公司 2014 年度损益的影响金额为(　　)万元。

A. 340　　B. 350　　C. 240　　D. 90

二、多项选择题

1. 关于投资性房地产的后续计量，下列说法错误的有(　　)。

A. 采用公允价值模式计量的，不对投资性房地产计提折旧
B. 采用公允价值模式计量的，应对投资性房地产计提折旧
C. 已采用公允价值模式计量的投资性房地产，不得从公允价值模式转为成本模式
D. 已采用成本模式计量的投资性房地产，不得从成本模式转为公允价值模式

2. 下列各项中，属于投资性房地产的有(　　)。

A. 企业拥有并自行经营的饭店
B. 企业以经营租赁方式租出的写字楼
C. 房地产开发企业正在开发的商品房
D. 企业持有拟增值后转让的土地使用权

3. 下列各项中，可能会涉及“其他综合收益”科目有(　　)。

A. 企业自用房地产转换为采用公允价值模式进行后续计量的投资性房地产
B. 可供出售金融资产公允价值变动金额
C. 投资性房地产公允价值变动金额
D. 在权益法核算下，被投资单位发生的除净损益以外的其他权益变动

4. 下列有关投资性房地产的表述中，不正确的有(　　)。

A. 成本模式下，当月增加的房屋当月不计提折旧
B. 公允价值模式下，当月增加的房屋下月开始计提折旧
C. 成本模式下，当月增加的土地使用权当月进行摊销
D. 成本模式下，当月增加的土地使用权当月不进行摊销

5. 处置采用公允价值模式计量的投资性房地产时，下列说法不正确的有(　　)。

A. 应按累计公允价值变动金额，将公允价值变动损益转入其他业务成本
B. 实际收到的金额与该投资性房地产账面价值之间的差额，应计入营业外支出或营业外收入
C. 实际收到的金额与该投资性房地产账面价值之间的差额，应计入投资收益
D. 对于投资性房地产的累计公允价值变动金额，在处置时不需要进行会计处理

6. 下列有关投资性房地产的说法中，不正确的有(　　)。

A. 企业对投资性房地产采用公允价值模式计量的，存在减值迹象时，应当按照资产减值的有关规定进行减值测试

B. 企业对投资性房地产采用公允价值模式计量的，不需对投资性房地产计提折旧或进行摊销

C. 企业持有的采用公允价值模式计量的投资性房地产，公允价值高于账面余额的差额计入其他业务收入

D. 企业对投资性房地产采用公允价值模式计量的，取得的租金收入一般计入其他业务收入

7. 下列关于企业将作为存货的房地产转换为采用公允价值模式计量的投资性房地产时的会计处理表述正确的有(　　)。

A. 应该按该项房地产在转换日的公允价值入账

B. 存货跌价准备应转入“投资性房地产跌价准备”科目

C. 转换日的公允价值大于账面价值的，其差额记入“资本公积——其他资本公积”科目

D. 转换日的公允价值小于账面价值的，其差额记入“公允价值变动损益”科目

8. 关于投资性房地产转换后的入账价值的确定，下列说法中正确的有(　　)。

A. 作为存货的房地产转换为采用成本模式计量的投资性房地产时，应按该项存货在转换日的账面价值，借记“投资性房地产”科目

B. 采用公允价值模式计量的投资性房地产转换为自用房地产时，应当以其转换当日的公允价值作为自用房地产的账面价值

C. 采用公允价值模式计量的投资性房地产转换为自用房地产时，应当以其转换当日的账面价值作为自用房地产的账面价值

D. 自用房地产或存货转换为采用公允价值模式计量的投资性房地产时，投资性房地产按照转换当日的账面价值计价

9. 下列关于采用公允价值模式计量的投资性房地产转为自用房地产的会计处理，表述正确的有(　　)。

A. 转换日公允价值大于账面价值的差额计入其他综合收益

B. 转换日公允价值大于账面价值的差额计入公允价值变动损益

C. 转换日公允价值小于账面价值的差额计入留存收益

D. 转换日公允价值小于账面价值的差额计入公允价值变动损益

10. 下列关于投资性房地产的会计处理中，正确的是(　　)。

A. 投资性房地产由成本模式转为公允价值模式的，应作为会计估计变更处理

B. 投资性房地产由成本模式转为公允价值模式的，应将变更时公允价值与账面价值的差额，计入留存收益

C. 投资性房地产由成本模式转为公允价值模式的，应将变更时公允价值与账面价值的差额，计入公允价值变动损益

D. 投资性房地产由成本模式转为公允价值模式的，应作为会计政策变更处理

11. 下列各项中，影响企业当期损益的有(　　)。

A. 采用成本模式计量，期末投资性房地产的可收回金额高于账面价值的差额

B. 采用成本模式计量，期末投资性房地产的可收回金额低于账面价值的差额

C. 企业将采用公允价值计量的投资性房地产转为自用的房地产，转换日的公允价值高于账面价值的差

D. 自用的房地产转换为采用公允价值模式计量的投资性房地产时，转换日房地产的公允价值小于账面价值的差额

12. 下列各项应该记入一般企业“其他业务收入”科目的有（　　）。

A. 出售投资性房地产的收入

B. 出租建筑物的租金收入

C. 出售自用房屋的收入

D. 将持有并准备增值后转让的土地使用权予以转让所取得的收入

三、判断题

1. 企业通过经营租赁方式租入的建筑物再出租的也是属于投资性房地产的范围。（　　）

2. 企业对投资性房地产，无论采用何种计量模式，均应计提折旧或进行摊销。（　　）

3. 与投资性房地产有关的后续支出，应当在发生时计入投资性房地产成本。（　　）

4. 采用公允价值模式计量的，不对投资性房地产计提折旧或进行摊销，应当以资产负债表日投资性房地产的公允价值为基础调整其账面价值，公允价值与原账面价值之间的差额计入当期损益。（　　）

5. 已采用公允价值模式计量的投资性房地产，不得从公允价值模式转为成本模式。（　　）

6. 处置采用成本模式计量的投资性房地产时，与处置固定资产和无形资产的核算方法相同，其处置损益均计入营业外收入或营业外支出。（　　）

7. 自用房地产或存货转换为采用公允价值模式计量的投资性房地产时，投资性房地产应当按照转换当日的公允价值计量，公允价值与原账面价值的差额计入当期损益(其他业务收入)。（　　）

8. 企业对某项投资性房地产进行改扩建等再开发且将来仍作为投资性房地产核算的，再开发期间应继续将其作为投资性房地产，再开发期间不计提折旧或摊销。（　　）

9. 采用成本模式计量的投资性房地产，已经计提的减值准备，在以后期间价值回升时转回。（　　）

10. 房地产开发企业依法取得的、用于开发后出售的土地使用权，即使房地产开发企业决定待其增值后再转让，也不得确认为投资性房地产。（　　）

11. 采用成本模式进行后续计量的企业，对投资性房地产会计处理的基本要求与固定资产或无形资产相同，即应当按照固定资产的有关规定，按月计提折旧，或者按照无形资产的有关规定，按月摊销成本。（　　）

12. 采用公允价值模式进行后续计量的企业，其投资性房地产不计提折旧但应进行减值测试，如果可收回金额低于账面价值，应计提减值准备。（　　）

四、计算与业务分析题

1. 2013年2月1日，甲公司以1 080万元的价款从其他单位购入一项土地使用权，用于自行建造一栋写字楼。2013年3月1日，甲公司预付给写字楼建造承包商工程价款6 000万元；2014年5月20日，工程完工，验收合格，甲公司补付工程价款3 000万元。根据董事会作出的正式书面决议，写字楼一层用于对外出租，其余楼层均作为本企业的办公场所。2014年5月25日，甲公司与一家大型超市签订了经营租赁合同，将写字楼一层出租给该超市作为经营场所，租期5年，租赁期开始日为2014年6月1日。写字楼一层能够单独计量和出售，建造成本为2 400万元，土地使用权成本按照建造成本的比例分配。

要求：编制甲公司有关该写字楼的下列会计分录。

(1) 2013年2月1日，购入土地使用权。

(2) 2013年3月1日，预付工程款。

(3) 2014年5月20日，补付工程款。

(4) 2014年5月20日，结转工程成本。

① 假定甲公司对投资性房地产采用成本模式进行后续计量。

② 假定甲公司对投资性房地产采用公允价值模式进行后续计量。

2. 2014年3月，A企业与B企业的一项厂房经营租赁合同即将到期，该厂房按照成本模式进行后续计量，原价为2 000万元，已计提折旧600万元。为了提高厂房的租金收入，A企业决定在租赁期满后对厂房进行改扩建，并现丙企业签订了经营租赁合同，约定自改扩建完工时将厂房出租给丙企业。3月15日，与珠租赁合同到期，厂房进入改扩建工程。12月10日，厂房改扩建工程完工，共发生支出150万元，通过银行存款支付，即日按照租赁合同出租给丙企业。

要求：

(1) 根据以上资料，编制A企业2014年3月15日～12月10日的相关会计分录。

(2) 假定该厂房按照公允价值模式进行后续计量，3月15日，厂房账面余额为1 200万元，其中成本1 000万元，累计公允价值变动200万元。编制A企业2014年3月15日～12月10日的相关会计分录。

3. 2010年12月5日，甲公司以1 800万元的价款购入一处房屋，公司董事会已做出书面决议，将该房屋用于对外出租。2010年12月28日，甲公司与A公司签订了租赁合同，将所购房屋出租给A公司使用，租期5年，租赁期开始日为2011年1月1日。房屋预计可使用20年，预计净残值60万元，采用年限平均法计提折旧(为简化起见，假定按年计提折旧)。2012年12月31日，甲公司对该房屋进行减值测试，确定其可收回金额为1 500万元，预计净残值和预计使用寿命未发生变动。甲公司对投资性房地产采用成本模式进行后续计量。

要求：编制有关该项投资性房地产的下列会计分录。

(1) 2010年12月5日，购入房屋。

(2) 2011年12月31日，计提折旧。

(3) 2012年12月31日，计提折旧。

(4) 2012年12月31日，计提减值准备。

(5) 2013年12月31日，计提折旧。

4. 甲公司将用做办公场所的房屋转为对外出租，并于2009年12月25日签订了租赁合同，租赁期开始日为2010年1月1日。用于出租的房屋原价1 600万元，预计净残值40万元，预计可使用30年，采用年限平均法计提折旧(为简化起见，假定按年计提折旧)。转换为投资性房地产之前，该房屋已使用了9年，累计折旧468万元。

要求：作出甲公司有关该项投资性房地产的下列会计分录：

(1) 假定采用成本模式进行后续计量。

① 2010年1月1日，将自用房地产转为投资性房地产。

② 2010年12月31日，计算房屋年折旧额并计提折旧。

③ 2012年1月1日，将成本模式转为公允价值模式，房屋公允价值为1 560万元。

④ 2012年12月31日，房屋公允价值为1 570万元。

(2) 假定采用公允价值模式进行后续计量。

① 2010年1月1日，将自用房地产转为投资性房地产，房屋公允价值为1 500万元。

② 2010年12月31日，房屋公允价值为1 490万元。

③ 2011年12月31日，房屋公允价值为1 560万元。

④ 2012年12月31日，房屋公允价值为1 570万元。

⑤ 2013年1月1日，租期届满，房屋转为自用办公场所。

⑥ 2013年12月31日，计算房屋年折旧额并计提折旧。

5. 甲公司2012年1月1日将2010年12月31日开始使用的一幢办公楼用于对外出租。该办公楼的买价为3 000万元，相关税费20万元，预计使用寿命为40年，预计净残值为20万元，甲公司采用直线法提取折旧。该办公楼的年租金为400万元，于年末一次结清，租赁开始日为2012年1月1日。甲公司每年按租金收入的5%交纳营业税。2012年年末该办公楼的可收回价值为2 560万元，预计净残值为14万元。2013年12月31日以2 800万元的价格对外转让该房产，营业税率为5%，假设公允价值不能可靠估计，且不考虑其他相关税费。

要求：对该办公楼转换为投资性房地产及处置投资性房地产的账务进行处理。

6. 华联公司于2011年1月1日将一幢商品房对外出租并采用公允价值模式计量，租期为3年，每年12月31日收取租金200万元。出租时，该幢商品房的成本为5 000万元，公允价值为6 000万元。2011年12月31日，该幢商品房的公允价值为6 300万元，2012年12月31日，该幢商品房的公允价值为6 600万元，2013年12月31日，该幢商品房的公允价值为6 700万元，2014年1月10日将该项商品房对外出售，收到6 800万元存入银行。华联公司出售商品房时应交营业税340万元，假定不考虑其他相关税费。

要求：编制华联公司上述经济业务的会计分录。(假定按年确认公允价值变动损益和确认租金收入)

五、案例分析

A公司于2012年8月23日与B公司签订经营租赁协议，将其一栋写字楼出租给B公司使用，租赁期开始日为2012年9月1日，租期2年。采用公允价值模式计量。写字楼的实际建造成本为 4 416 万元，截至 2012 年 8 月 30 日，累计已提折旧 552 万元。2012 年 9 月 1 日，写字楼的公允价值为 4 032 万元；2012 年 12 月 31 日，写字楼的公允价值仍为 4 032 万元；2013 年 12 月 31 日，写字楼的公允价值为 4 224 万元；2014 年 8 月 31 日，租赁期届满，A 公司收回写字楼，并以 4 320 万元售出，价款已收存银行。适用营业税税率为 5%。

思考：

(1) 编制 2012 年 9 月 1 日自用房地产转换为投资性房地产的会计分录。

(2) 编制 2012 年 12 月 31 日公允价值变动的会计分录。

(3) 编制 2014 年 8 月 31 日出售投资性房地产的会计分录。

习题解答

一、单项选择题

1. A 2. C 3. D 4. A 5. B 6. B 7. C 8. A 9. D 10. B 11. A 12. A 13. D 14. D 15. A 16. C 17. C 18. C 19. B 20. D 21. A 22. B 23. A 24. B 25. D 26. C 27. A 28. C 29. C 30. A 31. A 32. B 33. A

二、多项选择题

1. BD 2. BD 3. ABD 4. BD 5. BCD 6. AC 7. ACD 8. AB 9. BD 10. BD 11. BCD 12. ABD

三、判断题

1. × 2. × 3. × 4. √ 5. √ 6. × 7. × 8. √ 9. × 10. √ 11. √ 12. ×

四、计算与业务分析题

1. 自建写字楼部分自用部分出租。

(1) 2013 年 2 月 1 日，购入土地使用权。

借：无形资产——土地使用权　　10 800 000
　　贷：银行存款　　10 800 000

(2) 2013 年 3 月 1 日，预付工程款。

借：预付账款　　60 000 000
　　贷：银行存款　　60 000 000

(3) 2014 年 5 月 20 日，工程结算，补付工程款。

借：在建工程　　90 000 000
　　贷：预付账款　　60 000 000
　　　　银行存款　　30 000 000

(4) 2014 年 5 月 20 日，结转工程成本。

① 假定甲公司对投资性房地产采用成本模式进行后续计量。

转换为投资性房地产的土地使用权成本＝1 080×(2 400÷9 000)＝288(万元)

借：固定资产——写字楼　　66 000 000
　　贷：在建工程　　66 000 000
借：投资性房地产——写字楼　　24 000 000
　　贷：在建工程　　24 000 000
借：投资性房地产——土地使用权　　2 880 000
　　贷：无形资产——土地使用权　　2 880 000

② 假定甲公司对投资性房地产采用公允价值模式进行后续计量。

借：固定资产——写字楼　　66 000 000
　　贷：在建工程　　66 000 000
借：投资性房地产——写字楼(成本)　　24 000 000
　　贷：在建工程　　24 000 000
借：投资性房地产——土地使用权(成本)　　2 880 000
　　贷：无形资产——土地使用权　　2 880 000

2. 投资性房地产改建扩建(成本模式和公允价值模式)。

(1) 成本模式。

① 2014 年 3 月 15 日，投资性房地产转入改扩建工程。

借：投资性房地产——厂房(在建)　　14 000 000
　　投资性房地产累计折旧　　6 000 000
　　贷：投资性房地产——厂房　　20 000 000

② 2014 年 3 月 15 日～12 月 10 日共发生支出。

借：投资性房地产——厂房(在建)　　1 500 000
　　贷：银行存款　　1 500 000

③ 2014 年 12 月 10 日，改扩建工程完工。

借：投资性房地产——厂房　　15 500 000
　　贷：投资性房地产——厂房(在建)　　15 500 000

(2) 公允价值模式：

① 2014 年 3 月 15 日，投资性房地产转入改扩建工程

借：投资性房地产——厂房(在建)　　12 000 000
　　贷：投资性房地产——厂房(成本)　　10 000 000
　　　　　　　　　　——厂房(公允价值变动)　　2 000 000

② 2014 年 3 月 15 日～12 月 10 日共发生支出。

借：投资性房地产——厂房(在建)　　1 500 000
　　贷：银行存款　　1 500 000

③ 2014 年 12 月 10 日，改扩建工程完工。

借：投资性房地产——厂房(成本)　　13 500 000
　　贷：投资性房地产——厂房(在建)　　13 500 000

3. 采用成本模式进行后续计量的投资性房地产。

(1) 2010年12月5日，购入房屋。

借：投资性房地产——房屋　　18 000 000

　　贷：银行存款　　18 000 000

(2) 2011年12月31日，计提折旧。

年折旧额＝(1 800－60)/20＝87(万元)

借：其他业务成本　　870 000

　　贷：投资性房地产累计折旧　　870 000

(3) 2012年12月31日，计提折旧。

借：其他业务成本　　870 000

　　贷：投资性房地产累计折旧　　870 000

(4) 2012年12月31日，计提减值准备。

投资性房地产减值准备＝(1 800－87×2)－1 500＝126(万元)

借：资产减值损失　　1 260 000

　　贷：投资性房地产减值准备　　1 260 000

(5) 2013年12月31日，计提折旧。

年折旧额＝(1 500－60)/18＝80(万元)

借：其他业务成本　　800 000

　　贷：投资性房地产累计折旧　　800 000

4. 自用房地产与投资性房地产的转换。

(1) 假定采用成本模式进行后续计量。

① 2010年1月1日，将自用房地产转为投资性房地产。

借：投资性房地产——房屋　　16 000 000

　　累计折旧　　4 680 000

　　贷：固定资产——房屋　　16 000 000

　　　　投资性房地产累计折旧　　4 680 000

② 2010年12月31日，计算房屋年折旧额并计提折旧。

房屋年折旧额＝(1 600－40)/30＝ 52(万元)

借：其他业务成本　　520 000

　　贷：投资性房地产累计折旧　　520 000

③ 2012年1月1日，将成本模式转为公允价值模式，房屋公允价值为1 560万元。

借：投资性房地产——房屋(成本)　　15 600 000

　　投资性房地产累计折旧　　5 720 000

　　贷：投资性房地产——房屋　　16 000 000

　　　　盈余公积　　532 000

　　　　利润分配——未分配利润　　4 788 000

④ 2012年12月31日，房屋公允价值为1 570万元。

借：投资性房地产——房屋(公允价值变动)　　100 000

　　贷：公允价值变动损益　　100 000

(2) 假定采用公允价值模式进行后续计量。

① 2010 年 1 月 1 日，将自用房地产转为投资性房地产，房屋公允价值为 1 500 万元。

借：投资性房地产——房屋(成本)　15 000 000

　　累计折旧　4 680 000

　　贷：固定资产——房屋　16 000 000

　　　　其他综合收益　3 680 000

② 2010 年 12 月 31 日，房屋公允价值为 1 490 万元。

借：公允价值变动损益　100 000

　　贷：投资性房地产——房屋(公允价值变动)　100 000

③ 2011 年 12 月 31 日，房屋公允价值为 1 560 万元。

借：投资性房地产——房屋(公允价值变动)　700 000

　　贷：公允价值变动损益　700 000

④ 2012 年 12 月 31 日，房屋公允价值为 1 570 万元。

借：投资性房地产——房屋(公允价值变动)　100 000

　　贷：公允价值变动损益　100 000

⑤ 2013 年 1 月 1 日，租期届满，房屋转为自用办公场所。

借：固定资产——房屋　15 700 000

　　贷：投资性房地产——房屋(成本)　15 000 000

　　　　　　　　　　——房屋(公允价值变动)　700 000

⑥ 2013 年 12 月 31 日，计算房屋年折旧额并计提折旧。

房屋年初尚可使用年限＝30－9－3＝18(年)

年折旧额＝(1 570－40)/18＝85(万元)

借：管理费用　850 000

　　贷：累计折旧　850 000

5. 办公楼转换为投资性房地产以及处置。

(1) 2011 年末累计计提的折旧额＝［3 020－20］/40×1＝75(万元)。

(2) 2012 年初办公楼出租：

借：投资性房地产——办公楼　30 200 000

　　累计折旧　750 000

　　贷：固定资产　30 200 000

　　　　投资性房地产累计折旧　750 000

(3) 2012 年计提的折旧额为 75 万元[(3 020－20)/40]：

借：其他业务成本　750 000

　　贷：投资性房地产累计折旧　750 000

(4) 2012 年收取租金。

借：银行存款　4 000 000

　　贷：其他业务收入　4 000 000

借：其他业务成本　200 000

　　贷：应交税费——应交营业税　　200 000

（5）2012年末办公楼的账面价值为2 870万元，相比此时的可收回价值2 560万元，发生减值310万元。

借：资产减值损失　　3 100 000

　　贷：投资性房地产减值准备　　3 100 000

（6）2013年计提的折旧额为67万元［(2 560－14)/38］。

借：其他业务成本　　670 000

　　贷：投资性房地产累计折旧　　670 000

（7）2013年收取租金。

借：银行存款　　4 000 000

　　贷：其他业务收入　　4 000 000

借：其他业务成本　　200 000

　　贷：应交税费——应交营业税　　200 000

（8）2013年12月31日后以2 800万元的价格对外转让该房产。

借：银行存款　　28 000 000

　　贷：其他业务收入　　280 000 000

借：其他业务成本　　24 930 000

　　投资性房地产累计折旧　　2 170 000

　　投资性房地产减值准备　　3 100 000

　　贷：投资性房地产　　30 200 000

借：其他业务成本　　1 400 000

　　贷：应交税费——应交营业税　　1 400 000

6. 商品房转换为投资性房地产的计量及出售。

（1）2011年1月1日，商品房转换为投资性房地产。

借：投资性房地产——商品房(成本)　　60 000 000

　　贷：开发产品　　50 000 000

　　　　其他综合收益　　10 000 000

（2）2011年12月31日，收到租金并确认公允价值变动。

借：银行存款　　2 000 000

　　贷：其他业务收入　　2 000 000

借：投资性房地产——商品房(公允价值变动)　　3 000 000

　　贷：公允价值变动损益　　3 000 000

（3）2012年12月31日，收到租金并确认公允价值变动。

借：银行存款　　2 000 000

　　贷：其他业务收入　　2 000 000

借：投资性房地产——商品房(公允价值变动)　　3 000 000

　　贷：公允价值变动损益　　3 000 000

（4）2013年12月31日，收到租金并确认公允价值变动。

借：银行存款 2 000 000
　　贷：其他业务收入 2 000 000
借：投资性房地产——商品房(公允价值变动) 1 000 000
　　贷：公允价值变动损益 1 000 000
(5) 2014 年 1 月 10 日，出售投资性房地产。
借：银行存款 68 000 000
　　贷：其他业务收入 68 000 000
借：其他业务成本 67 000 000
　　贷：投资性房地产——商品房(成本) 60 000 000
　　　　　　　　　　——商品房(公允价值变动) 7 000 000
借：其他综合收益 10 000 000
　　贷：其他业务成本 10 000 000
借：公允价值变动损益 7 000 000
　　贷：其他业务成本 7 000 000
借：其他业务成本 3 400 000
　　贷：应交税费——应交营业税 3 400 000

五、案例分析

(1) 2012 年 9 月 1 日自用房地产转换为投资性房地产。
借：投资性房地产——成本 40 320 000
　　累计折旧 5 520 000
　　贷：固定资产——写字楼 44 160 000
　　　　其他综合收益 1 680 000
(2) 2012 年 12 月 31 日公允价值变动。
借：投资性房地产——公允价值变动 1 920 000
　　贷：公允价值变动损益 1 920 000
(3) 2014 年 8 月 31 日出售投资性房地产。
借：银行存款 43 200 000
　　贷：其他业务收入 43 200 000
借：其他业务成本 42 240 000
　　贷：投资性房地产——成本 40 320 000
　　　　　　　　　　——公允价值变动 1 920 000
借：公允价值变动损益 1 920 000
　　贷：其他业务成本 1 920 000
借：其他综合收益 1 680 000
　　贷：其他业务成本 1 680 000
借：其他业务成本 2 160 000
　　贷：应交税费——应交营业税 2 160 000

第9章 非货币性资产交换与资产减值

本章结构

- 非货币性资产交换与资产减值
  - 非货币性资产交换的认定
    - 非货币性资产交换的概念
    - 非货币性资产交换的认定
  - 非货币性资产交换的确认和计量
    - 商业实质的判断
    - 公允价值能否可靠计量的判断
    - 非货币性资产交换的确认和计量原则
  - 资产减值的认定
    - 资产减值的含义
    - 资产可能发生减值的迹象
  - 资产可收回金额的计量和减值损失的确定
    - 资产可收回金额计量的基本要求
    - 资产的公允价值减去处置费用后净额的确定
    - 资产预计未来现金流量现值的确定
    - 资产减值损失的确定及其账务处理
  - 资产组的认定及减值的处理
    - 资产组的认定
    - 资产组可收回金额和账面价值的确定
    - 资产组减值测试
    - 总部资产减值测试

本章重点与难点

9.1 非货币性资产交换的概念和认定

1. 非货币性资产交换的概念

非货币性资产交换是交易双方主要以存货、固定资产、无形资产和长期股权投资等非货币性资产进行的交换。

2. 非货币性资产交换的认定

非货币性资产交换的交易对象主要是非货币性资产，交易中一般不涉及货币性资产，或只涉及少量的货币性资产即补价。一般认为，如果补价占整个资产交换金额的比例低于25%，则认定所涉及的补价为“少量”，该交换为非货币性资产交换；如果该比例等于或高于25%，则视为货币性资产交换。

9.2 非货币性资产交换的确认和计量

1. 以公允价值计量的非货币性资产交换的会计处理

（1）换出资产为存货的，应当视同存货销售处理，按照公允价值确认销售收入，同时结转销售成本，销售收入与销售成本之间的差额即换出资产公允价值与换出资产账面价值的差额，在利润表中作为营业利润的构成部分予以列示。

（2）换出资产为固定资产、无形资产的，应当视同固定资产、无形资产处置处理，换出资产公允价值与换出资产账面价值的差额计入营业外收入或营业外支出。

（3）换出资产为长期股权投资的，应当视同长期股权投资处置处理，换出资产公允价值与换出资产账面价值的差额计入投资收益。

（4）非货币性资产交换涉及相关税费的，如换出存货视同销售计算的增值税销项税额，换入资产作为存货、固定资产应当确认的增值税进项税额，以及换出固定资产、无形资产视同转让应交纳的增值税、营业税等，按照相关税收规定计算确定。

（5）发生补价的，支付补价方和受到补价方应当分别情况处理。

① 支付补价方：应当以换出资产的账面价值，加上支付的补价和应支付的相关税费，作为换入资产的成本；不确认损益。其计算公式为

换入资产成本＝换出资产账面价值＋支付的补价＋应支付的相关税费

② 收到补价方：应当以换出资产的账面价值，减去收到的补价，加上应支付的相关税费，作为换入资产的成本；不确认损益。其计算公式为

换入资产成本＝换出资产账面价值－收到的补价＋应支付的相关税费

2. 以账面价值计量的非货币性资产交换的会计处理

（1）非货币性资产交换不具有商业实质，或者虽然具有商业实质但换入资产和换出资产的公允价值均不能可靠计量的，应当以换出资产的账面价值和应支付的相关税费作为换入资产的成本，无论是否支付补价，均不确认损益。

（2）发生补价的，支付补价方和受到补价方应当分别情况处理。

① 支付补价方：应当以换出资产的账面价值，加上支付的补价和应支付的相关税费，作为换入资产的成本；不确认损益。其计算公式为

换入资产成本＝换出资产账面价值＋支付的补价＋应支付的相关税费

② 收到补价方：应当以换出资产的账面价值，减去收到的补价，加上应支付的相关税费，作为换入资产的成本；不确认损益。其计算公式为

换入资产成本＝换出资产账面价值－收到的补价＋应支付的相关税费

3. 涉及多项非货币性资产交换的会计处理

非货币性资产交换有时涉及多项资产，例如，企业以一项非货币性资产同时换入另一企业的多项非货币性资产，或同时以多项非货币性资产换入另一企业的一项非货币性资产，或以多项非货币性资产同时换入多项非货币性资产，在此过程中，还可能涉及补价。与单项非货币性资产交换一样，涉及多项非货币性资产交换的计量，也应当首先确定换入资产成本的计量基础和损益确认原则，再计算换入资产的成本总额。在确定各项换入资产的成本时，则应当分别不同情况处理。

（1）具有商业实质且换入资产公允价值能够可靠计量的会计处理。非货币性资产交换具有商业实质，且换入资产的公允价值能够可靠计量的，应当按照换入各项资产的公允价值占换入资产公允价值总额的比例，对换入资产的成本总额进行分配，确定各项换入资产的成本。

（2）不具有商业实质或者虽具有商业实质但换入资产的公允价值不能可靠计量的会计处理。非货币性资产交换不具有商业实质，或者虽具有商业实质但换入资产的公允价值不能可靠计量的，应当按照换入各项资产的原账面价值占换入资产原账面价值总额的比例，对换入资产的成本总额进行分配，确定各项换入资产的成本。

9.3 资产减值

资产减值，是指资产的可收回金额低于其账面价值。

企业应当在资产负债表日判断资产是否存在可能发生减值的迹象。如果资产存在发生减值的迹象，应当进行减值测试，估计资产的可收回金额。可收回金额低于账面价值的，应当按照可收回金额低于账面价值的差额，计提减值准备，确认减值损失。

9.4 资产可收回金额的计量

1. 估计资产可收回金额的基本方法

（1）如果资产的公允价值减去处置费用后的净额与资产预计未来现金流量的现值，只要有一项超过了资产的账面价值，就表明资产没有发生减值，不需要再估计另一项金额。

（2）如果没有确凿证据或者理由表明，资产预计未来现金流量现值显著高于其公允价值减去处置费用后的净额，可以将资产的公允价值减去处置费用后的净额视为资产的可收回金额。

（3）以前报告期间的计算结果表明，资产可收回金额显著高于其账面价值，之后又没有发生消除这一差异的交易或者事项的，资产负债表日可以不重新估计该资产的可收回金额。

（4）以前报告期间的计算与分析表明，资产可收回金额相对于某种减值迹象反应不敏感，在本报告期间又发生了该减值迹象的，可以不因该减值迹象的出现而重新估计该资产的可收回金额。

2. 资产的公允价值减去处置费用后净额的确定

企业在估计资产的公允价值减去处置费用后的净额时，应当按照下列顺序进行。

（1）应当根据公平交易中资产的销售协议价格减去可直接归属于该资产处置费用的金额确定。这是估计资产的公允价值减去处置费用后净额的最佳方法，企业应当优先采用这一方法。

（2）在资产不存在销售协议但存在活跃市场的情况下，应当根据该资产的市场价格减去处置费用后的净额确定。资产的市场价格通常应当按照资产的买方出价确定。如果难以获得资产在资产负债表日买方出价的，企业可以将资产最近的交易价格作为其公允价值减去处置费用后的净额的估计基础，其前提是在此期间，有关经济、市场环境等没有发生重大变化。

（3）企业按照上述要求仍然无法可靠估计资产的公允价值减去处置费用后的净额的，应当以该资产预计未来现金流量的现值作为其可收回金额。

3. 资产预计未来现金流量现值的确定

（1）资产未来现金流量的预计。

① 预计资产未来现金流量的基础。为了估计资产未来现金流量的现值，需要首先预计资产的未来现金流量，因此，企业管理层应当在合理的有依据的基础上对资产剩余使用寿命内整个经济状况进行最佳估计，并将资产预计未来现金流量的估计，建立在经企业管理层批准的最近财务预算或者预测数据的基础上。

② 预计资产未来现金流量应当包括的内容。资产持续使用过程中预计产生的现金流入；为实现资产持续使用过程中产生的现金流入所必需的预计现金流出；资产使用寿命结束时，处置资产所收到或者支付的净现金流量。该现金流量应当是在公平交易中，熟悉情

况的交易双方自愿进行交易时，企业预期可从资产的处置中获取或者支付的、减去预计处置费用后的金额。

③ 资产未来现金流量的预计。在预计资产未来现金流量和折现率的基础之上，资产未来现金流量的现值只需将该资产的预计未来现金流量按照预计的折现率在预计期限内加以折现就可以确定。

（2）折现率的预计。折现率是企业在购置或者投资资产时所要求的必要报酬率。预计资产未来现金流量时如果企业已经对资产特定风险的影响作了调整，估计折现率时不需要考虑这些特定风险；如果用于估计折现率的基础是所得税后的，应当将其调整为所得税前的折现率，以便与资产未来现金流量的估计基础相一致。

企业确定折现率时，通常应当以该资产的市场利率为依据。如果该资产的市场利率无法从市场获得，可以使用替代利率估计折现率。在估计替代利率时，企业应当充分考虑资产剩余使用寿命期间的货币时间价值和其他相关因素，如资产未来现金流量金额及其时间的预计离散程度、资产内在不确定性的定价等。如果预计资产未来现金流量已经对这些因素作了有关调整，应当予以剔除。

（3）资产未来现金流量现值的确定。在预计资产的未来现金流量和折现率的基础上，企业将该资产的预计未来现金流量按照预计折现率在预计期限内予以折现后，即可确定该资产未来现金流量的现值。其计算公式为

$$\text{资产未来现金流量的现值(PV)} = \sum \frac{\text{第 } t \text{ 年预计资产未来现金流量}(\text{NCF}_1)}{(1+\text{折现率 } R)^t}$$

9.5 资产减值损失的确认与计量

1. 资产减值损失的确定

企业在对资产进行减值测试并计算确定资产的可收回金额后，如果资产的可收回金额低于账面价值，应当将资产的账面价值减记至可收回金额，减记的金额确认为资产减值损失，计入当期损益，同时计提相应的资产减值准备。资产的账面价值是指资产成本扣减累计折旧(或累计摊销)和累计减值准备后的金额。

资产减值损失确认后，减值资产的折旧或者摊销费用应当在未来期间作相应调整，以使该资产在剩余使用寿命内，系统地分摊调整后的资产账面价值(扣除预计净残值)。例如，固定资产计提了减值准备后，固定资产账面价值为抵减了计提的固定资产减值准备后的金额，因此，在以后会计期间对该固定资产计提折旧时，应当以固定资产的账面价值(扣除预计净残值)为基础计提每期的折旧额。

资产减值准则规定，资产减值损失一经确认，在以后会计期间不得转回。资产报废、出售、对外投资、以非货币性资产交换方式换出、通过债务重组抵偿债务等符合资产终止确认条件的，企业应当将相关资产减值准备予以转销。

2. 资产减值损失的账务处理

企业应当设置“资产减值损失”科目，核算企业计提各项资产减值准备所形成的损

失。对于固定资产、无形资产、商誉、长期股权投资等资产发生减值的，企业应当按照所确认的可收回金额低于账面价值的差额，借记“资产减值损失”科目，贷记“固定资产减值准备”、“无形资产减值准备”、“商誉减值准备”、“长期股权投资减值准备”等科目。

9.6 资产组的认定及减值处理

1. 资产组的认定

如果有迹象表明一项资产可能发生减值，企业应当以单项资产为基础估计其可收回金额。在企业难以对单项资产的可收回金额进行估计的情况下，应当以该资产所属的资产组为基础确定资产组的可收回金额，并据此判断是否需要计提资产减值准备及应当计提多少资产减值准备。因此，资产组的认定十分重要。

资产组是指企业可以认定的最小资产组合，其产生的现金流入应当基本上独立于其他资产或资产组产生的现金流入。

认定资产组应当考虑以下因素。

(1) 资产组的认定，应当以资产组产生的主要现金流入是否独立于其他资产或者资产组的现金流入为依据。因此，资产组能否独立产生现金流入是认定资产组的最关键因素。

(2) 资产组的认定，应当考虑企业管理层管理生产经营活动的方式(如是按照生产线、业务种类还是按照地区或者区域等)和对资产的持续使用或者处置的决策方式等。

资产组一经确定，在各个会计期间应当保持一致，不得随意变更，即资产组各项资产的构成通常不能随意变更。

2. 资产组可收回金额和账面价值的确定

(1) 资产组的可收回金额应当按照该资产组的公允价值减去处置费用后的净额与其预计未来现金流量的现值两者之间较高者确定。

(2) 资产组账面价值的确定基础应当与其可收回金额的确定方式相一致。资产组的账面价值包括可直接归属于资产组与可以合理和一致地分摊至资产组的资产账面价值，通常不应当包括已确认负债的账面价值，但如不考虑该负债金额就无法确认资产组可收回金额的除外。这是因为估计资产组可收回金额时，即不包括与该资产组的资产无关的现金流量，也不包括与已在财务报表中确认的负债有关的现金流量。

(3) 资产组在处置时如要求购买者承担一项负债(如环境恢复负债等)、该负债金额已经确认并计入相关资产账面价值，而且企业只能取得包括上述资产和负债在内的单一公允价值减去处置费用后的净额的。为了比较资产组的账面价值和可收回金额，在确定资产组的账面价值及其预计未来现金流量的现值时，应当将已确认的负债金额从中扣除。

3. 资产组减值测试

资产组减值测试的原理和单项资产相同，即企业需要估计资产组(包括资产组组合)的可收回金额并计算资产组的账面价值，并将两者进行比较，如果资产组的可收回金额低于其账面价值，应当按照差额确认相应的减值损失。减值损失金额应当按照下列顺序进行分摊。

（1）抵减分摊至资产组中商誉的账面价值。

（2）根据资产组中除商誉之外的其他各项资产的账面价值所占比重，按比例抵减其他各项资产的账面价值。

以上资产账面价值的抵减，应当作为各单项资产（包括商誉）的减值损失处理，计入当期损益。抵减后的各资产的账面价值不得低于以下三者之中最高者：该资产的公允价值减去处置费用后的净额（如可确定的）、该资产预计未来现金流量的现值（如可确定的）和零。因此而导致的未能分摊的兼职损失金额，应当按照相关资产组中其他各项资产的账面价值所占比重继续进行分摊。

9.7 总部资产减值测试

企业总部资产包括企业集团或其事业部的办公楼、电子数据处理设备、研发中心等资产。总部资产的显著特征是难以脱离其他资产或者资产组产生独立的现金流入，其账面价值也难以完全归属于某一资产组。因此，总部资产通常难以单独进行减值测试，需要结合其他相关资产组或者资产组组合进行。资产组组合，是指由若干个资产组组成的最小资产组组合，包括资产组或者资产组组合，以及按合理方法分摊的总部资产部分。

在资产负债表日，如果有迹象表明某项总部资产可能发生减值，企业额应当计算确定该总部资产所归属的资产组或者资产组组合的可收回金额，然后将其与相应的账面价值进行比较，据此判断是否需要确认资产减值损失。

企业在对某一资产组进行减值测试时，应当先认定所有与该资产组相关的总部资产，再根据相关总部资产能否按照合理和一致的基础分摊至该资产组，分别下列情况进行处理。

（1）对于相关总部资产能够按照合理和一致的基础分摊至该资产组的部分，应当将该部分总部资产的账面价值分摊至该资产组，再据以比较该资产组的账面价值（包括已分摊的总部资产的账面价值部分）和可收回金额，并按照前述有关资产组减值损失处理顺序和方法处理。

（2）对于相关总部资产难以按照和合理和一致的基础分摊至该资产组的，应当按照下列步骤进行处理：

① 在不考虑相关总部资产的情况下，估计和比较资产组的账面价值和额可收回金额，并按照前述有关资产组减值损失处理顺序和方法处理。

② 认定由若干个资产组组成的最小资产组组合，该资产组组合应当包括所测试的资产组与可以按照合理和一致的基础将该总部资产的账面价值分摊其上的部分。

③ 比较所认定的资产组组合的账面价值（包括已分摊的总部资产的账面价值部分）和可收回金额，并按照前述有关资产组减值损失处理顺序和方法处理。

练 习 题

一、单项选择题

1. 甲公司以生产经营用的客车和货车交换乙公司生产经营用的C设备和D设备。甲公司换出：客车原值45万元，已计提折旧3万元，公允价值45万元；货车原值37.50万元，已计提折旧10.50万元，公允价值30万元。乙公司换出：C设备原值22.50万元，已计提折旧9万元，公允价值15万元；D设备原值63万元，已计提折旧7.50万元，公允价值80万元。甲公司另向乙公司支付银行存款23.4万元(其中：补价20万元，增值税进销差额3.4万元)。假定该项交换具有商业实质。则甲公司取得的C设备的入账价值为(　　)万元。

A. 15　　B. 63　　C. 60　　D. 55.20

2. 2014年10月，东大公司以一台当年购入的设备与正保公司的一项专利权交换。设备的账面原值为20万元，折旧为4万元，已提减值准备2万元，公允价值10万元。东大公司另向正保公司支付银行存款6万元。假设该交换具有商业实质，适用的增值税税率为17%。东大公司应确认的资产转让损失为(　　)万元。

A. 4　　B. 12　　C. 8　　D. 1

3. 企业进行具有商业实质且公允价值能够可靠计量的非货币性资产交换，同一事项可能同时影响双方换入资产入账价值的因素是(　　)。

A. 企业支付的补价或收到的补价

B. 企业为换出资产支付的运杂费

C. 企业换出资产计提的资产减值准备

D. 企业换出资产的账面价值

4. 甲公司为增值税一般纳税人，于2014年12月5日以长期股权投资和专利权，与乙公司的交易性金融资产进行非货币性资产交换，甲公司换出长期股权投资的账面原价为80万元，已计提减值准备10万元，公允价值为70万元；专利权的账面原价为50万元，已摊销金额为20万元，公允价值为60万元，未计提过减值准备；乙公司换出交易性金融资产的账面价值为100万元，公允价值为130万元。假设该交换具有商业实质，甲公司为换入资产支付相关税费2万元，则甲公司换入交易性金融资产的入账价值为(　　)万元。

A. 132　　B. 130　　C. 102　　D. 112

5. 2014年3月24日，甲公司以一台设备与乙公司交换一批库存商品，该设备系2012年4月购入，原价为300万元，已提折旧为80万元，固定资产减值准备为10万元，公允价值为250万元；乙公司库存商品的账面价值为160万元，公允价值(计税价格)为200万元，适用的增值税税率为17%。甲公司于交换当日收到乙公司支付的银行存款58.5万元(其中：补价50万元，增值税销项税和进项税差额8.5万元)。假定该交换具有商业实质，不考虑除增值税以外的其他相关税费。甲公司在该项非货币性资产交换时应确认的收益为(　　)万元。

A. 16　　B. 30　　C. 40　　D. 50

6. A公司以一项无形资产换取B公司一项固定资产，A公司无形资产账面价值为50万元，B公司固定资产的账面价值为38万元，固定资产和无形资产的公允价值均不能可靠计量，A公司向B公司收取8万元的银行存款，为换入固定资产而支付相关运杂费2万元，不考虑增值税等其他相关税费，则A公司换入固定资产的入账价值为(　　)万元。

A. 44　　B. 38　　C. 50　　D. 42

7. 2014年A公司以无形资产交换B公司的可供出售金融资产。A公司换出无形资产的原值为1 800万元，累计摊销为900万元，计税价格为公允价值1 000万元，营业税税率为5%。A公司支付换入可供出售金融资产的相关税费10万元，另向B公司支付银行存款5万元。假定该交易具有商业实质并且公允价值能够可靠计量。则A公司换入可供出售金融资产的入账成本为(　　)万元。

A. 1 065　　B. 965　　C. 915　　D. 1 015

8. A、B公司均为增值税一般纳税人，适用的增值税税率为17%。2014年3月6日，A公司用一项商标权和一批原材料同B公司的可供出售金融资产进行交换，该项商标权的账面原价为500万元，已计提的摊销为120万元，计提的减值准备为30万元，公允价值为360万元，因处置商标权发生的相关税费18万元；该批原材料的账面价值为300万元，不含增值税的公允价值(计税价格)为400万元，另外A公司支付给B公司银行存款为22万元(其中支付补价90万元，收取销项税额68万元)。B公司的可供出售金融资产的成本为700万元，公允价值变动借方余额为80万元，公允价值为850万元，B公司取得的商标权和原材料作为无形资产和库存商品核算，假设该项交换具有商业实质，则B公司取得的无形资产和库存商品的入账价值分别为(　　)万元。

A. 360和400　　B. 360和300　　C. 350和400　　D. 360和468

9. 甲公司以库存商品A产品、B产品交换乙公司原材料，双方均将收到的存货作为库存商品核算。甲公司另向乙公司支付银行存款52.65万元(其中：补价45万元，进项税和销项税差额7.65万元)。甲公司和乙公司适用的增值税税率均为17%，计税价值为公允价值。有关资料如下：甲公司换出：①库存商品——A产品，账面成本180万元，已计提存货跌价准备30万元，不含增值税的公允价值150万元(含增值税的公允价值为175.5万元)；②库存商品——B产品，账面成本40万元，已计提存货跌价准备10万元，不含增值税的公允价值30万元(含增值税的公允价值为35.1万元)。乙公司换出：原材料，账面成本206.50万元，已计提存货跌价准备4万元，不含增值税的公允价值225万元(含增值税的公允价值为263.25万元)。假定该项交换具有商业实质。则甲公司取得的原材料的入账价值为(　　)万元。

A. 263.25　　B. 232.65　　C. 225　　D. 206.5

10. 下列资产中，确认的减值损失在以后的会计期间不能转回的是(　　)。

A. 应收账款　　B. 存货　　C. 无形资产　　D. 其他应收款

11. 按照资产减值准则的规定，资产减值损失的计提基础是(　　)。

A. 单项资产　　B. 多项资产

C. 资产组　　D. 单项资产或资产组

12. 按照我国企业会计准则的规定，下列资产确认减值损失后可以转回的是(　　)。

A. 固定资产　　B. 无形资产　　C. 在建工程　　D. 存货

13. 对发生减值的资产确认其减值损失，并计提资产减值准备时，对企业的影响是(　　)。

A. 只影响财务状况，不影响经营成果　　B. 不影响财务状况，只影响经营成果

C. 既影响财务状况，又影响经营成果　　D. 既不影响财务状况，也不能影响经营成果

14. 根据资产减值准则的规定，资产的可收回金额是指(　　)。

A. 资产的公允价值与资产预计未来现金流量两者之间的较高者

B. 资产的公允价值减去处置费用后的净额与资产预计未来现金流量的现值两者之间的较高者

C. 资产的公允价值与资产预计未来现金流量的现值两者之间的较高者

D. 资产的公允价值与资产预计未来现金流量两者之间的较低者

15. 资产组账面价值的确定基础与下列项目中确定方式一致的是(　　)。

A. 公允价值　　B. 公允价值减去处置费用后的净额

C. 预计未来现金流量的现值　　D. 可收回金额

16. 认定资产组的最关键的因素是(　　)。

A. 资产组能否独立核算　　B. 资产组能否独立产生现金流入

C. 资产组能否单独转让　　D. 资产组是否可辨认

17. 下列项目中，通常可以认定为一个资产组的是(　　)。

A. 几个环保设备

B. 负责组装产品的几个生产车间

C. 负责生产产品零部件的车间和负责组装产品并销售产品的车间

D. 办公楼和研发中心

18. 2014 年 12 月 31 日，甲公司对其拥有的一台机器设备进行减值测试时发现，该资产如果马上出售，则可以获得 1 920 万元的价款，发生的处置费用预计为 20 万元，如果继续使用，则在该资产使用寿命终结时和现金流量现值为 1 890 万元，该资产目前的账面价值是 1 910 万元，期末甲公司对该项设备应计提的减值准备为(　　)万元。

A. 0　　B. 10　　C. 20　　D. 30

19. 2012 年 6 月 10 日，A 上市公司购入一台不需要安装的生产设备，支付价款和相关税费(不含增值税)总计 100 万元，购入后达到预定可使用状态，该设备的预计使用寿命为 10 年，预计净残值为 8 万元，按照年限平均法计提折旧。2013 年 12 月因出现减值迹象，对该设备进行减值测试，预计该设备公允价值为 55 万元，处置费用为 13 万元，如果继续使用，预计未来使用及处置产生现金流量的现值为 35 万元。假定原预计使用寿命、预计净残值不变。2014 年该生产设备应计提的折旧为(　　)万元。

A. 4　　B. 4.25　　C. 4.375　　D. 9.2

20. 计提资产减值准备时，借记的科目是(　　)。

A. “营业外支出”　B. “资产减值损失”C. “投资收益”　　D. “管理费用”

21. 资产发生减值时，企业应当确认资产减值损失，并把资产的账面价值减记至(　　)。

A. 公允价值　　B. 零　　C. 可收回金额　　D. 现值

22. 在资产不存在销售协议但存在活跃市场时，资产公允价值的确定是指(　　)。

A. 资产的市场价格　　B. 资产的可变现净值

C. 资产的内在价值　　D. 资产的历史成本

23. 2013年1月1日，A公司以2 000万元的对价取得B公司30%的股权，采用权益法核算。2013年B公司实现净利润50万元；2014年5月20日，B公司宣告分配现金股利100万元；2014年下半年，经济环境的变化对B公司的经营活动产生重大不利影响，当年B公司发生净亏损20万元。A公司于2014年末对该项长期股权投资进行减值测试，其可收回金额为1 500万元，不考虑其他因素，则2014年12月31日，该长期股权投资应计提的减值准备为(　　)万元。

A. 509　　B. 479　　C. 470　　D. 0

24. 2013年1月1日，A公司以银行存款400万元购入一项无形资产，预计使用年限为10年，采用直线法摊销。2013年年末该项无形资产出现减值迹象，其可收回金额为270万元；2014年年末该项无形资产又出现减值迹象，其可收回金额为255万元。假定该项无形资产计提减值准备后，原预计使用年限、摊销方法不变。假定不考虑其他因素，2014年年末A公司该项无形资产的账面价值为(　　)万元。

A. 255　　B. 270　　C. 240　　D. 15

25. 下列关于资产组的说法中，正确的是(　　)。

A. 资产组确定后，在以后的会计期间也可以根据需要变更

B. 只要是某企业的资产，则任意两个或两个以上的资产都可以组成企业的资产组

C. 资产组组合，是指由若干个资产组组成的任何资产组组合

D. 企业难以对单项资产的可收回金额进行估计的，应当以该资产所属的资产组为基础确定资产组的可收回金额

26. 2014年12月31日，W公司对一条存在减值迹象的生产线进行减值测试，该生产线的资料如下：该生产线由A、B、C三台设备组成，被认定为一个资产组；A、B、C三台设备的账面价值分别为80万元、100万元、70万元，三台设备的使用寿命相等。减值测试表明，A设备的公允价值减去处置费用后的净额为50万元，B设备和C设备均无法合理估计其公允价值减去处置费用后的净额及未来现金流量的现值；该生产线的可收回金额为200万元。不考虑其他因素，A设备应确认的减值损失为(　　)万元。

A. 16　　B. 40　　C. 14　　D. 30

二、多项选择题

1. 下列各项目中，属于非货币性资产的有(　　)。

A. 交易性金融资产　　B. 持有至到期投资

C. 可供出售金融资产　　D. 长期股权投资

2. 下列表述符合“换入资产或换出资产公允价值能够可靠计量”条件的有(　　)。

A. 换入资产或换出资产存在活跃市场

B. 换入资产或换出资产不存在活跃市场，但同类或类似资产存在活跃市场

C. 换入资产或换出资产不存在同类或类似资产的可比市场交易，应当采用估值技术确定其公允价值。该公允价值估计数的变动区间很小，或者在公允价值估计数变动区间内，各种用于确定公允价值估计数的概率能够合理确定的

D. 换入资产或换出资产不存在同类或类似资产的可比市场交易，应当采用估值技术确定其公允价值。该公允价值估计数的变动区间比较大

3. 甲公司与乙公司(均为一般纳税人)进行非货币性资产交换，具有商业实质且其换入或换出资产的公允价值能够可靠地计量，以下可能影响甲公司换入资产入账价值的项目有(　　)。

A. 乙公司支付的补价　　B. 甲公司为换入资产支付的相关税费

C. 甲公司换出资产的公允价值　　D. 甲公司换出资产支付的营业税

4. 非货币性资产交换同时换入多项资产的，在确定各项换入资产的成本时，下列说法中不正确的有(　　)。

A. 非货币性资产交换不具有商业实质，或者虽具有商业实质但换入资产的公允价值不能可靠计量的，应当按照换入各项资产的原账面价值占换入资产原账面价值总额的比例，对换入资产的成本总额进行分配，确定各项换入资产的成本

B. 均按各项换入资产的账面价值确定

C. 均按各项换入资产的公允价值确定

D. 非货币性资产交换不具有商业实质，或者虽具有商业实质但换入资产的公允价值不能可靠计量的，应当按照换入各项资产的公允价值占换入资产公允价值总额的比例，对换入资产的成本总额进行分配，确定各项换入资产的成本

5. 下列关于非货币性资产交换的表述中，正确的有(　　)。

A. 非货币性资产交换可以涉及少量的货币性资产，但货币性资产占整个资产交换金额的比例最高不能超过25%

B. 在交易不具有商业实质的情况下，支付补价的企业，应按换出资产账面价值加上支付的补价和为换入资产发生的相关税费，作为换入资产的成本

C. 在交易具有商业实质的情况下，收到补价的企业，按换出资产账面价值减去补价，加上应支付的相关税费，作为换入资产的入账价值

D. 在交易具有商业实质的情况下，收到补价的企业，按换出资产公允价值减去补价，加上为换入资产发生的相关税费，作为换入资产的入账价值

6. 在非货币性资产交换中，以换出资产的公允价值和应支付的相关税费作为换入资产的入账价值，其应同时满足的条件有(　　)。

A. 该项交换具有商业实质

B. 换入资产或换出资产的公允价值能够可靠地计量

C. 换入资产的公允价值大于换出资产的公允价值

D. 换入资产的公允价值小于换出资产的公允价值

7. 下列项目中，属于处置费用的有(　　)。

A. 与资产处置有关的法律费用

B. 与资产处置有关的相关税费

C. 与资产处置有关的为使资产达到可销售状态所发生的直接费用

D. 广告费

8. 下列资产中，其减值损失一经确认，在以后期间不得转回的有(　　)。

A. 固定资产　　B. 存货　　C. 长期应收款

D. 无形资产　　E. 应收账款

9. 资产组组合，是指由若干个资产组组成的最小资产组组合，包括(　　)。

A. 资产组　　B. 资产组组合

C. 按照合理方法分摊的总部资产部分　　D. 单项资产

E. 总部资产

10. 总部资产的显著特征包括(　　)。

A. 能够脱离其他资产或者资产组产生独立的现金流入

B. 难以脱离其他资产或者资产组产生独立的现金流入

C. 资产的账面价值难以完全归属于某一资产组

D. 资产的账面余额难以完全归属于某一资产组

11. 预计资产未来现金流量现值时，应考虑的因素主要有(　　)。

A. 资产的预计未来现金流量　　B. 资产的折旧额或摊销额

C. 资产的使用寿命　　D. 折现率

E. 资产的售价

12. 下列项目中，通常可以认定为一个资产组的有(　　)。

A. 能够独立产生现金流入的某一个生产线

B. 能够独立产生现金流入的某营业网点

C. 总部资产

D. 单项机器设备

E. 能够独立产生现金流入的某事业部

13. 资产组的减值损失抵减组内各项资产价值时，各项资产的账面价值不得低于下列项目中的最高者的有(　　)。

A. 该资产的公允价值

B. 资产预计未来现金流量的现值(如可确定)

C. 该资产的账面值

D. 该资产的公允价值减去处置费用后的净额(如可确定)

E. 零

14. 下列资产中，其减值处理不适用资产减值具体准则的有(　　)。

A. 固定资产　　B. 无形资产

C. 存货　　D. 金融资产

E. 对联营企业和合营企业的长期股权投资

15. 下列关于资产组认定的说法中，正确的有(　　)。

A. 应当以资产组产生的主要现金流入是否独立于其他资产或资产组为依据

B. 应当考虑企业管理层对生产经营活动的管理或监控方式

C. 应当考虑企业管理层对资产的持续使用或者处置的决策方式

D. 资产组认定后不得随意变更

E. 资产组的认定就是商誉与其他资产的关系的认定

16. 下列项目中，可以作为估计资产的可收回金额的基础的有(　　)。

A. 单项资产　　B. 单项资产减负债

C. 单项资产和商誉　　D. 资产组

E. 总部资产

17. 下列关于资产组的说法不正确的有(　　)。

A. 资产组是企业认定的资产组合

B. 资产组是企业可以认定的最小资产组合

C. 资产组产生的现金流入应当完全独立于其他资产或资产组

D. 资产组产生的现金流入应当基本上独立于其他资产或资产组

E. 企业的资产组一经确定，在各个会计期间应当保持一致

18. 资产负债表日对于存在减值迹象的资产，应当进行减值测试，资产可能发生减值的有(　　)。

A. 资产已经或者将被闲置、终止使用或者计划提前处置

B. 资产的市价当期大幅度下跌，其跌幅明显高于因时间的推移或者正常使用而预计的下跌

C. 有证据表明资产已经陈旧过时或者实体已经损坏

D. 企业经营法律等环境及资产所处的市场在当期或者将在近期发生重大变化

E. 市场利率在当期已经提高且影响企业计算资产预计未来现金流量现值的折现率，导致资产可收回金额大幅度降低

三、判断题

1. 非货币性资产交换具有商业实质、换出资产的公允价值能够可靠计量，但是换入资产的公允价值不能可靠计量，以换出资产的公允价值为基础确定换入资产的总成本。(　　)

2. 非货币性资产交换具有商业实质，且换入资产的公允价值能够可靠计量的，应当按照换入各项资产的原账面价值占换入资产原账面价值总额的比例，对换入资产的成本总额进行分配，确定各项换入资产的成本。(　　)

3. 当具有商业实质且换入或换出资产的公允价值能够可靠计量的情况下，换出的长期股权投资账面价值和公允价值之间的差额，计入营业外收支。(　　)

4. 不具有商业实质且换入资产的公允价值不能可靠计量的非货币性资产交换，在同时换入多项资产的情况下，确定各项换入资产的入账价值时，需要按照换入各项资产的原账面价值占换入资产原账面价值总额的比例，确定各项换入资产的成本。(　　)

5. 某企业以其不准备持有至到期的国库券换入一幢房屋以备出租，该项交易具有商业实质。(　　)

6. 以账面价值500万元，准备持有至到期的长期债券投资换入A公司公允价值为490

万元的专利技术，并支付补价10万元，该项非关联交易属于非货币性资产交换。（　）

7. 非货币性资产交换不具有商业实质，或换入资产和换出资产的公允价值均不能可靠计量的，以换出资产账面价值总额为基础确定换入资产的总成本。（　）

8. 非货币性资产交换不具有商业实质，或者虽具有商业实质但换入资产的公允价值不能可靠计量的，应当按照换入各项资产的原账面价值占换入资产原账面价值总额的比例，对换入资产的成本总额进行分配，确定各项换入资产的成本。（　）

9. 资产减值，是指资产的可收回金额低于其账面余额。（　）

10. 资产减值准则中的资产，除了特别规定外，只包括单项资产，不包括资产组。（　）

11. 资产的公允价值减去处置费用后的净额，应当根据公平交易中销售协议价格减去可直接归属于该资产处置费用的金额确定。（　）

12. 如果资产为企业带来的经济利益低于其账面价值，企业不能再以原账面价值予以确认，否则，会导致企业资产虚增和利润虚增。（　）

13. 对于使用寿命不确定的无形资产，企业应当至少于每年年末进行减值测试，估计其可收回金额。（　）

14. 资产组的认定，应当以资产组产生的主要现金流入是否独立于其他资产或者资产组的现金流入为依据。（　）

15. 资产的公允价值减去处置费用后的净额与资产预计未来现金流量的现值，均大于资产的账面价值时，才表明资产没有发生减值，不需要计提减值准备。（　）

16. 在资产负债表日，不论是否有减值迹象，企业都应当对总部资产进行减值测试。（　）

17. 如果资产为企业带来的经济利益低于其账面价值，企业应立即终止确认该资产。（　）

18. 资产发生减值时，企业应确认资产减值损失，并把资产的账面价值减记至可变现净值。（　）

19. 由于有关资产特性不同，其减值会计处理也有所差别，因而适用的具体准则和会计处理也不尽相同。（　）

20. 长期股权投资和投资性房地产如果发生减值，应按资产减值准备的规定进行会计处理。（　）

21. 企业资产存在减值迹象的，应当估计资产可收回金额。资产可收回金额必须以单项资产为基础进行估计。（　）

22. 对于固定资产、存货、无形资产等资产，企业的资产减值损失一经确认，在以后会计期间不得转回。（　）

23. 企业的资产组一经确认后，在各个会计期间应保持一致，不得随意变更。如确实需要变更，应当在附注中予以说明。（　）

24. 由于总资产难以单独进行减值测试，通常需要结合其他相关资产组或者资产组组合进行。（　）

25. 总部资产是企业资产的有机组成部分，其显著特征是其难以脱离其他资产或者资

产组产生独立的现金流入，而且其账面价值难以完全归属于某一资产组。 （ ）

四、计算与业务分析题

1. 甲股份有限公司(以下简称甲公司)2014 年度发生以下有关业务。

(1) 甲公司以其生产的一批产品换入 A 公司的一台设备，产品的账面余额为 420 000 元，已提存货跌价准备 10 000 元，计税价格(等于公允价值)为 500 000 元，增值税税率为 17%。甲公司另向 A 公司支付银行存款 15 000 元(其中包括支付补价 100 000 元，收取增值税销项税额 85 000 元)，同时为换入资产支付相关费用 5 000 元。A 公司的设备系 2012 年购入，原价为 800 000 元，已提折旧 220 000 元，已提减值准备 20 000 元，设备的公允价值为 600 000 元。

(2) 甲公司以一项长期股权投资与 B 公司交换一台设备和一项无形资产，甲公司的长期股权投资账面余额为 250 万元，其中其他权益变动明细借方 30 万元，计提减值准备 30 万元，公允价值为 190 万元；B 公司的设备系 2012 年 2 月购入，原价为 80 万元，累计折旧 40 万元，公允价值为 50 万元；无形资产账面价值为 170 万元，公允价值为 150 万元，甲公司支付给 B 公司银行存款 18.5 万元(其中包括支付补价 10 万元，增值税进项税额 8.5 万元)，为换入资产支付共计相关税费 10 万元。

(3) 甲公司以其持有的可供出售金融资产交换 C 公司的原材料，在交换日，甲公司的可供出售金融资产账面余额为 320 000 元(其中成本为 240 000 元，公允价值变动为 80 000 元)，公允价值为 360 000 元。换入的原材料账面价值为 280 000 元，公允价值(计税价格)为 300 000 元，增值税税额为 51 000 元，甲公司收到 C 公司支付的银行存款 9 000 元(其中包括收取补价 60 000 元，支付增值税进项税额 51 000 元)。

(4) 假设甲公司与 A、B、C 公司的非货币性资产交换均具有商业实质且公允价值能够可靠计量，增值税税率 17%。

要求：根据上述经济业务编制甲公司有关会计分录。

2. 甲公司决定以库存商品和交易性金融资产——B 股票与乙公司交换其持有的长期股权投资和生产用设备一台。甲公司库存商品账面余额为 150 万元，公允价值(计税价格)为 200 万元；B 股票的账面余额为 260 万元(其中：成本为 210 万元，公允价值变动为 50 万元)，公允价值为 300 万元。乙公司的长期股权投资的账面余额为 300 万元，公允价值为 336 万元；固定资产设备的账面原值为 240 万元，已计提折旧 100 万元，公允价值 144 万元，另外乙公司向甲公司支付银行存款 29.52 万元(其中补价 20 万元，增值税进销差价 9.52 万元)。甲公司和乙公司换入的资产均不改变其用途。

假设两公司都没有为资产计提减值准备，整个交易过程中没有发生除增值税以外的其他相关税费，甲公司和乙公司适用的增值税税率均为 17%。非货币性资产交换具有商业实质且公允价值能够可靠计量。

要求：

(1) 计算甲公司换入各项资产的成本。

(2) 编制甲公司有关会计分录。

(3) 计算乙公司换入各项资产的成本。

（4）编制乙公司有关会计分录。

3. 2010 年 11 月 1 日，华联公司以 360 万元的价格购入一项自用的无形资产，该无形资产与特定产品的生产有关。其预计使用寿命为 10 年，预计净残值为零。华联公司按月进行无形资产摊销。2012 年年末，该公司判断无形资产发生减值。经减值测试，该无形资产的可回收金额为 162 万元，预计尚可使用 5 年。2013 年 12 月 31 日，该公司将无形资产出售，取得价款 100 万元。适用营业税税率为 5%，假设不考虑其他税金的影响。要求：

（1）计算 2012 年年末华联公司为该无形资产计提的减值准备金额。

（2）做出 2012 年年末无形资产摊销和计提无形资产减值准备的账务处理。

（3）做出 2013 年每月进行无形资产摊销的账务处理。

（4）做出出售无形资产时的账务处理。

4. 某企业于 2010 年 9 月 5 日对一生产线进行改扩建，改扩建前该固定资产的原价为 2 000 万元，已提折旧 400 万元，已提减值准备 200 万元。在改扩建过程中领用工程物资 300 万元，领用生产用原材料 100 万元，原材料的进项税额为 17 万元。发生改扩建人员工资 150 万元，用银行存款支付其他费用 33 万元。该固定资产于 2010 年 12 月 20 日达到预定可使用状态。该企业对改扩建后的固定资产采用年限平均法计提折旧，预计尚可使用年限为 10 年，预计净残值为 100 万元。2011 年 12 月 31 日，该固定资产的公允价值减去处置后的净额为 1 602 万元，预计未来现金流量现值为 1 693 万元。2012 年 12 月 31 日，该固定资产的公允价值减去处置后的净额为 1 580 万元，预计未来现金流量现值为 1 600 万元。假定固定资产计提减值准备不影响固定资产的预计使用年限和预计净残值。

要求：

（1）编制上述与固定资产扩建有关业务的会计分录，计算改扩建后固定资产的入账价值。

（2）计算改扩建后 2011 年固定资产计提的折旧额并编制折旧的会计分录。

（3）计算该固定资产 2011 年 12 月 31 日应计提的减值准备并编制相关会计分录。

（4）计算该固定资产 2012 年计提的折旧额并编制折旧的会计分录。

（5）计算该固定资产 2012 年 12 月 31 日应计提的减值准备并编制相关会计分录。

（6）计算该固定资产 2013 年计提的折旧额并编制折旧的会计分录。

5. 大海公司有一甲生产线，生产光学器材，由 A、B、C 三部机器构成，初始成本分别为 100 万元、160 万元和 240 万元。使用年限为 10 年，已使用 5 年，预计净残值为零，以年限平均法计提折旧。三部机器均无法单独产生现金流量，但整条生产线构成完整的产销单位，属于一个资产组。2013 年该生产线所生产光学产品有替代产品上市，到年底导致公司光学产品销路锐减 40%，因此，公司于年末对该条生产线进行减值测试，经估计生产线未来 5 年现金流量及其折现率，得到其现值为 150 万元。而公司无法合理估计其公允价值减去处置后的净额，则以预计未来现金流量的现值作为其可收回金额。2013 年年末，B 机器的公允价值减去处置费用后的净额为 60 万元，A、C 机器都无法合理估计其公允价值减去处置费用后的净额及未来现金流量的现值。整条生产线已使用 5 年，预计尚可使用 5 年。

要求：

（1）确定 2013 年 12 月 31 日资产组账面价值。

（2）计算资产减值损失，将计算结果填入表 9-1。

表 9-1　资产减值损失计算表　　金额单位：万元

项　　目	A 机器	B 机器	C 机器	整条生产线（资产组）
账面价值				
可收回金额				
减值损失				
减值损失分摊比例				
分摊减值损失				
分摊后账面价值				
尚未分摊的减值损失				
二次分摊比例				
二次分摊减值损失				
二次分摊后应确认减值损失总额				
二次分摊后账面价值				

（3）编制计提减值损失的分录。

6. ABC 高科技企业拥有 A、B、C 三个资产组，在 2014 年年末，这三个资产组的账面价值分别为 100 万元、150 万元和 200 万元，没有商誉。这三个资产组为三条生产线，预计剩余使用寿命分别为 10 年、20 年和 20 年，采用直线法计提折旧。由于 ABC 公司的竞争对手通过技术创新推出了更高技术含量的产品，受到市场欢迎，从而对 ABC 公司产品产生了重大不利影响，为此，ABC 公司于 2014 年年末对各资产组需要进行减值测试。

已知 ABC 公司的经营管理活动由总部负责，总部资产包括一栋办公大楼和一个研发中心，其中办公大楼的账面价值为 150 万元，研发中心的账面价值为 50 万元。办公大楼的账面价值可以在合理和一致的基础上分摊至各资产组，但是研发中心的账面价值难以在合理和一致的基础上分摊至各相关资产组。对于办公大楼的账面价值，企业根据各资产组的账面价值和剩余使用寿命加权平均计算的账面价值分摊比例进行分摊。

ABC 公司计算得到的资产组 A 的未来现金流量现值为 199 万元，资产组 B 的未来现金流量现值为 164 万元，资产组 C 的未来现金流量现值为 271 万元，包括研发中心在内的最小资产组组合（ABC 公司）的未来现金流量现值为 720 万元。

假定各资产组的公允价值减去处置费用后的净额难以确定。

要求：计算确定资产组 A、B、C 和总部资产是否发生了减值，如果发生了减值，则相应的减值损失金额为多少？（计算结果只保留整数，小数四舍五入，金额单位以万元表示）

五、案例分析

胜利股份有限公司(以下简称“胜利公司”)是生产日用电器产品的上市企业，该公司从2013年1月1日起执行新企业会计准则。2013年12月31日，有关交易和资产状况如下所述。

(1) 2013年12月31日，甲产品有库存400台，每台单位成本5万元，账面余额为2 000万元。甲产品市场销售价格为每台5.8万元。胜利公司已经与某企业签订一份不可撤销的销售合同，约定在2014年1月20日向该企业销售甲产品300台，合同价格为每台5.1万元。甲产品预计销售费用及税金为每台0.2万元。胜利公司按单项存货、按年计提跌价准备，年末计提跌价准备前，甲产品没有存货跌价准备余额。

胜利公司按照市场销售价格高于成本的事实，没有对甲产品计提存货跌价准备。

(2) 2013年6月，胜利公司购入某公司发行的5年期债券一批，作为持有至到期投资。2013年年末计提减值准备前该债券的账面价值为700万元。该公司发行债券后，因市场行情不好，上年已连续发生亏损，2013年12月又发布了预亏公告。2013年12月31日，胜利公司预计该项持有至到期投资预计未来现金流量现值为690万元。胜利公司对该债券计提了10万元减值准备，将计提的减值准备冲减了所有者权益。

(3) 2013年12月31日，胜利公司应收账款账面余额为3 000万元，其账龄和预计坏账率如下：1年以内的应收账款2 200万元，坏账率为2%；1～2年的应收账款800万元，坏账率为10%。

胜利公司在2013年年初应收账款已计提坏账准备180万元，2013年度发生坏账15万元，收回以前年度已转销的坏账40万元。2013年年末胜利公司对应收账款计提了坏账准备124万元，并计入当期资产减值损失124万元。

假设胜利公司按账龄分析法，按年计提坏账准备；对应收款项预计未来现金流量不进行折现。

(4) 2008年4月购入的一台设备，2013年12月31日账面原值900万元，累计折旧750万元，已提取减值准备50万元，该设备生产的产品中有大量的不合格品，准备终止使用。胜利公司对其全额计提了减值准备，并将计提的减值准备100万元计入了当期损益。

思考：

(1) 分析判断胜利公司未计提存货跌价准备是否正确，并说明理由；如不正确，计算应计提存货跌价准备的金额。

(2) 分析判断胜利公司计提持有至到期投资减值准备的会计处理是否正确，并说明理由。

(3) 分析判断胜利公司计提坏账准备的会计处理是否正确，并说明理由。

(4) 分析判断胜利公司计提固定资产减值准备是否正确，并说明理由。

习题解答

一、单项选择题

1. A　2. A　3. A　4. B　5. C　6. A　7. D　8. A　9. C　10. C　11. D　12. D　13. C　14. B　15. D　16. B　17. C　18. B　19. A　20. B　21. C　22. A　23. B　24. C　25. D　26. A

二、多项选择题

1. ACD　2. ABC　3. ABC　4. BCD　5. ABD　6. AB　7. ABC　8. AD　9. ABC　10. BC　11. ACD　12. ABE　13. BDE　14. CD　15. ABCD　16. AD　17. AC　18. ABCE

三、判断题

1. √　2. ×　3. ×　4. √　5. √　6. ×　7. √　8. √　9. ×　10. ×　11. √　12. √　13. √　14. √　15. ×　16. ×　17. ×　18. ×　19. √　20. ×　21. ×　22. ×　23. √　24. √　25. √

四、计算与业务分析题

1. 非货币性资产交换的账务处理。

(1) 甲公司换入设备的成本为605 000元(500 000＋100 000＋5 000)：

借：固定资产　605 000

　　贷：主营业务收入　500 000

　　　　应交税费——应交增值税(销项税额)　85 000

　　　　银行存款　20 000(15 000＋5 000)

借：主营业务成本　410 000

　　存货跌价准备　10 000

　　贷：库存商品　420 000

(2) 计算如下：换入资产入账价值总额＝190＋10＋10＝210(万元)

设备公允价值占换入资产公允价值总额的比例＝50/(50＋150)×100%＝25%

无形资产公允价值占换入资产公允价值总额的比例＝150/(50＋150)×100%＝75%

换入设备的入账价值＝210×25%＝52.5(万元)

换入无形资产的入账价值＝210×75%＝157.5(万元)

借：固定资产——设备　525 000

　　应交税费——应交增值税(进项税额)　85 000

　　无形资产　1 575 000

　　长期股权投资减值准备　300 000

　　资本公积——其他资本公积　300 000

贷：长期股权投资　　2 500 000

银行存款　　285 000

(3) 甲公司换入原材料的成本为300 000元(360 000－60 000)：

借：原材料　　300 000

应交税费——应交增值税(进项税额)　　51 000

银行存款　　9 000

贷：可供出售金融资产——成本　　240 000

——公允价值变动　　80 000

投资收益　　40 000

借：资本公积——其他资本公积　　80 000

贷：投资收益　　80 000

2. 非货币性资产交换的账务处理。

(1) 计算甲公司换入各项资产的成本。

换入资产成本总额＝200＋300－20＝480(万元)

长期股权投资公允价值所占的比例＝336/(336＋144)＝70%

固定资产公允价值所占的比例＝144/(336＋144)＝30%

则换入长期股权投资的成本＝480×70%＝336(万元)

换入固定资产的成本＝480×30%＝144(万元)

(2) 编制甲公司有关会计分录。

① 借：长期股权投资　　3 360 000

固定资产　　1 440 000

应交税费——应交增值税(进项税额)　　244 800

银行存款　　295 200

贷：主营业务收入　　2 000 000

应交税费——应交增值税(销项税额)　　340 000

交易性金融资产——成本　　2 100 000

——公允价值变动　　500 000

投资收益　　400 000(3 000 000－2 600 000)

② 借：主营业务成本　　1 500 000

贷：库存商品　　1 500 000

③ 借：公允价值变动损益　　500 000

贷：投资收益　　500 000

(3) 计算乙公司换入各项资产的成本。

换入资产成本总额＝336＋144＋20＝500(万元)

库存商品公允价值所占的比例＝200/(200＋300)＝40%

交易性金融资产公允价值所占的比例＝300/(200＋300)＝60%

则换入库存商品的成本＝500×40%＝200(万元)

换入交易性金融资产的成本＝500×60%＝300(万元)

(4) 编制乙公司有关会计分录。

① 借：固定资产清理　　1 400 000
　　累计折旧　　1 000 000
　　贷：固定资产　　2 400 000

② 借：库存商品　　2 000 000
　　应交税费——应交增值税(进项税额)　　340 000
　　交易性金融资产——成本　　3 000 000
　　贷：长期股权投资　　3 000 000
　　　投资收益　　360 000(3 360 000－3 000 000)
　　　固定资产清理　　1 400 000
　　　营业外收入——处置非流动资产利得　　40 000(1 440 000－1 400 000)
　　　应交税费——应交增值税(销项税额)　　244 800
　　　银行存款　　295 200

或者：

借：库存商品　　2 000 000
　　应交税费——应交增值税(进项税额)　　340 000
　　交易性金融资产——成本　　3 000 000
　　贷：长期股权投资　　3 000 000
　　　固定资产清理　　1 440 000
　　　应交税费——应交增值税(销项税额)　　244 800
　　　投资收益　　360 000(3 360 000－3 000 000)
　　　银行存款　　295 200

借：固定资产清理　　40 000
　　贷：营业外收入——处置非流动资产利得　　40 000(1 440 000－1 400 000)

3. 无形资产发生减值的账务处理。

(1) 未计提减值准备前资产的账面价值＝360－360÷10÷12×26＝282(万元)

应计提减值准备金额＝282－162＝120(万元)

(2) 无形资产摊销金额＝360÷10÷12＝3(万元)

借：管理费用　　30 000
　　贷：累计摊销　　30 000

计提无形资产减值准备：

借：资产减值损失　　1 200 000
　　贷：无形资产减值准备　　1 200 000

(3) 应摊销金额＝162÷5÷12＝2.7(万元)

借：管理费用　　27 000
　　贷：累计摊销　　27 000

(4) 出售无形资产时：

出售无形资产时已累计摊销金额＝3×26＋2.7×12＝110.4(万元)

借：银行存款　　1 000 000
　　累计摊销　　1 104 000
　　无形资产减值准备　　1 200 000
　　营业外支出　　346 000
　　贷：无形资产　　3 600 000
　　　　应交税费——应交营业税　　50 000

4. 无形资产发生减值的账务处理。

(1) 2010 年 9 月 5 日对生产线进行改扩建：

借：在建工程　　14 000 000
　　累计折旧　　4 000 000
　　固定资产减值准备　　2 000 000
　　贷：固定资产　　20 000 000

借：在建工程　　6 000 000
　　贷：工程物资　　3 000 000
　　　　原材料　　1 000 000
　　　　应交税费——应交增值税(进项税额转出)　　170 000
　　　　应付职工薪酬　　1 500 000
　　　　银行存款　　330 000

改建后在建工程账户的金额＝1 400＋600＝2 000(万元)

借：固定资产　　20 000 000
　　贷：在建工程　　20 000 000

(2) 2011 年计提折旧为 190 万元[(2 000－100)/10]：

借：制造费用　　1 900 000
　　贷：累计折旧　　1 900 000

(3) 2011 年 12 月 31 日应计提的减值准备前的固定资产的账面价值为 1 810 万元(2 000－190)；可收回金额为 1 693 万元，所以计提的减值准备为 117 万元(1 810－1 693)：

借：资产减值损失　　1 170 000
　　贷：固定资产减值准备　　1 170 000

(4) 2012 年计提折旧为 177 万元(1 693－100)÷9＝177(万元)

借：制造费用　　1 770 000
　　贷：累计折旧　　1 770 000

(5) 2012 年 12 月 31 日应计提的减值准备前的固定资产的账面价值＝1 693－177＝1 516(万元)，可收回金额为 1 600 万元，也不能转回以前年度计提的减值准备。

(6) 2013 年计提折旧为 177 万元[(1 516－100)/8]：

借：制造费用　　1 770 000
　　贷：累计折旧　　1 770 000

5. 资产组的计算及账务处理。

(1) 资产组账面价值：

(100＋160＋240)－[(100＋160＋240)÷10×5]＝250(万元)

(2) 填制资产减值损失表如表 9－2 所示。

表 9－2 资产减值损失计算表　　金额单位：万元

项　　目	A 机器	B 机器	C 机器	整条生产线（资产组）
账面价值	50	80	120	250
可收回金额				150
减值损失				100
减值损失分摊比例	20%	32%	48%	
分摊减值损失	20	20	48	88
分摊后账面价值	30	60	72	
尚未分摊的减值损失				12
二次分摊比例	29.41%	0	70.59%	
二次分摊减值损失	3.53	0	8.47	12
二次分摊后应确认减值损失总额	23.53	20	56.47	100
二次分摊后账面价值	26.47	60	63.53	150

(3) 借：资产减值损失——机器 A　　235 300
　　　　　　　　——机器 B　　200 000
　　　　　　　　——机器 C　　564 700
　　贷：固定资产减值准备——机器 A　　235 300
　　　　　　　　　　——机器 B　　200 000
　　　　　　　　　　——机器 C　　564 700

6. 资产组的计算及账务处理（见表 9－3）。

表 9－3 资产减值损失计算表　　金额单位：万元

项　　目	A 资产组	B 资产组	C 资产组	总计
各资产组账面价值	100	150	200	450
各资产组剩余使用寿命	10	20	20	
按使用寿命计算的权重	1	2	2	
加权计算后的账面价值	100	300	400	800
办公大楼分摊比例	12.5%	37.5%	50%	100%
办公大楼分摊价值	19	56	75	150
分摊后各资产组账面价值(包括办公楼账面价值)	119	206	275	600
各资产组可收回金额	199	164	271	
应计提资产减值损失	0	42	4	46

B资产组减值损失＝150÷206×42＝31(万元)

C产组减值损失＝200÷275×4＝3(万元)

办公楼减值损失＝56÷206×42＋75÷275×4＝12(万元)

包括研发中心在内的最小资产组组合(即ABC公司)的账面价值总额为604万元(119＋164＋271＋50)，而未来现金流量现值为720万元，所以研发中心未发生减值损失。

五、案例分析

(1) 胜利公司根据市价高于成本，未计提存货跌价准备不正确。理由如下：按照企业会计准则，为执行销售合同或者劳务合同而持有的存货，其可变现净值应当以合同价格为基础计算；如持有存货的数量多于销售合同订购数量，超出部分的存货的可变现净值应当以一般销售价格为基础计算。胜利公司对甲产品有合同部分也采取一般市价作为确定可变现净值的基础，是不正确的。应计提以下跌价准备。

① 签订合同部分：

可变现净值＝300×(5.1－0.2)＝1 470(万元)

成本＝300×5＝1 500(万元)

则签订合同部分需要计提存货跌价准备30万元(1 500－1 470)。

② 未签订合同部分：

可变现净值＝100×(5.8－0.2)＝560(万元)

成本＝100×5＝500(万元)

因可变现净值高于成本，不计提存货跌价准备。

(2) 胜利公司计提持有至到期投资减值正确，但会计处理不正确。理由如下：根据《企业会计准则第22号——金融工具确认和计量》的规定，企业应当在资产负债表日对以公允价值计量且其变动计入当期损益的金融资产以外的金融资产的账面价值进行检查，有客观证据表明该金融资产发生减值的，应当计提减值准备。

分析判断持有至到期投资是否发生减值，首先，应当判断是否存在持有至到期投资发生减值的迹象。其次，计算持有至到期投资的预计未来现金流量现值。最后，比较持有至到期投资的预计未来现金流量现值和账面价值，计提持有至到期投资减值准备。

胜利公司购入的债券作为持有至到期投资核算，在上年已发生亏损，本年也发布了预亏公告，这些情况表明，该持有至到期投资很可能发生减值。2013年年末，该持有至到期投资的账面价值为700万元，其预计未来现金流量现值为690万元，因此，该金融资产发生了减值，应计提减值准备10万元，计提的减值计入当期损益，不能冲减所有者权益。

(3) 胜利公司计提的坏账准备不正确。理由如下：按照《企业会计准则第22号——金融工具确认与计量》的规定，应收款项等金融资产发生减值时，应当将该金融资产的账面价值减记至预计未来现金流量(不包括尚未发生的未来信用损失)现值，减记的金额确认为资产减值损失，计入当期损益；短期应收款项的预计未来现金流量与其现值相差很小的，在确定相关减值损失时，可不对其预计未来现金流量进行折现。

胜利公司2013年年末应保留的坏账准备余额为124万元(2 200×2%＋800×10%)，计提坏账准备前，应收账款“坏账准备”余额＝年初坏账准备余额180万元－发生坏账15

万元＋收回以前年度已转销的坏账 40 万元＝205 万元，故应冲回坏账准备 81 万元(205－124)，应冲减资产减值损失 81 万元，因此，胜利公司原计入当期减值损失 124 万元是不正确的。

(4) 胜利公司对于该设备全额计提减值准备正确。理由如下：当企业的固定资产由于使用而产生大量不合格品的，企业应当全额计提减值准备。该设备的固定资产原值 900 万元，已提累计折旧 750 万元，已提取减值准备 50 万元，在全额计提减值准备情况下，胜利公司应补提固定资产减值准备 100 万元－(900－750－50－0)，计入当期损益。

第10章 负　债

本章结构

- 负债
  - 负债概述
    - 负债的定义及确认条件
    - 负债的分类
  - 流动负债
    - 短期借款、应付票据、应付和预收款项
    - 应付职工薪酬、应交税费
    - 应付利息、应付股利、其他应付款
  - 非流动负债
    - 长期借款、应付债券、长期应付款
    - 预计负债
  - 借款费
    - 借款费用的内容
    - 借款费用的确认
    - 借款费用资本化期间的确定
    - 借款费用资本化金额的确定
  - 债务重组
    - 债务重组的含义及特征
    - 债务重组的方式
    - 债务重组的会计处理

—— 本章重点与难点 ——

10.1 负债的定义及确认条件

负债是指企业过去的交易或者事项形成的、预期会导致经济利益流出企业的现时义务。

负债主要具备以下 3 个特征。

(1) 负债是企业承担的现时义务。

(2) 负债预期会导致经济利益流出企业。

(3) 负债是由过去交易或者事项形成的。

企业要将一项现时义务确认为负债，除了要符合负债的定义之外，还应当同时满足以下两个条件。

(1) 与该义务有关的经济利益很可能流出企业。

(2) 未来流出经济利益的金额能够可靠地估计。

10.2 短 期 借 款

1. 发生短期借款

企业从银行或其他金融机构取得短期借款时，借记“银行存款”科目，贷记“短期借款”科目。在实际工作中，银行一般于每季度末收取短期借款利息，为此，企业的短期借款利息一般采用月末预提的方式进行核算。短期借款利息属于筹资费用，应记入“财务费用”科目。企业应当在资产负债表日按照计算确定的短期借款利息费用，借记“财务费用”科目，贷记“应付利息”科目；实际支付利息时，根据已预提的利息，借记“应付利息”科目，根据应计利息，借记“财务费用”科目，根据应付利息总额，贷记“银行存款”科目。

2. 偿还短期借款

企业短期借款到期偿还本金时，借记“短期借款”科目，贷记“银行存款”科目。

10.3 应 付 票 据

1. 发生应付票据

企业因购买材料、商品和接受劳务供应等而开出、承兑的商业汇票，应当按其票面金额作为应付票据的入账金额，借记“材料采购”、“库存商品”、“应付账款”、“应交税费——应交增值税(进项税额)”等科目，贷记“应付票据”科目。

企业支付的银行承兑汇票手续费应当计入当期财务费用，借记“财务费用”科目，贷记“银行存款”科目。

2. 偿还应付票据

应付票据到期支付票款时，应按账面余额予以结转，借记“应付票据”科目，贷记“银行存款”科目。

3. 转销应付票据

应付银行承兑汇票到期，如企业无力支付票款，应将应付票据的账面余额转作短期借款，借记“应付票据”科目，贷记“短期借款”科目。

10.4 应付账款

1. 发生应付账款

企业购入材料、商品等或接受劳务所产生的应付账款，应按应付金额入账。购入材料、商品等验收入库，但货款尚未支付，根据有关凭证(发票账单、随货同行发票上记载的实际价款或暂估价值)，借记“材料采购”、“在途物资”等科目；按可抵扣的增值税额，借记“应交税费——应交增值税(进项税额)”科目；按应付的价款，贷记“应付账款”科目。企业接受供应单位提供劳务而发生的应付未付款项，根据供应单位的发票账单，借记“生产成本”、“管理费用”等科目，贷记“应付账款”科目。

应付账款附有现金折扣的，应按照扣除现金折扣前的应付款总额入账。因在折扣期限内付款而获得的现金折扣，应在偿付应付账款时冲减财务费用。

2. 偿还应付账款

企业偿还应付账款或开出商业汇票抵付应付账款时，借记“应付账款”科目，贷记“银行存款”、“应付票据”等科目。

3. 转销应付账款

企业转销确实无法支付的应付账款(如因债权人撤销等原因而产生无法支付的应付账款)，应按其账面余额计入营业外收入，借记“应付账款”科目，贷记“营业外收入”科目。

10.5 预收账款

企业向购货单位预收款项时，借记“银行存款”科目，贷记“预收账款”科目；销售实现时，按实现的收入和应交的增值税销项税额，借记“预收账款”科目，按照实现的营业收入，贷记“主营业务收入”科目，按照增值税专用发票上注明的增值税额，贷记“应交税费——应交增值税(销项税额)”等科目；企业收到购货单位补付的款项，借记“银行存款”科目，贷记“预收账款”科目；向购货单位退回其多付的款项时，借记“预收账款”科目，贷记“银行存款”科目。

此外，在预收账款核算中值得注意的是，企业预收账款情况不多的，也可不设“预收账款”科目，将预收的款项直接记入“应收账款”科目的贷方。

10.6 应付职工薪酬

1. 应付职工薪酬核算的内容

（1）职工工资、奖金、津贴和补贴。

（2）职工福利费。

（3）医疗保险费、养老保险费、失业保险费、工伤保险费和生育保险费等社会保险费。

（4）住房公积金。

（5）工会经费和职工教育经费。

（6）非货币性福利。

（7）其他职工薪酬。

2. 应付职工薪酬的账务处理

（1）货币性职工薪酬。生产部门人员的职工薪酬，借记“生产成本”“制造费用”“劳务成本”等科目，贷记“应付职工薪酬”科目；管理部门人员的职工薪酬，借记“管理费用”科目，贷记“应付职工薪酬”科目；销售人员的职工薪酬，借记“销售费用”科目，贷记“应付职工薪酬”科目；应由在建工程、研发支出负担的职工薪酬，借记“在建工程”“研发支出”科目，贷记“应付职工薪酬”科目；外商投资企业按规定从净利润中提取的职工奖励及福利基金，借记“利润分配——提取的职工奖励及福利基金”科目，贷记“应付职工薪酬”科目。

（2）非货币性职工薪酬。企业以其自产产品作为非货币性福利发放给职工的，应当根据受益对象，按照该产品的公允价值，计入相关资产成本或当期损益，同时确认应付职工薪酬，借记“管理费用”“生产成本”“制造费用”等科目，贷记“应付职工薪酬——非货币性福利”科目；将企业拥有的房屋等资产无偿提供给职工使用的，应当根据受益对象，将该住房每期应计提的折旧计入相关资产成本或当期损益，同时确认应付职工薪酬，借记“管理费用”“生产成本”“制造费用”等科目，贷记“应付职工薪酬——非货币性福利”科目，并且同时借记“应付职工薪酬——非货币性福利”科目，贷记“累计折旧”科目；租赁住房等资产供职工无偿使用的，应当根据受益对象，将每期应付的租金计入相关资产成本或当期损益，并确认应付职工薪酬，借记“管理费用”“生产成本”“制造费用”等科目，贷记“应付职工薪酬——非货币性福利”科目。

难以认定受益对象的非货币性福利，直接计入当期损益和应付职工薪酬。

（3）发放职工薪酬。

① 支付职工工资、奖金、津贴和补贴。企业按照有关规定向职工支付工资、奖金、津贴等，借记“应付职工薪酬——工资”科目，贷记“银行存款”“库存现金”等科目；

企业从应付职工薪酬中扣还的各种款项(代垫的家属药费、个人所得税等)，借记“应付职工薪酬”科目，贷记“银行存款”“库存现金”“其他应收款”“应交税费——应交个人所得税”等科目。

② 支付职工福利费。企业向职工食堂、职工医院、生活困难职工等支付职工福利费时，借记“应付职工薪酬——职工福利”科目，贷记“银行存款”“库存现金”等科目。

③ 支付工会经费、职工教育经费和缴纳社会保险费、住房公积金。企业支付工会经费和职工教育经费用于工会运作和职工培训，或按照国家有关规定缴纳社会保险费或住房公积金时，借记“应付职工薪酬——工会经费(或职工教育经费、社会保险费、住房公积金)”科目，贷记“银行存款”“库存现金”等科目。

④ 发放非货币性福利。企业以自产产品作为职工薪酬发放给职工时，应确认主营业务收入，借记“应付职工薪酬——非货币性福利”科目，贷记“主营业务收入”科目，同时结转相关成本，涉及增值税销项税额的，还应进行相应的处理。企业支付租赁住房等资产供职工无偿使用所发生的租金，借记“应付职工薪酬——非货币性福利”科目，贷记“银行存款”等科目。

10.7　应交税费

1. 应交增值税

(1) 一般纳税人应交增值税的核算。一般纳税人在购买货物、进口货物或接受加工、修理修配劳务时，如果从销货方或提供劳务方取得增值税专用发票或者从海关取得完税证明等情形，可以根据专用发票或完税证明上注明的货物或者劳务金额和适用税率计算应交增值税的进项税额。如果企业购进的货物发生非常损失，或者用于不动产在建工程、提供非应税劳务等非应税项目，其进项税额按照税法规定不得从销项税额中抵扣，应当予以转出。

一般纳税人在对外销售货物或提供劳务时，应向购货方或接受劳务方开出增值税专用发票，按照货物或劳务的计税价格和适用税率计算应交增值税的销项税额。企业将自产的或委托加工的物资用于不动产在建工程、用于集体福利或个人消费，或者将自产、委托加工或购进的物资对外投资、利润分配或对外捐赠，按照税法规定应当视同销售行为，计算销项税额。

一般纳税人本期应纳增值税额计算公式为

本期应纳增值税金额=当期销项税额−当期进项税额

(2) 小规模纳税人应交增值税的核算。小规模纳税人增值税采用简易征收的办法。小规模纳税人购买货物或接受劳务时，按照所应支付的全部价款计入存货入账价值，不论是否取得增值税专用发票，其支付的增值税额均不确认为进项税额。

小规模纳税人在销售商品或提供劳务时，只能开具普通发票，销售价格中含有增值税。因而首先应当按照增值税征收率还原为不含税的销售价格，再计算应交增值税的金额，贷记“应交税费——应交增值税”科目。具体计算分式为

不含税的销售价格=含税的销售价格/(1+征收率)

应交增值税＝不含税的销售价格×征收率

2. 应交消费税

消费税是指在我国境内生产、委托加工和进口应税消费品的单位和个人，按其流转额交纳的一种税。消费税有从价定率和从量定额两种征收方法。采取从价定率方法征收的消费税，以不含增值税的销售额为税基，按照税法规定的税率计算。企业的销售收入包含增值税的；应将其换算为不含增值税的销售额。采取从量定额计征的消费税，根据按税法确定的企业应税消费品的数量和单位应税消费品应缴纳的消费税计算确定。企业应在“应交税费”科目下设置“应交消费税”明细科目，核算应交消费税的发生、缴纳情况。该科目的贷方登记应交纳的消费税，借方登记已交纳的消费税。期末贷方余额为尚未交纳的消费税，借方余额为多交纳的消费税。

3. 应交营业税

营业税是对在我国境内提供应税劳务、转让无形资产或销售不动产的单位和个人征收的流转税。营业税以营业额作为计税依据。营业额是指纳税人提供应税劳务、转让无形资产和销售不动产而向对方收取的全部价款和价外费用。税率从3%到20%不等。

企业按照营业额及其适用的税率，计算应交的营业税，借记“营业税金及附加”科目，贷记“应交税费——应交营业税”科目；企业出售不动产时，计算应交的营业税，借记“固定资产清理”等科目，贷记“应交税费——应交营业税”科目；实际交纳营业税时，借记“应交税费——应交营业税”科目，贷记“银行存款”科目。

10.8 长期借款

企业借入各种长期借款，按实际收到的款项，借记“银行存款”科目，贷记“长期借款——本金”科目；按其差额，借记“长期借款——利息调整”科目。

在资产负债表日，企业应按长期借款的摊余成本和实际利率计算确定的长期借款的利息费用，借记“在建工程”、“财务费用”、“制造费用”等科目；按借款本金和合同利率计算确定的应付未付利息，贷记“应付利息”科目(对于一次还本付息的长期借款，贷记“长期借款——应计利息”科目)；按其差额，贷记“长期借款——利息调整”科目。

企业归还长期借款，按归还的长期借款本金，借记“长期借款——本金”科目；按转销的利息调整金额，贷记“长期借款——利息调整”科目；按实际归还的款项，贷记“银行存款”科目；按其差额，借记“在建工程”“财务费用”“制造费用”等科目。

10.9 应付债券

(1) 债券发行时，无论是按面值发行，还是溢价发行或折价发行，企业均应按债券面值记入“应付债券——面值”科目，实际收到的款项与面值的差额，记入“应付债券——利息调整”科目。企业发行债券时，按实际收到的款项，借记“银行存款”等科目；按债券票面价值，贷记“应付债券——面值”科目；按实际收到的款项与票面价值之间的差额，贷记或借记“应付债券——利息调整”科目。

（2）利息调整应在债券存续期间内采用实际利率法进行摊销。

（3）企业发行的债券通常分为到期一次还本付息或分期付息、一次还本两种。资产负债表日，对于分期付息、一次还本的债券，企业应按应付债券的摊余成本和实际利率计算确定的债券利息费用，借记“在建工程”“制造费用”“财务费用”等科目；按票面利率计算确定的应付未付利息，贷记“应付利息”科目；按其差额，借记或贷记“应付债券——利息调整”科目。

（4）对于一次还本付息的债券，企业应于资产负债表日按摊余成本和实际利率计算确定的债券利息费用，借记“在建工程”“制造费用”“财务费用”等科目；按票面利率计算确定的应付未付利息，贷记“应付债券——应计利息”科目，按其差额，借记或贷记“应付债券——利息调整”科目。

10.10 预计负债

1. 预计负债的确认条件

（1）该义务是企业承担的现实义务。

（2）履行该义务很可能导致经济利益流出企业。

（3）该义务的金额能够可靠地计量。

2. 预计负债的计量

或有事项的计量是指与或有事项相关义务的预计负债的计量，主要涉及两个方面：一是最佳估计数的确定；二是预期可获得补偿的处理。

（1）最佳估计数的确定。

① 所需支出存在一个连续范围，且该范围内各种结果发生的可能性相同，则最佳估计数应当按照该范围内的中间值，即上下限金额的平均数确定。

② 所需支出不存在一个连续范围，或者虽然存在一个连续范围，但该范围内各种结果发生的可能性不相同。在这种情况下，最佳估计数按照以下方法确定。

第一，如果或有事项涉及单个项目，最佳估计数按照最可能发生金额确定。

第二，如果或有事项涉及多个项目，最佳估计数按照各种可能结果及相关概率加权计算确定。

（2）预期可获得补偿的处理。如果企业清偿因或有事项而确认的负债所需支出全部或部分预期由第三方或其他方补偿，则此补偿金额只有在基本确定能收到时，才能作为资产单独确认，确认的补偿金额不能超过所确认负债的账面价值。

10.11 借款费用

1. 借款费用的内容

（1）借款利息。

(2) 因借款而发生的折价或者溢价的摊销。

(3) 因外币借款而发生的汇兑差额。

(4) 因借款而发生的辅助费用。

2. 借款费用的确认原则

企业发生的借款费用可直接归属于符合资本化条件的资产购建或者生产的，应当予以资本化，计入相关资产成本。符合资本化条件的资产是指需要经过相当长时间(大于等于1年)的购建或者生产活动才能达到预定可使用状态或者可销售状态的固定资产、投资性房地产和存货等资产。其他借款费用应当在发生时根据其发生额确认为费用，计入当期损益。

3. 借款费用资本化金额的确定

(1) 借款利息资本化金额的确定。

① 为购建或者生产符合资本化条件的资产而借入专门借款的，应当以专门借款当期实际发生的利息费用减去将尚未动用的借款资金存入银行取得的利息收入或进行暂时性投资取得的投资收益后的金额，确定专门借款应予资本化的利息金额。

② 为购建或者生产符合资本化条件的资产而占用了一般借款的，企业应当根据累计资产支出超过专门借款部分的资产支出加权平均数乘以所占用一般借款的资本化率，计算确定一般借款应予资本化的利息金额。资本化率应当根据一般借款加权平均率计算确定。即企业占用一般借款购建或者生产符合资本化条件的资产时，一般借款的借款费用的资本化金额的确定应当与资产支出相挂钩。其相关计算公式为

一般借款利息费用资本化金额＝累计资产支出超过专门借款部分的资产支出加权平均数×所占用一般借款的资本化率

所占用一般借款的资本化率＝所占用一般借款加权平均率

＝所占用一般借款当期实际发生的利息之和/所占用一般借款本金加权平均数

(2) 外币专门借款汇兑差额资本化金额的确定。在资本化期间内，外币专门借款本金及其利息的汇兑差额应当予以资本化，计入符合资本化条件的资产的成本；除外币专门借款之外的其他外币借款本金及其利息所产生的汇兑差额，应当作为财务费用计入当期损益。

(3) 借款辅助费用资本化金额的确定。对于企业发生的借款辅助费用，在所购建或者生产的复核资本化条件的资产达到预定可使用或者可销售状态之前发生的，应当在发生时根据其发生额予以资本化；在所购建或者生产的复核资本化条件的资产达到预定可使用或者可销售状态之后所发生的，应当在发生时根据其发生额确认为费用，计入当期损益。

(4) 借款费用资本化金额的限额。在资本化期间内，每一会计期间的利息资本化金额，不应当超过当期相关借款实际发生的利息金额。

10.12 债务重组

1. 债务重组的方式

(1) 以资产清偿债务。

(2) 将债务转为资本。

(3) 修改其他债务条件。

(4) 以上三种方式的组合。

2. 债务人确认的基本原则

(1) 将重组债务的账面价值与偿债资产或发行股票的公允价值之间的差额，确认为债务重组利得。

(2) 抵债资产公允价值与其账面价值之间的差额，按照资产处置处理。

3. 债权人确认的基本原则

(1) 受让资产按公允价值入账。

(2) 重组债权账面余额与受让资产公允价值之间的差额，确认为债务重组损失。

(3) 如果对重组债权计提了资产减值准备，首先应当冲减已计提的资产减值准备，冲减后尚有余额的再确认为损失；冲减后资产减值准备仍有余额的，应当予以转回。

练　习　题

一、单项选择题

1. 下列各项中，对企业在生产经营期间的资产负债表日，按合同利率计算的短期借款利息费用的会计处理正确的是(　　)。

A. 借记“财务费用”科目，贷记“短期借款”科目

B. 借记“财务费用”科目，贷记“其他应付款”科目

C. 借记“财务费用”科目，贷记“应付利息”科目

D. 借记“短期借款”科目，贷记“应付利息”科目

2. 预收货款业务不多的企业，可以不设置“预收账款”科目，其所发生的预收货款，可以通过(　　)核算。

A. “应收账款”科目借方　　B. “应付账款”科目借方

C. “应收账款”科目贷方　　D. “应付账款”科目贷方

3. 企业发生赊购商品业务，下列各项中不影响应付账款入账金额的是(　　)。

A. 商品价款　　B. 增值税进项税额　C. 现金折扣　　D. 销货方代垫运杂费

4. A公司为高管租赁公寓免费使用，按月以银行存款支付。应编制的会计分录是(　　)。

A. 借记“管理费用”科目，贷记“银行存款”科目

B. 借记“管理费用”科目，贷记“应付职工薪酬”科目

C. 借记“管理费用”科目，贷记“应付职工薪酬”科目；同时借记“应付职工薪酬”科目，贷记“银行存款”科目

D. 借记“资本公积”科目，贷记“银行存款”科目；同时借记“应付职工薪酬”科目，贷记“资本公积”科目

5. 企业为建造仓库而购进工程物资负担的增值税额应当计入(　　)。

A. 应交税费——应交增值税　　B. 工程物资

C. 营业外支出　　D. 管理费用

6. 甲公司为增值税一般纳税人，委托外单位加工一批应交消费税的商品，以银行存款支付加工费 200 万元、增值税税额 34 万元、消费税税额 30 万元，该加工商品收回后将直接用于销售。甲公司支付上述相关款项时，应编制的会计分录是(　　)(分录中的金额单位为万元)。

A. 借记委托加工物资 264，贷记银行存款 264

B. 借记委托加工物资 230，应交税费 34，贷记银行存款 264

C. 借记委托加工物资 200，应交税费 64，贷记银行存款 264

D. 借记委托加工物资 264，贷记银行存款 200，应交税费 64

7. 某企业于 2012 年 7 月 1 日按面值发行 5 年期、到期一次还本付息的公司债券，该债券面值总额 8 000 万元，票面年利率为 4%，自发行日起计息。假定票面利率与实际利率一致，不考虑相关税费，2013 年 12 月 31 日该应付债券的账面余额为(　　)万元。

A. 8 000　　B. 8 160　　C. 8 320　　D. 8 480

8. 某企业为增值税一般纳税人，2013 年应交各种税金为：增值税 350 万元，消费税 150 万元，城市维护建设税 35 万元，房产税 10 万元，车船税 5 万元，所得税 250 万元。上述各项税金应计入管理费用的金额为(　　)万元。

A. 5　　B. 15　　C. 50　　D. 185

9. 假设企业每月末计提利息，企业每季度末收到银行寄来的短期借款利息付款通知单时，应贷记(　　)科目。

A. “库存现金”　　B. “银行存款”　　C. “财务费用”　　D. “应付利息”

10. 某企业出售一栋自用房屋，应交的营业税应借记(　　)科目。

A. “营业外支出”　　B. “固定资产清理”

C. “营业税金及附加”　　D. “其他业务成本”

11. 某企业作为福利为高级管理人员配备汽车，对这些汽车计提折旧时，应编制的会计分录是(　　)。

A. 借记“累计折旧”科目，贷记“固定资产”科目

B. 借记“管理费用”科目，贷记“固定资产”科目

C. 借记“管理费用”科目，贷记“应付职工薪酬”科目；同时，借记“应付职工薪酬”科目，贷记“累计折旧”科目

D. 借记“管理费用”科目，贷记“固定资产”科目；同时，借记“应付职工薪酬”科目，贷记“累计折旧”科目

12. 某公司向职工发放自产的加湿器作为福利，该产品的成本为每台150元，计税价格为200元，增值税税率为17%。共有职工500人，每人发放一台。则计入该公司应付职工薪酬的金额为(　　)元。

A. 117 000　　B. 75 000　　C. 100 000　　D. 92 000

13. 甲公司为一般纳税人，适用的增值税税率为17%。年末将20台本企业自产的空调作为福利发给本企业职工，该空调的生产成本为1 000元/台，市场售价为2 000元/台(不含增值税)。甲公司实际发放时应计入应付职工薪酬借方的金额为(　　)元。

A. 40 000　　B. 23 400　　C. 43 400　　D. 46 800

14. 下列各项中，关于应付票据的利息核算，应借记(　　)科目。

A. 应付利息　　B. 财务费用　　C. 应付票据　　D. 在建工程

15. 某一般纳税企业采用托收承付结算方式从其他企业购入原材料一批，货款为200万元，增值税税额为34万元，对方代垫运杂费6万元，该原材料已验收入库。该购买业务所发生的应付账款的入账价值为(　　)万元。

A. 206　　B. 234　　C. 240　　D. 200

16. 甲公司为增值税一般纳税人，适用的增值税税率为17%，2013年1月甲公司董事会决定将本公司生产的1 000件产品作为福利发放给公司管理人员。该批产品的单件成本为1.2万元，市场销售价格为每件2万元，(不含增值税)。不考虑其他相关税费，甲公司在2013年因该项业务应计入管理费用的金额为(　　)万元。

A. 2 340　　B. 1 540　　C. 2 000　　D. 1 200

17. 2012年7月1日，甲企业按面值发行3年期、到期一次还本付息、年利率6%(不计复利)、面值总额为5 000万元的债券。2013年12月31日“应付债券”科目的账面余额为(　　)万元。

A. 5 150　　B. 5 600　　C. 5 000　　D. 5 450

18. 某公司2013年7月1日向银行借入资金60万元，期限6个月，年利率为6%，到期还本，按月计提利息，按季付息。该企业7月31日应计提的利息为(　　)万元。

A. 0.3　　B. 0.6　　C. 0.9　　D. 3.6

19. 企业转销无法支付的应付账款时，应将该应付账款账面余额计入(　　)。

A. 资本公积　　B. 营业外收入　　C. 其他业务收入　　D. 其他应付款

20. 下列税金不通过“应交税费”科目核算的是(　　)。

A. 营业税　　B. 增值税　　C. 所得税　　D. 印花税

21. 企业开出并承兑的商业承兑汇票如果不能如期支付，应在票据到期并未签发新的票据时，将应付票据账面余额转入(　　)。

A. 应收账款　　B. 应付账款

C. 坏账损失　　D. 继续保留在“应付票据”中

22. 甲上市公司股东大会于2014年1月4日作出决议，决定建造厂房。为此，甲公司于3月5日向银行专门借款5 000万元，年利率为6%，款项于当日划入甲公司银行存款账户。3月15日，厂房正式动工兴建。3月16日，甲公司购入建造厂房用水泥和钢材一批，价款500万元，当日用银行存款支付。3月31日，计提当月专门借款利息。甲公司在

3 月份没有发生其他与厂房购建有关的支出，则甲公司专门借款利息应开始资本化的时间为(　　)。

A. 3 月 5 日　　B. 3 月 15 日　　C. 3 月 16 日　　D. 3 月 31 日

23. 企业因对外担保事项可能产生的负债，在担保涉及诉讼的情况下，下列说法中正确的是(　　)。

A. 因为法院尚未判决，企业没有必要确认为预计负债

B. 虽然法院尚未判决，但企业估计败诉的可能性为 50%，则应确认相应的预计负债

C. 虽然法院尚未判决，但是企业估计败诉的可能性大于胜诉的可能性，且损失金额能够合理估计的，则应确认相应的预计负债

D. 虽然企业一审已被判决败诉，但正在上诉，不应确认为预计负债

24. 2012 年 3 月 1 日，A 公司取得 3 年期专门借款 1 000 万元直接用于当日开工建造的办公楼，年利率为 8.4%。2012 年累计发生建造支出 800 万元，2013 年 3 月 1 日，该公司又取得一般借款 1 500 万元，年利率为 7%，当天发生建造支出 500 万元，上述支出均以借入款项支付(A 公司无其他一般借款)。该工程项目于 2013 年 5 月 1 日～8 月 31 日发生非正常中断，工程于 2013 年年末达到预定可使用状态。则 2013 年借款费用的资本化金额为(　　)万元。

A. 62.3　　B. 25.2　　C. 98　　D. 105

25. W 公司于 2014 年 10 月 20 日收到法院通知，被告知 Y 公司状告其侵权，要求赔偿 300 万元。该公司在应诉中发现 Z 公司应当承担连带责任，要求其进行补偿。企业在年末编制会计报表时，根据案件的进展情况及法律专家的意见，认为对原告进行赔偿的可能性在 65%以上，最有可能发生的赔偿金额为 300 万元，从第三方很可能得到补偿 350 万元，为此，X 公司在年末应确认的资产和负债金额分别为(　　)万元。

A. 350，300　　B. 300，300　　C. 0，300　　D. 0，350

26. A 公司至 2013 年 10 月 18 日欠银行本息 2 100 万元，逾期未归还。2013 年 11 月 8 日，银行对 A 公司提起诉讼，要求 A 公司偿还借款本息和逾期期间的罚息。经向律师咨询，A 公司很可能败诉，支付的罚息为 58 万元～76 万元。至 2013 年 12 月 31 日法院尚未最后判决，则 A 公司在 2013 年年末应确认的预计负债金额为(　　)万元。

A. 67　　B. 68　　C. 58　　D. 76

27. 甲公司涉及一起起诉。根据类似的经验及公司所聘请律师的意见判断，甲公司在该起诉中胜诉的可能性为 45%，败诉的可能性为 55%。如果败诉，将要赔偿 900 万元，另需承担诉讼费 20 万元。在这种情况下，甲公司应确认的负债金额应为(　　)万元。

A. 900　　B. 20　　C. 920　　D. 0

28. 企业因或有事项确认预计负债时，对于由第三方补偿的金额，其单独确认的条件是(　　)。

A. 发生的概率大于 0%但小于或等于 50%

B. 发生的概率大于 5%但小于或等于 50%

C. 发生的概率大于 50%但小于或等于 95%

D. 发生的概率大于 95%但小于 100%

29. 债务重组时，以修改其他债务条件进行债务重组的，债权人将来应收金额小于重组债权的账面价值的差额，应(　　)。

A. 计入管理费用　　B. 计入当期营业外支出

C. 冲减财务费用　　D. 冲减投资收益

30. 下列有关债务重组的说法中，正确的是(　　)。

A. 在债务重组中，若涉及多项非现金资产，应以非现金资产的账面价值为基础进行分配

B. 在债务转为资本的偿债方式下，债权人应在债务重组日，应当将享有股权的实际成本确认为对债务人的投资

C. 修改其他债务条件后，若债权人未来应收金额大于应收债权的账面价值，但小于应收债权账面余额的，应按未来应收金额大于应收债权账面价值的差额，冲减已计提的坏账准备和应收债权的账面余额

D. 在混合重组方式下，债务人和债权人在进行账务处理时，一般先考虑以现金清偿，然后是以非现金资产或以债务转为资本方式清偿，最后才是修改其他债务条件

31. 2014 年 5 月 15 日，甲股份有限公司因购买材料而欠乙企业购货款及税款合计为 5 000 万元，由于甲公司无法偿付应付账款，经双方协商同意，甲公司以普通股偿还债务，普通股每股面值为 1 元，市场价格每股为 3 元，甲公司以 1 600 万股抵偿该项债务(不考虑相关税费)。乙企业以应收账款提取坏账准备 300 万元。假定乙企业将债权转为股权后，长期股权投资按照成本法核算。甲公司应确认的债务重组利得为(　　)万元。

A. 100　　B. 800　　C. 600　　D. 200

32. A 公司与 B 公司进行债务重组，重组协议规定，就应收 B 公司账款 100 万元，B 公司以一批商品抵偿债务。商品的成本为 60 万元，计税价(公允价值)为 80 万元，增值税税率为 17%，商品已交给甲公司。则 B 公司在该债务重组中应计入营业外收入的金额为(　　)万元。

A. 6.4　　B. 30　　C. 0　　D. 22.5

33. 一般情况下，债务人以现金清偿某项债务的，则债权人应将重组债权的账面余额与收到现金之间的差额，计入(　　)。

A. 营业外收入　　B. 管理费用　　C. 资本公积　　D. 营业外支出

34. 甲公司有一笔应收乙公司的账款 150 000 元，由于乙公司发生财务困难无法按时支付，双方协商进行债务重组。重组协议规定，乙公司以其持有的丙上市公司 10 000 股普通股抵偿该账款。甲公司对该应收账款已计提坏账准备 9 000 元。债务重组日，丙公司股票市价为每股 11.5 元，相关债务重组手续办理完毕。假定不考虑相关税费。债务重组日，甲公司应确认的债务重组损失和乙公司应确认的债务重组利得分别为(　　)元。

A. 26 000，26 000　　B. 26 000，35 000

C. 35 000，26 000　　D. 35 000，35 000

35. 甲公司 2014 年 2 月 4 日销售给乙公司一批商品，价税合计 234 000 元，协议规定乙公司于 2014 年 7 月 31 日支付全部货款。2014 年 7 月 31 日，由于乙公司经营困难，无法支付全部的货款，双方协商进行债务重组。下面情况不符合债务重组定义的是(　　)。

A. 甲公司同意乙公司以 200 000 元偿付全部的债务

B. 甲公司同意乙公司以一台设备偿还全部债务的 75%，剩余的债务不再要求偿还

C. 甲公司同意乙公司延期至 2014 年 12 月 31 日支付全部的债务并加收利息，但不减少其偿还的金额

D. 甲公司同意乙公司以一批库存原材料偿还全部债务，该库存原材料公允价值为 180 000 元

36. 2013 年 1 月 1 日，甲公司取得专门借款 2 000 万元直接用于当日开工建造的厂房，2013 年累计发生建造支出 1 800 万元年利率为 8%。2014 年 1 月 1 日，该企业又取得一般借款 500 万元，年利率为 6%，当天发生建造支出 300 万元，以借入款项支付(甲企业无其他一般借款)。不考虑其他因素，甲企业按季计算利息费用资本化金额。2014 年第一季度该企业应予资本化的借款利息费用为(　　)万元。

A. 40.5　　B. 81　　C. 121.5　　D. 202.5

37. 2014 年 3 月 31 日，甲公司应付某金融机构一笔贷款 100 万元到期，因发生财务困难，短期内无法支付。当日，甲公司与金融机构签订债务重组协议，约定减免甲公司债务的 20%，其余部分延期两年支付，年利率为 5%(相当于实际利率)，利息按年支付。甲公司已为该项债务重组业务中确认的债务重组利得为(　　)万元。

A. 10　　B. 12　　C. 16　　D. 20

38. 甲公司 2014 年 2 月销售一批材料给 A 公司，开出的增值税专用发票上注明销售价款为 200 000 元，增值税为 34 000 元，A 公司签发并承兑 6 个月期限的应付票据，票据到期 A 公司发生财务困难，甲公司将其转入应收账款，并计提 20 000 元坏账准备。后经双方协商，甲公司同意减免 50 000 元的债务，余款以银行存款结清，债务结清时甲公司应计入营业外支出的债务重组损失和 A 公司应计入营业外收入的债务重组收益分别是(　　)元。

A. 50 000，50 000　　B. 50 000，20 000

C. 30 000，50 000　　D. 20 000，30 000

39. 甲公司应收 A 公司账款 1 400 万元已经逾期，甲公司计提了 60 万元坏账准备，经协商决定进行债务重组。A 公司以银行存款偿付甲公司账款 200 万元，以一项固定资产和一项对 C 公司的长期股权投资偿付部分债务后剩余债务免除。A 公司该项固定资产的账面原值为 600 万元，已提累计折旧 200 万元，公允价值为 500 万元，该项长期股权投资的账面余额为 700 万元，已计提减值准备 100 万元，公允价值为 560 万元，假定不考虑相关税费，甲公司债务重组损失为(　　)万元。

A. 80　　B. 160　　C. 140　　D. 280

40. 甲公司与债权人 A 公司协商，进行债务重组，将所欠货款 650 万元用一台设备予以偿还，该设备账面原价 600 万元，已提折旧 100 万元，甲公司对该设备计提了减值准备 80 万元，公允价值为 400 万元，A 公司对该应收账款计提了坏账准备 40 万元。根据上述资料，假设不考虑相关税费，甲公司债务重组利得为(　　)万元。

A. 230　　B. 210　　C. 150　　D. 250

二、多项选择题

1. 下列各项中，应通过“长期应付款”科目核算的有(　　)。

A. 融资租入固定资产的租赁费

B. 应付的租入包装物租金

C. 应付的客户存入保证金

D. 以分期付款方式购买固定资产的应付款项

2. 下列各项中，属于流动负债的有(　　)。

A. 预收账款　　B. 其他应付款

C. 预付账款　　D. 一年内到期的非流动负债

3. 下列各项中，属于长期负债的有(　　)。

A. 长期借款　　B. 长期应付款　　C. 应付债券　　D. 应付票据

4. 下列各项中，应通过“其他应付款”科目核算的有(　　)。

A. 应付的租入包装物租金　　B. 应交的教育费附加

C. 应付的客户存入保证金　　D. 应付的经营租入固定资产租金

5. 下列经济业务对于一般纳税企业而言要计算增值税销项税额的有(　　)。

A. 将自产产品用于集体福利设施建设　　B. 将自产产品对外捐赠

C. 原材料发生自然灾害损失　　D. 以自产产品对外投资

6. 下列各项中，应计入营业税金及附加的有(　　)。

A. 处置无形资产应交的营业税　　B. 销售商品应交的增值税

C. 销售应税产品的资源税　　D. 销售应税消费品应交的消费税

7. 下列各项中，不应通过“其他应付款”科目核算的有(　　)。

A. 应交教育费附加　　B. 应付销售人员工资

C. 应付现金股利　　D. 应付租入包装物租金

8. 甲公司为增值税一般纳税人，适用的增值税税率为17%。2014年12月甲公司董事会决定将本公司生产的100件产品作为福利发放给100名管理人员，该批产品单件成本为1.2万元，市场销售价格为每件2万元(不含增值税)，不考虑其他相关税费。下列有关会计处理的表述正确有(　　)。

A. 应计入管理费用的金额为234万元　　B. 确认主营业务收入200万元

C. 确认主营业务成本120万元　　D. 不通过“应付职工薪酬”科目核算

9. 下列项目中，应纳入职工薪酬核算的有(　　)。

A. 职工出差报销的差旅费　　B. 职工养老保险金

C. 职工住房公积金　　D. 辞退职工经济补偿

10. 下列税费中，应计入管理费用的有(　　)。

A. 房产税　　B. 土地使用税　　C. 车船税　　D. 消费税

11. 下列税金中，可能计入“营业税金及附加”科目的有(　　)。

A. 营业税，土地增值税　　B. 城市维护建设税，教育费附加

C. 消费税，资源税　　D. 增值税，消费税

12. 企业在生产经营期间按面值发行债券，按期计提利息时，可能涉及的会计科目有(　　)。

A. 财务费用　　B. 在建工程　　C. 应付债券　　D. 长期待摊费用

13. 将或有事项确认为负债，其金额应是清偿该负债所需支出的最佳估计数。下列说法中错误的有(　　)。

A. 如果所需支出存在一个连续的金额范围且在该范围内各种结果发生的可能性相同，则最佳估计数应按该范围的上、下限金额的平均数确定

B. 如果所需支出不存在一个连续的金额范围，或有事项涉及多个项目时，最佳估计数按各种可能发生额的算术平均数确定

C. 如果所需支出不存在一个连续的金额范围，或有事项涉及单个项目时，最佳估计数按最可能发生金额确认

D. 如果所需支出存在一个连续的金额范围，则最佳估计数应按该范围的上、下限金额中的较小者确定

14. 大洋企业因或有事项很可能赔偿A公司120万元，同时，因该或有事项大洋企业基本确定可以从B公司获得80万元的补偿金。大洋企业正确的会计处理有(　　)。

A. 确认营业外支出40万元和预计负债120万元

B. 确认营业外支出和预计负债40万元

C. 确认其他应收款80万元

D. 不确认其他应收款

15. 下列各项中，属于或有事项的有(　　)。

A. 售后商品担保　　B. 对其他单位的债务担保

C. 待决诉讼　　D. 可能发生的汇率变动

16. 下列关于借款费用资本化的表述中，正确的有(　　)。

A. 购建某项固定资产过程中发生非正常停工，并且停工时间连续超过3个月，应当暂停借款费用资本化

B. 购建某项固定资产过程中发生正常停工，停工时间连续超过3个月，应当暂停借款费用资本化

C. 某项固定资产部分已达到预定可使用状态，且该部分可单独提供使用，则这部分资产发生的借款费用应停止资本化

D. 某项固定资产部分已达到预定可使用状态，且该部分可独立提供使用，仍需待整体完工后方可停止借款费用资本化

17. 下列情况不能表明“为使资产达到预定可使用或者可销售状态所必要的购建或者生产活动已经开始”的有(　　)。

A. 厂房的实体建造活动开始

B. 购入工程物资

C. 为建写字楼购入了建筑用地，但尚未开工

D. 建造生产线的主体设备的安装

18. 关于借款费用的资本化期间与资本化金额，下列说法中正确的有(　　)。

A. 在符合资本化条件的资产达到预定可使用或者可销售状态后所发生的借款费用，应当在发生时计入当期损益

B. 符合资本化条件的资产在购建或者生产过程中如果发生非正常中断，应当暂停借款费用的资本化

C. 借款存在折价或者溢价的，应当按照实际利率法确定每一会计期间应摊销的折价或溢价金额，调整每期的利息费用

D. 为购建或者生产符合资本化条件的资产而借入的专门借款，应根据资产支出加权平均数乘以所占用的专门借款的资本化率，计算确定应予资本化的利息金额

19. 2014 年 7 月 31 日，甲公司应付乙公司的款项 420 万元到期，因经营陷于困境，预计短期内无法偿还。当日，甲公司就该债务与乙公司达成的下列偿债协议中，属于债务重组有(　　)。

A. 甲公司以公允价值为 410 万元的固定资产清偿

B. 甲公司以公允价值为 420 万元的长期股权投资清偿

C. 减免甲公司 220 万元债务，剩余部分甲公司延期两年偿还

D. 减免甲公司 220 万元债务，剩余部分甲公司现金偿还

20. 债务人以现金清偿债务的情况下，债权人进行账务处理可能涉及的科目有(　　)。

A. “库存现金”　B. “营业外支出”　C. “营业外收入”　D. “资产减值损失”

21. 下列有关债务重组的说法中，不正确的是(　　)。

A. 在债务重组中，若涉及多项非现金资产，应以非现金资产的公允价值为基础进行分配

B. 修改其他债务条件后，债权人涉及或有应收金额的，计入重组后债权的入账价值

C. 修改其他债务条件后，若债权人未来应收金额大于应收债权的账面价值，但小于应收债权账面余额的，应将未来应收金额大于应收债权账面价值的差额，计入资本公积

D. 在混合重组方式下，债务人和债权人在进行账务处理时，一般先考虑以现金清偿，然后是以非现金资产或以债务转为资本方式清偿，最后才是修改其他债务条件

22. 以债务转为资本的方式进行债务重组时，以下处理方法正确的有(　　)。

A. 债务人应将债权人因放弃债权而享有的股份的面值总额确认为股本或实收资本

B. 债务人应将股份公允价值总额与股本或实收资本之间的差额确认为资本公积

C. 债权人应当将享有股份的公允价值确认为对债务人的投资

D. 债权人已对债权计提减值准备的，应当先将重组债权的账面余额与股份的公允价值之间的差额冲减减值准备，冲减后尚有余额的，计入营业外支出(债务重组损失)；冲减后减值准备仍有余额的，应予转回并抵减当期资产减值损失

23. 在延期付款清偿债务并附或有支出条件的情况下，下列说法正确的有(　　)。

A. 修改后的债务条款如涉及或有应付金额，且该或有应付金额符合预计负债确认条件的，债务人应当将该或有应付金额确认为预计负债。重组债务的账面价值，与重组后债务的入账价值和预计负债金额之和的差额，计入当期损益

B. 修改后的债务条款中涉及或有应收金额的，债权人不应当确认或有应收金额，不

得将其计入重组后债权的账面价值

C. 或有应付金额在随后会计期间没有发生的，企业应当冲销已确认的预计负债，同时确认营业外收入

D. 修改其他债务条件的，债权人应当将修改其他债务条件后的债权的公允价值作为重组后债权的账面价值

24. 修改其他债务条件时，以下债权人可能产生债务重组损失的有（　　）。

A. 无坏账准备时，债权人重组债权的账面余额大于将来应收金额

B. 无坏账准备时，债权人重组债权的账面余额小于将来应收金额

C. 有坏账准备时，债权人放弃的部分债权小于已经计提的坏账准备

D. 有坏账准备时，债权人放弃的部分债权大于已经计提的坏账准备

25. 下列关于债务重组会计处理的表述中，正确的有（　　）。

A. 债权人将很可能发生的或有应收金额确认为应收债权

B. 债权人收到的原未确认的或有应收金额计入当期损益

C. 债务人将很可能发生的或有应付金额确认为预计负债

D. 债务人确认的或有应付金额在随后不需支付时转入当期损益

三、判断题

1. 企业只有在对外销售消费税应税产品时才应交纳消费税。（　　）

2. 应付职工未按期领取的工资应该通过“其他应付款”科目核算。（　　）

3. 应付账款附有现金折扣的，应按照扣除现金折扣前的应付账款总额入账。因在折扣期限内付款而获得的现金折扣，应在偿付应付账款时冲减财务费用。（　　）

4. 工伤保险费和职工教育经费不属于职工薪酬的范围，不通过“应付职工薪酬”科目核算。（　　）

5. 企业按规定计算的代扣代缴的职工个人所得税，借记“应付职工薪酬”科目，贷记“其他应付款”科目。（　　）

6. 企业采用实际利率法对应付债券溢价进行摊销时，应付债券摊余成本逐期减少，应负担的利息费用也随之逐期减少。（　　）

7. 在借款费用资本化期间内，建造资产的累计支出金额未超过专门借款金额的，发生的专门借款利息扣除该期间专门借款相关有收益后的金额，应当资本化。（　　）

8. 企业清偿预计负债所需支出全部或部分预期由第三方补偿的，补偿金额在基本确定收到时，可以作为确认预计负债的抵减，也可以作为一项资产单独确认。（　　）

9. 外币专门借款及其利息所产生的汇兑差额应当予以资本化，计入固定资产的成本。（　　）

10. 资本化期间内，闲置专门借款资金取得的固定收益债券利息收入应直接计入当期投资收益。（　　）

11. 借款费用资本化期间是指从借款费用开始资本化时点到停止资本化时点的整个期间。（　　）

12. 对于附或有应付条件的债务重组，债务重组利得为重组债务的账面价值与重组后

债务的入账价值之间的差额，这部分利得应计入当期损益(营业外收入)。 ( )

13. 将债务转为资本的，债权人应当将享有股份的公允价值确认为对债务人的投资，重组债权的账面余额与股份的公允价值之间的差额，比照以非现金资产清偿债务的债务重组会计处理规定进行处理。债权人已对债权计提减值准备的，应当先将该差额冲减减值准备，冲减后尚有余额的，计入营业外支出(债务重组损失)；冲减后减值准备仍有余额的，应予转回并抵减当期资产减值损失。 ( )

14. 减少债务本金、降低利率、免去应付未付的利息、延长偿还期限并减少债务的账面价值等重组方式属于修改其他债务条件的债务重组方式。 ( )

15. 只要债权人对债务人的债务作出了让步，不管债务人是否发生财务困难，都属于准则所定义的债务重组。 ( )

16. 企业如有将应付账款划转出去或者确实无法支付的应付账款，将其账面余额转入“资本公积——其他资本公积”科目。 ( )

17. 公司当期发生的应付职工薪酬期末全部计入当期损益。 ( )

18. 因解除与职工的劳动关系给予的补偿，借记“管理费用”科目，贷记“应付职工薪酬”科目。 ( )

19. 企业当期应交增值税的金额即当期销项税额减去进项税额的差额。 ( )

20. 预计负债可以是现时义务，也可以是潜在义务。 ( )

21. 企业未来经营亏损符合条件时应确认为预计负债。 ( )

22. 企业会计处理过程中的不确定事项都是或有事项。 ( )

23. 企业购建符合资本化条件的资产而取得专门借款支付的辅助费用，应在支付当期全部予以资本化。 ( )

24. 资本化期间内，如果固定资产购建活动发生非中断，中断期间发生的专门借款费用不应计入所购建固定资产的成本，应计入当期损益。 ( )

四、计算与业务分析题

1. 长江公司因流动资金周转需要，2014 年 4 月 1 日向银行借入 200 000 元，期限为 6 个月，年利率为 7.5%，到期一次还本付息。

要求：根据上述资料，编制会计分录。

(1) 2014 年 4 月 1 日，借款发生时。

(2) 2014 年 4 月 30 日，计算尚未支付的利息时。

(3) 到期偿还本息。

2. A 公司 2014 年 4 月 5 日向 B 公司购入材料一批，买价 5 000 元，增值税率 17%，材料已验收入库，款项尚未支付，付款条件为“2/20，n/30”，采用总价法。

要求：根据上述资料，编制有关会计分录。

(1) 2014 年 4 月 5 日购入材料时。

(2) 如 2014 年 4 月 20 日支付货款时。

(3) 如 2014 年 4 月 28 日支付货款时。

(4) 如确认无法支付货款时。

3. A公司2014年5月15日购进一批材料，买价150 000元，增值税税额25 500元，应支付的运杂费1 000元，材料已验收入库，同时开出一张面值为176 500元的银行承兑汇票，期限2个月，A公司支付给银行手续费60元。

要求：

（1）编制2014年5月15日购进材料的会计分录。

（2）A公司支付银行手续费的会计分录。

（3）2014年7月15日，票据到期支付票款的会计分录。

（4）2014年7月15日票据到期，如果A公司无力支付，编制相关会计分录。

4. 某工业企业核定为小规模纳税企业，2014年6月购入原材料，按照增值税专用发票上，记载的原材料成本为100万元，支付的增值税额为17万元，企业开出商业承兑汇票，材料已入库；该企业本期销售产品，含税价格为90万元，征收率为6%货款尚未收到；本月交纳了上月欠缴税款40 000元；本月应交增值税尚未交纳。

要求：根据上述资料，编制有关会计分录。

（1）购进货物。

（2）销售货物。

（3）计算并转出本月应交而未交的应纳增值税。

（4）交纳上月增值税。

5. 甲公司为增值税一般纳税人，适用的增值税税率为17%。2014年10月发生以下交易或事项。

（1）对行政管理部门使用的设备进行日常维修，应付企业内部维修人员工资6万元。

（2）为公司总部下属25位部门经理每人配备汽车一辆免费使用，假定每辆汽车每月计提折旧0.4万元。

（3）月末，分配职工工资850万元，其中直接生产产品人员工资625万元，车间管理人员工资75万元，企业行政管理人员工资100万元，专设销售机构人员工资50万元。

（4）将本公司生产的液晶电视作为福利发放给职工，其中生产工人100名，行政、管理人员20名，销售人员50名。每台电视的市场销售价格为1万元，实际成本为0.7万元。

（5）按规定计算代扣代交职工个人所得税4万元。

（6）以现金支付职工王某生活困难补助5万元。

（7）从应付李经理的工资中，扣回上月代垫的应由其本人负担的医疗费4万元。

要求：编制甲公司2014年10月上述交易或事项(1)～事项(7)的会计分录。

（“应交税费”科目要求写出明细科目和专栏名称。）

6. 某企业本月应付工资462 000元，工资费用分配汇总表中列示的产品生产人员400人，工资为320 000元，车间管理人员70人，工资为70 000元，企业行政管理人员50人，工资为60 400元，销售人员10人，工资为11 600元；该企业下设一职工食堂，根据职工人数每人补贴120元；

根据国家规定的计提标准，本企业应向社会保险经办机构缴纳职工基本养老保险费共64 680元，其中应计入基本生产车间成本的金额为44 800元，应计入制造费用的金额为

9 800 元，应计入管理费用的有 10 080 元；本企业还以自产的电暖器作为福利发放给职工，该型号的电暖器市场售价为每台 1 000 元，成本为价为 900 元，该企业适用的增值税税额为 17%；本企业为总部各部门经理提供一辆桑塔纳汽车免费使用，部门经理有 20 名，每辆汽车每月计提折旧 1 000 元，企业为 5 名总裁各租赁一套月租金为 8 000 元的公寓。

要求：根据以上资料，编制相关会计分录。

7. 甲公司为增值税一般纳税人，适用的增值税税率为 17%，原材料采用实际成本法进行日常核算。2014 年 6 月份，该企业发生以下涉及增值税的经济业务或事项。

（1）购入无须安装的生产经营用设备一台，增值税专用发票上注明的价款为 40 万元，增值税税额为 6.8 万元(增值税允许抵扣)，货款尚未支付。

（2）建造办公楼领用生产用库存原材料 5 万元，应由该批原材料负担的增值税税额为 0.85 万元。

（3）销售商品一批，增值税专用发票上注明的价款为 100 万元，增值税税额为 17 万元，提货单和增值税专用发票已交购货方，并收到购货方开出并承兑的商业承兑汇票。该批商品的实际成本是 80 万元。

（4）由于管理不善被盗原材料一批，价值 2 万元，应由该批原材料负担的增值税额为 0.34 万元，尚未经批准处理。

（5）用银行存款 15 万元缴纳当期应交增值税。

要求：编制上述业务(1)～业务(5)的会计分录。（“应交税费”科目要求写出明细科目及专栏名称。）

8. 甲上市公司为增值税一般纳税人，适用的增值税税率为 17%。2014 年 3 月发生以下与职工薪酬有关的交易或事项。

（1）对行政管理部门使用的设备进行日常维修，应付企业内部维修人员工资 1.2 万元。

（2）对以经营租赁方式租入的生产线进行改良，应付企业内部改良工程人员工资 3 万元。

（3）为公司总部下属 25 位部门经理每人配备汽车一辆免费使用，假定每辆汽车每月计提折旧 0.08 万元。

（4）将 50 台自产的 V 型厨房清洁器作为福利分配给本公司行政管理人员。该厨房清洁器每台生产成本为 1.2 万元，市场售价为 1.5 万元(不含增值税)。

（5）月末，分配职工工资 150 万元，其中直接生产产品人员工资 105 万元，车间管理人员工资 15 万元，企业行政管理人员工资 20 万元，专设销售机构人员工资 10 万元。

（6）以银行存款缴纳职工医疗保险费 5 万元。

（7）按规定计算代扣代交职工个人所得税 0.8 万元。

（8）以现金支付职工李某生活困难补助 0.1 万元。

（9）从应付张经理的工资中扣回上月代垫的应由其本人负担的医疗费 0.8 万元。

要求：编制甲上市公司 2014 年 3 月上述交易或事项的会计分录。

9. 某乙企业为增值税一般纳税企业，材料按实际成本核算，适用的增值税率为 17%，2014 年 3 月发生以下经济业务。

（1）购入一批原材料，增值税专用发票上注明的材料价款为200万元(不含增值税)，增值税税额为34万元。货款已付，材料已验收入库。

（2）出售一项商标权，转让收入5万元已存入银行，该项商标权的账面金额为6万元，已累计摊销4万元。适用的营业税税率为5%。

（3）购入一台不需要安装的设备，增值税专用发票上记载的设备价款200万元，支付的增值税税额为34万元，款项已由银行支付。

（4）销售产品一批，销售收入为300万元(不含税)，货款尚未收到。

（5）销售应交增值税产品给小规模纳税企业，应收取款项(价税合计)为58.5万元，已由银行收妥。

（6）从小规模纳税企业购入一批材料，发票上记载的货款175.5万元，材料已验收入库，款项尚未支付。

（7）出售厂房一栋，原价1 000万元，已提折旧700万元，出售所得收入650万元，清理费用支出3万元，厂房已清理完毕，款项均已由银行收付。

要求：根据上述资料，编制有关经济业务的会计分录(为简化核算，不考虑城市维护建设税和教育费附加)。

10. 某企业2014年发生以下经济业务。

（1）1月1日，向银行借入800 000元，用于某项工程，期限5年，年利率10%(实际利率与合同利率一致)，合同规定到期一次还本，每年年末计提利息，1月1日实际支付。该工程从2014年年初开始，将于2014年年末完工，假设工程建造期间计提的利息费用均符合资本化条件。

（2）经批准于4月1日按面值发行每张面值100元，票面利率为8%(实际利率与票面利率一致)，期限5年的债券10 000张，该债券为到期一次还本付息债券，发行收入已收到并存入银行(不考虑发行费用)。该企业发行债券筹集资金当期全部用于某建设项目。该企业按年计提债券利息。该项目将于2016年完工，假设项目建设期间计提的利息费用均符合资本化条件。

要求：

（1）编制取得长期借款及计提2014年利息的会计分录。

（2）编制债券发行及计提2014年利息的会计分录。(应付债券要求写出明细科目)

11. A公司于2014年1月1日发行5年期的公司债券，债券面值50万元，票面利率10%，每年12月31日计息一次，到期一次还本付息。

要求：

（1）如实际利率为10%，公司按面值发行，作债券存续期的会计处理。

（2）如实际利率为8%，公司按55万元的价格发行债券，作债券发行、2014年12月31日计息的会计处理(采用实际利率法计算利息费用)。

（3）如实际利率为12%，公司按45万元的价格发行债券，作债券发行、2014年12月31日计息的会计处理(采用实际利率法计算利息费用)。

12. 万宝公司是生产和销售空调器的企业。2013年销售W型空调器5 000台，每台售价8 000元。万宝公司W型空调器的质量保证条款规定：产品在售出两年内如出现非意外事件造成的故障和质量问题，公司免费负责保修。根据以往经验，发生保修费一般为销售额的2%～4%。2014年实际发生的维修费为100万元。2014年产品销售收入为5 000万元，预计保修费为销售额的1%～3%。

要求：根据上述业务，编制会计分录。

（1）2013年年末确认的预计负债。

（2）2014年实际发生维修费用。

（3）2014年年末冲回2013年多估计的预计负债。

（4）2014年新发生的销售业务的预计产品保修费用。

13. 2013年11月20日，华通公司从A银行取得一笔信用贷款5 000万元，期限为一年，年利率为7.2%。2014年11月20日，华通公司的借款(本金和利息)到期。华通公司具有还款能力，但因与A银行之间存在其他经济纠纷，而未按时归还A银行的贷款。A银行遂与华通公司协商，但未达成协议，于2014年12月20日向法院提起诉讼。截至2014年12月31日，法院尚未对A银行提起的诉讼进行审理。2014年12月31日，华通公司对此诉讼案件进行分析，认为如无特殊情况，本公司很可能败诉，为此不仅要偿还贷款本息，还需要支付罚息和承担诉讼费等费用。假设华通公司预计将要支付的罚息、诉讼费等费用估计为50万元～60万元，其中包括对方支付的诉讼费5万元。

要求：根据上述业务，编制会计分录。

14. 甲企业为工业生产企业，从2013年1月起为售出产品提供“三包”服务，规定产品出售后一定期内出现质量问题，负责退换或免费提供修理。假定甲企业只生产和销售A、B两种产品：甲企业为A产品“三包”确认的预计负债在2014年年初的账面余额为30万元，A产品的“三包”期限为3年。该企业对售出的A产品可能发生的“三包”费用，在年末按照当年A产品的销售收入的2%预计（见表10-1）。

表10-1　甲企业2014年A产品销售收入及发生的“三包”费用资料　单位:万元

项　　目	第一季度	第二季度	第三季度	第四季度
A产品销售收入	1 000	800	1 200	600
发生的“三包”费用	15	10	30	20
其中：原材料成本	10	8	10	15
人工成本	5	2	5	5
有银行存款支付的其他支出			15	

甲企业为B产品“三包”确认的预计负债在于2014年年初账面余额为8万元，B产品已于2013年7月31日停止生产，B产品的“三包”截止日期为2014年12月31日。甲企业库存的B产品已于2013年年底以前全部售出。

2014年第四季度发生的B产品“三包”费用为5万元(均为人工成本)，其他各季度均未发生“三包”费用。

要求：

(1) 计算对A产品2014年年末应确认的预计负债。

（2）编制对A产品2014年年末确认预计负债相关的会计分录。（假定按年编制会计分录）。

（3）编制A产品2014年发生的售出产品“三包”费用相关的会计分录。（假定按年编制会计分录）。

（4）编制B产品2014年与预计负债相关的会计分录。（假定按年编制会计分录）。

（5）计算甲企业2014年12月31日预计负债的账面余额。（注明借方或贷方）（答案中的金额单位用万元表示）。

15. 某公司为筹集生产经营资金，于2012年1月1日发行总面值为50万元、期限为2年、年利率为6%的债券，每年付息一次，到期一次还本。该公司发行债券时，市场利率为5%，公司按51万元的溢价发行债券，收到款项并存入银行。某公司债券溢价摊销表如表10-2所示。要求：请根据上述资料编制该公司从发行债券到债券到期的会计分录。

表10-2 某公司债券溢价摊销表　　单位：元

付息日期	应付利息	当期利息费用	债券溢价摊销额	债券账面价值
	①＝面值×6%	②＝上期④×5%	③＝①－②	④＝上期④－③
2012年1月1日				
2012年12月31日				
2013年12月31日				
合计	60 000	50 000	10 000	—

16. 某公司为建造一条生产线，于2011年1月1日发行总面值为60万元、期限为3年、年利率为6%的债券，每年付息一次，到期一次还本。该公司发行债券时，市场利率为7%，公司按58万元的折价发行债券，收到款项并存入银行（见表10-3）。

要求：请根据上述资料，编制该公司从发行债券到债券到期的会计分录。

表10-3 某公司债券折价摊销表　　单位：元

付息日期	应付利息	当期利息费用	债券折价摊销额	债券账面价值
	①＝面值×6%	②＝上期④×7%	③＝②－①	④＝上期④＋③
2011年1月1日				
2011年12月31日				
2012年12月31日				
2013年12月31日				
合计	108 000	128 000	20 000	—

17. 某股份有限公司2013年1月1日从银行取得年利率为6%，期限为2年的专门借款1 000万元用于固定资产的购建。固定资产的购建于2013年1月28日正式动工兴建。2013年度发生以下与固定资产购建有关的资产支出资料。

（1）2月1日，支付购买工程物资款585万元（含支付的增值税进项税额85万元）。

（2）3月1日，领用本企业生产的产品。产品成本为80万元，为生产该产品购买原材料时的增值税进项税额为 8.5 万元，购料款项均已支付。该产品计税价格为 100 万元，增值税销项税额为 17 万元。

(3) 4 月 1 日，支付建造资产的职工工资 20 万元，为 3 月 1 日用于固定资产建造的本企业产品，交纳增值税 8.5 万元。

(4) 9 月 1 日，支付购买工程物资款 234 万元(含支付的增值税进行税额 34 万元)。

(5) 10 月 1 日，支付建造资产的职工工资 20 万元。

(6) 11 月 1 日，支付购买工程物资款 351 万元(含支付的增值税进项税额 51 万元)。该工程项目于 4 月 30 日至 8 月 31 日发生非正常中断，但于 11 月 31 日达到预定可使用状态。

要求：计算该工程项目于 2013 年度应予以资本化的金额并进行相应的账务处理。

18. 正保公司于 2012 年 1 月 1 日动工兴建一栋厂房，工程采用出包方式，每半年支付一次进度款，于 2013 年 6 月 30 日完工达到预定可使用状态。

所发生的资产支出具体为：

2012 年 1 月 1 日支出 1 500 万元，2012 年 7 月 1 日支出 3 500 万元，2013 年 1 月 1 日支出 1 500 万元。正保公司为建造此项办公楼于 2012 年 1 月 1 日专门借入款项 2 000 万元，期限为 3 年，年利率为 8%，除此外无其他专门借款，工程建设期间还占用了两笔一般借款。

(1) 银行长期借款 2 000 万元，期限为 2011 年 12 月 1 日～2013 年 12 月 1 日，年利率为 6%，按年支付利息。

(2) 按面值发行公司债券 10 000 万元，发行日为 2011 年 1 月 1 日，期限为 5 年，年利率为 8%，按年支付利息。

企业将闲置的专门借款资金用于固定收益的短期债券投资，假定短期投资月收益率为 0.5%，假定全年按照 360 天计算。

要求：分别计算 2012 年和 2013 年应予以资本化的借款费用金额并做出相关账务处理。

19. 甲公司 2013 年发生以下经济业务。

(1) 2013 年 1 月 15 日，甲公司销售一批材料给乙公司，开出的增值税专用发票上注明的销售价款为 100 000 元，增值税销项税额为 17 000 元，款项尚未收到。2013 年 3 月 10 日，乙公司财务发生困难，无法按合同规定偿还债务，经双方协议，甲公司同意乙公司支付 30 000 元现金，余额用一台设备立即偿还，并于当日办理了相关债务解除手续。该设备账面原价为 100 000 元，已提折旧 20 000 元，已提减值准备 5 000 元，公允价值为 70 000 元。甲公司已对该应收账款计提了 7 000 元的坏账准备。

(2) 2013 年 1 月 20 日，甲公司销售一批库存商品给丙公司，开出的增值税专用发票上注明的销售价款为 400 000 元，增值税销项税额为 68 000 元，款项尚未收到。2013 年 7 月 10 日，丙公司与甲公司协商进行债务重组并办理了相关债务解除手续，重组协议如下：丙公司支付现金 168 000 元；以一台机器设备偿还余额的一部分，另一部分转为资本；机器设备的公允价值为 180 000 元；甲公司获得丙公司的 5%的股权作为长期股权投资，公允价值为 90 000 元；债务重组交易没有发生任何相关税费，甲公司对该项应收账款已计提坏账准备 40 000 元。

(3) 2013 年 5 月 20 日，甲公司销售一批库存商品给丁公司，开出的增值税专用发票上注明的销售价款为 300 000 元，增值税销项税额为 51 000 元，款项尚未收到。2013 年 8 月 10 日，丁公司与甲公司协商进行债务重组，重组协议如下：减免账款 51 000 元；扣除减免后的余额，以一台设备和债务转为资本偿还 60%，40%延至 2013 年 12 月 31 日偿还。假设设备的公允价值为 60 000 元，甲公司获得丁公司的 5%的股权作为长期股权投资，公允价值为 100 000 元；债务重组交易没有发生任何相关税费。

(4) 甲公司将向 D 公司销售商品收到的带息的商业承兑汇票转入应收账款 20.6 万元(面值 20 万元，利息 0.6 万元)。转入应收账款后，甲公司对上述应收账款计提坏账准备 2 万元。2013 年 9 月 5 日，甲公司与 D 公司达成协议，甲公司同意 D 公司一个月后用现金 19 万元抵偿上述全部账款并于当日办理了相关债务解除手续。

要求：编制甲公司上述与债务重组有关业务的会计分录。

20. A 企业和 B 企业均为工业一般纳税企业。A 企业于 2011 年 6 月 30 日向 B 企业出售一批产品，产品销售价款 1 000 万元，应收增值税额 170 万元；B 企业于同年 6 月 30 日开出期限为 6 个月的票面年利率为 10%的商业承兑汇票，抵充购买该产品价款。在该票据到期日，B 企业未按期兑付该票据，A 企业将该应收票据按其到期价值转入应收账款，不再计算利息。A 企业对该应收账款未计提坏账准备。

B 企业由于财务困难，短期内资金紧张，于 2012 年 12 月 31 日经与 A 企业协商，达成以下债务重组协议。

(1) B 企业以产品一批偿还部分债务 35.1 万元，该批产品的账面价值为 20 万元。市价 30 万元，应交增值税额 5.1 万元。B 企业开出增值税专用发票，A 企业将该产品作为产成品入库。

(2) A 企业同意减免 B 企业所负担全部债务扣除实物抵债后剩余债务的 40%，其余债务的偿还期延至 2013 年 12 月 31 日。

要求：

(1) 计算 A 企业发生的债务重组损失，并编制债务重组时的有关分录。

(2) 计算 B 企业债务重组后的债务余额、债务重组利得，并编制债务重组时的有关会计分录。

21. 2012 年 4 月 1 日，甲企业销售一批商品给乙企业，销售货款总额为 300 万元(含增值税)。甲企业于同日收到一张票面金额为 300 万元、期限为 6 个月、票面利率为 8%的商业汇票。甲企业按月计提该商业汇票的利息。

(1) 2012 年 10 月 1 日，乙企业未能兑付到期票据，甲企业将应收票据本息余额转入应收账款，但不再计算利息。2012 年 12 月 5 日，甲、乙双方经协商进行债务重组，签订以下债务重组协议。

A：乙企业以其持有的一项拥有完全产权的房产抵偿 60 万元的债务。该房产在乙企业的账面原价为 100 万元，已计提折旧 30 万元，已计提减值准备 5 万元。

B：甲企业同意豁免乙企业债务本金 40 万元及 2012 年 4 月 1 日～9 月 30 日计提的全部利息。

C：将剩余债务的偿还期限延长至2013年12月31日，在债务延长期间，剩余债务余额按年利率5%收取利息，假定实际利率为5%。本息到期一次偿付。

D：该协议自2012年12月31日起执行。

（2）债务重组日之前，甲企业对上述债权未计提坏账准备。

（3）上述房产的所有权变更、部分债务解除手续及其有关法律手续已于2012年12月31日完成。甲企业将取得的房产作为固定资产进行核算和管理。

（4）乙企业于2013年12月31日按上述协议规定偿付了所欠债务。

要求：

（1）计算甲企业2012年12月31日该重组债权的账面余额。

（2）编制甲企业及乙企业2012年12月31日与该债务重组相关的会计分录（不考虑税费）。

（3）编制甲企业及乙企业2013年12月31日债权、债务实际清偿时的会计分录。

五、案例分析

A公司为一般纳税人，增值税税率为17%，销售收入不含应向购买者收取的增值税额。该企业2013年12月份发生以下经济业务。

（1）1日，从乙商业银行取得一笔6年期的借款1 000万元，用于建造一栋办公楼。该借款年利率为6%。借款利息于每年1月1日支付。该办公楼建造期间为2014年1月1日～2015年5月31日。当日A公司已将实际收到的借款1 000万元存入银行。

（2）8日，从丙公司购入一批原材料，不含税的价款为20万元。材料已收到并验收入库，A公司向丙公司开出并承兑一张3个月到期的商业汇票。

（3）12日，与丁公司签订一项销售合同，合同总价款为30万元，当日收到丁公司预付的货款6万元。

（4）18日，获悉原材料供应商B公司已经破产，A公司欠B公司的贷款3万元确实无法支付。

（5）31日，本年发生的一项诉讼至年末尚未判决。根据律师的意见，A公司很可能败诉并赔偿相关损失，赔偿的金额在50万元为60万元。

（6）31日，计提本年的借款利息。

思考：

（1）编制A公司2013年12月上述经济业务的会计分录。

（2）分析上述业务中哪些引起公司负债的增加？负债应当如何分类？

（3）根据上述资料，编制A公司资产负债表中负债部分的项目与金额摘要。

习题解答

一、单项选择题

1.C 2.C 3.C 4.C 5.B 6.B 7.D 8.B 9.B 10.B 11.C 12.A 13.D

14. B　15. C　16. A　17. D　18. A　19. B　20. D　21. B　22. C　23. C　24. A
25. C　26. A　27. C　28. D　29. B　30. D　31. D　32. A　33. D　34. B　35. C
36. A　37. D　38. C　39. A　40. B

二、多项选择题

1. AD　2. ABD　3. ABC　4. ACD　5. ABD　6. CD　7. ABC　8. ABC　9. BCD
10. ABC　11. BC　12. ABC　13. BD 14. AC　15. ABC　16. AC　17. BC　18. AC
19. ACD　20. ABD　21. ABC　22. ABCD　23. ABCD　24. AD　25. BCD

三、判断题

1. ×　2. ×　3. √　4. ×　5. ×　6. √　7. √　8. ×　9. ×　10. ×　11. ×
12. ×　13. √　14. √　15. ×　16. ×　17. ×　18. √　19. ×　20. ×　21. ×
22. ×　23. ×　24. ×

四、计算与业务分析题

1. 短期借款的核算。

(1) 借款发生时：

借：银行存款	200 000	
贷：短期借款		200 000

(2) 2014 年 4 月 1 日，计算尚未支付的利息时。

借：财务费用	1 250	
贷：应付利息		1 250

(3) 到期偿还本息：

借：短期借款	200 000	
应付利息	6 250	
财务费用	1 250	
贷：银行存款		207 500

2. 应付账款的核算。

(1) 2014 年 4 月 5 日购入材料时：

借：原材料	5 000	
应交税费——应交增值税(进项税额)	850	
贷：应付账款		5 850

(2) 如 4 月 20 日支付货款时。

现金折扣＝5 000×2%＝100(元)

借：应付账款	5 850	
贷：银行存款		5 750
财务费用		100

(3) 如 4 月 28 日支付货款时。

借：应付账款　　5 850
　　贷：银行存款　　5 850

(4) 如无法支付货款。

借：应付账款　　5 850
　　贷：营业外收入　　5 850

3. 应付票据的核算。

(1) 2014 年 5 月 15 日购入材料时。

借：原材料　　151 000
　　应交税费——应交增值税(进项税额)　　25 500
　　贷：应付票据　　176 500

(2) A 公司支付银行手续费。

借：财务费用　　60
　　贷：银行存款　　60

(3) 2014 年 7 月 15 日，票据到期支付票款。

借：应付票据　　176 500
　　贷：银行存款　　176 500

(4) 2014 年 7 月 15 日票据到期，如果 A 公司无力支付。

借：应付票据　　176 500
　　贷：短期借款　　176 500

4. 应交税费的核算。

(1) 购进货物。

借：原材料　　1 170 000
　　贷：应付票据　　1 170 000

(2) 销售货物。

不含税价格＝90/(1＋6％)＝84.91(万元)

应交增值税＝84.91×6％＝5.09(万元)

借：应收账款　　900 000
　　贷：主营业务收入　　849 100
　　　　应交税费——应交增值税　　50 900

(3) 计算并转出本月应交而未交的纳增值税。

借：应交税费——应交增值税(转出未交增值税)　　50 900
　　贷：应交税费——未交增值税　　50 900

(4) 交纳上月增值税。

借：应交税费——未交增值税　　40 000
　　贷：银行存款　　40 000

5. 应付职工薪酬的相关核算。

(1) 借：管理费用　　60 000
　　　　贷：应付职工薪酬——工资　　60 000

(2) 借：管理费用　100 000
　　贷：应付职工薪酬——非货币性福利　100 000
借：应付职工薪酬——非货币性福利　100 000
　贷：累计折旧　100 000
(3) 借：生产成本　6 250 000
　　制造费用　750 000
　　管理费用　1 000 000
　　销售费用　500 000
　　贷：应付职工薪酬——工资　8 500 000
(4) 借：生产成本　1 170 000
　　管理费用　234 000
　　销售费用　585 000
　　贷：应付职工薪酬——非货币性福利　1 989 000
借：应付职工薪酬——非货币性福利　1 989 000
　贷：主营业务收入　1 700 000
　　应交税费——应交增值税(销项税额)　289 000
借：主营业务成本　1 190 000
　贷：库存商品　1 190 000
(5) 借：应付职工薪酬——工资　40 000
　　贷：应交税费——应交个人所得税　40 000
(6) 借：应付职工薪酬——职工补助　50 000
　　贷：库存现金　50 000
(7) 借：应付职工薪酬——工资　40 000
　　贷：其他应收款　40 000

6. 应付职工薪酬的核算。

(1) 借：生产成本——基本生产成本　320 000
　　制造费用　70 000
　　管理费用　60 400
　　销售费用　11 600
　　贷：应付职工薪酬——工资　462 000
(2) 借：生产成本　48 000
　　制造费用　8 400
　　管理费用　6 000
　　销售费用　1 200
　　贷：应付职工薪酬——职工福利　63 600
(3) 借：生产成本　44 800
　　制造费用　9 800
　　管理费用　10 080
　　贷：应付职工薪酬——社保　64 680

（4）借：生产成本　　468 000
　　　　制造费用　　81 900
　　　　管理费用　　58 500
　　　　销售费用　　11 700
　　　　贷：应付职工薪酬——非货币性福利　　620 100
（5）借：管理费用　　60 000
　　　　贷：应付职工薪酬——非货币性福利　　60 000
借：应付职工薪酬——非货币性福利　　20 000
　　贷：累计折旧　　20 000
借：应付职工薪酬——非货币性福利　　40 000
　　贷：其他应付款　　40 000

7. 流动负债的核算。

（1）购入设备。
借：固定资产　　400 000
　　应交税费——应交增值税(进项税额)　　68 000
　　贷：应付账款　　468 000
（2）在建工程领用生产用库存原材料。
借：在建工程　　585 000
　　贷：原材料　　50 000
　　　　应交税费——应交增值税(进项税额转出)　　8 500
（3）销售商品。
借：应收票据　　1 170 000
　　贷：主营业务收入　　1 000 000
　　　　应交税费——应交增值税(销项税额)　　170 000
借：主营业务成本　　800 000
　　贷：库存商品　　800 000
（4）盘亏原材料。
借：待处理财产损溢　　23 400
　　贷：原材料　　2 000
　　　　应交税费——应交增值税(进项税额转出)　　3 400
（5）缴纳增值税。
借：应交税费——应交增值税(已交税金)　　150 000
　　贷：银行存款　　150 000

8. 应付职工薪酬的核算。

（1）借：管理费用　　12 000
　　　　贷：应付职工薪酬——工资　　12 000
（2）借：制造费用　　30 000
　　　　贷：应付职工薪酬——工资　　30 000

(3) 借：管理费用 20 000
　　贷：应付职工薪酬——非货币性福利 20 000

同时：

借：应付职工薪酬——非货币性福利 20 000
　贷：累计折旧 20 000

(4) 借：管理费用 877 500
　　贷：应付职工薪酬——非货币性福利 877 500

同时：

借：应付职工薪酬——非货币性福利 877 500
　贷：主营业务收入 750 000
　　应交税费——应交增值税(销项税额) 127 500

借：主营业务成本 600 000
　贷：库存商品 600 000

(5) 借：生产成本 1 050 000
　　制造费用 150 000
　　管理费用 200 000
　　销售费用 100 000
　　贷：应付职工薪酬——工资 1500 000

(6) 借：应付职工薪酬——社保 50 000
　　贷：银行存款 50 000

(7) 借：应付职工薪酬——工资 8 000
　　贷：应交税费——应交个人所得税 8 000

(8) 借：应付职工薪酬——职工福利 1 000
　　贷：库存现金 1 000

(9) 借：应付职工薪酬——工资 8 000
　　贷：其他应收款 8 000

9. 应交税费的核算。

(1) 借：原材料 2 000 00
　　应交税费——应交增值税(进项税额) 340 000
　　贷：银行存款 2 340 000

(2) 借：银行存款 50 000
　　累计摊销 40 000
　　贷：无形资产 60 000
　　　应交税费——应交营业税 2 500
　　　营业外收入 27 500

(3) 借：固定资产 2 000 000
　　应交税费——应交增值税(进项税额) 340 000
　　贷：银行存款 2340 000

(4) 借：应收账款　3 510 000
　　贷：主营业务收入　3 000 000
　　　　应交税费——应交增值税(销项税额)　510 000
(5) 借：银行存款　585 000
　　贷：主营业务收入　500 000
　　　　应交税费——应交增值税(销项税额)　85 000
(6) 借：原材料　1 755 000
　　贷：应付账款　1 755 000
(7) 借：固定资产清理　3 000 000
　　　　累计折旧　7 000 000
　　贷：固定资产　10 000 000
借：固定资产清理　355 000
　　贷：银行存款　30 000
　　　　应交税费——应交营业税　325 000
借：银行存款　6 500 000
　　贷：固定资产清理　6 500 000
借：固定资产清理　3 145 000
　　贷：营业外收入　3 145 000

10. 长期借款和应付债券的核算。

(1) 长期借款业务有关的会计分录。

2014 年 1 月 1 日取得借款：
借：银行存款　800 000
　　贷：长期借款　800 000

12 月 31 日计提利息 80 000 元(800 000×10%)：
借：在建工程　80 000
　　贷：应付利息　80 000

(2) 发行债券业务有关会计分录。

2014 年 4 月 1 日收到发行债券价款：
借：银行存款　1 000 000
　　贷：应付债券——面值　1 000 000

12 月 31 日应计提债券利息 60 000 元(1 000 000×8%×9/12)：
借：在建工程　60 000
　　贷：应付债券——应计利息　60 000

11. 应付债券的核算。

(1) 平价发行。

① 发行时：
借：银行存款　500 000
　　贷：应付债券——面值　500 000

② 每年计息时：

借：财务费用　　50 000

　　贷：应付债券——应计利息　　50 000

③ 到期还本付息时：

借：应付债券——面值　　500 000

　　　　　　——应计利息　　250 000

　　贷：银行存款　　750 000

(2) 溢价发行。

① 发行债券时：

借：银行存款　　550 000

　　贷：应付债券——面值　　500 000

　　　　　　　　——利息调整　　50 000

② 2014 年 12 月 31 日计息时：

借：财务费用　　44 000(550 000×8%)

　　应付债券——利息调整　　6 000

　　贷：应付债券——应计利息　　50 000

(3) 折价发行。

① 发行债券时：

借：银行存款　　450 000

　　应付债券——利息调整　　50 000

　　贷：应付债券——面值　　500 000

② 2014 年 12 月 31 日计息时：

借：财务费用　　54 000(450 000×12%)

　　贷：应付债券——应计利息　　50 000

　　　　　　　　——利息调整　　4 000

12. 预计负债的核算。

(1) 2013 年年末确认的预计负债：

产品质量保证负债金额为=[(5 000×8 000)×(2%+4%)÷2]=1 200 000(元)

借：销售费用　　1 200 000

　　贷：预计负债——产品质量保证　　1 200 000

(2) 2014 年实际发生维修费用：

借：预计负债——产品质量保证　　1 000 000

　　贷：银行存款　　1 000 000

(3) 2014 年年末冲回 2013 年多估计的预计负债：

借：预计负债　　200 000

　　贷：销售费用　　200 000

(4) 2014 年新发生的销售业务的预计产品保修费：

产品质量保证负债金额为=[50 000 000×(1%+3%)÷2]=1 000 000(元)

借：销售费用　1 000 000

　贷：预计负债——产品质量保证　1 000 000

13. 预计负债的核算。

华通公司在 2014 年 12 月 31 日应确认的负债为 55 万元[(50+60)/2]。

借：管理费用——诉讼费　50 000

　营业外支出——罚息支出　500 000

　贷：预计负债——未决诉讼　550 000

14. 预计负债的核算。

(1) A 产品 2014 年度应计提的预计负债=(1 000+800+1200+600)×2%=72(万元)

(2) 借：销售费用　720 000

　　贷：预计负债　720 000

(3) 借：预计负债　750 000

　　贷：原材料　430 000

　　　应付职工薪酬　170 000

　　　银行存款　150 000

(4) 借：预计负债　50 000

　　贷：应付职工薪酬　50 000

借：预计负债　30 000

　贷：销售费用　30 000

(5) 2014 年 12 月 31 日预计负债贷方余额=30+72−75+(8−5−3)=27(万元)

15. 应付债券的核算。

(1) 2012 年 1 月 1 日，发行债券时：

借：银行存款　510 000

　贷：应付债券——面值　500 000

　　　——利息调整　10 000

编制某公司债券溢价摊销表如表 10-4 所示。

表 10-4　某公司债券溢价摊销表　单位：元

付息日期	应付利息	当期利息费用	债券溢价摊销额	债券账面价值
	① =面值×6%	② =上期④×5%	③ =①−②	④ =上期④−③
2012 年 1 月 1 日				510 000
2012 年 12 月 31 日	30 000	25500	4 500	505 500
2013 年 12 月 31 日	30 000	24 500	5 500	500 000
合计	60 000	50 000	10 000	—

(2) 2012、2013 年年末计算应付利息时。

借：财务费用　30 000

　贷：应付利息　30 000

(3) 2012 年年末摊销债券溢价时。

借：应付债券——利息调整　4 500

　　贷：财务费用　4 500

(4) 各年以银行存款支付债券利息时。

借：应付利息　30 000

　　贷：银行存款　30 000

(5) 2013 年年末摊销债券溢价时。

借：应付债券——利息调整　5 500

　　贷：财务费用　5 500

(6) 2013 年末偿还本金。

借：应付债券——面值　500 000

　　贷：银行存款　500 000

16. 应付债券的核算。

(1) 2011 年 1 月 1 日，发行债券时。

借：银行存款　580 000

　　应付债券——利息调整　20 000

　　贷：应付债券——面值　600 000

编制某公司债券折价摊销表如表 10-5 所示。

表 10-5　某公司债券折价摊销表　单位：元

付息日期	应付利息	当期利息费用	债券折价摊销额	债券账面价值
	①=面值×6%	②=上期④×7%	③=②-①	④=上期④+③
2011 年 1 月 1 日				580 000
2011 年 12 月 31 日	36 000	40 600	4 600	584 600
2012 年 12 月 31 日	36 000	40 922	4 922	589 522
2013 年 12 月 31 日	36 000	46 478	10 478	600 000
合计	108 000	128 000	20 000	—

(2) 2011、2012、2013 年年末计算债券应付利息时。

借：在建工程　36 000

贷：应付利息　36 000

(3) 2011 年年末摊销债券折价时。

借：在建工程　4 600

　　贷：应付债券——利息调整　4 600

(4) 2012 年年末摊销债券折价时。

借：在建工程　4 922

　　贷：应付债券——利息调整　4 922

(5) 2013 年年末摊销债券折价时。

借：在建工程　　10 478

　　贷：应付债券——利息调整　　10 478

(6) 各年以银行存款支付债券利息时。

借：应付利息　　36 000

　　贷：银行存款　　36 000

(7) 2013 年末偿还本金时。

借：应付债券——面值　　600 000

　　贷：银行存款　　600 000

17. 借款费用的核算。

2013 年 2 月 1 日～4 月 30 日应资本化的金额＝[585×3/3＋88.5×2/3＋(20＋8.5)×1/3]×6%×3/12＝9.802 5(万元)

2013 年 9 月 1 日～11 月 30 日应资本化的金额＝[(585＋88.5＋28.5＋234)×3/3＋20×2/3＋44×1/3] ×6%×3/12＝14.46(万元)

2013 年应予资本化的金额＝9.8025＋14.46＝24.2625(万元)

2013 年专门借款利息＝1 000×6%＝60(万元)

编制会计分录如下：

借：在建工程　　242 625

　　财务费用　　357 375

　　贷：长期借款　　600 000

18. 借款费用的核算。

(1) 计算专门借款利息费用资本化金额

2012 年度专门借款利息费用应予以资本化的金额＝2 000×8%－500×0.5%×6＝145(万元)

其中,500×0.5%×6 计算的是 2×10 年度专门借款中闲置资金用于短期投资所取得的投资收益。

2013 年度专门借款利息费用应予以资本化的金额＝2 000×8%×180/360＝80(万元)。

(2) 计算所占用的一般借款利息费用资本化金额。

一般借款年资本化利率＝(2 000×6%＋10 000×8%)/(2 000＋10 000)×100%＝7.67%

截至 2012 年年末累计支出为 5 000 万元，超出专门借款 2 000 万元，故

2012 年占用了一般借款资金的资产支出加权平均数＝3 000×180/360＝1 500(万元)

2012 年一般借款利息资本化金额＝1 500×7.67%＝115.05(万元)

2013 年占用了一般借款资金的资产支出加权平均数＝(3 000＋1 500)×180/360＝2 250(万元)

2013 年一般借款利息资本化金额＝2 250×7.67%＝172.575(万元)

所以，2012 年度应予以资本化的利息费用总额＝145＋115.05＝260.05(万元)

2013 年度应予以资本化的利息费用总额＝80＋172.575＝252.575(万元)

相关的账务处理如下：

2012 年度：

借：在建工程　　2 600 500
　　财务费用　　8 049 500
　　应收利息　　150 000
　　贷：应付利息　　10 800 000

2013 年度：

借：在建工程　　2 525 750
　　财务费用　　8 274 250
　　贷：应付利息　　10 800 000

（注：各期利息总额为 1 080 万元）

19. 债务重组的核算。

（1）2013 年 3 月 10 日：

借：银行存款　　30 000
　　固定资产　　70 000
　　坏账准备　　7 000
　　营业外支出　　10 000
　　贷：应收账款　　117 000

（2）2013 年 7 月 10 日：

借：银行存款　　168 000
　　长期股权投资　　90 000
　　固定资产　　180 000
　　坏账准备　　40 000
　　贷：应收账款　　468 000
　　　　资产减值损失　　10 000

（3）2013 年 8 月 10 日：

将来应收账款的入账价值＝(351 000－51 000)×40％＝120 000(元)

借：应收账款——债务重组　　120 000
　　长期股权投资　　100 000
　　固定资产　　60 000
　　营业外支出——债务重组损失　　71 000
　　贷：应收账款　　351 000

（4）2013 年 9 月 5 日：

借：应收账款——债务重组　　190 000
　　坏账准备　　20 000
　　贷：应收账款　　206 000
　　　　资产减值损失　　4 000

20. 债务重组的核算。

（1）债权人——A 企业：

重组债权的账面余额＝(1 000＋170)×(1＋10％÷2)＝1 228.5(万元)

收到非现金资产的公允价值及因受让非现金资产确认的增值税＝30×(1＋17％)＝

35.1(万元)

重组债权的公允价值=[1 228.5−30×(1+17%)]×(1−40%)=716.04(万元)

A企业的债务重组损失=1 228.5−35.1−716.04=477.36(万元)

编制会计分录如下：

借：库存商品	300 000	
应交税费——应交增值税(进项税额)	51 000	
应收账款——B企业(债务重组)	7 160 400	
营业外支出——债务重组损失	4 773 600	
贷：应收账款——B企业		12 285 000

(2) 债务人——B企业

重组债务的账面价值=1 228.5(万元)

转让非现金资产的公允价值及因此而确认的增值税=35.1(万元)

重组债务的公允价值=[1 228.5−30×(1+17%)]×(1−40%)=716.04(万元)

债务重组利得=1 228.5−30×(1+17%)−716.04=477.36(万元)

借：应付账款——A企业	12 285 000	
贷：主营业务收入		300 000
应交税费——应交增值税(销项税额)		51 000
应付账款——A企业(债务重组)		7 160 400
营业外收入		4 773 600
借：主营业务成本	200 000	
贷：库存商品		200 000

21. 债务重组的核算。

(1) 甲企业2012年12月31日该重组债权的账面余额=300+300×8%×1/2=312(万元)。

(2) 2012年12月31日与该债务重组的会计分录。

甲企业：

借：固定资产	600 000	
应收账款	2 000 000	
营业外支出	520 000	
贷：应收账款		3 120 000

乙企业：

借：固定资产清理	650 000	
累计折旧	300 000	
固定资产减值准备	50 000	
贷：固定资产		1 000 000
借：应付账款	3 120 000	
贷：应付账款——债务重组		2 000 000
固定资产清理		600 000
营业外收入		520 000

借：营业外支出　　50 000
　　贷：固定资产清理　　50 000

(3) 2013 年 12 月 31 日债权、债务实际清偿时的会计分录。

甲企业：

借：银行存款　　2 100 000
　　贷：应收账款　　2 000 000
　　　　财务费用　　100 000

乙企业：

借：应付账款——债务重组　　2 000 000
　　财务费用　　100 000
　　贷：银行存款　　2 100 000

五、案例分析

(1) 编制 A 公司 2013 年 12 月上述经济业务的会计分录。

① 2013 年 12 月 1 日取得借款 1 000 万元。

借：银行存款　　10 000 000
　　贷：长期借款　　10 000 000

② 2013 年 12 月 8 日购入一批原材料。

借：原材料　　200 000
　　应交税费——应交增值税(进项税额)　　34 000
　　贷：应付票据　　234 000

③ 2013 年 12 月 12 日预收货款 6 万元。

借：银行存款　　60 000
　　贷：预收账款　　60 000

④ 2013 年 12 月 18 日欠 B 公司的贷款 3 万元确实无法支付。

借：应付账款　　30 000
　　贷：营业外收入　　30 000

⑤2013 年 12 月 31 日，确认一项预计负债 55 万元。

借：营业外支出　　550 000
　　贷：预计负债　　550 000

⑥2013 年 12 月 31 日计提借款利息 5 万元(1 000×6%÷12)。

借：财务费用　　50 000
　　贷：应付利息　　50 000

(2) 上述业务中①、②、③、⑤、⑥会引起公司负债的增加，负债按偿还期的长短分为流动负债和非流动负债。

(3) A 公司资产负债表中负债部分的项目与金额摘要：长期借款增加 1 000 万元，应付票据增加 23.4 万元，预收账款增加 6 万元，应付账款减少 3 万元，预计负债增加 55 万元，应付利息增加 5 万元，应交税费减少 3.4 万元。

第 11 章 所有者权益

本章结构

- 所有者者权益
  - 所有者权益概述
    - 所有者权益的概念及特点
    - 所有者权益的核算内容及确认
  - 实收资本
    - 接受现金资产投资
    - 接受非现金资产投资
    - 实收资本的增减变动
  - 资本公积
    - 资本溢价（或股本溢价）的核算
    - 其他资本公积的核算
    - 资本公积转增资本的核算
  - 留存收益
    - 未分配利润
    - 盈余公积

本章重点与难点

11.1 所有者权益的概念及核算内容

1. 所有者权益

所有者权益又称为股东权益，是指企业资产扣除负债后由所有者享有的剩余权益，其金额的确定主要依赖于资产和负债的计量，即资产－负债＝所有者权益。

2. 所有者权益的核算内容

所有者权益的来源包括所有者投入的资产、直接计入所有者权益的利得和损失、留存收益等。

按照现行企业会计准则的规定，企业核算所有者权益应该设置以下科目："实收资本"(或"股本")"资本公积(包括资本溢价或股本溢价、其他资本公积)""盈余公积""利润分配——未分配利润"。

11.2 实收资本

1. 接受现金资产投资

非股份公司接受现金资产投资时，按照实际收到的金额，借记"银行存款"科目；按投资合同或协议约定投资者在企业注册资本中所占的部分贷记"实收资本"科目。股份公司接受现金资产投资时，按照实际收到的金额，借记"银行存款"科目；按每股面值与发行股份总额的乘积计算的金额，贷记"股本"科目；实际收到的金额与股本之间的差额贷记"资本公积——股本溢价"科目。

2. 接受非现金资产投资

我国《公司法》规定，股东可以用货币性资产出资，也可以用实物、知识产权、土地使用权等非货币财产作价出资。对作为出资的非货币财产应当评估作价，核实财产，不得高估或者低估作价，但是全体股东的货币出资金额不得低于有限责任公司注册资本的30%。企业接受非现金资产投资时，应按投资合同或协议约定价值确定非现金资产价值(但投资合同或协议约定价值不公允的除外)和在注册资本中应享有的份额。

3. 实收资本(或股本)的增减变动

根据我国有关法律的规定，企业资本(或股本)除了下列情况外，不得随意变动：一是符合增资条件，并经有关部门批准增资；二是企业按照法定程序报经批准减少注册资本。

11.3 资本公积

1. 资本溢价

有限公司的出资者依其出资份额对企业经营决策享有表决权，依其所认缴的出资额对企业承担有限责任。在企业创立时，出资者认缴的出资额全部记入“实收资本”科目。在企业重组或有新的投资者加入时，为了维护原有投资者的权益，常常会出现资本溢价。这是因为企业进行正常生产经营后，其资本利润率通常要高于企业初创阶段。另外，企业经营中实现的利润一部分留在企业，形成留存收益，新投资者加入企业后，会与原投资者共同分享企业历年积累的留存收益，所以新加入的投资者往往要付出大于原投资者的出资额，才能取得与原投资者相同的出资比例。投资者多缴的部分就形成了资本溢价。

2. 股本溢价

股份公司在采用与股票面值相同的价格发行股票的情况下，企业发生股票取得的收入，应全部记入“股本”科目；在采用溢价发行股票的情况下，企业发行股票取得的收入，相当于股票面值部分记入“股本”科目，超出股票面值的溢价收入记入“资本公积——股本溢价”科目。这时要注意，委托证券商代理发行股票而支付的手续费、佣金等，应从溢价发行收入中扣除，企业应按扣除手续费、佣金后的数额记入“资本溢价——股本溢价”科目。

3. 其他资本公积

其他资本公积是指除资本溢价(或股本溢价)项目以外所形成的资本公积，其中主要是直接计入所有者权益的利得和损失。它是由特定资产的计价变动而形成的，当特定资产处置时，其他资本公积也应一并处置。因此，其他资本公积不得用于直接转增资本(或股本)。直接计入所有者权益的利得和损失主要由以下交易或事项引起。

(1) 可供出售金融资产公允价值变动。可供出售金融资产的公允价值变动形成的利得，除减值损失和外币货币性金融资产形成的汇兑差额外，借记“可供出售金融资产——公允价值变动”科目，贷记“资本公积——其他资本公积”科目，公允价值变动形成的损失，做相反的分录；处置该项金融资产投资时将资本公积——其他资本公积转入投资收益。

(2) 持有至到期投资转换为可供出售金融资产公允价值与账面价值的差额。企业将持有至到期投资转换为可供出售金融资产时，转换日该项持有至到期投资的公允价值与其账面价值的差额，应计入资本公积——其他资本公积；处置该项金融资产投资时将资本公积——其他资本公积转入投资收益。

(3) 享有的被投资单位资本公积变动份额。在长期股权投资采用权益法核算的情况下，被投资单位资本公积发生变动，企业应按持股比例计算享有的份额，计入资本公积——其他资本公积；处置该项金融资产投资时将资本公积——其他资本公积转入投资收益。

(4) 自用房地产或存货转换为投资性房地产公允价值与账面价值的差额。企业将自用房地产或存货转换为采用公允价值模式计量的投资性房地产时，转换当日的公允价值大于原账面价值的差额，应计入资本公积——其他资本公积；处置该项投资性房地产时，将资本公积——其他资本公积转入其他业务成本。

(5) 以权益结算的股份支付。企业根据以权益结算的股份支付协议授予职工或其他方提供服务的，应按权益工具授予日的公允价值计入资本公积——其他资本公积；在行权日，应按实际行权的权益工具数量计算确定的金额，转为实收资本和资本溢价。

11.4 留存收益

1. 留存收益的性质

留存收益是股东权益的一个重要项目，是公司企业历年实现的净利润留存于企业的部分，它来源于企业的生产经营活动所实现的净利润，归所有者共同享有，主要包括累计计提的盈余公积和未分配利润。

2. 未分配利润

未分配利润是企业未作分配的利润，它在以后年度可继续进行分配，在未进行分配之前，属于所有者权益的组成部分。从数量上来看，未分配利润是期初未分配利润加上本期实现的净利润，减去提取的各种盈余公积和分配的利润后的余额。未分配利润是经过弥补亏损、提取法定盈余公积、提取任意盈余公积和向投资者分配利润等利润分配之后剩余的利润，它是企业留待以后年度进行分配的历年结存的利润。

企业应通过“利润分配”科目核算企业利润的分配(或亏损的弥补)和历年分配(或弥补)后的未分配利润(或未弥补亏损)。该科目应分别“提取法定盈余公积”“提取任意盈余公积”“应付现金股利或利润”“盈余公积补亏”“未分配利润”等进行明细核算。

企业未分配利润通过“利润分配——未分配利润”明细科目进行核算。未分配利润核算一般是在年度终了时进行的，年度终了，企业应将全年实现的净利润或发生的净亏损，自“本年利润”科目转入“利润分配——未分配利润”科目的贷方，同时将本年利润分配的数额(利润分配其他明细科目的余额)结转到“利润分配—未分配利润”账户的借方。“利润分配——未分配利润”科目如为贷方余额，表示累积未分配的利润数额；如为借方余额，则表示累积未弥补的亏损数额。

3. 盈余公积

盈余公积是指企业按规定从净利润中提取的企业积累资金。公司制企业的盈余公积包括法定盈余公积和任意盈余公积。“盈余公积”科目核算经营积累，反映企业从净利润中提取的盈余公积。借方核算用盈余公积转增资本或弥补亏损，贷方反映计提法定盈余公积和任意盈余公积。

按照《公司法》的有关规定，公司制企业应当按照当年实现净利润(减弥补以前年度亏损，下同)的10%提取法定盈余公积。法定盈余公积累计额已达注册资本的50%时可以不再提取。公司制企业可根据股东大会的决议提取任意盈余公积。法定盈余公积和任意盈余公积的区别在于其各自计提的依据不同，前者以国家的法律法规为依据；后者由企业的权力机构自行决定。企业提取的盈余公积经批准可用于弥补亏损、转增资本、发放现金股利或利润等。

练 习 题

一、单项选择题

1. 甲股份有限公司委托乙证券公司发行普通股，股票面值总额 4 000 万元，发行总额 16 000 万元，发行费按发行总额的 2%计算(不考虑其他因素)，股票发行净收入全部收到。甲股份有限公司该笔业务记入“资本公积”科目的金额为(　　)万元。

A. 4 000　　B. 11 680　　C. 11 760　　D. 12 000

2. 下列经济业务中，不会引起所有者权益总额变动的是(　　)。

A. 所有者投入货币资金　　B. 所有者向企业投入设备

C. 企业向所有者宣告分配现金股利　　D. 企业以盈余公积转增资本

3. 某公司 2014 年年初所有者权益总额为 1 360 万元，当年实现净利润 450 万元，提取盈余公积 45 万元，向投资者分配现金股利 200 万元，本年内以资本公积转增资本 50 万元，投资者追加现金投资 30 万元。该公司年末所有者权益总额为(　　)万元。

A. 1 565　　B. 1 595　　C. 1 640　　D. 1 795

4. 采用权益法核算长期股权投资时，对于被投资企业因可供出售金融资产公允价值变动影响其他综合收益增加，期末因该事项投资企业应按所拥有的表决权资本的比例计算应享有的份额，将其计入(　　)。

A. 其他综合收益　　B. 投资收益　　C. 其他业务收入　　D. 营业外收入

5. 甲股份有限公司委托乙证券公司发行普通股，股票面值总额 20 000 万元，发行总额 80 000 万元，发行费按发行总额的 2%计算(不考虑其他因素)，股票发行净收入全部收到。甲股份有限公司该笔业务记入“资本公积”科目的金额为(　　)万元。

A. 20 000　　B. 58 400　　C. 58 800　　D. 60 000

6. 正保公司 2014 年“盈余公积”科目的年初余额为 1 000 万元，本期提取盈余公积 500 万元，用盈余公积分配现金股利 600 万元，用盈余公积弥补亏损 200 万元。该公司“盈余公积”科目的年末余额为(　　)万元。

A. 710　　B. 700　　C. 900　　D. 1 500

7. A 公司 2014 年年初盈余公积为 260 万元，当年以其中的盈余公积转增资本 60 万元。当年实现净利润 300 万元，提取盈余公积 30 万元，以盈余公积向投资者分配股利 20 万元。该公司 2014 年年末盈余公积为(　　)万元。

A. 200　　B. 230　　C. 210　　D. 180

8. 某企业 2014 年年初未分配利润的贷方余额为 400 万元，本年度实现的净利润为 200 万元，分别按 10%和 5% 提取法定盈余公积和任意盈余公积。假定不考虑其他因素，该企业 2014 年年末“未分配利润”科目的贷方余额应为(　　)万元。

A. 410 B. 510 C. 540 D. 570

9. 下列各项中，不属于所有者权益的是( )。

A. 资本溢价 B. 计提的盈余公积

C. 投资者投入的资本 D. 应付高管人员基本薪酬

10. 某企业年初“未分配利润”科目贷方余额为200万元，本年实现净利润2 000万元，按净利润的10%提取法盈余公积，提取任意盈余公积100万元，该企业年末可供分配利润为( )万元。

A. 2 000 B. 2 200 C. 1 900 D. 2 100

11. 有限责任公司在增资扩股时，如果新投资者介入，新介入的投资者缴纳的出资额大于其按约定比例计算的其在注册资本中所占的份额部分，不记入“实收资本”科目，而作为( )处理。

A. 盈余公积 B. 资本公积 C. 未分配利润 D. 营业外收入

12. 股份公司采用溢价发行股票方式筹集资本，其“股本”科目所登记的金额是( )。

A. 实际收到的款项

B. 实际收到款项减去应付证券公司的费用

C. 实际收到款项加上应付证券公司的费用

D. 股票面值与股份总数的乘积

13. A企业收到某单位作价投入的原材料一批，该批原材料实际成本为450 000元，双方确认的价值为460 000元，经税务部门认定应交的增值税税额为78 200元，A企业应记入“实收资本”科目的金额为( )元。

A. 460 000 B. 538 200 C. 450 000 D. 526 500

14. 下列各项，在年末资产负债表和年度所有者权益变动表中均有项目反映并且年末金额相等的是( )。

A. 净利润 B. 资本公积 C. 盈余公积 D. 未分配利润

15. 某企业2014年初未分配利润为−4万元。2014年末该企业税前利润为54万元，其所得税税率为25%，本年按净利润的10%、5%分别提取法定盈余公积、任意盈余公积，向投资者分配利润10.5万元。若该企业用税前利润弥补亏损，则2014年未分配利润为( )万元。

A. 35 B. 29.75 C. 18.73 D. 21.28

16. 某公司委托证券公司发行股票1 000万股，每股面值1元，每股发行价格8元，向证券公司支付佣金150万元，发行股票冻结期间的利息收入为100万元。该公司应贷记“资本公积——股本溢价”科目的金额为( )万元。

A. 6 750 B. 6 850 C. 6 950 D. 7 000

17. 某公司的注册资本为3 000万元，2014年年末的净资产为4 000万元，法定盈余公积金余额为1 500万元。2015年年初，经股东大会决议通过，拟将部分法定盈余公积金转增股本，根据相关规定，本次转增股本最多不得超过( )万元。

A. 500 B. 750 C. 1 000 D. 1 250

18. B公司委托证券公司代理发行普通股股票800万股，每股面值1元，按每股1.5元的价格发行，受托单位按发行收入1%收取手续费，并从发行收入中扣除。假如企业股款已经收到，该企业实际收到的款项为(　　)万元。

A. 792　　B. 800　　C. 12　　D. 1 188

19. 某有限公司由A、B两个股东各出资50万元而设立，设立时实收资本为100万元，经过3年营运，该公司盈余公积和未分配利润合计为50万元。这时，C投资者有意参加，经各方协商以80万元出资占该公司股份的1/3比例。该公司在接受C投资者投资时，应借记"银行存款"科目80万元，贷记(　　)。

A. "实收资本"科目80万元

B. "实收资本"科目75万元，"资本公积"科目5万元

C. "实收资本"科目50万元，"资本公积"科目30万元

D. "实收资本"科目55万元，"资本公积"科目25万元

20. 将"本年利润"科目和"利润分配"科目下的其他有关明细科目的余额转入"未分配利润"明细科目后，"未分配利润"明细科目的贷方余额，反映的是(　　)。

A. 当年实现的净利润　　B. 累计留存收益

C. 累计实现的净利润　　D. 累计未分配的利润数额

21. 某企业年初未分配利润为100万元，本年净利润为1 000万元，按10%计提法定盈余公积，按5%计提任意盈余公积，宣告发放现金股利为80万元，该企业期末未分配利润为(　　)万元。

A. 855　　B. 867　　C. 870　　D. 874

22. 能够引起负债的所有者权益同时发生变动的是(　　)。

A. 支付广告费　　B. 股东会批准现金股利分配方案

C. 计提长期债券投资利息　　D. 盈余公积弥补亏损

23. 某公司注册资本为5 000万元，2014年实现的净利润800万元，年初"未分配利润"明细科目借方余额100万元，2014年提取盈余公积前法定盈余公积的累计额1 000万元，则该公司2014年按规定应提取的法定盈余公积的数额是(　　)万元。

A. 80　　B. 70　　C. 500　　D. 0

24. 下列利润分配顺序中，正确的是(　　)。

A. 提取法定盈余公积、提取任意盈余公积、分配优先股股利

B. 提取任意盈余公积、提取法定盈余公积、分配优先股股利

C. 提取法定盈余公积、分配优先股股利、提取任意盈余公积

D. 分配优先股股利、提取法定盈余公积、提取任意盈余公积

二、多项选择题

1. 下列经济业务中，仅影响所有者权益结构变动的有(　　)。

A. 以盈余公积弥补亏损　　B. 提取盈余公积

C. 以资本公积转增资本　　D. 实际发放股票股利

2. 下列各项中，不引起所有者权益总额发生变动的有(　　)。

A. 股东大会宣告分配现金股利　　B. 用盈余公积转增资本
C. 用盈余公积弥补亏损　　D. 实际发放股票股利

3. 下列各项，通过“资本公积”科目核算的有(　　)。
A. 资本溢价　　B. 股本溢价
C. 交易性金融资产公允价值上升　　D. 向灾区捐赠现金

4. 下列各项中，能够引起企业留存收益总额发生变动的有(　　)。
A. 提取法定盈余公积　　B. 以盈余公积补亏
C. 用盈余公积转增资本　　D. 向投资者宣告分配现金股利

5. 下列各项中，不会引起留存收益总额发生增减变动的有(　　)。
A. 资本公积转增资本　　B. 盈余公积转增资本
C. 盈余公积弥补亏损　　D. 税后利润弥补亏损

6. 下列各项中，能够引起企业留存收益总额发生变动的有(　　)。
A. 本年度实现的净利润　　B. 提取法定盈余公积
C. 向投资者宣告分配现金股利　　D. 用盈余公积弥补亏损

7. 下列各项中，引起所有者权益总额发生变动的事项有(　　)。
A. 以低于成本的价格销售产品　　B. 以资本公积转增资本
C. 股东大会宣告分配现金股利　　D. 董事会宣布发放股票股利

8. 企业实收资本或股本增加的途径有(　　)。
A. 接受固定资产捐赠　　B. 经批准用盈余公积转增
C. 发放股票股利　　D. 经批准用资本公积转增

9. 盈余公积可用于(　　)。
A. 分配现金股利　B. 转增资本　C. 弥补亏损　D. 发放工资

10. 企业吸收投资者出资时，下列会计科目的余额可能发生变化的有(　　)。
A. 盈余公积　B. 资本公积　C. 实收资本　D. 利润分配

11. 某企业注册资本 200 万元，下列各投资者的出资符合相关法律法规要求的有(　　)。
A. 甲投入现金 30 万元已存入银行
B. 乙投入一栋厂房，投资各方确认的价值为 65 万元
C. 丙投入原材料，投资各方确认的价值为 30 万元，增值税税额为 5 万元
D. 丁投入工业产权，投资各方确认的价值为 70 万元

12. 企业发生亏损时，下列各项属于弥补亏损的渠道有(　　)。
A. 用以后 5 年税前利润弥补　　B. 用 5 年后的税后利润弥补
C. 以盈余公积弥补亏损　　D. 以公益金弥补亏损

13. 下列对未分配利润的各项表述中，正确的有(　　)。
A. 未分配利润是企业当年实现的净利润经过弥补亏损、提取盈余公积金和向投资者分配利润后留存在企业的利润
B. 未分配利润是企业未指定特定用途的利润
C. 企业对于未分配利润的使用不会受到很大的限制
D. 当年企业未分配利润为负数时，则不能对投资者进行利润分配

14. 下列各项中，属于所有者权益核算内容的有(　　)。

A. 股本溢价　　B. 资本溢价

C. 提取优先股股利　　D. 提取任意盈余公积

15. 下列各项中，构成企业留存收益的有(　　)。

A. 未分配利润　　B. 资本溢价

C. 法定盈余公积　　D. 任意盈余公积

三、判断题

1. 上市公司董事会通过股票股利分配方案时，财会部门应将拟分配的股票股利确认为负债。(　　)

2. 在溢价发行股票的情况下，公司发行股票的溢价收入，直接冲减当期的财务费用。(　　)

3. 企业接受的投资者以原材料投资，其增值税额不能计入实收资本。(　　)

4. 企业以盈余公积向投资者分配现金股利，不会引起留存收益总额的变动。(　　)

5. 企业计提法定盈余公积是按当年实现的净利润作为基数计提的，该基数不应考虑企业年初未分配利润。(　　)

6. 企业当年的可供分配利润，应该等于年初的未分配利润，加上当年实现的净利润以及其他转入。(　　)

7. 年度终了，除“未分配利润”明细科目外，“利润分配”科目下的其他明细科目应当无余额。(　　)

8. 由于所有者权益和负债都是对企业资产的要求权，因此它们的性质是一样的。(　　)

9. 用盈余公积转增资本或弥补亏损时，会导致所有者权益总额发生变化。(　　)

10. 按照我国法律规定，投资者设立企业必须首先投入资本。(　　)

11. 企业年末资产负债表中的未分配利润的金额一定等于“利润分配”科目的年末余额。(　　)

12. 企业宣告发放现金股利和股票股利时，应作为负债和利润分配处理。(　　)

13. 留存利润是企业经营所得净利润的积累。它属于企业所有，而不属于投资者所有。(　　)

14. 企业接受捐赠增加资本公积，相应地对外捐赠应减少资本公积。(　　)

15. 投资者向企业投入的资本，在持续经营期间内，不得以任何形式抽回。(　　)

16. 在采用溢价发行股票时，委托证券商代理发行股票支付的手续费、佣金等首先应从溢价收入中扣除。(　　)

17. “利润分配——未分配利润”科目的年末贷方余额，反映企业累积未弥补亏损的数额。(　　)

18. 某企业年初未分配利润100万元，本年实现净利润500万元，提取法定盈余公积75万元，提取任意盈余公积25万元，该企业年末未分配利润为500万元。(　　)

19. 只要公司盈利，只要公司法定公积金累计额不超过公司注册资本的50%都要提取。(　　)

20. 公司的法定公积金不足以弥补以前年度亏损的，在提取法定公积金之前，应当先用当年利润弥补亏损。 （ ）

四、计算与业务分析题

1. 阳光股份有限公司(以下简称“阳光公司”)为一家从事药品生产的增值税一般纳税企业。2014 年 1 月 1 日，所有者权益总额为 50 000 万元，其中股本 30 000 万元，资本公积 5 000 万元，盈余公积 6 000 万元，未分配利润 9 000 万元。2014 年度阳光公司发生以下经济业务。

(1) 接受甲公司投入原材料一批，合同约定的价值为 3 000 万元(与公允价值相符)，增值税税额为 510 万元；同时，阳光公司增加股本 2 500 万元，相关法律手续已办妥。

(2) 被投资企业乙公司可供出售金融资产的公允价值净值减少 500 万元，阳光公司采用权益法按 40%持股比例确认应享有的份额。

(3) 经股东大会决议，并报有关部门核准，增发普通股 3 000 万股，每股面值 1 元，每股发行价格 5 元，按照发行股款的 2%向证券公司支付发行费。发行款已全部收到并存入银行。假定不考虑其他因素。

(4) 因扩大经营规模需要，经股东大会批准，阳光公司将盈余公积 2 800 万元转增股本。

(5) 结转本年实现净利润 3 000 万元。

(6) 按税后利润的 10%提取法定盈余公积。

(7) 向投资者宣告分配现金股利 500 万元。

(8) 将“利润分配——提取法定盈余公积”、“利润分配——应付现金股利”明细科目余额结转至未分配利润。

要求：

(1) 根据上述资料，逐项编制阳光公司相关经济业务的会计分录。(金额单位用万元表示)

(2) 计算年末所有者权益各项目的账面余额。

2. 甲上市公司 2012—2013 年发生以下与其股票有关的业务。

(1) 2013 年 1 月 4 日，经股东大会决议，并报有关部门核准，增发普通股 40 000 万股，每股面值 1 元，每股发行价格 5 元，股款已全部收到并存入银行。假定不考虑相关税费。

(2) 2013 年 6 月 20 日，经股东大会决议并报有关部门核准，以资本公积 4 000 万元转增股本。

(3) 2014 年 6 月 20 日，经股东大会决议并报有关部门核准，以银行存款回购本公司股票 100 万股，每股回购价格为 3 元。

(4) 2014 年 6 月 26 日，经股东大会决议并报有关部门核准，将回购的本公司股票 100 万股注销。

要求：逐笔编制甲上市公司上述业务的会计分录。(答案中的金额单位用万元表示)

3. A 有限责任公司 2014 年发生以下有关经济业务。

（1）按照规定办理增资手续后，将资本公积 90 000 元转增注册资本。该公司原有注册资本 2 910 000 元，其中甲、乙、丙三家公司各占 1/3。

（2）用盈余公积 50 000 元弥补以前年度亏损。

（3）从税后利润中提取法定盈余公积 153 000 元。

（4）接受B公司投资，经投资各方协议，B公司实际出资额中 1 000 000 元作为新增注册资本，使投资各方在注册资本总额中均占 1/4。B公司以银行存款 1 200 000 元缴付出资额。

要求：根据上述业务编制 A 公司的有关会计分录。

4. 甲公司 2014 年度发生以下有关经济业务。

（1）年初未分配利润为 100 万元，本年利润总额为 390 万元，适用的企业所得税税率为 25%。按税法规定本年度准予扣除的业务招待费 20 万元，实际发生业务招待费 30 万元。除此之外，不存在其他纳税调整因素。

（2）按税后利润的 10%提取法定盈余公积。

（3）提取任意盈余公积 10 万元。

（4）向投资者宣告分配现金股利 40 万元。

要求：

（1）计算甲公司本期所得税费用，并编制相应的会计分录。

（2）编制甲公司提取法定盈余公积的会计分录。

（3）编制甲公司提取任意盈余公积的会计分录。

（4）编制甲公司向投资者宣告分配现金股利的会计分录。

（5）计算年末未分配利润。

5. 甲股份有限公司(以下简称“甲公司”)2007—2015 年度有关业务资料如下：

（1）2007 年 1 月 1 日，甲公司股东权益总额为 46 500 万元(其中：股本总额为 10 000 万股，每股面值 1 元；资本公积为 30 000 万元；盈余公积为 6 000 万元；未分配利润为 500 万元)。2007 年度实现净利润 400 万元，股本与资本公积项目未发生变化。

2008 年 3 月 1 日，甲公司董事会提出以下预案。

① 按 2007 年度实现净利润的 10%提取法定盈余公积。

② 以 2007 年 12 月 31 日的股本总额为基数，以资本公积(股本溢价)转增股本，每 10 股转增 4 股，计 4 000 万股。

2008 年 5 月 5 日，甲公司召开股东大会，审议批准了董事会提出的预案，同时决定分派现金股利 300 万元。2008 年 6 月 10 日，甲公司办妥了上述资本公积转增股本的有关手续。

（2）2008 年度，甲公司发生净亏损 3 142 万元。

（3）2009—2014 年度，甲公司分别实现利润总额 200 万元、300 万元、400 万元、500 万元、600 万元和 600 万元。假定甲公司适用的所得税税率为 25%；无其他纳税调整事项。

（4）2015 年 5 月 9 日，甲公司股东大会决定以法定盈余公积弥补 2014 年 12 月 31 日账面累计未弥补亏损。

假定：2008 年发生的亏损可用以后 5 年内实现的税前利润弥补；除前述事项外，其他因素不予考虑。

要求：

（1）编制甲公司2008年3月提取2007年度法定盈余公积的会计分录。

（2）编制甲公司2008年5月宣告分派2007年度现金股利的会计分录。

（3）编制甲公司2008年6月资本公积转增股本的会计分录。

（4）编制甲公司2008年度结转当年净亏损的会计分录。

（5）计算甲公司2014年度应交所得税并编制结转当年净利润的会计分录。

（6）计算甲公司2014年12月31日账面累计未弥补亏损。

（7）编制甲公司2015年5月以法定盈余公积弥补亏损的会计分录。

（“利润分配”、“盈余公积”科目要求写出明细科目；答案中的金额单位用万元表示）

6. 甲公司属于工业企业，为增值税一般纳税人，由A、B、C三位股东于2011年12月31日共同出资设立，注册资本1 600万元。出资协议规定A、B、C三位股东出资比例分别为40%、35%和25%。发生以下有关经济业务。

（1）2011年12月31日，三位股东的出资方式及出资额见表11-1(各位股东的出资已全部到位，并经中国注册会计师验证，有关法律手续已办妥)：

表11-1 三位股东的出资方式及出资额

单位：万元

出资者	货币资金	实物资产	无形资产	合计
A	540		100(专利权)	640
B	260	300(设备)		560
C	340	60(轿车)		400
合计	1 140	360	100	1600

（2）2012年甲公司实现净利润800万元，决定分配现金股利200万元，计划在2013年2月10日支付。

（3）2013年12月31日，吸收D股东加入本公司，将甲公司注册资本由原1 600万元增到2 000万元。D股东以银行存款200万元、原材料117万元(增值税专用发票中注明材料计税价格为100万元，增值税税额17万元)出资，占增资后注册资本10%的股份，其余的200万元增资由A、B、C三位股东按原持股比例以银行存款出资。2013年12月31日，四位股东的出资已全部到位，并取得D股东开出的增值税专用发票，有关的法律手续已经办妥。

要求：

（1）编制甲公司2011年12月31日收到投资者投入资本的会计分录(“实收资本”科目要求写出明细科目)。

（2）编制甲公司2012年决定分配现金股利的会计分录(“应付股利”科目要求写出明细科目)。

（3）计算甲公司2013年12月31日吸收D股东出资时产生的资本公积。

（4）编制甲公司2013年12月31日增资收到A、B、C三位股东追加投资和D股东出资的会计分录。

（5）计算甲公司2013年12月31日增资扩股后各位股东的持股比例。

(答案中的金额单位用万元表示)

五、案例分析

蓝盾信息安全技术股份有限公司(以下简称“蓝盾公司”)2012年度权益分配方案获2013年5月25日召开的2012年度股东大会审议通过，并于2013年7月4日公告。权益分派公告的主要内容如下：

(1) 权益分派方案。该公司2012年度权益分派方案为：以公司现有总股本98 000 000股为基数，向全体股东每10股派0.60元人民币现金；同时，以资本公积金向全体股东每10股转增10股。分红前蓝盾公司总股本为98 000 000股，分红后总股本增至196 000 000股。

(2) 股权登记日与除权除息日。本次权益分派股权登记日为2013年7月9日，除权除息日为2013年7月10日。

(3) 权益分派对象。本次分派对象为：截至2013年7月9日下午深圳证券交易所收市后，在中国证券登记结算有限责任公司深圳分公司(以下简称“中国结算深圳分公司”)登记在册的本公司全体股东。

(4) 权益分派方法：

① 本次所转股于2013年7月10日直接记入股东证券账户。在转股过程中产生的不足1股的部分，按小数点后尾数由大到小排序依次向股东派发1股(若尾数相同则在尾数相同者中由系统随机排序派发)，直至实际转股总数与本次转股总数一致。

② 蓝盾公司此次委托中国结算深圳分公司代派的现金红利将于2013年7月10日通过股东托管证券公司(或其他托管机构)直接划入其资金账户。

问题：

(1) 蓝盾公司2012年年度权益分派方案包括的股利类型有几种?

(2) 对于2012年年度权益分派方案，蓝盾公司何时及如何对其进行会计处理(为简化起见，向全体股东每10股派现0.60元时不考虑相关所得税)?

(3) 该公司2012年年度权益分配对公司的财务状况将有何影响?

习题解答

一、单项选择题

1. B 2. D 3. C 4. A 5. B 6. B 7. C 8. D 9. D 10. B 11. B 12. D 13. B 14. D 15. D 16. C 17. B 18. D 19. C 20. D 21. C 22. B 23. B 24. A

二、多项选择题

1. ABCD 2. BCD 3. AB 4. CD 5. ACD 6. AC 7. AC 8. BCD 9. ABC 10. BC 11. ABC 12. ABC 13. BC 14. ABCD 15. ACD

三、判断题

1.× 2.× 3.× 4.× 5.× 6.√ 7.√ 8.× 9.× 10.√ 11.√ 12.× 13.× 14.× 15.× 16.√ 17.× 18.√ 19.√ 20.√

四、计算与业务分析题

1. 所有者权益的核算。

（1）阳光公司相关经济业务的会计分录。

① 借：原材料　3 000
　　应交税费——应交增值税(进项税额)　510
　贷：股本　2 500
　　资本公积——股本溢价　1 010

② 借：其他综合权益　200
　贷：长期股权投资——其他综合权益　200

③ 借：银行存款　14 700
　贷：股本　3 000
　　资本公积——股本溢价　11 700

④ 借：盈余公积　2 800
　贷：股本　2 800

⑤ 借：本年利润　3 000
　贷：利润分配——未分配利润　3 000

⑥ 借：利润分配——提取法定盈余公积　300
　贷：盈余公积——法定盈余公积　300

⑦ 借：利润分配——应付现金股利　500
　贷：应付股利　500

⑧ 借：利润分配——未分配利润　800
　贷：利润分配——提取法定盈余公积　300
　　　　　——应付现金股利　500

（2）年末股本账面余额＝30 000＋2 500＋3 000＋2800＝38 300(万元)

年末资本公积账面余额＝5 000＋1 010－200＋11 700＝17 510(万元)

年末盈余公积账面余额＝6 000－2 800＋300＝3 500(万元)

年末未分配利润＝9 000＋3 000－300－500＝11 200(万元)

2. 所有者权益的核算。

（1）借：银行存款　200 000(40 000×5)
　贷：股本　40 000
　　资本公积——股本溢价　160 000

（2）借：资本公积　4 000
　贷：股本　4 000

（3）借：库存股　　300
　　贷：银行存款　　300
（4）借：股本　　100
　　资本公积——股本溢价　　200
　　贷：库存股　　300

3. 所有者权益的核算。

（1）借：资本公积——资本溢价　　90 000
　　贷：实收资本——甲公司　　30 000
　　　　——乙公司　　30 000
　　　　——丙公司　　30 000
（2）借：盈余公积　　50 000
　　贷：利润分配——盈余公积补亏　　50 000
借：利润分配——盈余公积补亏　　50 000
　　贷：利润分配——未分配利润　　50 000
（3）借：利润分配——提取法定盈余公积　　153 000
　　贷：盈余公积　　153 000
借：利润分配——未分配利润　　153 000
　　贷：利润分配——提取法定盈余公积　　153 000
（4）借：银行存款　　1 200 000
　　贷：实收资本——B公司　　1 000 000
　　　　资本公积——资本溢价　　200 000

4. 所有者权益的核算。

（1）计算甲公司本期所得税费用，并编制相应的会计分录。

按税法规定本年度准予扣除的业务招待费为20万元，实际发生业务招待费30万元。

甲公司本期所得税费用＝[390＋(30－20)]×25%＝100(万元)

借：所得税费用　　1 000 000
　　贷：应交税费——应交所得税　　1 000 000

（2）编制甲公司提取法定盈余公积的会计分录。

甲公司本年的净利润＝390－100＝290(万元)

提取法定盈余公积＝290×10%＝29(万元)

借：利润分配——提取法定盈余公积　　290 000
　　贷：盈余公积——法定盈余公积　　290 000

（3）编制甲公司提取任意盈余公积的会计分录。

借：利润分配——提取任意盈余公积　　100 000
　　贷：盈余公积——任意盈余公积　　100 000

（4）编制甲公司向投资者宣告分配现金股利的会计分录。

借：利润分配——应付现金股利　　400 000
　　贷：应付股利　　400 000

（5）计算年末未分配利润。

年末未分配利润＝100＋(390－100－29－10－40)＝311(万元)

5. 利润分配的核算。

（1）编制甲公司2008年3月提取法定盈余公积。

借：利润分配——提取法定盈余公积　　40

　　贷：盈余公积——法定盈余公积　　40

借：利润分配——未分配利润　　40

　　贷：利润分配—提取法定盈余公积　　40

（2）编制甲公司2008年5月宣告分派现金股利。

借：利润分配——应付现金股利　　300

　　贷：应付股利　　300

借：利润分配——未分配利润　　300

　　贷：利润分配—应付现金股利　　300

（3）编制甲公司2008年6月资本公积转增股本的会计分录。

借：资本公积　　4 000

　　贷：股本　　4 000

（4）编制甲公司2008年度结转当年净亏损的会计分录。

借：利润分配——未分配利润　　3 142

　　贷：本年利润　　3 142

（5）应交所得税150万元(600×25％)：

借：所得税费用　　150

　　贷：应交税费——应交所得税　　150

借：本年利润　　150

　　贷：所得税费用　　150

借：本年利润　　450(600－150)

　　贷：利润分配——未分配利润　　450

（6）未弥补亏损＝(500＋400－40－300)－3142＋(200＋300＋400＋500＋600)＋450＝－132(万元)(亏损)

（7）编制甲公司2015年5月以法定盈定公积弥补亏损的会计分录。

借：盈余公积——法定盈余公积　　132

　　贷：利润分配——盈余公积补亏　　132

借：利润分配——盈余公积补亏　　132

　　贷：利润分配——未分配利润　　132

（注：分录中单位为万元）

6. 实收资本和利润分配的核算。

（1）借：银行存款　　1 140

　　　　固定资产　　360

　　　　无形资产　　100

贷：实收资本——A 640

——B 560

——C 400

（2）借：利润分配—应付现金股利 200

贷：应付股利——A 80

——B 70

——C 50

（3）2013 年 12 月 31 日 D 股东出资时产生的资本公积＝(200＋117)－2 000×10%＝117(万元)

（4）借：银行存款 400

原材料 100

应交税费——应交增值税(进项税额) 17

贷：实收资本——A 80

——B 70

——C 50

——D 200

资本公积 117

（5）2013 年 12 月 31 日后各股东的持股比例如下：

A＝(640＋80)÷2 000×100%＝36%

B＝(560＋70)÷2 000×100%＝31.5%

C＝(400＋50)÷2 000×100%＝22.5%

D＝10%(或：D＝200÷2 000×100%＝10%)

(注：分录中单位为万元)

五、案例分析

（1）蓝盾公司 2012 年年度权益分派方案包括的股利类型有现金股利和股票股利两种。

（2）对于 2012 年年度权益分派方案，蓝盾公司 2013 年 7 月 4 日和 7 月 10 日对其进行会计处理。

2013 年 7 月 4 日，宣告分派现金股利＝98 000 000/10×0.6＝5 880 000(元)：

借：利润分配——应付现金股利 5 880 000

贷：应付股利 5 880 000

2013 年 7 月 10 日，办妥增资手续，派发的股票股利总数为 9800 万股，同时支付现金股利 588 万元。

借：资本公积 98 000 000

贷：股本 98 000 000

借：应付股利 5 880 000

贷：银行存款 5 880 000

（3）蓝盾公司 2012 年年度权益分配对公司的财务状况的影响：未分配利润减少 588 万元，资本公积减少 9 800 万元，银行存款减少 9 800 万元，股本增加 9 800 万元。

第12章 收入、费用和利润

本章结构

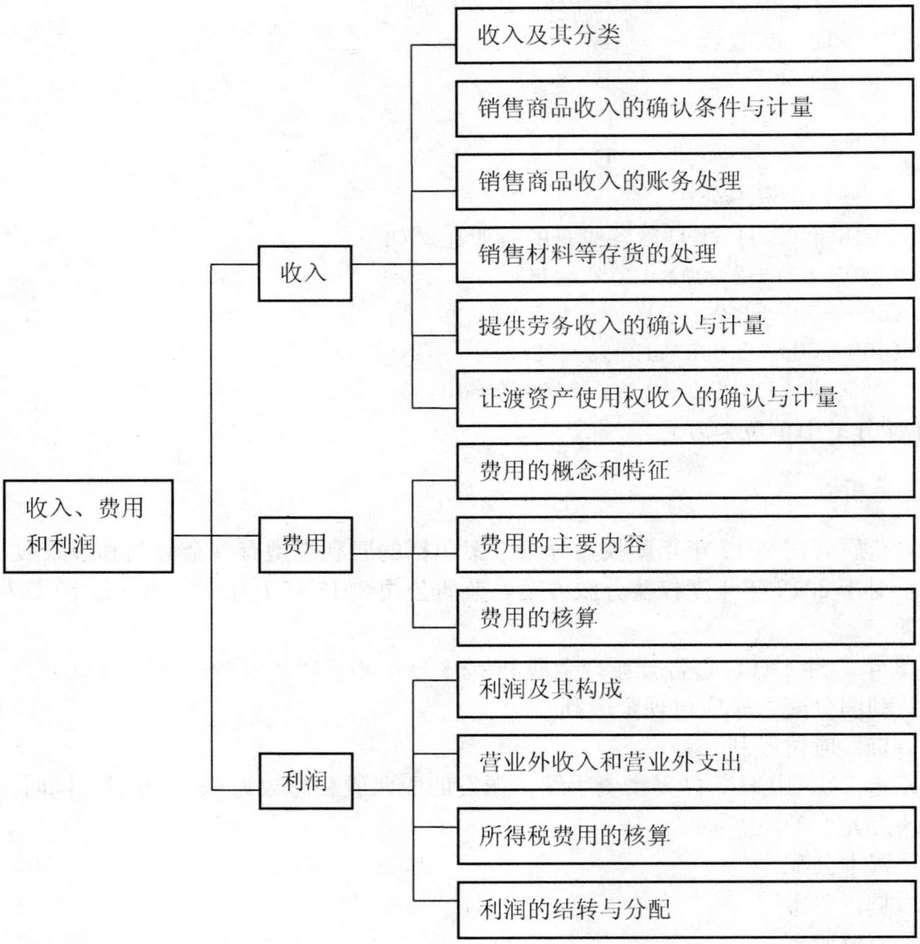

本章重点与难点

12.1 收　　入

1. 收入及其分类

收入是指企业在日常活动中形成的、会导致所有者权益增加的、与所有者投入资本无关的经济利益的总流入。收入具有以下特点。

(1) 收入是企业在日常活动中形成的经济利益的总流入。

(2) 收入可能表现为资产的增加或负债的减少，或者二者兼而有之。

(3) 收入会导致企业所有者权益的增加。

(4) 收入与所有者投入资本无关。

收入按不同标准，可做以下分类：

(1) 收入按企业从事日常活动的性质不同，分为销售商品收入、提供劳务收入和让渡资产使用权收入。

(2) 收入按企业经营业务的主次不同，分为主营业务收入和其他业务收入。

2. 销售商品收入的确认条件与计量

(1) 企业已将商品所有权上的主要风险和报酬转移给购货方。

(2) 企业既没有保留通常与所有权相联系的继续管理权，也没有对已售出的商品实施有效控制。

(3) 相关的经济利益很可能流入企业。

(4) 收入的金额能够可靠地计量。

(5) 相关的已发生或将发生的成本能够可靠地计量。

3. 会计处理

1) 一般销售商品业务

在进行销售商品的会计处理时，首先要考虑销售商品收入是否符合收入确认条件。符合收入准则所规定的5项确认条件的，企业按已收或应收的合同或协议价款和应收取的增值税销项税额，借记“银行存款”“应收票据”“应收账款”等科目；按确定的收入金额，贷记“主营业务收入”“其他业务收入”等科目，按应收取的增值税销项税额，贷记“应交税费——应交增值税(销项税额)”科目；同时或在资产负债表日结转相关销售成本，借记“主营业务成本”“其他业务成本”等科目，贷记“库存商品”“原材料”等科目；如果需要交纳消费税、资源税、城市维护建设税和教育费附加等税费，在确定销售收入的同时或在资产负债表日，计算应交的相关税费的金额，借记“营业税金及附加”科目，贷记“应交税费——应交消费税(或应交资源税、应交城市维护建设税、应交教育费附加)”科目；企业在销售商品时发生的运杂费、保险费等，如应由销售方承担，则借记“销售费用”科目，贷记“银行存款”等科目。

2）商业折扣、现金折扣和销售折让与退回的会计处理

(1) 商业折扣。商业折扣是指企业为促进商品销售而在商品标价上给予的价格扣除。例如，企业为鼓励客户多买商品可能规定，购买 10 件以上商品给予客户 10%的折扣，或客户每买 10 件送 1 件。此外，企业为了尽快出售一些残次、陈旧的商品，也可能降价(即打折)销售。商业折扣在销售时即已发生，并不构成最终成交价格的一部分。企业销售商品涉及商业折扣的，应当按照扣除商业折扣后的金额确定销售商品收入金额。

(2) 现金折扣。现金折扣是指债权人为鼓励债务人在规定的期限内付款而向债务人提供的债务扣除。附有现金折扣条件的销售，会计处理有两种方法：一种是总价法；另外一种方法是净价法。而我国企业会计准则规定，销售商品涉及现金折扣的，应当采用总价法进行会计处理。

(3) 销售折让。销售折让是指企业因售出商品的质量不合格等原因而在售价上给予的减让。企业将商品销售给买方后，如买方发现商品在质量、规格等方面不符合要求，可能要求卖方在价格上给予一定的减让。

销售折让可能发生在销售收入确认之前，也可能发生在销售收入确认之后，如发生在确认销售收入确认之前，则应在确认销售收入时直接按扣除销售折让后的金额确认；如发生在销售收入确定之后，且不属于资产负债表日后事项的，则应在发生时冲减当期销售商品收入，如按规定允许扣减增值税额的，还应冲减已确认的应交增值税销项税额。销售折让如属于资产负债表日后事项，则按照资产负债表日后事项的相关规定进行会计处理。

(4) 销售退回。销售退回，是指企业售出的商品由于质量、品种不符合要求等原因而发生的退货。企业售出商品发生的销售退回，应当分别不同情况进行会计处理：一是尚未确认销售商品收入的售出商品发生销售退回的，应当将已记入“发出商品”等科目的商品成本转回，记入“库存商品”科目。二是已确认销售商品收入的售出商品发生销售退回的，则不论是本年销售的本年退回，还是以前销售的本年退回，除属于资产负债表日后事项外，一般应在发生时冲减当期销售商品收入，同时冲减当期销售商品成本，如按规定允许扣减增值税税额的，应同时冲减已确认的应交增值税销项税额。如该项销售退回已发生现金折扣的，应同时调整相关财务费用的金额。三是发生销售退回的商品，如果是报告年度资产负债表日及以前售出的商品，在年度资产负债表日至财务报表批准报出日之间发生退回，则属于资产负债表日后事项，按资产负债表日后事项的相关规定进行会计处理。

3）采用分期预收款方式销售商品的处理

分期预收款销售，是指购货方在商品尚未收到前按照合同或协议约定分期付款。在这种销售方式下，销售方直到收到最后一笔款项才将商品交付购货方，表明商品所有权上的主要风险和报酬只有在收到最后一笔款项时才转移给购货方，销售方通常应在发出商品时确认收入，在此之前预收的货款应记入“预收账款”科目或“应收账款”科目。

4）委托代销商品的处理

委托代销是指委托方根据协议，委托受托方代销商品的一种销售方式。委托代销方式具体又可分为两种：视同买断方式委托代销商品和支付手续费方式委托代销商品。

(1) 视同买断方式委托代销商品。视同买断方式委托代销商品，是指委托方和受托方

签订合同或协议，委托方按合同或协议收取代销的货款，实际售价由受托方自定，实际售价与合同或协议价之间的差额归受托方所有的销售方式。如果委托方和受托方之间的协议明确标明，受托方在取得代销商品后，无论是否能够卖出、是否获利，均与委托方无关，那么委托方和受托方之间的代销商品交易，与委托方直接销售商品给受托方没有实质区别。

（2）支付手续费方式委托代销商品。支付手续费方式，是指委托方和受托方签订合同或协议，委托方根据代销商品的数量向受托方支付手续费的一种代销方式。与视同买断方式相比，支付手续费方式的主要特点是受托方一般应按委托方规定的价格销售商品，不得自行改变售价。采用支付手续费代销方式下，委托方在发出商品时，商品所有权上的主要风险和报酬并未转移给受托方，委托方在发出商品时通常不应确认销售商品收入，应将发出的商品转入“委托代销商品”科目核算，待收到受托方开出的代销清单时确认销售商品收入，同时将应支付的代销手续费计入销售费用；受托方应在代销商品销售后，按合同或协议约定的方法计算确定代销手续费，确认劳务收入，记入“主营业务收入”或“其他业务收入”科目。受托方可通过“受托代销商品”、“受托代销商品款”等科目，对受托代销商品进行核算。

5）分期收款销售方式

分期收款销售，是指商品已经交付，但货款分期收回的一种销售方式。在分期收款销售方式下，销货方将商品交付给购货方，通常表明商品所有权上的主要风险和报酬已经转移给了购货方，销货方应当于发出商品时，按照从购货方已收或应收的合同或协议价款确认收入，但已收或应收的合同或协议价款不公允的除外。

在采用分期收款方式销售商品时，如果延期收取的货款具有融资性质，其实质是销货方向购货方提供信贷，销货方应当在交付商品时，按照应收的合同或协议价款的公允价值确定收入金额，应收的合同或协议价款与其公允价值之间的差额，应当作为未实现融资收益，在合同或协议期间内，采用实际利率法分期摊销，冲减财务费用。应收的合同或协议价款的公允价值，通常应当按照其未来现金流量的现值或商品现销价格计算确定。如果企业以合同或协议价款的现值作为公允价值并据以确认销售收入，则计算现值的折现率即为摊销未实现融资收益的实际利率，该折现率通常为具有类似信用等级的企业发生类似工具的现时利率；如果企业以商品现销价格作为公允价格并据以确认销售收入，摊销未实现融资收益的实际利率应当是将合同或协议价款折算为现值恰好等于商品现销价格的折现率。

6）以旧换新销售方式

以旧换新销售，是指销售方在销售商品的同时回收与所售商品相同的旧商品。在这种销售方式下，销售的商品应当按照销售商品收入确认条件确认收入，回收的商品作为购进商品处理。

7）附有销售退回条件的商品销售

附有销售退回条件的商品销售，是指购买方依照有关协议有权退货的销售方式。在这种销售方式下，企业根据以往经验能够合理估计退货可能性且确认与退货相关负债的，通常应在发出商品时确认收入；企业不能合理估计退货可能性的，通常应在售出商品退货期满时确认收入。

8）售后回购和售后租回的处理

售后回购，是指销售商品的同时，销售方同意日后再将同样或类似的商品购回的销售方式。在这种方式下，销售方应根据合同或协议条款判断销售商品是否满足收入确认条件。通常情况下，以固定价格回购的售后回购交易属于融资交易，商品所有权上的主要风险和报酬没有转移，企业不应确认收入；回购价格大于原售价的差额，企业应在回购期间按期计提利息费用，计入财务费用。

售后租回，是指销售商品的同时，销售方同意在日后再将同样的商品租回的销售方式。在这种方式下，销售方应根据合同或协议条款判断企业是否已将商品所有权上的主要风险和报酬转移给购货方，以确定是否确认销售商品收入。在大多数情况下，售后租回属于融资交易，企业不应确认销售商品收入，售价与资产账面价值之间的差额应当分别不同情况进行处理。

9）销售材料等存货的处理

企业销售原材料、包装物等存货实现的收入以及结转的相关成本，通过“其他业务收入”、“其他业务成本”科目核算。

4. 提供劳务收入的确认与计量

（1）提供劳务交易结果能够可靠估计。在资产负债表日，企业提供的劳务交易的结果能够可靠估计，应当采用完工百分比法确认提供劳务收入。

（2）提供劳务交易结果不能可靠估计的处理。企业在资产负债表日提供劳务交易结果不能够可靠估计的，企业不能采用完工百分比法确认提供劳务收入。此时，企业应正确预计已经发生的劳务成本能够得到补偿和不能得到补偿，分别进行会计处理：①已经发生的劳务成本预计能够得到补偿的，应按已经发生的能够得到补偿的劳务成本金额确认提供劳务收入，并结转已经发生的劳务成本。②已经发生的劳务成本预计全部不能得到补偿的，应将已经发生的劳务成本计入当期损益，不确认提供劳务收入。

5. 让渡资产使用权收入的确认与计量

让渡资产使用权收入包括利息收入、使用费收入等。利息收入，主要是针对金融企业存、贷款形成的利息收入及同业之间发生往来形成的利息收入等。

让渡资产使用权收入同时满足下列条件时，才能予以确认：

（1）相关的经济利益很可能流入企业。

（2）收入的金额能够可靠地计量。

12.2 费 用

1. 费用的概念和特点

费用是指企业在日常活动中发生的、会导致所有者权益减少的、与向所有者分配利润无关的经济利益的总流出。费用具有以下特点：

（1）费用是企业在日常活动中发生的经济利益的总流出。

（2）费用会导致企业所有者权益的减少。

（3）费用与向所有者分配利润无关。

2. 费用的主要内容

企业的费用主要包括主营业务成本、其他业务成本、营业税金及附加、销售费用、管理费用和财务费用等。

12.3 利　　润

1. 利润及其构成

利润是指企业在一定会计期间的经营成果。

在利润表中，利润的金额主要分为营业利润、利润总额、净利润3个层次计算确定。利润相关计算公式如下：

营业利润＝营业收入－营业成本－营业税金及附加－销售费用－管理费用－财务费用－资产减值损失＋公允价值变动收益(－公允价值变动损失)＋投资收益(－投资损失)

利润总额＝营业利润＋营业外收入－营业外支出

净利润利润总额－所得税费用

2. 营业外收入和营业外支出

营业外收入是指企业发生的与其日常活动无直接关系的各项利得。营业外收入并不是企业经营资金耗费所产生的，不需要企业付出代价，实际上是经济利益的净流入，不可能也不需要与有关的费用进行配比。营业外收入主要包括非流动资产处置利得、盘盈利得、罚没利得、捐赠利得、非货币性资产交换利得、债务重组利得、政府补助利得、确实无法支付应付款项等。

营业外支出是指企业发生的与其日常活动无直接关系的各项损失。主要包括非流动资产处置损失、盘亏损失、罚款支出、公益性捐赠支出、非常损失、非货币生资产交换损失、债务重组损失等。

3. 所得税的核算

所得税是根据企业应纳税所得额的一定比例上交的一种税金。企业在计算确定当期所得税及递延所得税费用(或收益)的基础上，应将两者之和确认为利润表中的所得税费用(或收益)。计算公式为

所得税费用(或收益)＝当期所得税＋递延所得税费用(－递延所得税收益)

递延所得税费用＝递延所得税负债增加额＋递延所得税资产减少额递延所得税收益＝递延所得税负债减少额＋递延所得税资产增加额

4. 利润的结转与分配

(1) 利润的结转。企业应设置“本年利润”科目，用于核算企业当期实现的净利润或发生的净亏损。会计期末，企业应将各损益类科目的余额转入“本年利润”科目，结平损益类科目。期末结转利润后，“本年利润”科目如为贷方余额，反映年初至本期末累计实现的净利润；如为借方余额，反映年初至本期末累计实现的净亏损。年度终了，企业应将

收入和支出相抵后结出的本年实现的净利润，转入“本年分配——未分配利润”科目；结转后，“本年利润”科目应无年末余额。

(2) 利润的分配。企业当期实现的净利润，加上年初未分配利润(或减去年初未弥补亏损)后的余额，为可供分配的利润。可供分配的利润，一般按下列顺序分配。

① 提取法定盈余公积，是指企业根据有关法律的规定，按照净利润的10%提取的盈余公积。法定盈余公积累计金额超过企业注册资本的50%以上时，可以不再提取。

② 提取任意盈余公积，是指企业按股东大会决议提取的盈余公积。

③ 应付现金股利或利润，是指企业按照利润分配方案给股东的现金股利，也包括非股份有限公司分配给投资者的利润。

④ 转作股本的股利，是指企业按照利润分配方案以分派股票股利的形式转作股本的股利，也包括非股份有限公司以利润转增的资本。

练 习 题

一、单项选择题

1. 甲公司本年度委托乙商店代销一批零配件，代销价款300万元(不含增值税)。本年度收到乙商店交来的代销清单，代销清单列明已销售代销零配件的70%，甲公司收到代销清单时向乙商店开具增值税发票。乙商店按代销价款的5%收取手续费。该批零配件的实际成本为180万元。则甲公司本年度因此项业务应确认的销售收入为(　　)万元。

A. 300　　B. 180　　C. 210　　D. 120

2. 委托方采用支付手续费的方式委托代销商品，委托方在收到代销清单后应按(　　)确认收入。

A. 销售价款和增值税之和　　B. 商品的进价

C. 销售价款和手续费之和　　D. 商品售价

3. 对于企业已经发出商品但尚未确认销售收入的商品成本，应编制的会计分录为(　　)。

A. 借记应收账款，贷记库存商品

B. 借记应收账款，贷记主营业务收入(不考虑增值税)

C. 借记主营业务成本，贷记库存商品

D. 借记发出商品，贷记库存商品

4. A公司销售一批商品给B公司，开出的增值税专用发票上注明的售价为10 000万元。增值税税额为1 700万元。该批商品的成本为8 000万元。货到后B公司发现商品质量不合格，要求在价格上给予3%的折让。B公司提出的销售折让要求符合原合同的约定，A公司同意并办妥了相关手续，假定销售商品后还未确认收入，则A公司应确认销售商品收入的金额为(　　)万元。

A. 351　　B. 9 700　　C. 11 349　　D. 11 700

5. 某企业销售商品7 000件，每件售价50元(不含增值税)，增值税税率17%，企业为购货方提供的商业折扣为15%，提供的现金折扣条件为2/10、1/20、n/30(计算现金折扣时不考虑增值税)。该企业在这项交易中应确认的收入金额为(　　)元。

A. 320 000　　B. 308 200　　C. 297 500　　D. 320 200

6. 甲企业 2014 年 12 月向乙企业提供某专利的使用权。合同规定：使用期 10 年，一次性收取使用费 360 000 元，不提供后续服务，款项已经收到。则甲企业当年应确认的使用费收入为(　　)元。

A. 0　　B. 6 000　　C. 72 000　　D. 360 000

7. 按照会计准则的规定，下列项目中不应确认为收入的是(　　)。

A. 出售原材料取得的收入　　B. 设备出租收入

C. 违约金收入　　D. 销售商品收取的不含税价款

8. 某企业于 2014 年 9 月接受一项产品安装任务，安装期 5 个月，合同总收入 30 万元，年度预收款项 20 万元，余款在安装完成时收回，当年实际发生成本 15 万元，预计还将发生成本 3 万元。2014 年年末请专业测量师测量，产品安装程度为 60%。年末应确认的劳务收入为(　　)万元。

A. 30　　B. 20　　C. 18　　D. 15

9. 某企业 2013 年 10 月承接一项设备安装劳务，劳务合同总收入为 200 万元，预计合同总成本为 140 万元，合同价款在签订合同时已收取，采用完工百分比法确认劳务收入。2013 年已确认劳务收入 80 万元，截至 2014 年 12 月 31 日，该劳务的累计完工进度为 60%。2014 年该企业应确认的劳务收入为(　　)万元。

A. 36　　B. 40　　C. 72　　D. 120

10. 某企业是一家工业企业，适用的增值税税率为 17%。销售产品每件 100 元，若客户购买 200 件以上(含 200 件)产品可给予客户 10%折扣。有一客户 2014 年 3 月 8 日购买该企业产品 350 件，按规定现金折扣条件为：2/10、1/20、n/30。假设购销双方约定计算现金折扣时考虑增值税，该企业于 2014 年 3 月 25 日收到该笔款项时，应给予客户的现金折扣为(　　)元。

A. 0　　B. 737.1　　C. 368.55　　D. 409.5

11. 甲公司于 2015 年 3 月 1 日赊销一批商品，售价 10 000 元，增值税专用发票上注明的增值税额 1 700 元，现金折扣条件为 2/10，n/30，甲公司采用总价法核算，购货方于 2015 年 3 月 10 日支付货款。甲公司确认的销售收入金额为(　　)元。

A. 11 700　　B. 11 500　　C. 10 000　　D. 9 800

12. A 公司于 2014 年 1 月 9 日向 B 公司销售一批商品，开出的增值税专用发票上注明售价为 20 万元，增值税税额为 3.4 万元；该批商品成本为 12 万元。A 公司在销售该批商品时已得知 B 公司资金流转发生暂时困难，但为了减少存货积压，同时为了维持与 B 公司长期以来建立的商业关系，A 公司仍将商品发出。假定 A 公司销售该批商品的纳税义务已经发生。不考虑其他因素，则下列说法中正确的是(　　)。

A. 甲公司应在发出商品当日确认主营业务收入 20 万元

B. 甲公司应在发出商品当日确认主营业务成本 12 万元

C. 甲公司在发出商品当日不需确认增值税销项税

D. 甲公司应在发出商品时，借记“发出商品”12 万元

13. 甲公司对A产品实行一个月内“包退、包换、包修”的销售政策。2014年8月份共销售甲产品20件，售价合计100 000元，成本80 000元。根据以往经验，A产品包退的占4%，包换的占6%，包修的占10%，甲公司8月份A产品的收入应确认为(　　)元。

A. 100 000　　B. 96 000　　C. 90 000　　D. 80 000

14. 按照《企业会计准则——收入》的规定，销售合同中规定了由于特定原因买方有权退货的条款，而企业又不能确定退货的可能性，这种情况下，销货收入的确认时间为(　　)。

A. 向购货方交付商品时

B. 收到货款时

C. 同意按购货方要求对商品质量、品种等方面不符合合同规定的问题进行检查时

D. 退货期满时

15. 企业对外销售需要安装的商品时，若安装和检验属于销售合同的重要组成部分，则确认该商品销售收入的时间是(　　)。

A. 发出商品时　　B. 收到商品销售货款时

C. 商品运抵并开始安装时　　D. 商品安装完毕并检验合格时

16. 某企业某月销售商品发生商业折扣40万元、现金折扣30万元、销售折让50万元。该企业上述业务计入当月财务费用的金额为(　　)万元。

A. 30　　B. 40　　C. 70　　D. 90

17. 下列各项中，不应计入财务费用的是(　　)。

A. 长期借款在筹建期间的利息

B. 带息应付票据的应计利息

C. 不符合资本化条件的生产经营期间长期借款利息支出

D. 带息应收票据的应计利息

18. 下列各项业务，在进行会计处理时应计入管理费用的是(　　)。

A. 支付离退休人员工资　　B. 销售用固定资产计提折旧

C. 生产车间管理人员的工资　　D. 计提坏账准备

19. 下列各项中，应计入管理费用的是(　　)。

A. 筹建期间的开办费　　B. 预计产品质量保证损失

C. 生产车间管理人员工资　　D. 专设销售机构的固定资产修理费

20. 企业为购买原材料所发生的银行承兑汇票手续费，应当计入(　　)。

A. 管理费用　　B. 财务费用　　C. 销售费用　　D. 其他业务成本

21. 销售折让发生在销货方确认收入之后，销货方应按实际给予购货方的销售折让(　　)

A. 冲减销售成本　　B. 计入财务费用

C. 计入管理费用　　D. 冲减销售收入

22. 下列各项中，不应计入销售费用的是(　　)。

A. 已售商品预计保修费用

B. 为推广新产品而发生的广告费用

C. 随同商品出售且单独计价的包装物成本

D. 随同商品出售而不单独计价的包装物成本

23. 下列各项中，不计入期间费用的是(　　)。

A. 诉讼费　　B. 聘请中介机构费

C. 生产车间管理人员工资　　D. 企业发生的现金折扣

24. 下列各项中，不属于期间费用的是(　　)。

A. 管理部门固定资产维修费　　B. 预计产品质量保证损失

C. 因违约支付的赔偿款　　D. 汇兑损益

25. 下列各项中，不应在利润表“营业收入”项目列示的是(　　)。

A. 罚款收入　　B. 设备安装劳务收入

C. 代修品销售收入　　D. 无形资产出租收入

26. 某工业企业本期营业利润为200万元，管理费用为15万元，投资收益为30万元，营业外支出5万元，所得税费用为30万元。假定不考虑其他因素，该企业本期净利润为(　　)万元。

A. 160　　B. 165　　C. 200　　D. 210

27. 下列各项业务中，不应通过“营业外收入”科目核算的有(　　)。

A. 存货盘盈　　B. 转销无法偿付的应付账款

C. 接受现金捐赠　　D. 接受政府补助

28. 企业因债权人撤销而无法支付应付账款时，应将无法支付的应付账款计入(　　)。

A. 营业外收入　　B. 其他应付款　　C. 资本公积　　D. 其他业务收入

29. 某工业企业2014年度营业利润为2 520万元，主营业务收入为4 000万元，财务费用为10万元，营业外收入为60万元，营业外支出为50万元，所得税税率为25%。假定不考虑其他因素，该企业2014年度的净利润应为(　　)万元。

A. 1 494　　B. 1 897.5　　C. 1 505.6　　D. 4 132.5

30. 下列各项，不影响企业营业利润的是(　　)。

A. 计提的工会经费　　B. 发生的业务招待费

C. 收到退回的所得税　　D. 处置投资取得的净收益

31. 某企业2014年4月主营业务收入为150万元，主营业务成本为80万元，管理用固定资产计提折旧5万元，资产减值损失为2万元，投资收益为10万元、罚款支出10万元。假定不考虑其他因素，该企业当月的营业利润为(　　)万元。

A. 43　　B. 65　　C. 68　　D. 73

32. 甲企业本期主营业务收入为500万元，主营业务成本为300万元，其他业务收入为200万元，其他业务成本为100万元，销售费用为15万元，资产减值损失为45万元，公允价值变动收益为60万元，投资收益为20万元，假定不考虑其他因素，该企业本期营业利润为(　　)万元。

A. 300　　B. 320　　C. 365　　D. 380

33. 下列各项中，不影响营业利润的项目是(　　)。

A. 已销商品收入　　B. 原材料销售收入

C. 出售无形资产净收益　　D. 股票投资所得收益

34. 关于企业在日常活动中取得的收入，下列说法中错误的是（　　）。

A. 收入是企业日常活动形成的经济利益总流入

B. 收入的取得会导致资产的增加或者负债的减少

C. 收入必然导致所有者权益的增加

D. 收入包括所有者向企业投入资本导致的经济利益流入

35. 工业企业的下列活动形成的经济利益流入中，不构成其收入的是（　　）。

A. 销售产成品　　B. 转让无形资产使用权

C. 销售原材料　　D. 销售固定资产

36. 如果企业销售的商品已经发出但尚未完全满足收入确认的条件，应将发出的商品的成本转入（　　）。

A. “发出商品”科目　　B. “在途物资”科目

C. “主营业务成本”科目　　D. “其他业务成本”科目

37. 企业会计准则规定，企业在销售商品时不考虑现金折扣，现金折扣应于实际发生时计入（　　）。

A. 销售费用　　B. 管理费用　　C. 财务费用　　D. 营业外支出

38. 企业获得的下列经济利益收入中，不属于营业外收入的是（　　）。

A. 出售固定资产净收益

B. 客户逾期未退回包装物没收的押金

C. 出售无形资产净收益

D. 债务重组利得

39. 企业提取的法定盈余公积主要用于（　　）。

A. 弥补亏损和转增资本　　B. 弥补亏损和分配现金股利

C. 转增资本和分配现金股利　　D. 分配现金股利

40. 在计算营业利润时，不会涉及的损益项目是（　　）。

A. 资产减值损失　　B. 公允价值变动净损益

C. 投资净损益　　D. 所得税费用

二、多项选择题

1. 甲企业 2014 年 12 月 10 日收到乙公司因质量问题而退回的商品 5 件，每件商品成本为 200 元。该批商品系甲公司 2014 年 9 月 13 日出售给乙公司，每件商品售价为 400 元，适用的增值税税率为 17%，货款尚未收到，甲公司已于 2014 年 9 月 13 日确认销售商品收入，并开出增值税专用发票。因乙公司提出的退货要求符合销售合同约定，甲公司同意退货。假定发生的销售折让允许扣减当期增值税销项税额。甲公司应在验收退货入库时做的会计处理为（　　）。

A. 借记“库存商品”1 000，贷记“主营业务成本”1 000

B. 借记“主营业务收入”2 000，借记“应交税费——应交增值税(销项税额)”340，贷记“应收账款”2340

C. 借记“库存商品”1 000，贷记“发出商品”1 000

D. 借记“应收账款”340，贷记“应交税费——应交增值税(销项税额)”340

2. 下列有关收入确认的表述中，正确的有(　　)。

A. 在同一会计期间内开始并完成的劳务，应按完工百分比法确认收入

B. 在资产负债表日，已发生的合同成本预计全部不能收回时，应将已发生的成本确认为当期损益，不确认收入

C. 在提供劳务交易的结果不能可靠估计的情况下，已经发生的劳务成本预计能够得到补偿时，应在资产负债表日按已经发生的劳务成本确认成本

D. 劳务的开始和完成分属不同的会计期间，在劳务的交易结果能够可靠地计量的情况下，应在资产负债表日按完工百分比法确认收入

3. 企业跨期提供劳务的，期末可以按照完工百分比法确认收入的条件包括(　　)。

A. 劳务总收入能够可靠地计量　　　B. 相关的经济利益能够流入企业

C. 劳务的完成程度能够可靠地确定　　　D. 劳务总成本能够可靠地计量

4. 下列有关收入确认的表述中，正确的有(　　)。

A. 如劳务的开始和完成分属于不同会计期间，应按完工百分比法确认收入

B. 在收取手续费方式下，委托代销方式销售商品时要在收到受托方开具的代销清单时确认收入

C. 资产使用费收入应当按合同规定确认

D. 在预收款销售方式下，收到货款时确认收入

5. 现金折扣方式销售产品，购货方在折扣期内付款，则下列处理中正确的有(　　)。

A. 按照扣除折扣后的净价确认销售收入

B. 按照商品总价确认销售收入

C. 给予购货方的折扣确认为财务费用

D. 给予购货方的折扣确认为销售费用

6. 下列各项中，应计入财务费用的有(　　)。

A. 企业发行股票支付的手续费　　　B. 企业支付的银行承兑汇票手续费

C. 企业购买商品时取得的现金折扣　　　D. 企业销售商品时发生的现金折扣

7. 下列各项中，应计入营业税金及附加的有(　　)。

A. 处置无形资产应交的营业税　　　B. 销售商品应交的增值税

C. 销售应税产品的资源税　　　D. 销售应税消费品应交的消费税

8. 下列各项中，关于期间费用的处理正确的有(　　)。

A. 董事会会费应计入管理费用

B. 管理部门的劳动保险费属于销售费用核算的内容

C. 销售人员工资计入销售费用

D. 季节性停工损失应计入管理费用

9. 下列各项中，属于企业期间费用的有(　　)。

A. 管理费用　　　B. 财务费用　　　C. 制造费用　　　D. 销售费用

10. 下列各项中，应在发生时直接确认为期间费用的有(　　)。

A. 专设销售机构固定资产的折旧费　　　B. 业务招待费

C. 管理人员差旅费　　D. 车间管理人员薪酬

11. 下列各项中，不应在发生时确认为销售费用的有(　　)。

A. 车间管理人员的工资　　B. 投资性房地产的折旧额

C. 专设销售机构固定资产的维修费　　D. 预计产品质量保证损失

12. 下列各项中，不应计入管理费用的有(　　)。

A. 总部办公楼折旧　　B. 生产设备改良支出

C. 经营租出专用设备的修理费　　D. 专设销售机构房屋的修理费

13. 企业下列(　　)可能会影响管理费用。

A. 企业盘点现金，发现现金盘亏

B. 存货盘点，发现存货盘亏，由管理不善造成的

C. 固定资产盘点，发现固定资产盘亏，盘亏的净损失

D. 现金盘点，发现现金盘点的净收益

14. 某企业 2014 年 12 月份发生的费用：外设销售机构办公费用 40 万元，销售人员工资 30 万元，计提车间用固定资产折旧 20 万元，发生车间管理人员工资 60 万元，支付广告费用 60 万元，计提短期借款利息 40 万元，支付业务招待费 20 万元，行政管理人员工资 10 万元。下列说法正确的有(　　)。

A. 该企业 12 月发生财务费用 100 万元　　B. 该企业 12 月发生销售费用 130 万元

C. 该企业 12 月发生制造费用 20 万元　　D. 该企业 12 月发生管理费用 30 万元

15. 下列各项中，既影响营业利润又影响利润总额的业务有(　　)。

A. 计提坏账准备　　B. 转让无形资产所有权的净收益

C. 计提所得税费用　　D. 转让股票所得收益

16. 下列各项，应计入营业外收入的有(　　)。

A. 出售固定资产取得的净收益　　B. 转让长期股权投资的净收益

C. 赔款收入　　D. 盘盈存货取得的净收益

17. 下列各项中，不应确认为营业外收入的有(　　)。

A. 存货盘盈　　B. 固定资产出租收入

C. 固定资产盘盈　　D. 无法查明原因的现金溢余

18. 下列各项中，影响企业利润总额的有(　　)。

A. 管理费用　　B. 财务费用　　C. 所得税费用　　D. 商品的销售成本

19. 下列各项中，影响当期利润表中利润总额的有(　　)。

A. 固定资产盘盈　　B. 确认所得税费用

C. 对外捐赠固定资产　　D. 无形资产出售利得

20. 企业发生的下列与固定资产相关的支出或损失中，应列入营业外支出的有(　　)。

A. 固定资产大修理支出　　B. 固定资产减值损失

C. 固定资产报废损失　　D. 固定资产盘亏损失

三、判断题

1. 如果商品售出后，企业仍可以对售出商品实施有效控制，说明此项商品销售不成

立，不应该确认销售商品收入。 ( )

2. 预收款销售方式下应该在发出商品时确认销售收入。 ( )

3. 企业销售商品一批，并已收到款项，即使商品的成本不能够可靠地计量，也要确认相关的收入。 ( )

4. 如果合同或协议规定一次性收取使用费，且提供后续服务的，应在合同或协议规定的有效期内分期确认收入。 ( )

5. 企业的收入包括主营业务收入、其他业务收入和营业外收入。 ( )

6. 企业2013年5月售出的产品在2014年6月被退回时，企业应冲减2013年度的主营业务收入和主营业务成本。 ( )

7. 企业提供劳务时，如资产负债表日能对交易的结果作出可靠估计，应按已经发生并预计能够补偿的劳务成本确认收入，并按相同金额结转成本。 ( )

8. 出租固定资产的折旧和出租无形资产的折旧均应计入其他业务成本。 ( )

9. 企业出售固定资产发生的处置净损失属于企业的费用。 ( )

10. 应当在确认销售商品收入、提供劳务收入等时，将已销售商品、已提供劳务的成本等计入当期损益。 ( )

11. 企业为客户提供的现金折扣应在实际发生时冲减当期收入。 ( )

12. 企业生产经营期间的长期借款利息支出应该全部计入财务费用。 ( )

13. 企业发生的工会经费应通过营业税金及附加科目核算。 ( )

14. 企业发生的增值税、消费税、教育费附加等均应计入营业税金及附加。 ( )

15. 企业出售无形资产应交的营业税，应列入利润表中的“营业税金及附加”项目。 ( )

16. 企业转让无形资产所有权时交纳的营业税应计入营业税金及附加。 ( )

17. 表结法下，每月月末均需编制转账凭证，将在账上结计出的各损益类科目的余额结转入“本年利润”科目。 ( )

18. 会计期末结转本年利润的方法有表结法和账结法两种。 ( )

19. 企业发生毁损的固定资产的净损失，应计入营业外支出，最终影响净利润的计算。 ( )

20. 年度终了，本年利润科目的本年累计余额即为净利润的金额。 ( )

21. 某企业2014年度利润总额为1 800万元，其中本年度国债利息收入200万元，企业所得税税率为25%。假定不考虑其他因素，该企业2014年度净利润为1 400万元。 ( )

22. 企业盘盈的固定资产应该直接计入营业外收入。 ( )

23. 某企业年初有上年形成的亏损50万元，当年实现利润总额40万元。假设企业本期无纳税调整事项，则企业当年还应交纳一定的企业所得税。 ( )

24. 所得税是企业根据应纳税所得额的一定比例上交的一种税金。应纳税所得额是在企业税前会计利润(即利润总额)的基础上调整确定的。 ( )

25. 对采用成本模式进行后续计量的投资性房地产计提折旧，影响营业利润。 ( )

26. 企业销售商品取得的收入属于主营业务收入，提供劳务取得的收入属于其他业务收入。 ( )

27. 工业企业出租周转材料和出售材料取得的收入，都属于其他业务收入。（　）

28. 销售合同中规定了购货方在特定情况下有权退货的条款，而企业又不能确定退货的可能性，则企业在售出商品时不能确认收入。（　）

29. 商业折扣和现金折扣都是为客户提供的优惠，但前者是为了鼓励客户多购商品，后者是为了尽快回笼资金。（　）

30. 如果销售折让发生在确认收入之后并且不属于资产负债表日后事项，销货方应按实际给予购货方的销售折让，冲减销售收入和销售成本。（　）

31. 采用委托代销方式销售商品时，委托方应当在受托方售出商品后再确认销售收入。（　）

32. 企业接受委托代销方式销售商品，在将代销商品售出时，视同买断方式下应确认销售商品收入，而收取手续费方式下则不应确认销售收入。（　）

33. 在售后回购方式下，销售方通常不应当确认收入，收到的款项确认为负责。（　）

34. 企业提供劳务交易的结果如果能够可靠地估计，应当采用完工百分比确认提供劳务收入。（　）

35. 提供劳务交易的完工进度，可以采用已经确认的收入占合同总收入的比例确定。（　）

36. 如果提供劳务交易的结果不能可靠地估计，应当按已经收回或预计将要收回的款项确认提供劳务收入，并按已发生的劳务成本结转劳务成本。（　）

37. 影响营业利润的收支项目必然会影响利润总额，但影响利润总额的收支项目不一定会影响营业利润。（　）

38. 企业进行非货币性资产交换时，换出资产的公允价值与账面价值之间的差额，应当计入营业外收入或营业外支出。（　）

39. 企业本年度的利润分配完毕之后，“利润分配”科目应无余额。（　）

40. 因债权人原因而无法支付的应付账款，应当转入营业外收入。（　）

四、 计算与业务分析题

1. 甲公司为增值税一般纳税企业，适用的增值税税率为17%。2014年8月1日，向乙公司销售某商品1 000件，每件标价2 000元，实际售价180万元(售价中不含增值税额)，已开出增值税专用发票，商品已交付给乙公司。为了及早收回货款，甲公司在合同中规定的现金折扣条件为：2/10，1/20，n/30。假定计算现金折扣不考虑增值税。

要求：(1) 编制2014年8月1日销售商品的会计分录(不考虑成本的结转)。

(2) 根据以下假定，分别编制甲公司收到款项时的会计分录。

① 乙公司在8月8日按合同规定付款，甲公司收到款项并存入银行。

② 乙公司在8月19日按合同规定付款，甲公司收到款项并存入银行。

③ 乙公司在8月29日按合同规定付款，甲公司收到款项并存入银行。

2. 顺通股份有限公司(以下简称“顺通公司”)系工业企业，为增值税一般纳税人，适用的增值税税率为17%，适用的所得税税率为25%。销售单价除标明为含税价格外，均为不含增值税价格。

顺通公司2014年12月发生以下业务。

(1) 12月5日，向甲企业销售材料一批，价款为350 000元，该材料发出成本为250 000元。当日收取面值为409 500元的票据一张。

(2) 12月10日，收到外单位租用本公司办公用房下一年度租金300 000元，款项已收存银行。

(3) 12月13日，向乙企业赊销A产品50件，单价为10 000元，单位销售成本为5 000元。

(4) 12月18日，丙企业要求退回本年11月25日购买的20件A产品。该产品销售单价为10 000元，单位销售成本为5 000元，其销售收入200 000元已确认入账，价款尚未收取。经查明退货原因系发货错误，同意丙企业退货，并办理退货手续和开具红字增值税专用发票。

(5) 12月21日，乙企业来函提出12月13日购买的A产品质量不完全合格。经协商按销售价款的10%给予折让，并办理相关手续和开具红字增值税专用发票。款项尚未收取。

(6) 12月31日，计算本月应交纳的城市维护建设税4 188.8元，教育费附加1 795.2元。

要求：根据上述业务编制相关的会计分录。

(“应交税费”科目要求写出明细科目及专栏名称，答案中的金额以元为单位，本题要求逐笔编制结转销售成本的会计分录)

3. 甲公司为增值税一般纳税人，增值税税率为17%。商品销售价格不含增值税，在确认销售收入时逐笔结转销售成本。假定不考虑其他相关税费。2014年9月甲公司发生以下业务。

(1) 9月2日，向乙公司销售A商品1 600件，标价总额为800万元(不含增值税)，商品实际成本为480万元。为了促销，甲公司给予乙公司15%的商业折扣并开具了增值税专用发票。甲公司已发出商品，并向银行办理了托收手续。

(2) 9月10日，因部分A商品的规格与合同不符，乙公司退回A商品800件。当日，甲公司按规定向乙公司开具增值税专用发票(红字)，销售退回允许扣减当期增值税销项税额，退回商品已验收入库。

(3) 9月15日，甲公司将部分退回的A商品作为福利发放给本公司职工，其中生产工人500件，行政管理人员40件，专设销售机构人员60件，该商品每件市场价格为0.4万元(与计税价格一致)，实际成本0.3万元。

(4) 9月25日，甲公司收到丙公司来函。来函提出，2014年5月10日从甲公司所购B商品不符合合同规定的质量标准，要求甲公司在价格上给予10%的销售折让。该商品售价为600万元，增值税额为102万元，货款已结清。经甲公司认定，同意给予折让并以银行存款退还折让款，同时开具了增值税专用发票(红字)。

除上述资料外，不考虑其他因素。

要求：

(1) 逐笔编制甲公司上述业务的会计分录。

(2) 计算甲公司9月份主营业务收入总额。

（“应交税费”科目要求写出明细科目及专栏名称；答案中的金额单位用万元表示）

4. 2007 年 1 月 10 日，政府拨付甲企业 450 万元财政拨款(同日到账)，要求用于购买大型科研设备 1 台；并规定若有结余，留归企业自行支配。2007 年 2 月 1 日，甲企业购入不需要安装的大型设备专门用于一科研项目——再生能源发电，研制成功后向国家申请专利。实际成本为 360 万元，使用寿命为 10 年，采用直线法计提折旧，净残值为零。2014 年 2 月 1 日，甲企业以 120 万元出售了这台设备。

要求：编制与政府补助相关的会计分录。(金额单位：万元)

5. 甲、乙两企业均为增值税一般纳税人，增值税税率均为 17%。2014 年 8 月 8 日，甲企业与乙企业签订代销协议，甲公司视同买断方式委托乙公司销售商品 100 件，协议价为 200 元/件。该商品成本 120 元/件，增值税税率 17%。甲公司收到乙公司开来的代销清单，并结清协议价款。委托的代销商品全部售出，甲公司开具增值税专用发票，注明：售价 20 000 元，增值税税额 3 400 元。乙公司实际售价 24 000 元，增值税税额为 4 080 元。

要求：根据以上资料，分别编制甲公司和乙公司的会计分录。

6. 甲、乙两企业均为增值税一般纳税人，增值税税率均为 17%。2014 年 3 月 6 日，甲企业与乙企业签订代销协议，甲企业委托乙企业销售 A 商品 500 件，A 商品的单位成本为每件 350 元。代销协议规定，乙企业应按每件 A 商品 585 元(含增值税)的价格售给顾客，甲企业按不含增值税售价的 10%向乙企业支付手续费。4 月 1 日，甲企业收到乙企业交来的代销清单，代销清单中注明：实际销售 A 商品 400 件，商品售价为 200 000 元，增值税税额为 34 000 元。当日甲企业向乙企业开具金额相等的增值税专用发票。4 月 6 日，甲企业收到乙企业支付的已扣除手续费的商品代销款。

要求：根据上述资料，编制甲企业以下会计分录。

(1) 发出商品的会计分录。

(2) 收到代销清单时确认销售收入、增值税、手续费支出，以及结转销售成本的会计分录。

(3) 收到商品代销款的会计分录。

（“应交税费”科目要求写出明细科目及专栏名称，答案中的金额单位用元表示）

7. 平明股份有限公司(以下简称“平明公司”)系增值税一般纳税人，适用的增值税税率为 17%，适用的所得税税率为 25%。销售单价除标明为含税价格外，均为不含增值税价格。平明公司 2014 年 12 月发生以下经济业务。

(1) 12 月 2 日，向乙企业赊销 A 产品 10 件，单价为 2 000 元，单位销售成本为 1 000 元，约定的付款条件为：2/10，n/20。

(2) 12 月 8 日，乙企业收到 A 产品后，发现有少量残次品，经双方协商，平明公司同意折让 5%。余款乙公司于 12 月 8 日偿还。假定计算现金折扣时，不考虑增值税。

(3) 平明公司经营以旧换新业务，12 月 9 日向丙公司销售 A 产品 2 件，单价 2 340 元(含税价格)，单位销售成本为 1 000 元；同时收到 2 件同类旧商品，每件回收价 100 元(不考虑增值税)；实际收入现金 4 480 元存入银行。

(4) 12 月 15 日，向大华企业销售材料一批，价款为 20 000 元，该材料发出成本为 16 000 元。当日收取面值为 23 400 元的银行承兑汇票一张。

（5）12月18日，乙企业要求退回本月11月20日购买的10件A产品。该产品销售单价为2 000元，单位销售成本为1 000元，其销售收入20 000元已确认入账，价款尚未收到。经查明退货原因系发货错误，同意乙企业退货，并办理退货手续和开具红字增值税专用发票。平明公司收到退回的货物。

（6）12月20日，收到外单位租用本公司办公用房下一年度租金100 000元，款项已收存银行。

（7）采用视同买断代销方式委托东方公司销售A产品100件，协议价为每件2 000元，该产品每件成本为1 000元，商品已发出，符合收入确认条件，平明公司尚未收到款项。

要求：编制上述业务的会计分录

8. A企业为一般纳税企业，增值税税率为17%，所得税税率为25%，假设该企业没有纳税调整项目，有关资料如下：该企业2014年12月发生以下经济业务。

（1）5日，购买原材料一批，价款100 000元，适用增值税税率17%，款项以存款支付，材料已验收入库(原材料按实际成本计价核算)。

（2）6日，出售给B公司产品一批，增值税专用发票上的售价为300 000元，增值税税额51 000元，价税款暂未收到。B商品销售成本为200 000元。

（3）8日，B公司来函提出本月购买的产品中，有100 000元的甲产品质量不完全合格，要求在价格上给予40 000元的折让，经查明，符合原合同约定．同意B公司的要求，并办理退款手续和开具红字增值税发票。

（4）10日，向C公司销售商品一批，开出的增值税专用发票上注明的售价总额为600 000元，增值税税额为102 000元。该批商品的销售成本为400 000元，甲公司为了及早收回货款，在合同中规定的现金折扣条件为：2/10，1/20，n/30。

（5）13日，收到C公司的扣除享受现金折扣后的全部款项，并存入银行。假定计算现金折扣时不考虑增值税。

（6）用银行存款支付本月管理费用19 000元。

（7）报废旧设备一台，原值为65 000元，已提折旧为60 000元，发生清理费用为1 000元，取得残料变价收入为2 000元，有关款项已通过银行结算完毕。

（8）转让一项交易性金融资产，成本为100 000元，无公允价值变动，售价为101 000元，收到款项存入银行。

（9）12月31日，购入C公司有表决权的股票1 000 000股。占乙公司股份的25%，从而对C公司的财务和经营政策有重大影响。该股票每股买入价为8元；另外，长江公司在购买股票时还支付相关税费10 000元，款项均由银行存款支付(假定C公司2014年12月31日可辨认净资产的公允价值为32 000 000元)。

要求：（1）编制有关经济业务的会计分录。

（2）计算2014年12月份A企业利润表中以下项目的金额：(列出计算过程)：①营业利润；②利润总额；③净利润。

9. A公司于2013年12月1日接受一项设备安装任务，安装期为3个月，合同总收入400 000元，至年底已预收安装费220 000元，实际发生安装费用140 000元(假定均为安装人员薪酬)，估计还会发生60 000元。假定A公司按实际发生的成本占估计总成本的比例确定劳务的完工进度，不考虑其他因素。

要求：根据以上资料编制相关会计分录。

10. 甲公司于2013年11月1日接受F公司委托，为其培训一批学员，培训期为6个月，当日开学。协议约定，F公司应向甲公司支付的培训费总额为60 000元，分三次等额支付，第一次在开学时预付，第二次在2014年2月1日支付，第三次在培训结束时支付。当日，F公司预付第一次培训费。2013年12月31日，甲公司得知F公司经营发生困难，后两次培训费能否收回难以确定。因此，甲公司只将已经发生的培训成本30 000元(假定均为培训人员薪酬)中能够得到补偿的部分(即20 000元)确认为收入。

要求：根据以上资料编制相关会计分录。

11. 甲企业2014年度利润总额为200万元，其中包括本年收到的国债利息收入50万元。该企业适用的所得税税率为25%。

甲企业当年按税法核定的全年计税工资为200万元，全年实发工资为180万元；当年的营业外支出中，有10万元为税收滞纳金支出。除上述事项外，甲企业无其他纳税调整事项。

要求：

(1) 计算甲企业2014年度应纳税所得额。

(2) 计算甲企业2014年度应交所得税额。

(3) 计算甲企业2014年度实现的净利润。

(4) 编制甲企业年末结转“所得税费用”科目余额的会计分录。

(答案中的金额单位用万元表示)

五、案例分析

华兴公司为境内上市公司，主要从事电子设备的生产、设计和安装业务。该公司系增值税一般纳税企业，适用的增值税税率为17%。注册会计师在对该公司2013年度会计报表进行审计过程中发现以下事实。

(1) 2013年9月20日，该公司与甲企业签订产品委托代销合同。合同规定，采用视同买断方式进行代销，甲企业代销A电子设备100台，每台销售价格为(不含增值税价格，以下同)50万元。至12月31日，该公司向甲企业发出80台A电子设备，收到甲企业寄来的代销清单上注明已销售40台A电子设备。该公司在2013年度确认销售80台A电子设备的销售收入，并结转了相应的成本。

(2) 2013年10月15日，该公司与丙企业签订销售安装C设备1台的合同，合同总价款为800万元。合同规定，该公司向丙企业销售C设备1台并承担安装调试任务；丙企业在合同签订的次日预付价款700万元；C设备安装调试并试运行正常，且经丙企业验收合格后一次性支付余款100万元。至12月31日，该公司已将C设备运抵丙企业，安装工作尚未开始。C设备的销售成本为每台500万元。该公司在2013年度按800万元确认销售C设备的销售收入，并按500万元结转销售成本。

(3) 2013年10月18日，该公司与丁企业签订一项电子设备的设计合同，合同总价款为240万元。该公司自11月1日起开始该电子设备的设计工作，至12月31日已完成设计工作量的30%，发生设计费用60万元；按当时的进度估计，2014年3月30日将全部完工，预计将再发生费用40万元。丁企业按合同已于12月1日一次性支付全部设计费用240万元。

该公司在2013年将收到的240万元全部确认为收入，并将已发生的设计费用结转为成本。

思考：分析判断华兴公司上述有关收入的确认是否正确？并说明理由。

习题解答

一、单项选择题

1.C 2.D 3.D 4.B 5.C 6.D 7.C 8.C 9.B 10.C 11.C 12.D 13.B
14.D 15.D 16.A 17.A 18.A 19.A 20.B 21.D 22.C 23.C 24.C
25.A 26.B 27.A 28.A 29.B 30.C 31.D 32.B 33.C 34.D 35.D
36.A 37.C 38.B 39.A 40.D

二、多项选择题

1.AB 2.BCD 3.ABCD 4.BC 5.BC 6.BCD 7.CD 8.AC 9.ABD
10.ABC 11.AB 12.BCD 13.AB 14.BD 15.AD 16.AC 17.ABC
18.ABD 19.CD 20.CD

三、判断题

1.√ 2.√ 3.× 4.√ 5.× 6.× 7.× 8.√ 9.× 10.√ 11.× 12.×
13.× 14.× 15.× 16.× 17.× 18.√ 19.√ 20.× 21.√ 22.×
23.× 24.√ 25.√ 26.× 27.√ 28.√ 29.√ 30.× 31.× 32.√
33.√ 34.√ 35.× 36.× 37.√ 38.× 39.× 40.√

四、计算与业务分析题

1. 附有现金折扣条件的商品销售。

(1) 甲公司销售商品时。

借：应收账款	2 106 000	
贷：主营业务收入		1 800 000
应交税费——应交增值税(销项税额)		306 000

(2) ① 乙公司在8月8日付款，享受36 000元(1 800 000×2%)的现金折扣：

借：银行存款	2 070 000	
财务费用	36 000	
贷：应收账款		2 106 000

② 乙公司在8月19日付款，享受18 000元(1 800 000×1%)的现金折扣：

借：银行存款	2 088 000	

财务费用　18 000

贷：应收账款　2 106 000

③ 乙公司在 8 月 29 日付款，不能享受现金折扣，应全额付款：

借：银行存款　2 106 000

贷：应收账款　2 106 000

2. 附有销售退回与销售折让条件的商品销售。

（1）销售材料：

借：应收票据　409 500

贷：其他业务收入　350 000

应交税费——应交增值税（销项税额）　59 500

借：其他业务成本　250 000

贷：原材料　250 000

（2）预收租金：

借：银行存款　300 000

贷：预收账款　300 000

（3）赊销商品：

借：应收账款　585 000

贷：主营业务收入　500 000

应交税费——应交增值税（销项税额）　85 000

借：主营业务成本　250 000

贷：库存商品　250 000

（4）销售退回：

借：主营业务收入　200 000

应交税费——应交增值税（销项税额）　34 000

贷：应收账款　234 000

借：库存商品　100 000

贷：主营业务成本　100 000

（5）销售折让：

借：主营业务收入　50 000

应交税费——应交增值税（销项税额）　8 500

贷：应收账款　58 500

（6）计提城市维护建设税和教育费附加：

借：营业税金及附加　5 984

贷：应交税费——应交城市维护建设税　4 188.8

——应交教育费附加　1 795.2

3. 附有商业折扣、销售退回与销售折让条件的商品销售。

（1）编制甲公司的会计分录：

① 借：应收账款　795.6

贷：主营业务收入 680

应交税费——应交增值税(销项税额) 115.6

借：主营业务成本 480

贷：库存商品 480

② 借：主营业务收入 340

应交税费——应交增值税(销项税额) 57.8

贷：应收账款 397.8

借：库存商品 240

贷：主营业务成本 240

③ 借：生产成本 234(500×0.4×1.17)

管理费用 18.72(40×0.4×1.17)

销售费用 28.08(60×0.4×1.17)

贷：应付职工薪酬 280.8

借：应付职工薪酬 280.8

贷：主营业务收入 240[(500+40+60)×0.4]

应交税费——应交增值税(销项税额) 40.8

借：主营业务成本 180[(500+40+60)×0.3]

贷：库存商品 180

④ 借：主营业务收入 60

应交税费——应交增值税(销项税额) 10.2

贷：银行存款 70.2

(2) 主营业务收入的总额=680-340+240-60=520(万元)

4. 政府补助的核算。

(1) 收到拨款时：

借：银行存款 450

贷：递延收益 450

(2) 购入设备时：

借：固定资产 360

贷：银行存款 360

(3) 在该固定资产的使用期间，每个月计提折旧和分配递延收益：

借：研发支出 3

贷：累计折旧 3

借：递延收益 3.75(450÷10÷12)

贷：营业外收入 3.75

(4) 出售设备时：

借：固定资产清理 108

累计折旧 252

贷：固定资产 360

借：银行存款 120

贷：固定资产清理 108

营业外收入 12

借：递延收益 135

贷：营业外收入 135

固定资产使用了 7 年，已经分配的递延收益为 315 万元（45×7），出售时剩余的递延收益为 135 万元。

5. 采用视同买断方式委托代销商品。

(1) 甲公司委托代销商品的会计分录。

① 发出委托代销商品：

借：应收账款 23 400

贷：主营业务收入 20 000

应交税费——应交增值税(销项税额) 3 400

借：主营业务成本 12 000

贷：库存商品 12 000

② 收到代销清单：

借：银行存款 23 400

贷：应收账款 23 400

(2) 乙公司委托代销商品的会计分录。

① 收到受托代销商品：

借：库存商品 20 000

应交税费——应交增值税(进项税额) 3 400

贷：应付账款 23 400

② 将受托代销商品售出：

借：银行存款 28 080

贷：主营业务收入 240 000

应交税费——应交增值税(销项税额) 4 080

借：主营业务成本 20 000

贷：库存商品 20 000

③ 按协议价付款：

借：应付账款 23 400

贷：银行存款 23 400

6. 采用支付手续费方式委托代销商品。

(1) 借：委托代销商品 175 000

贷：库存商品 175 000

(2) 借：应收账款 234 000

贷：主营业务收入 200 000

应交税费——应交增值税(销项税额) 34 000

借：销售费用 20 000

贷：应收账款 20 000

借：主营业务成本 140 000

贷：委托代销商品 140 000

或：

借：应收账款 214 000

销售费用 20 000

贷：主营业务收入 200 000

应交税费——应交增值税(销项税额) 34 000

借：主营业务成本 140 000

贷：委托代销商品 140 000

(3) 借：银行存款 214 000

贷：应收账款 214 000

7. 销售业务的核算。

(1) 12月2日，向乙企业赊销A产品10件。

借：应收账款 23 400

贷：主营业务收入 20 000

应交税费——应交增值税(销项税额) 3 400

借：主营业务成本 10 000

贷：库存商品 10 000

(2) 12月8日，乙企业收到A产品后，发现有少量残次品。

借：主营业务收入 1 000

应交税费——应交增值税(销项税额) 170

贷：应收账款 1 170

同时：

借：银行存款 21 850

财务费用 380(19 000×2%)

贷：应收账款 22 230

(3) 平明公司经营以旧换新业务。

借：银行存款 4 480

库存商品 200

贷：主营业务收入 4 000

应交税费——应交增值税(销项税额) 680

同时：

借：主营业务成本 2 000

贷：库存商品 2 000

(4) 12月15日，向大华企业销售材料一批。

借：应收票据 23 400

贷：其他业务收入 20 000

应交税费——应交增值税(销项税额) 3 400

同时：

借：其他业务成本 16 000

贷：原材料 16 000

(5) 12 月 18 日，乙企业要求退回本年 11 月 20 日购买的 10 件 A 产品。

借：主营业务收入 20 000

应交税费——应交增值税(销项税额) 3 400

贷：应收账款 23 400

同时：

借：库存商品 10 000

贷：主营业务成本 10 000

(6) 12 月 20 日，收到外单位租用本公司办公用房下一年度租金 100 000 元，款项已收存银行。

借：银行存款 100 000

贷：预收账款 100 000

(7) 委托东方公司销售 A 产品 100 件。

借：应收账款 234 000

贷：主营业务收入 200 000

应交税费——应交增值税(销项税额) 34 000

同时结转成本：

借：主营业务成本 100 000

贷：库存商品 100 000

8. 销售业务的核算。

(1) 编制有关经济业务的会计分录。

① 借：原材料 100 000

应交税费——应交增值税(进项税额) 17 000

贷：银行存款 117 000

② 借：应收账款 351 000

贷：主营业务收入 300 000

应交税费——应交增值税(销项税额) 51 000

借：主营业务成本 200 000

贷：库存商品 200 000

③ 借：主营业务收入 40 000

应交税费——应交增值税(销项税额) 6 800

贷：应收账款 46 800

④ 借：应收账款 702 000

贷：主营业务收入 600 000

应交税费——应交增值税(销项税额) 102 000

借：主营业务成本　400 000
　　贷：库存商品　400 000

⑤ 借：银行存款　690 000
　　　财务费用　12 000
　　　贷：应收账款　702 000

⑥ 借：管理费用　19 000
　　　贷：银行存款　19 000

⑦ 借：固定资产清理　5 000
　　　累计折旧　60 000
　　　贷：固定资产　65 000

借：固定资产清理　1 000
　　贷：银行存款　1 000

借：银行存款　2 000
　　贷：固定资产清理　2 000

借：营业外支出　4 000
　　贷：固定资产清理　4 000

⑧ 借：银行存款　101 000
　　　贷：投资收益　1 000
　　　　　交易性金融资产——成本　100 000

⑨ 借：长期股权投资——成本　8 010 000
　　　贷：银行存款　8 010 000

(2) 计算营业利润、利润总额和净利润：

① 营业利润＝(300 000－40 000＋600 000＋1 000)－(200 000＋400 000＋12 000＋19 000)＝230 000(元)

② 利润总额＝230 000－4 000＝226 000(元)

③ 净利润＝226 000×(1－25%)＝169 500(元)

9. 提供劳务收入的核算。

(1) 实际发生的成本占估计总成本的比例＝140 000 ÷(140 000＋60 000)＝70%

(2) 2013 年 12 月 31 日确认的提供劳务收入＝400 000×70%－0＝280 000(元)

(3) 2013 年 12 月 31 日确认的提供劳务成本＝(140 000＋60 000)×70%－0＝140 000(元)

① 实际发生劳务成本。

借：劳务成本　140 000
　　贷：应付职工薪酬　140 000

② 预收劳务款。

借：银行存款　220 000
　　贷：预收账款　220 000

③ 2013 年 12 月 31 日确认提供劳务收入并结转劳务成本。

借：预收账款　　220 000
　　银行存款　　60 000
　　贷：主营业务收入　　280 000

同时：

借：主营业务成本　　140 000
　　贷：劳务成本　　140 000

10. 提供劳务收入的核算。

(1) 2013 年 11 月 1 日收到预付的培训费。

借：银行存款　　20 000
　　贷：预收账款　　20 000

(2) 实际发生培训支出 30 000 元。

借：劳务成本　　30 000
　　贷：应付职工薪酬　　30 000

(3) 2013 年 12 月 31 日确认劳务收入并结转劳务成本。

借：预收账款　　20 000
　　贷：主营业务收入　　20 000

借：主营业务成本　　30 000
　　贷：劳务成本　　30 000

11. 利润的计算、结转与分配。

(1) 甲企业 2014 年度应纳税所得额＝200－50＋10＝160(万元)

(2) 甲企业 2014 年度应交所得税额＝160×25％＝40(万元)

(3) 甲企业 2014 年度实现的净利润＝200－40＝160(万元)

(4) 借：本年利润　　40
　　　贷：所得税费用　　40

五、案例分析

(1) 收入的确认不正确。对于代销商品销售收入的确认，应当以收到的代销清单上注明的销售数量及销售价格确认代销商品的销售收入。本案例业务(1)中，该公司向甲企业发出 A 电子设备 80 台，但收到甲企业寄来的代销清单上注明的销售数量为 40 台。所以应按销售数量 40 台来确认收入。

(2) 收入的确认不正确。在确认收入时，必须考虑该交易需要安装和检验。在本案例业务(2)中，在本期虽然已经将商品运至对方，但安装工作尚未开始，因此不应确认收入。

(3) 收入的确认不正确。对于提供劳务合同收入的确认，首先应当判断该合同是否属于当期内完成的合同，如果不属于当期内完成的合同，则要考虑采用完工百分比法确认收入；其次，在确定采用完工百分比法确认收入时，还应当确定本年应当确认收入的金额。本案例中该公司只完成合同规定的设计工作量的 30％，70％的工作量将在第二年完成，应按照已完成的 30％的工作量确认劳务合同收入。

第13章 财务报告

本章结构

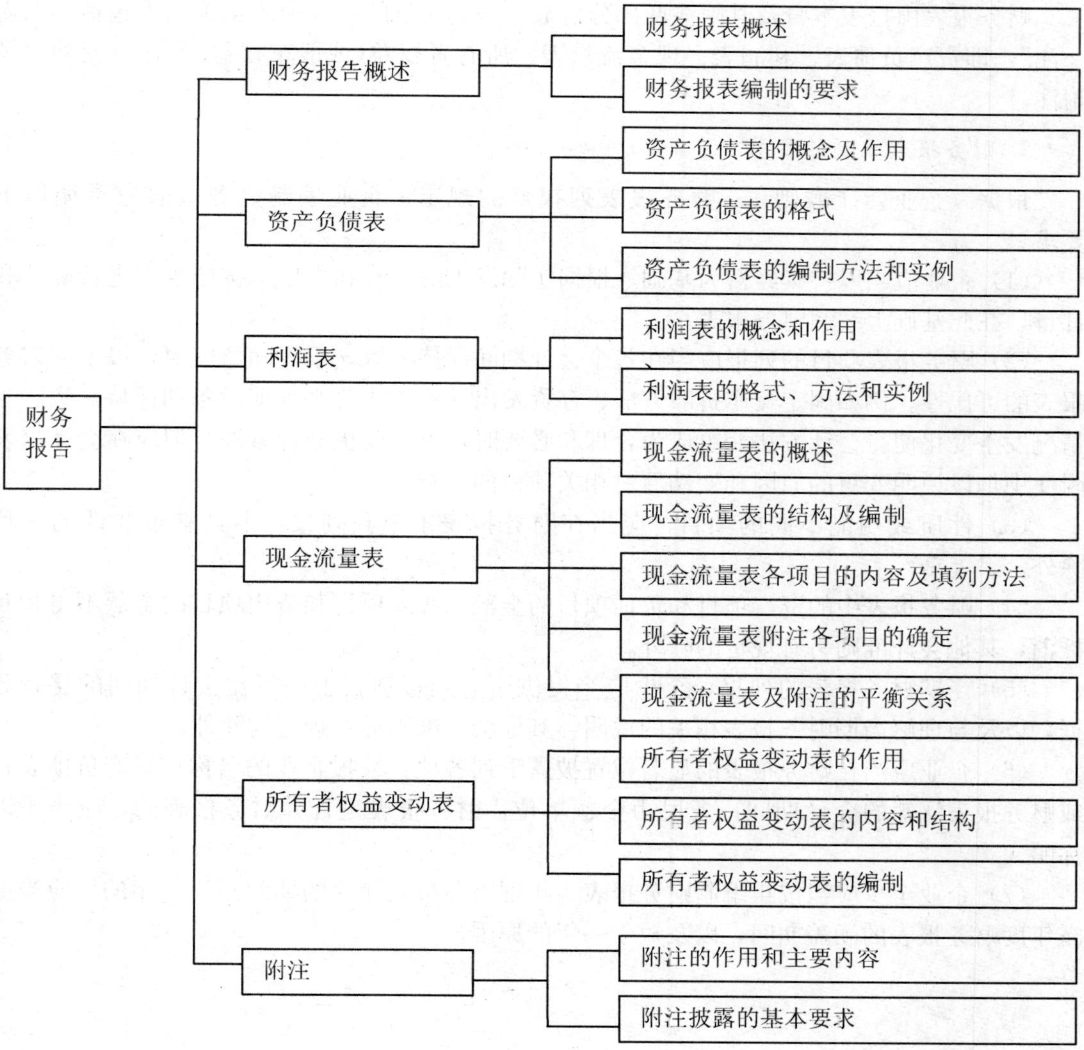

—— 本章重点与难点 ——

13.1 财务报表概述

1. 财务报表的概念与组成

财务报表是会计要素确认、计量的结果和综合性描述，会计准则中对会计要素确认、计量过程中所采用的各项会计政策被企业实际应用后将有助于企业可持续发展，反映企业管理层受托责任的履行情况。

财务报表由报表本身及其附注两部分构成。一套完整的财务报表至少应当包括“四表一注”，即资产负债表、利润表、现金流量表、所有者权益(或股东权益，下同)变动表及附注。

2. 财务报表编制的要求

根据《企业会计准则——财务报表列报》的规定，企业编制财务报表应遵循以下要求。

(1) 企业应当以持续经营为基础，根据实际发生的交易和事项，按照规定进行确认和计量，在此基础上编制财务报表。

(2) 财务报表项目的列报应当在各个会计期间保持一致，不得随意变更，以增强财务报表的可比性，例如固定资产折旧方法、存货发出计价方法等必须前后各期保持一致。当情况发生变化使得会计方法变更成为合理和必要时，可以变更会计方法，但应在会计报表附注中加以说明变更的原因和变动后对相关项目的影响。

(3) 性质或功能不同的项目，应当在财务报表中单独列报，不具有重要性的项目除外。

(4) 财务报表中的资产项目和负债项目的金额、收入项目和费用项目的金额不得相互抵消，其他会计准则另有规定的除外。

(5) 当期财务报表的列报，至少应当提供所有列报项目上一可比会计期间的比较数据，以及与理解当期财务报表相关的说明，其他会计准则另有规定的除外。

(6) 企业应当在财务报表的显著位置披露下列各项：编报企业的名称；资产负债表日或财务报表涵盖的会计期间；人民币金额单位；财务报表是合并财务报表的，应当予以标明。

(7) 企业至少应当按年编制财务报表。年度财务报表涵盖的期间短于一年的，应当披露年度财务报表的涵盖期间，以及短于一年的原因。

13.2 资产负债表

1. 资产负债表的概念及作用

资产负债表是指反映企业在资产负债表日财务状况的报表。资产负债表主要反映资产、负债和所有者权益三方面的内容。它是揭示企业在一定时点财务状况的静态报表。资产负债表的作用主要有以下几个方面。

（1）反映企业某一特定日期的经济资源及其分布状况及企业的资本结构，为评价企业资产构成、改善经营管理和提高管理水平提供依据。

（2）反映企业某一特定日期的负债总额及其结构，为评价和预测企业的短期和长期偿债能力提供依据。

（3）反映企业所有者权益的情况，了解企业现有的投资者在企业资产总额中所占的份额。

（4）根据资产负债表提供的数据，通过计算，可以评价、预测企业的财务弹性和经营绩效，为信息使用者了解企业的财务状况，为投资和信贷提供参考依据。

2. 资产负债表的编制方法

企业提供的资产负债表，一般为比较资产负债表，以便报表使用者通过比较不同时点资产负债表的数据，掌握企业财务状况的变动情况及发展趋势。因此，资产负债表中的各项目分为“年初数”和“期末数”两栏分别填列。其中“年初余额”栏内各项数字，应根据上年末资产负债表的“期末余额”栏内所列数字填列。“期末数”是指某一会计期末的数字，即月末、季末、半年末或年末的数字。资产负债表各项目的“期末数”的填列主要有以下几种方法：

（1）根据总账科目余额直接填列。如“交易性金融资产”“短期借款”“应付票据”“应付职工薪酬”等项目，根据“交易性金融资产”“短期借款”“应付票据”“应付职工薪酬”各总账科目的余额直接填列。

（2）根据几个总账科目的期末余额计算填列，如“货币资金”项目，需根据“库存现金”“银行存款”“其他货币资金”三个总账科目的期末余额的合计数填列。

（3）根据明细账科目余额计算填列。如“应付账款”项目，需要根据“应付账款”和“预付账款”两个科目所属的相关明细科目的期末贷方余额计算填列；“应收账款”项目，需要根据“应收账款”和“预收账款”两个科目所属的相关明细科目的期末借方余额计算填列。

（4）根据总账科目和明细账科目余额分析计算填列。如“长期借款”项目，需要根据“长期借款”总账科目余额扣除“长期借款”科目所属的明细科目中将在一年内到期且企业不能自主地将清偿义务展期的长期借款后的金额计算填列。这些项目还有持有至到期投资、应付债券、长期应付款和长期待摊费用等。

（5）根据有关科目余额减去其备抵科目余额后的净额填列。如资产负债表中的“应收票据”“应收账款”“长期股权投资”“在建工程”等项目，应当根据“应收票据”“应收账款”“长期股权投资”“在建工程”等科目的期末余额减去“坏账准备”“长期股权投资减值准备”“在建工程减值准备”等科目余额后的净额填列。“固定资产”项目，应当根据“固定资产”科目的期末余额减去“累计折旧”“固定资产减值准备”备抵科目余额后的净额填列；“无形资产”项目，应当根据“无形资产”科目的期末余额，减去“累计摊销”“无形资产减值准备”备抵科目余额后的净额填列。

(6) 综合运用上述填列方法分析填列。如资产负债表中的“存货”项目，需要根据“原材料”“委托加工物资”“周转材料”“材料采购”“在途物资”“发出商品”“材料成本差异”“存货跌价准备”等总账科目期末余额的分析汇总填列。

13.3 利 润 表

1. 利润表的概念与作用

利润表是指反映企业在一定会计期间内的经营成果的报表。

利润表的作用主要有以下几个方面。

(1) 为企业外部投资者及信贷者投资决策及贷款决策提供依据。

(2) 为企业内部管理者的经营决策提供依据。

(3) 为企业内部业绩考核提供重要的依据。

2. 利润表的编制方法

我国企业利润表的编制主要分以下三个步骤完成。

第一步，以营业收入为基础，减去营业成本、营业税金及附加、销售费用、管理费用、财务费用、资产减值损失，加上公允价值变动收益(减去公允价值变动损失)和投资收益(减去投资损失)，计算出营业利润。

第二步，以营业利润为基础，加上营业外收入，减去营业外支出，计算出利润总额。

第三步，以利润总额为基础，减去所得税费用，计算出净利润(或亏损)。普通股或潜在普通股已公开交易的企业，以及正处于公开发行普通股或潜在普通股过程中的企业，还应当在利润表中列示每股收益信息。

13.4 现金流量表

1. 现金流量表的概念及作用

现金流量表是反映企业在一定会计期间现金和现金等价物流入和流出的报表。编制现金流量表的主要目的，是为了财务报表使用者提供企业一定会计期间内现金及现金等价物流入和流出的信息，以便于财务报表使用者了解和评价企业获取现金和现金等价物的能力，并据以预测企业未来的现金流量。现金流量表的作用主要有以下几个方面。

(1) 现金流量表可以帮助分析企业现金流入和流出的原因。

(2) 现金流量表可以提供企业收益质量方面的相关信息。

（3）现金流量表能够说明企业偿还债务和支付股利的能力。

（4）现金流量表能够分析企业未来获取现金的能力。

2. 现金流量表的编制方法

编制现金流量表时，列报经营活动现金流量的方法有两种：一是直接法；二是间接法。这两种方法通常也被称为编制现金流量表的方法。

所谓直接法，是指通过现金收入和现金支出的主要类别列示经营活动的现金流量。采用直线法编制经营活动的现金流流量时，一般以利润表中的营业收入为起算点，调整与经营活动有关的项目增减变动，然后计算出经营活动的现金流量。

所谓间接法，是指以净利润为起算点，调整不涉及现金的收入、费用、营业外收支等有关项目，剔除投资活动、筹资活动对现金流量的影响，据此计算出经营活动产生的现金流量。

采用直接法编报的现金流量表，便于分析企业经营活动产生的现金流量的来源和用途，预测企业现金流量的未来前景；采月间接法编报现金流量表，便于将净利润与经营活动产生的现金流量净额进行比较，了解净利润与经营活动产生的现金流量差异的原因，从现金流量的角度分析净利润的质量。所以，我国现金流量表准则规定，企业应当采用直接法编制现金流量表，同时要求在附注中提供以净利润为基础调节到经营活动现金流量的信息。

练　习　题

一、单项选择题

1. 某企业2014年度发生以下业务：以银行存款购买将于2个月后到期的国债500万元，偿还应付账款200万元，支付生产人员工资150万元，购买固定资产300万元。假定不考虑其他因素，该企业2014年度现金流量表中“购买商品、接受劳务支付的现金”项目的金额为(　　)万元。

A. 200　　B. 350　　C. 650　　D. 1 150

2. 下列各项中，不属于现金流量表“筹资活动产生的现金流量”的是(　　)。

A. 实际收到分配的现金股利　　B. 发行公司债券实际收到的现金

C. 增发股票实际收到的现金　　D. 偿还公司债券支付的现金

3. 支付给在建工程人员的工资应列示在现金流量表(　　)项目中。

A. 支付给职工以及为职工支付的现金

B. 支付其他与经营活动有关的现金

C. 购建固定资产、无形资产和其他长期资产支付的现金

D. 投资支付的现金

4. A公司2014年购买商品支付500万元(含增值税)，支付2012年接受劳务的未付款项50万元，2014年发生的购货退回15万元，假设不考虑其他条件，A公司2014年现金流量表“购买商品、接受劳务支付的现金”项目中应填列(　　)万元。

A. 535　　　B. 465　　　C. 435　　　D. 500

5. 下列各项中，会引起现金流量表“经营活动产生的现金流量净额”项目发生变化的是(　　)。

A. 固定资产的购置与处置　　　B. 支付在建工程人员工资

C. 转让股票投资取得的收入　　　D. 以现金购买办公用品

6. 下列各项中，不影响工业企业营业利润的是(　　)。

A. 主营业务成本　　　B. 其他业务成本

C. 劳务成本　　　D. 营业税金及附加

7. 某企业 2014 年 2 月主营业务收入为 200 万元，主营业务成本为 120 万元，营业税金及附加为 10 万元，管理费用为 5 万元，销售费用为 3 万元，制造费用为 4 万元，资产减值损失为 2 万元，投资收益为 15 万元。假定不考虑其他因素，该企业当月的营业利润为(　　)万元。

A. 62　　　B. 70　　　C. 71　　　D. 75

8. 某企业“应付账款”科目月末贷方余额 40 000 元，其中：“应付甲公司账款”明细科目贷方余额 35 000 元，“应付乙公司账款”明细科目贷方余额 5 000 元；“预付账款”科目月末贷方余额 30 000 元，其中：“预付 A 工厂账款”明细科目贷方余额 50 000 元，“预付 B 工厂账款”明细科目借方余额 20 000 元。该企业月末资产负债表中“应付账款”项目的金额为(　　)元。

A. 90 000　　　B. 30 000　　　C. 40 000　　　D. 70 000

9. 下列各项中，不属于资产负债表中“货币资金”项目的是(　　)。

A. 交易性金融资产　　　B. 银行结算户存款

C. 信用卡存款　　　D. 外埠存款

10. 下列资产负债表项目中，应根据多个总账科目余额计算填列的是(　　)。

A. 应付账款　　　B. 盈余公积　　　C. 未分配利润　　　D. 长期借款

11. 某企业 2014 年主营业务收入科目贷方发生额是 2 000 万元，借方发生额为退货 50 万元，发生现金折扣 50 万元，其他业务收入科目贷方发生额 100 万元，其他业务成本科目借方发生额为 80 万元，那么企业利润表中“营业收入”项目填列的金额为(　　)万元。

A. 2 000　　　B. 2 050　　　C. 2 100　　　D. 2 070

12. 下列资产负债表项目，需要根据相关总账所属明细账户的期末余额分析填列的是(　　)。

A. 应收账款　　　B. 应收票据　　　C. 应付票据　　　D. 应付职工薪酬

13. 某企业年末“应收账款”科目的借方余额为 650 万元，其中，“应收账款”明细账的借方余额为 850 万元，贷方余额为 200 万元，年末计提坏账准备后的“坏账准备”科目的贷方余额为 65 万元。假定年末坏账准备均与应收账款相关，该企业年末资产负债表中“应收账款”项目的金额为(　　)万元。

A. 585　　　B. 600　　　C. 785　　　D. 800

14. A 企业 2014 年年初未分配利润为借方余额 50 万元(该未弥补亏损已经超过 5 年)，本年度实现净利润 200 万元，分别按 10%和 5%提取法定盈余公积和任意盈余公积。假定不考虑其他因素，A企业2014年年末未分配利润的贷方余额应为(　　)万元。

A. 127.5　　B. 212.5　　C. 220　　D. 250

15. 某企业2014年发生的营业收入为1 000万元，营业成本为600万元，销售费用为20万元，管理费用为50万元，财务费用为10万元，投资收益为40万元，资产减值损失为70万元(损失)，公允价值变动损益为80万元(收益)，营业外收入为25万元，营业收支出为15万元。该企业2014年的利润总额为(　　)。

A. 380万元　　B. 330万元　　C. 320万元　　D. 390万元

16. 某企业2014年12月31日固定资产账户余额为2 000万元，累计折旧账户余额为800万元，固定资产减值准备账户余额为100万元，在建工程账户余额为200万元。该企业2014年12月31日资产负债表中“固定资产”项目列报的金额为(　　)万元。

A. 1 200　　B. 90　　C. 1 100　　D. 2 200

17. 下列经济事项中，能使企业经营活动的现金流量发生变化的是(　　)。

A. 交纳增值税　　B. 购买工程物资

C. 赊销商品　　D. 发放股票股利

18. 甲公司于2009年1月20日购入一项无形资产。该无形资产的实际成本为1 500万元，摊销年限为10年，无残值。2013年12月31日，该无形资产发生减值，预计可收回金额为540万元。计提减值准备后，该无形资产原摊销年限不变。2014年12月31日。资产负债表中“无形资产”项目填列的金额为(　　)万元。

A. 432　　B. 540　　C. 600　　D. 642

19. 下列经济业务所产生的现金流量中，属于“投资活动产生的现金流量”的是(　　)。

A. 收到的现金股利　　B. 支付的各种税费

C. 吸收投资收到的现金　　D. 支付货款

20. 企业偿还的长期借款利息，在编制现金流量表时，应列报的项目是(　　)。

A. 偿还债务支付的现金　　B. 分配股利、利润和偿付利息支付的现金

C. 支付其他与筹资活动有关的现金　　D. 支付的各项税费

21. 某股份公司从2014年7月1日起对期末存货采用成本与可变现净值熟低法计价，成本与可变现净值的比较采用单项比较法。该公司在2014年6月30日A、B、C三种存货的成本分别为30万元、21万元、36万元；A、B、C三种存货的可变现净值分别为28万元、25万元、36万元。该公司当年6月30日资产负债表中反映的存货净额为(　　)万元。

A. 85　　B. 87　　C. 88　　D. 91

22. 甲公司为增值税一般纳税企业。2014年度，甲公司主营业务收入为1 000万元，增值税销项税额为170万元，应收账款期初余额为100万元，期末余额为150万元，预收账款期初余额为50万元，期末余额为10万元。假定不考虑其他因素，甲公司2014年度现金流量表中“销售商品、提供劳务收到的现金”项目的金额为(　　)万元。

A. 1 080　　B. 1 150　　C. 1 180　　D. 1 260

二、多项选择题

1. 下列会计科目，在编制资产负债表时应列入“存货”项目的有(　　)。

A. “材料采购” B. “材料成本差异” C. “工程物资” D. “周转材料”

2. 下列各项中，应列入利润表“资产减值损失”项目的有(　　)。

A. 原材料盘亏损失 B. 固定资产减值损失

C. 应收账款减值损失 D. 无形资产处置净损失

3. 大明企业 2014 年发生的营业收入为 2 000 万元，营业成本为 1 200 万元，销售费用为 40 万元，管理费用为 100 万元，财务费用为 20 万元，投资收益为 80 万元，资产减值损失为 140 万元(损失)，公允价值变动损益为 160 万元(收益)，营业外收入为 50 万元，营业外支出为 30 万元。该企业 2014 年的营业利润和利润总额分别为(　　)万元。

A. 660 B. 740 C. 640 D. 760

4. 下列各项中，应列入利润表“营业税金及附加”项目的有(　　)。

A. 增值税 B. 城市维护建设税 C. 教育费附加 D. 矿产资源补偿费

5. 在填列资产负债表“一年内到期的非流动负债”项目时，需要考虑的会计科目有(　　)。

A. “应付票据” B. “应付债券” C. “长期借款” D. “应付股利”

6. 下列各项资产项目中，直接根据总账科目余额填列的有(　　)。

A. 固定资产 B. 工程物资 C. 应收股利 D. 交易性金融资产

7. 下列各项中，应在资产负债表“预付款项”项目列示的有(　　)。

A. “应付账款”科目所属明细科目的借方余额

B. “应收账款”科目所属明细科目的借方余额

C. “应收账款”科目所属明细科目的贷方余额

D. “预付账款”科目所属明细科目的借方余额

8. 下列交易或事项中，会引起现金流量表“经营活动产生的现金流量净额”发生变化的有(　　)。

A. 支付广告费 B. 支付借款利息 C. 购入固定资产 D. 收到返还的税费

9. 现金流量表中的“支付给职工以及为职工支付的现金”项目包括(　　)。

A. 支付给退休人员的退休金 B. 支付的在建工程人员的职工薪酬

C. 支付的销售部门人员的职工薪酬 D. 支付的生产工人的职工薪酬

10. 下列各项中，属于现金流量表“投资活动产生的现金流量”的有(　　)。

A. 固定资产的购置与处置 B. 支付在建工程人员工资

C. 转让股票投资取得的收入 D. 以银行存款支付购买材料款

11. 下列各项中，属于现金流量表中投资活动产生的现金流量的有(　　)。

A. 外购无形资产支付的现金

B. 转让固定资产所有权收到的现金

C. 购买 3 个月内到期的国库券支付的现金

D. 收到分派的现金股利

12. 下列各项中，属于现金流量表中现金及现金等价物的有(　　)。

A. 库存现金 B. 其他货币资金

C. 购入时就只剩 3 个月到期的债券投资 D. 随时用于支付的银行存款

13. 资产负债表中的“应收账款”项目应根据(   )分析计算填列。

A. 应收账款所属明细账借方余额合计

B. 预收账款所属明细账借方余额合计

C. 按应收账款余额一定比例计提的坏账准备科目的贷方余额

D. 应收账款总账科目借方余额

14. 下列资产中，属于“流动资产”项目的有(   )。

A. 一年内到期的非流动资产　　B. 交易性金融资产

C. 货币资金　　D. 商誉

15. 下列项目中，影响现金流量表中的“购买商品、接受劳务支付现金”项目的有(   )。

A. 偿还应付账款　　B. 支付的进项税额

C. 预付购货款　　D. 购买材料支付货款

16. 在下列事项中，影响筹资活动现金流量的项目是(   )。

A. 支付费用化借款利息　　B. 发行债券收到的现金

C. 融资租入固定资产　　D. 支付发行债券印刷费

E. 支付资本化的借款利息

17. 甲公司当期发生的交易或事项中，会引起现金流量表中筹资活动产生的现金流量发生增减变动的有(   )。

A. 接受现金捐赠

B. 向投资者分派现金股利

C. 收到投资企业分来的现金股利

D. 发行股票时由证券商支付的股票印刷费用

E. 发行债券收到的现金

18. 将净利润调节为经营活动产生的现金流量时，下列各调整项目中，属于调减项目的有(   )。

A. 投资收益　　B. 递延所得税负债增加额

C. 长期待摊费用的增加　　D. 固定资产报废损失

E. 公允价值变动收益

19. 下列资产负债表项目中，根据总账科目余额直接填列的有(   )。

A. 短期借款　　B. 实收资本

C. 应付账款　　D. 应收账款

E. 货币资金

20. 将净利润调节为经营活动产生的现金流量时，下列各调整项目中，属于调增项目的有(   )。

A. 投资收益　　B. 递延所得税负债增加额

C. 长期待摊费用的增加　　D. 固定资产报废损失

E. 经营性应收项目的增加

三、判断题

1. 财务报告附注是对在资产负债表、利润表、现金流量表和所有者权益变动表等报表中列示项目的文字描述或明细资料，以及对未能在这些报表中列示项目的说明等。（ ）

2. 所有者权益变动表“上年年末余额”项目，反映企业上年资产负债表中实收资本（或股本）、资本公积、库存股、盈余公积、未分配利润的年末余额。（ ）

3. 企业以发行债券的方式筹集资金实际收到的款项应反映在“取得借款收到的现金”项目中。（ ）

4. 利润表中“营业税金及附加”项目包括增值税和印花税。（ ）

5. 企业年末“长期待摊费用”科目的余额为200万元，其中将于1年内摊销完的为50万元，那么资产负债表中的“长期待摊费用”项目的金额为200万元。（ ）

6. 企业支付给全体职工的工资，应作为经营活动产生的现金流量，列入“支付给职工以及为职工支付的现金”项目。（ ）

7. 利润表中各项目主要根据各损益类科目的发生额分析填列。（ ）

8. 投资活动包括取得和收回投资、购建和处置固定资产、购买和处置无形资产等。（ ）

9. 筹资活动包括发行或接受投入资本、分派现金股利、取得和偿还银行借款、偿还公司债券等。（ ）

10. 营业收入减去营业成本、营业税金及附加即为营业利润。（ ）

11. 在我国，企业利润表采用的基本结构是单步式结构。（ ）

12. 企业应当根据具体情况，确定现金等价物的范围，一经确定不得随意变更。（ ）

13. 现金等价物，是指企业持有的期限短、流动性强，易于转换为已知金额现金、价值变动风险很小的投资。期限短，一般是指从购买日起6个月内到期。（ ）

14. 现金等价物通常包括3个月内到期的债券投资等。权益性投资变现的金额通常不确定，因而属于现金等价物。（ ）

15. 现金流量，是指现金和现金等价物的流入，可以分为3类，即经营活动产生的现金流量、投资活动产生的现金流量和筹资活动产生的现金流量。（ ）

16. 企业以分期付款方式购建固定资产，按照合同规定每次付款时所支付的现金均作为投资活动的现金流出。（ ）

17. 财务报表应当包括下列组成部分：①资产负债表；②利润表；③现金流量表。（ ）

18. 资产负债表期末余额可以根据总账科目余额填列，如“交易性金融资产”“短期借款”“应付票据”“应付职工薪酬”等项目；有些项目则需根据几个总账科目的期末余额计算填列，如“货币资金”项目，需根据“库存现金”“银行存款”“其他货币资金”3个总账科目的期末余额的合计数填列。（ ）

19. 经营活动是指企业投资活动和筹资活动以外的所有交易和事项。（ ）

20. 经营活动包括销售商品或提供劳务、购买商品或接受劳务、收到返还的税费、经

营性租赁、支付工资、支付广告费、交纳各项税款等。（ ）

21. 企业还应在附注中披露将净利润调节为经营活动现金流量、不涉及现金收支的重大投资和筹资活动、现金及现金等价物净变动情况等信息。（ ）

22. 资产负债表“年初余额”栏内各项目数字，应根据上年末资产负债表“期末余额”栏内所列数字填列。（ ）

23. “固定资产”项目，应当根据“固定资产”科目期末余额，减去“累计折旧”、“固定资产减值准备”等科目期末余额后的金额填列。（ ）

24. “应收账款“项目，应当根据”应收账款“、”预付账款“等科目所属明细科目期末借方余额合计填列。（ ）

25. 营业利润加上营业外收入，减去营业外支出，即为利润总额。（ ）

四、计算与业务分析题

1. 某公司为增值税一般纳税企业，增值税税率为17%，2014年发生以下与销售现金流量有关的业务。

（1）销售产品一批，增值税发票标明的销售价为300 000元(不含应收的增值税)，货款未收到。

（2）销售产品一批，销售价为700 000元，应收的增值税税额为119 000元，货款银行已收妥。

（3）公司将到期的一张面值为180 000元的无息银行承兑汇票(不含增值税)，连同解讫通知和进账单交银行办理转账，款项已收妥。

（4）收到应收账款51 000元。

（5）公司采用商业承兑汇票结算方式销售产品一批，价款为250 000元，增值税税额为42 500元，收到292 500元的商业承兑汇票1张，公司将上述承兑汇票到银行办理贴现，贴现息为20 000元。

要求：计算销售商品、提供劳务收到的现金。

2. 某公司2014年利润表上列示的营业收入为125万元，增值税销项税额为21.25万元，2014年12月31日资产负债表有关项目如表13-1所示。

表13-1 资产负债表有关项目 单位：元

资产	年末数	年初数	负债和所有者权益	年末数	年初数
应收票据	66 000	246 000	预收账款	0	0
应收账款	598 200	299 100			

其他有关情况如下：

（1）采用备抵法核算坏账损失，期初坏账准备为900元，期末坏账准备为1 800元。

（2）将本期承兑汇票到银行办理贴现时，贴现息为20 000元。

要求：计算销售商品、提供劳务收到的现金。

3. 甲公司于2014年1月1日，以银行存款400万元购置设备一台，不需要安装，当日就投入使用。4月2日，对一台管理用设备进行清理，该设备账面原价120万元，已提折旧 80 万元，已计提减值准备 20 万元；以银行存款支付清理费用 2 万元，收到变价收入 13 万元，该设备已清理完毕。

要求：

(1) 计算购建固定资产、无形资产和其他长期资产支付的现金。

(2) 计算处置固定资产、无形资产和其他长期资产收回的现金净额。

4. 甲公司 2014 年发生以下与采购有关的业务。

(1) 购买原材料，收到的增值税专用发票上注明的材料价款为 150 000 元，增值税进项税额为 25 500 元，款项已通过银行转账支付。

(2) 用银行汇票支付材料及运费 99 800 元和增值税税额 16 966 元。

(3) 收到银行通知，本期支付到期商业承兑应付票据 100 000 元。

(4) 购买工程用物资 160 000 元，货款已通过银行转账支付。

要求：计算购买商品、接受劳务支付的现金。

5. A 公司 2014 年发生以下经济业务。

(1) 本年销售商品本年收到现金 3 000 万元，以前年度销售商品本年收到的现金 600 万元，本年预收款项 300 万元，本年销售本年退回商品支付现金 240 万元，以前年度销售本年退回商品支付的现金 180 万元。

(2) 本年购买商品支付的现金 2 100 万元，本年支付以前年度购买商品的未付款项 240 万元和本年预付款项 210 万元，本年发生的购货退回收到的现金 120 万元。

(3) 本年分配的生产经营人员的职工薪酬为 400 万元，“应付职工薪酬”科目年初余额和年末余额分别为 40 万元和 20 万元，假定应付职工薪酬本期减少数均为本年支付的现金。

(4) 本年年利润表中的所得税费用为 150 万元(均为当期应交所得税产生的所得税费用)，“应交税费——应交所得税”科目年初数为 12 万元，年末数为 6 万元。假定不考虑其他税费。

要求：根据上述资料，计算下列相关项目。

(1) 销售商品、提供劳务收到的现金。

(2) 购买商品、接受劳务支付的现金。

(3) 支付给职工以及为职工支付的现金。

(4) 支付的各项税费。

(答案金额单位以万元表示)

6. 某企业 2014 年度工资和福利费有关资料表 13－2 所示。

表 13－2 工资和福利费有关资料　　单位：元

项目		年初数	本期分配或计提数	期末数
应付职工薪酬	生产工人工资	100 000	1 000 000	80 000
	车间管理人员工资	40 000	500 000	30 000
	行政管理人员工资	60 000	800 000	45 000
	在建工程人员工资	20 000	300 000	15 000

本期用银行存款支付离退休人员工资500 000元。假定应付职工薪酬本期减少数均以银行存款支付，应付职工薪酬为贷方余额。假定不考虑其他事项。

要求：

（1）计算支付给职工以及为职工支付的现金。

（2）计算支付的其他与经营活动有关的现金。

（3）购建固定资产、无形资产和其他长期资产所支付的现金。

7. 某企业2014年度“短期借款”账户年初余额为120万元，年末余额为140万元；“长期借款”账户年初余额为360万元，年末余额为840万元。2014年借入短期借款240万元，借入长期借款460万元，“长期借款”账户年末余额中包括确认的20万元长期借款利息费用(2014年未支付利息)。除上述材料外，债权债务的增减变动均以货币资金结算。

要求：

（1）计算借款所收到的现金。

（2）偿还债务所支付的现金。

8. 某企业2014年发生以下经济业务。

（1）2014年利润表中的所得税费用为500 000元(均为当期应交所得税产生的所得税费用)。

（2）“应交税费——应交所得税”科目年初数为20 000元，年末数为10 000元，假定不考虑其他税费。

要求：计算支付的各项税费项目的金额。

9. 某公司2014年12月31日有关资料如下：

（1）长期借款资料如表13－3所示。

表13－3 长期借款资料

借款起始日期	借款期限/年	金额/万元
2009年6月1日	4	450
2010年6月1日	5	600
2011年6月1日	3	300

（2）“长期待摊费用”项目的期末余额为50万元，其中，将于一年内摊销的金额为20万元。

要求：根据上述资料，计算2014年12月31日资产负债表中下列项目的金额。

（1）长期借款。

（2）长期借款中应列入“一年内到期的非流动负债”项目的金额。

（3）长期待摊费用。

（4）长期待摊费用中应该列入“一年内到期的非流动资产”项目的金额。

10. 华荣公司为增值税一般纳税人，适用的增值税税率为17%，销售商品和提供劳务均属于公司的主营业务。假定销售商品、原材料和提供劳务均符合收入确认条件，商品、原材料售价中不含增值税，且成本在确认收入时逐笔结转，不考虑其他因素。2014年3

月，华荣公司发生以下交易事项。

（1）月初委托某公司销售甲商品，代销协议约定的商品售价为800万元，代销手续费为售价的10%，月底收到代销清单，注明已经销售了商品的75%，同时收到代销款，并结算了代销手续费。该批商品实际成本为640万元。

（2）销售乙材料一批，增值税专用发票注明售价340万元，款项收到并存入银行。该批材料的实际成本为280万元。

（3）确认本月设备安装劳务收入。该设备安装劳务合同总收入为560万元，预计合同总成本为400万元，合同价款在前期签订合同时已收取。采用完工百分比法确认劳务收入。截至本月末，该劳务的累计完工进度为60%，前期已累计确认劳务收入240万元、劳务成本170万元。

（4）向A公司转让一项非专利技术的使用权，一次性收取使用费60万元并存入银行，且不再提供后续服务。

（5）向本公司销售人员发放自产产品作为福利，该批产品的实际成本为60万元，市场售价为100万元。

（6）将以前会计期间确认的与资产相关的政府补助在本月分配计入当月收益330万元。

（7）以银行存款支付管理费用15万元，财务费用10万元，销售费用5万元，营业外支出10万元。

假定除上述业务外，华荣公司本月未发生其他相关业务。

要求：

（1）编制上述业务的会计分录。

（2）计算华荣公司2014年3月的营业收入、营业成本、销售费用、营业利润、营业外收入、利润总额。

（应交税费要求写出明细科目和专栏名称；答案中的金额单位用万元表示；小数点后保留两位）

11. 大明有限责任公司（以下简称“大明公司”）为增值税一般纳税人，适用的增值税税率为17%。2014年11月30日的科目余额（部分科目）如表13-4所示。

表13-4　2014年11月30日科目余额（部分）　　单位：元

科目名称	借方余额	贷方余额	科目名称	借方余额	贷方余额
银行存款	27 000		短期借款		17 500
交易性金融资产	800		应付账款		10 000
应收账款	20 000		预收账款		25 600
坏账准备		80	应交税费	1 250	
预付账款	3 500		应付利息		3 920
原材料	10 000		实收资本		120 000
库存商品	45 000		资本公积		9 000
持有至到期投资	27 000		盈余公积		5 500

续表

科目名称	借方余额	贷方余额	科目名称	借方余额	贷方余额
固定资产	64 000		利润分配		4 950
累计折旧		13 000	本年利润		10 000
在建工程	21 000				

假定坏账准备均为应收账款计提。

大明公司12月发生以下有关经济业务。

(1) 本月销售商品不含税售价25 000元，增值税税额4 250元，款项尚未收到。商品成本为21 000元。

(2) 收回以前年度已核销的坏账4 800元。

(3) 向承包商支付部分工程款6 500元，工程尚未完工。

(4) 计提本月管理用固定资产折旧1 250元，另用银行存款支付其他管理费用2 000元。

(5) 购入交易性金融资产，买价5 000元，另支付交易费用60元，款项用银行存款支付。

(6) 本月支付已计提的短期借款利息3 500元。

(7) 用银行存款偿还短期借款5 500元。

(8) 发生财务费用283元，均以银行存款支付。

(9) 企业经过对应收账款风险的分析，决定年末按应收账款余额的1%计提坏账准备。

(10) 公司所得税税率为25%，1～11月的所得税费用已转入本年利润。本月应交所得税为1 198.63元，已用银行存款缴纳，假定不存在纳税调整事项。

(11) 按规定计提的法定盈余公积和任意盈余公积的金额均为1 359.59元。

要求：

(1) 根据上述资料，计算大明公司2014年12月31日资产负债表中下列项目的金额(列出计算过程，计算结果出现小数的，均保留小数点后两位小数)：①货币资金；②交易性金融资产；③应收账款；④存货；⑤固定资产；⑥在建工程；⑦短期借款；⑧应付利息；⑨应交税费；⑩资本公积；⑪未分配利润。

(2) 根据上述资料，编制2014年12月份发生经济业务的相关会计分录。

12. 甲公司为上市公司，是增值税一般纳税人，适用的增值税税率为17%。原材料和库存商品均按实际成本法核算，商品售价不含增值税，其销售成本随销售同时结转。2014年1月1日资产负债表(简表)资料如表13-5所示。

2014年甲公司发生以下交易或事项。

(1) 购入材料一批，发票账单已经收到，增值税专用发票上注明的货款为200万元，增值税税额为34万元。材料已验收入库，款项已经支付。

(2) 销售库存商品一批，该批商品售价为500万元，增值税税额为85万元，实际成本为320万元，商品已发出。该批销售符合收入确认条件，款项尚未收到。

表 13-5　资产负债表(简表)

编制单位：甲公司　　　　2014 年 1 月 1 日　　　　金额单位：万元

资　　产	年初余额	负债和所有者权益	年初余额
货币资金	360	短期借款	180
交易性金融资产	126	应付账款	180
应收票据	108	应付票据	72
应收账款	126	应付职工薪酬	36
预付账款	1.8	应交税费	90
存货	540	应付利息	73.8
固定资产	1 800	长期借款	540
在建工程	180	实收资本	1 980
无形资产	126	盈余公积	180
长期待摊费用	18	未分配利润	54
资产总计	3 385.8	负债和所有者权益总计	3 385.8

(3) 出售交易性金融资产，售价 150 万元，该交易性金融资产的账面价值为 126 万元，其中成本为 100 万元，公允价值变动 26 万元。款项已经收到。

(4) 计算并确认短期借款利息 15 万元。

(5) 计算并确认坏账准备 4 万元。

(6) 计提行政管理部门用固定资产折旧 30 万元；摊销管理用无形资产成本 18 万元。

(7) 分配工资费用，其中企业行政管理人员工资 18 万元，在建工程人员工资 7 万元。

(8) 计算并确认应交城市维护建设税 3 万元(教育费附加略)。

(9) 转销无法支付的应付账款 30 万元。

(10) 本年度所得税费用和应交所得税均为 36.5 万元(不考虑其他因素)；提取盈余公积 10.95 万元。

要求：

(1) 编制甲公司 2014 年度上述交易或事项的会计分录(不需编制各损益类科目结转本年利润以及利润分配的有关会计分录，金额单位为万元)。

(2) 填列甲公司 2014 年 12 月 31 日的资产负债表(见表 13-6)(不需列出计算过程)。

表 13-6　资产负债表(简表)

编制单位：甲公司　　　　2013 年 12 月 31 日　　　　金额单位：万元

资　　产	年末余额	负债和所有者权益	年末余额
货币资金		短期借款	
交易性金融资产		应付账款	
应收票据		应付票据	

续表

资　　产	年末余额	负债和所有者权益	年末余额
应收账款		应付职工薪酬	
预付账款		应交税费	
存货		应付利息	
固定资产		长期借款	
在建工程		实收资本	
无形资产		盈余公积	
长期待摊费用		未分配利润	
资产总计		负债和所有者权益总计	

（“应交税费”科目要求写出明细科目和专栏名称，答案中的金额单位用万元表示）。

13. 天华股份有限公司2013年12月31日的资产负债表(年初余额略)及2014年12月31日的科目余额表分别见表13-7和表13-8。假设天华股份有限公司2014年度除计提固定资产减值准备导致固定资产账面价值与其计税基础存在可抵扣暂时性差异外，其他资产和负债项目的账面价值均等于其计税基础。假定天华股份有限公司未来可能获得足够的应纳税所得额用来抵扣可抵扣暂时性差异，适用的所得税税率为25%。天华股份有限公司2014年度有关损益类科目本年累计发生净额如表13-9。

表13-7　资产负债表

编制单位：天华股份有限公司　　　　2013年12月31日　　　　单位：元

资　　产	年初余额	期末余额	负债及所有者权益	年初余额	期末余额
流动资产			流动负债		
货币资金		1 406 300	短期借款		300 000
以公允价值计量且其变动计入当期损益的金融资产		15 000	以公允价值计量且其变动计入当期损益的金融负债		0
应收票据		246 000	应付票据		200 000
应收账款		299 100	应付账款		953 800
预付账款		100 000	预收账款		0
应收利息		0	应付职工薪酬		110 000
应收股利		0	应交税费		36 600
其他应收款		5 000	应付利息		1 000
存货		2 580 000	应付股利		0
其他流动资产		100 000	其他应付款		50 000
流动资产合计		4 751 400	一年内到期的非流动负债		1 000 000

续表

资　　产	年初余额	期末余额	负债及所有者权益	年初余额	期末余额
非流动资产			其他流动负债		0
可供出售金融资产		0	流动负债合计		2 651 400
持有至到期投资		0	非流动负债		
长期应收款		0	长期借款		600 000
长期股权投资		250 000	应付债券		0
投资性房地产		0	长期应付款		0
固定资产		1 100 000	专项应付款		0
在建工程		1 500 000	预计负债		0
工程物资		0	递延所得税负债		0
固定资产清理		0	其他非流动负债		0
生产性生物资产		0	非流动负债合计		600 000
油气资产		0	负债合计		3 251 400
无形资产		600 000	所有者权益		
开发支出		0	实收资本(或股本)		5 000 000
商誉		0	资本公积		0
长期待摊费用		0	减：库存股		0
递延所得税资产		0	盈余公积		100 000
其他非流动资产		200 000	未分配利润		50 000
非流动资产合计		3 650 000	所有者权益合计		5 150 000
资产合计		8 401 400	负债及所有者权益合计		8 401 400

表 13-8　科目余额表

科目名称	借方余额	科目名称	贷方余额
库存现金	2 000	短期借款	50 000
银行存款	805 831	应付票据	100 000
其他货币资金	7 300	应付账款	953 800
交易性金融资产	0	其他应付款	50 000
应收票据	66 000	应付职工薪酬	180 000
应收账款	600 000	应交税费	226 731
坏账准备	－1 800	应付利息	0
预付账款	100 000	应付股利	32 215.85
其他应收款	5 000	一年内到期的长期负债	0

续表

科目名称	借方余额	科目名称	贷方余额
材料采购	275 000	长期借款	1 160 000
原材料	45 000	股本	5 000 000
周转材料	38 050	盈余公积	124 770.4
库存商品	2 122 400	利润分配(未分配利润)	218 013.75
材料成本差异	4 250		
其他流动资产	100 000		
长期股权投资	250 000		
固定资产	2 401 000		
累计折旧	－170 000		
固定资产减值准备	－30 000		
工程物资	300 000		
在建工程	428 000		
无形资产	600 000		
累计摊销	－60 000		
递延所得税资产	7 500		
其他长期资产	200 000		
合计	8 095 531	合计	8 095 531

表 13－9　天华股份有限公司公司损益类科目 2014 年度累计发生净额　　单位：元

科目名称	借方发生额	贷方发生额
主营业务收入		1 250 000
主营业务成本	750 000	
营业税金及附加	2 000	
销售费用	20 000	
管理费用	157 100	
财务费用	41 500	
资产减值损失	30 900	
投资收益		31 500
营业外收入		50 000
营业外支出	19 700	
所得税费用	85 300	

天华股份有限公司其他资料如下所示。

(1) 2014 年度利润表有关项目的明细资料如下：

① 管理费用的组成：职工薪酬 17 100 元，无形资产摊销 60 000 元，折旧费 20 000 元，支付其他费用 60 000 元。

② 财务费用的组成：计提借款利息 11 500 元，支付应收票据(银行承兑汇票)贴现利息 30 000 元。

③ 资产减值损失的组成：计提坏账准备 900 元，计提固定资产减值准备 30 000 元，上年年末坏账准备余额为 900 元。

④ 投资收益的组成：收到股息收入 30 000 元，与本金一起收回的交易性股票投资收益 500 元，自公允价值变动损益结转投资收益 1 000 元。

⑤ 营业外收入的组成：处置固定资产净收益 50 000 元(所处置固定资产原值为 400 000 元，累计折旧为 150 000 元，收到处置收入 300 000 元)。假定不考虑与固定资产处置有关的税费。

⑥ 营业外支出的组成：报废固定资产净损失 19 700 元(所报废固定资产原值为 200 000 元，累计折旧为 180 000 元，支付清理费用 500 元，收到残值收入 800 元)。

⑦ 所得税费用的组成：当期所得税费用 92 800 元，递延所得税收益 7 500 元。

除上述项目外，利润表中的销售费用 20 000 元至期末已经支付。

(2) 资产负债表有关项目的明细资料如下：

① 本期收回交易性股票投资本金 15 000 元、公允价值变动 1 000 元，同时实现投资收益 500 元。

② 存货中生产成本、制造费用的组成：职工薪酬 324 900 元，折旧费 80 000 元。

③ 应交税费的组成：本期增值税进项税额 42 466 元，增值税销项税额 212 500 元，已交增值税 100 000 元，应交所得税期末余额为 20 097 元，应交所得税期初余额为 0，应交税费期末数中应由在建工程负担的部分为 100 000 元。

④ 应付职工薪酬的期初数无应付在建工程人员的部分，本期支付在建工程人员职工薪酬 200 000 元。应付职工薪酬的期末数中应付在建工程人员的部分为 28 000 元。

⑤ 应付利息均为短期借款利息，其中本期计提利息 11 500 元，支付利息 12 500 元。

⑥ 本期用现金购买固定资产 101 000 元，购买工程物资 300 000 元。

⑦ 本期用现金偿还短期借款 250 000 元，偿还一年内到期的长期借款 1 000 000 元，借入长期借款 560 000 元。

要求：根据以上资料，编制 2014 年度的资产负债表、利润表和现金流量表（见表 13 - 10～表 13 - 12)。

表 13 - 10　资产负债表

编制单位：天华股份有限公司　　　2014 年 12 月 31 日　　　单位：元

资产	年初余额	期末余额	负债及所有者权益	年初余额	期末余额
流动资产			流动负债		
货币资金			短期借款		
交易性金融资产			交易性金融负债		

续表

资产	年初余额	期末余额	负债及所有者权益	年初余额	期末余额
应收票据			应付票据		
应收账款			应付账款		
预付账款			预收账款		
应收利息			应付职工薪酬		
应收股利			应交税费		
其他应收款			应付利息		
存货			应付股利		
其他流动资产			其他应付款		
流动资产合计			一年内到期的非流动负债		
非流动资产			其他流动负债		
可供出售金融资产			流动负债合计		
持有至到期投资			非流动负债		
长期应收款			长期借款		
长期股权投资			应付债券		
投资性房地产			长期应付款		
固定资产			专项应付款		
在建工程			预计负债		
工程物资			递延所得税负债		
固定资产清理			其他非流动负债		
生产性生物资产			非流动负债合计		
油气资产			负债合计		
无形资产			所有者权益		
开发支出			实收资本(或股本)		
商誉			资本公积		
长期待摊费用			减：库存股		
递延所得税资产			盈余公积		
其他非流动资产			未分配利润		
非流动资产合计			所有者权益合计		
资产合计			负债及所有者权益合计		

表 13－11 利润表

编制单位：天华股份有限公司　　2014 年度　　单位：元

项　目	本期金额	上期金额(略)
一、营业收入		
减：营业成本		
营业税金及附加		
销售费用		
管理费用		
财务费用		
资产减值损失		
加：公允价值变动收益(损失以“－”号填列)		
投资收益(损失以“－”号填列)		
其中：对联营企业和合营企业的投资收益		
二、营业利润		
加：营业外收入		
减：营业外支出		
其中：非流动资产处置损失		
三、利润总额(亏损总额以“－”号填列)		
减：所得税费用		
四、净利润(净亏损“－”号填列)		

表 13－12 现金流量表

编制单位：天华股份有限公司　　2014 年度　　单位：元

项　目	本期金额	上期金额(略)
一、经营活动产生的现金流量：		
销售商品、提供劳务收到的现金		
收到的税费返还		
收到的其他与经营活动有关的现金		
经营活动现金流入小计		
购买商品、接受劳务支付的现金		
支付给职工以及为职工支付的现金		
支付的各项税费		
支付的其他与经营活动有关的现金		
经营活动现金流出小计		

续表

项目	本期金额	上期金额(略)
经营活动产生的现金流量净额		
二、投资活动产生的现金流量：		
收回投资所收到的现金		
取得投资收益所收到的现金		
处置固定资产、无形资产和其他长期资产所收回的现金净额		
收到的其他与投资活动有关的现金		
投资活动现金流入小计		
购建固定资产、无形资产和其他长期资产所支付的现金		
投资所支付的现金		
支付的其他与投资活动有关的现金		
投资活动现金流出小计		
投资活动产生的现金流量净额		
三、筹资活动产生的现金流量：		
吸收投资所收到的现金		
取得借款所收到的现金		
收到的其他与筹资活动有关的现金		
筹资活动现金流入小计		
偿还债务所支付的现金		
分配股利、利润和偿付利息所支付的现金		
支付的其他与筹资活动有关的现金		
筹资活动现金流出小计		
筹资活动产生的现金流量净额		
四、汇率变动对现金的影响		
五、现金及现金等价物净增加额		
加：期初现金及现金等价物余额		
六、期末现金及现金等价物余额		

现金流量表附注

补充资料	本期金额	上期金额(略)
1. 将净利润调节为经营活动现金流量：		
净利润		
加：资产减值准备		
固定资产折旧、油气资产所耗、生产性生物资产折旧		
无形资产摊销		
长期待摊费用摊销		
处置固定资产、无形资产和其他长期资产的损失(收益以“—”号填列)		
固定资产报废损失(收益以“—”号填列)		
公允价值变动损失(收益以“—”号填列)		
财务费用(收益以“—”号填列)		
投资损失(收益以“—”号填列)		
递延所得税资产减少(增加以“—”号填列)		
递延所得税负债增加(减少以“—”号填列)		
存货的减少(增加以“—”号填列)		
经营性应收项目的减少(增加以“—”号填列)		
经营性应付项目的增加(减少以“—”号填列)		
其他		
经营活动产生的现金流量净额		
2. 不涉及现金收支的重大投资和筹资活动：		
债务转为资本		
一年内到期的可转换公司债券		
融资租入固定资产		
3. 现金及现金等价物净变动情况：		
现金的期末余额		
减：现金的期初余额		
加：现金等价物的期末余额		
减：现金等价物的期初余额		
现金及现金等价物净增加额		

五、案例分析

A公司2013年度发生以下有关交易或事项。

(1) 因出租机器设备取得租金收入280万元。

(2) 因处置无形资产产生净收益56万元。

(3) 子公司宣告分派的现金股利224万元。

(4) 因火灾造成存货短缺净损失28万元。

(5) 管理用机器设备发生日常维护支出112万元。

(6) 办公楼所在地块的土地使用权摊销280万元。

(7) 采用公允价值后续计量的投资性房地产公允价值上升112万元。

(8) 行政管理人员工资支出280万元。

(9) 支付给银行短期贷款利息150万元。

A公司2013年度因上述交易或事项而确认的管理费用为822万元，并确认上述使A公司2013年度营业利润减少了56万元。

问题：根据上述资料，若不考虑其他因素，回答下列问题。

(1) A公司2013年度因上述交易或事项而确认的管理费用金额正确吗？如不正确。请确认正确的金额，并说明理由是什么？

(2) 上述业务使A公司2013年度营业利润减少了56万元对吗？为什么？

习题解答

一、单项选择题

1. A 2. A 3. C 4. A 5. D 6. C 7. D 8. A 9. A 10. C 11. B 12. A 13. C 14. C 15. A 16. C 17. A 18. A 19. A 20. B 21. A 22. A

二、多项选择题

1. ABD 2. BC 3. BD 4. BC 5. BC 6. BD 7. AD 8. AD 9. CD 10. ABC 11. ABD 12. ABCD 13. ABC 14. ABC 15. ABCD 16. ABDE 17. ABE 18. ACE 19. AB 20. BD

三、判断题

1. √ 2. √ 3. × 4. × 5. × 6. × 7. √ 8. √ 9. √ 10. × 11. × 12. √ 13. × 14. × 15. × 16. × 17. × 18. √ 19. √ 20. × 21. √ 22. √ 23. √ 24. × 25. √

四、计算与业务分析题

1. 销售商品、提供劳务收到的现金：

819 000＋180 000＋292 500－20 000＋51 000＝1 322 500(元)

2. 销售商品、提供劳务收到的现金：

1 250 000＋212 500＋(246 000－66 000)＋(299 100－598 200)－900－20 000＝1 322 500(元)

3. (1) 购建固定资产、无形资产和其他长期资产支付的现金＝400(万元)

(2) 处置固定资产、无形资产和其他长期资产收回的现金净额＝13－2＝11(万元)

4. 购买商品、接受劳务支付的现金：

150 000＋25 500＋99 800＋16 966＋100 000＝392 266(元)

5. (1) 销售商品、提供劳务收到的现金＝3 000＋600＋300－240－180＝3 480(万元)

(2) 购买商品、接受劳务支付的现金＝2 100＋240＋210－120＝2 430(万元)

(3) 支付给职工以及为职工支付的现金＝400＋(40－20)＝420(万元)

(4) 支付的各项税费＝150＋(12－6)＝156(万元)

6. (1) 支付给职工以及为职工支付的现金＝(100＋50＋80)－(10＋4＋6－8－3－4.5＝234.5(万元)

(2) 支付的其他与经营活动有关的现金＝50(万元)

(3) 购建固定资产、无形资产和其他长期资产所支付的现金＝30＋2－1.5＝30.5(万元)

7. (1) 借款所收到的现金＝240＋460＝700(万元)

(2) 偿还债务所支付的现金＝240＋(120－140)＋460＋(360－840＋20)＝220(万元)

8. 支付的各项税费项目的金额＝50＋(2－1)＝51(万元)

9. (1)“长期借款”项目金额＝(300＋600＋450)－450＝900(万元)

(2) 长期借款中应列入“一年内到期的非流动负债”项目的金额＝450(万元)

(3)“长期待摊费用”项目金额＝50－20＝30(万元)

(4) 长期待摊费用中应列入“一年内到期的非流动资产”项目的金额＝20(万元)

10. (1) 编制业务(1)～(7)的会计分录。

① 借：委托代销商品　640
　　贷：库存商品　640

借：银行存款　642
　　销售费用　60
　　贷：主营业务收入　600
　　　　应交税费——应交增值税(销项税额)　102

借：主营业务成本　480
　　贷：委托代销商品　480

② 借：银行存款　397.8
　　贷：其他业务收入　340
　　　　应交税费——应交增值税(销项税额)　57.8

借：其他业务成本　280

　贷：原材料　280

③ 借：预收账款　96

　　贷：主营业务收入　96(560×60%－240)

借：主营业务成本　70(400×60%－170)

　贷：劳务成本　70

④ 借：银行存款　60

　　贷：其他业务收入　60

⑤ 借：销售费用　117

　　贷：应付职工薪酬　117

借：应付职工薪酬　117

　贷：主营业务收入　100

　　应交税费——应交增值税(销项税额)　17

借：主营业务成本　60

　贷：库存商品　60

⑥ 借：递延收益　330

　　贷：营业外收入　330

⑦ 借：管理费用　15

　　财务费用　10

　　销售费用　5

　　营业外支出　10

　　贷：银行存款　40

(2) 营业收入＝600(1)＋96(3)＋100(5)＋340(2)＋60(4)＝1 196(万元)

营业成本＝480(1)＋70(3)＋60(5)＋280(2)＝890(万元)

销售费用＝60(1)－117(5)＋5(7)＝182(万元)

营业利润＝1 196－890－182－15(7)－10(7)＝99(万元)

营业外收入＝330 万元(6)

利润总额＝99＋330－10(7)＝419(万元)

11. (1) 计算大明公司 2014 年 12 月 31 日资产负债表中下列项目的金额。

① 货币资金＝27 000＋4 800－6 500－2 000－5 060－3 500－5 500－283－1 198.63＝7 758.37(元)

② 交易性金融资产＝800＋5 000＝5 800(元)

③ 应收账款＝20 000＋29 250－492.5＝48 757.5(元)

④ 存货＝10 000＋45 000－21 000＝34 000(元)

⑤ 固定资产＝64 000－13 000－1 250＝49 750(元)

⑥ 在建工程＝21 000＋6 500＝27 500(元)

⑦ 短期借款＝17 500－5 500＝12 000(元)

⑧ 应付利息＝3 920－3 500＝420(元)

⑨ 应交税费＝4 250－1 250＝3 000(元)

⑩ 资本公积＝9 000(元)

⑪ 未分配利润＝10 000＋25 000－21 000－3 250－60－283＋4 387.5－1 198.63－1 359.59×2＋4 950＝15 826.69(元)

(2) 编制经济业务(1)～(11)的会计分录。

① 借：应收账款　29 250
　　贷：主营业务收入　25 000
　　　　应交税费——应交增值税(销项税额)　4 250
借：主营业务成本　21 000
　贷：库存商品　21 000

② 借：应收账款　4 800
　　贷：坏账准备　4 800
借：银行存款　4 800
　贷：应收账款　4 800

③ 借：在建工程　6 500
　　贷：银行存款　6 500

④ 借：管理费用　3 250
　　贷：累计折旧　1 250
　　　　银行存款　2 000

⑤ 借：交易性金融资产　5 000
　　　投资收益　60
　　贷：银行存款　5 060

⑥ 借：应付利息　3 500
　　贷：银行存款　3 500

⑦ 借：短期借款　5 500
　　贷：银行存款　5 500

⑧ 借：财务费用　283
　　贷：银行存款　283

⑨ 计提坏账准备前，坏账准备科目贷方余额为 4 880 元(80＋4 800)，期末应有的余额为 492.5 元[(20 000＋29 250＋4 800－4 800)×1%]，所以本期应冲减坏账准备 4 387.5 元(4 880－492.5)：

借：坏账准备　4 387.5
　贷：资产减值损失　4 387.5

⑩ 借：所得税费用　1 198.63
　　贷：应交税费——应交所得税　1 198.63
借：应交税费——应交所得税　1 198.63
　贷：银行存款　1 198.63

⑪ 借：利润分配——提取法定盈余公积　1 359.59

——提取任意盈余公积 1 359.59

贷：盈余公积 2 719.18

12.（1）编制甲上市公司2014年度上述交易或事项(1)～(10)的会计分录。

① 借：原材料 200

应交税费——应交增值税(进项税额) 34

贷：银行存款 234

② 借：应收账款 585

贷：主营业务收入 500

应交税费——应交增值税(销项税额) 85

借：主营业务成本 320

贷：库存商品 320

③ 借：银行存款 150

贷：交易性金融资产——成本 100

——公允价值变动 26

投资收益 24

借：公允价值变动损益 26

贷：投资收益 26

④ 借：财务费用 15

贷：应付利息 15

⑤ 借：资产减值损失 4

贷：坏账准备 4

⑥ 借：管理费用 48

贷：累计折旧 30

累计摊销 18

⑦ 借：管理费用 18

在建工程 7

贷：应付职工薪酬 25

⑧ 借：营业税金及附加 3

贷：应交税费——应交城市维护建设税 3

⑨ 借：应付账款 30

贷：营业外收入 30

⑩ 借：所得税费用 36.5

贷：应交税费——应交所得税 36.5

⑪ 借：利润分配 10.95

贷：盈余公积 10.95

（2）填列甲公司2014年12月31日的资产负债表如表13-13所示。

表 13－13 资产负债表(简表)

编制单位：甲公司　　2013 年 12 月 31 日　　金额单位：万元

资产	年末余额	负债和所有者权益	年末余额
货币资金	276＝360－234＋150	短期借款	180
交易性金融资产	0＝126－126	应付账款	150＝180－30
应收票据	108	应付票据	72
应收账款	707＝126＋585－4	应付职工薪酬	61＝36＋25
预付账款	1.8	应交税费	180.5＝90－34＋85＋3＋36.5
存货	420＝540＋200－320	应付利息	88.8＝73.8＋15
固定资产	1 770＝1 800－30	长期借款	540
在建工程	187＝180＋7	实收资本	1 980
无形资产	108＝126－18	盈余公积	190.95＝180＋10.95
长期待摊费用	18	未分配利润	152.55＝54＋98.55
资产总计	3 595.8	负债和所有者权益总计	3 595.8

13. 编制 2014 年度的资产负债表、利润表和现金流量表如表 13－14～表 13－16 所示。

表 13－14 资产负债表

编制单位：天华股份有限公司　　2014 年 12 月 31 日　　单位：元

资　　产	年初余额	期末余额	负债及所有者权益	年初余额	期末余额
流动资产			流动负债		
货币资金	1 406 300	815 131	短期借款	300 000	50 000
交易性金融资产	15 000	0	交易性金融负债	0	0
应收票据	246 000	66 000	应付票据	200 000	100 000
应收账款	299 100	598 200	应付账款	953 800	953 800
预付账款	100 000	100 000	预收账款	0	0
应收利息	0	0	应付职工薪酬	110 000	180 000
应收股利	0	0	应交税费	36 600	226 731
其他应收款	5 000	5 000	应付利息	1 000	0
存货	2 580 000	2 484 700	应付股利	0	32 215.85
其他流动资产	100 000	100 000	其他应付款	50 000	50 000
流动资产合计	4 751 400	4 169 031	一年内到期的非流动负债	1 000 000	0

续表

资　产	年初余额	期末余额	负债及所有者权益	年初余额	期末余额
非流动资产			其他流动负债	0	0
可供出售金融资产	0	0	流动负债合计	2 651 400	1 592 746.85
持有至到期投资	0	0	非流动负债		
长期应收款	0	0	长期借款	600 000	1 160 000
长期股权投资	250 000	250 000	应付债券	0	0
投资性房地产	0	0	长期应付款	0	0
固定资产	1 100 000	2 201 000	专项应付款	0	0
在建工程	1 500 000	428 000	预计负债	0	0
工程物资	0	300 000	递延所得税负债	0	0
固定资产清理	0	0	其他非流动负债	0	0
生产性生物资产	0	0	非流动负债合计	600 000	1 160 000
油气资产	0	0	负债合计	3 251 400	2 752 746.85
无形资产	600 000	540 000	所有者权益		
开发支出	0	0	实收资本（或股本）	5 000 000	5 000 000
商誉	0	0	资本公积	0	0
长期待摊费用	0	0	减：库存股	0	0
递延所得税资产	0	7 500	盈余公积	100 000	124 770.4
其他非流动资产	200 000	200 000	未分配利润	50 000	218 013.75
非流动资产合计	3 650 000	3 926 500	所有者权益合计	5 150 000	5 342 784.15
资产合计	8 401 400	8 095 531	负债及所有者权益合计	8 401 400	8 095 531

表 13－15　利润表

编制单位：天华股份有限公司　　　　2014 年度　　　　单位：元

项　　目	本期金额	上期金额(略)
一、营业收入	1 250 000	
减：营业成本	750 000	
营业税金及附加	2 000	
销售费用	20 000	
管理费用	157 100	

续表

项　　目	本期金额	上期金额(略)
财务费用	41 500	
资产减值损失	30 900	
加：公允价值变动收益(损失以“－”号填列)	0	
投资收益(损失以“－”号填列)	31 500	
其中：对联营企业和合营企业的投资收益	0	
二、营业利润	280 000	
加：营业外收入	50 000	
减：营业外支出	19 700	
其中：非流动资产处置损失	(略)	
三、利润总额(亏损总额以“－”号填列)	310 300	
减：所得税费用	85 300	
四、净利润(净亏损“－”号填列)	225 000	

表 13-16　现金流量表

编制单位：天华股份有限公司　　2014 年度　　单位：元

项　　目	本期金额	上期金额(略)
一、经营活动产生的现金流量：		
销售商品、提供劳务收到的现金	1 312 500	
收到的税费返还	0	
收到的其他与经营活动有关的现金	0	
经营活动现金流入小计	1 312 500	
购买商品、接受劳务支付的现金	392 266	
支付给职工以及为职工支付的现金	300 000	
支付的各项税费	174 703	
支付的其他与经营活动有关的现金	80 000	
经营活动现金流出小计	946 969	
经营活动产生的现金流量净额	365 531	
二、投资活动产生的现金流量：		
收回投资所收到的现金	16 500	
取得投资收益所收到的现金	30 000	

续表

项　目	本期金额	上期金额(略)
处置固定资产、无形资产和其他长期资产所收回的现金净额	300 300	
收到的其他与投资活动有关的现金	0	
投资活动现金流入小计	346 800	
购建固定资产、无形资产和其他长期资产所支付的现金	601 000	
投资所支付的现金	0	
支付的其他与投资活动有关的现金	0	
投资活动现金流出小计	601 000	
投资活动产生的现金流量净额	−254 200	
三、筹资活动产生的现金流量：		
吸收投资所收到的现金	0	
取得借款所收到的现金	560 000	
收到的其他与筹资活动有关的现金	0	
筹资活动现金流入小计	560 000	
偿还债务所支付的现金	1 250 000	
分配股利、利润和偿付利息所支付的现金	12 500	
支付的其他与筹资活动有关的现金	0	
筹资活动现金流出小计	1 262 500	
筹资活动产生的现金流量净额	−702 500	
四、汇率变动对现金的影响	0	
五、现金及现金等价物净增加额	−591 169	
加：期初现金及现金等价物余额	1 406 300	
六、期末现金及现金等价物余额	815 131	

现金流量表附注

补充资料	本期金额	上期金额(略)
1. 将净利润调节为经营活动现金流量：		
净利润	225 000	
加：资产减值准备	30 900	
固定资产折旧、油气资产所耗、生产性生物资产折旧	100 000	

续表

补充资料	本期金额	上期金额(略)
无形资产摊销	60 000	
长期待摊费用摊销	0	
处置固定资产、无形资产和其他长期资产的损失(收益以“—”号填列)	—50 000	
固定资产报废损失(收益以“—”号填列)	19 700	
公允价值变动损失(收益以“—”号填列)	0	
财务费用(收益以“—”号填列)	11 500	
投资损失(收益以“—”号填列)	—31 500	
递延所得税资产减少(增加以“—”号填列)	—7 500	
递延所得税负债增加(减少以“—”号填列)	0	
存货的减少(增加以“—”号填列)	95 300	
经营性应收项目的减少(增加以“—”号填列)	—120 000	
经营性应付项目的增加(减少以“—”号填列)	32 131	
其他	0	
经营活动产生的现金流量净额	365 531	
2. 不涉及现金收支的重大投资和筹资活动:		
债务转为资本	0	
一年内到期的可转换公司债券	0	
融资租入固定资产	0	
3. 现金及现金等价物净变动情况:		
现金的期末余额	815 131	
减:现金的期初余额	1 406 300	
加:现金等价物的期末余额	0	
减:现金等价物的期初余额	0	
现金及现金等价物净增加额	—591 169	

(1) 天华股份有限公司 2014 年度现金流量表各项目金额分析确定如下:

① 销售商品、提供劳务收到的现金＝营业收入＋应交税费(应交增值税－销项税)＋(应收账款年初余额－应收账款期末余额)＋(应收票据年初余额－应收票据期末余额)－当期计提的坏账准备－票据贴现的利息＝1 250 000＋212 500＋(299 100－598 200)＋(246 000－66 000)－900－30 000＝1 312 500(元)

② 购买商品、接受劳务支付的现金＝营业成本＋应交税金－应交增值税(进项税额)＋存货(期末余额－期初余额)＋应付账款(期初余额－期末余额)＋应付票据(期初余额－期末

余额)+预付账款(期末余额－期初余额)－当期列入生产成本、制造费用的职工薪酬－当期列入生产成本、制造费用的折旧费＝750 000＋42 466＋(2 484 700－2 580 000)＋(953 800－953 800)＋(200 000－100 000)＋(100 000－100 000)－324 900－80 000＝392 266(元)

③ 支付给职工以及为职工支付的现金＝生产成本、制造费用、管理费用中职工薪酬＋(应付职工薪酬年初余额－应付职工薪酬期末余额)－[应付职工薪酬(在建工程)年初余额－应付职工薪酬(在建工程)期末余额]＝324 900＋17 100＋(110 000－180 000)－(0－28 000)＝300 000(元)

④ 支付的各项税费＝当期所得税费用＋营业税金及附加＋应交税费(应交增值税－已交税金)－(应交所得税期末余额－应交所得税期初余额)＝92 800＋2 000＋100 000－(20 097－0)＝174 703(元)

⑤ 支付的其他与经营活动有关的现金＝其他管理费用＋销售费用＝60 000＋20 000＝80 000(元)

⑥ 收回投资收到的现金＝交易性金融资产贷方发生额＋与交易性金融资产一起收回的投资收益＝16 000＋500＝16 500(元)

⑦ 取得投资收益所收到的现金＝收到的股息收入＝30 000(元)

⑧ 处置固定资产收回的现金净额＝300 000＋(800－500)＝300 300(元)

⑨ 购建固定资产支付的现金＝用现金购买的固定资产、工程物资＋支付给在建工程人员的薪酬＝101 000＋300 000＋200 000＝601 000(元)

⑩ 取得借款所收到的现金＝560 000(元)

⑪ 偿还债务支付的现金＝250 000＋1 000 000＝1 250 000(元)

⑫ 偿还利息支付的现金＝12 500(元)

(2) 将净利润调节为经营活动现金流量，各项目计算分析如下：

① 资产减值准备＝900＋30 000＝30 900(元)

② 固定资产折旧＝20 000＋80 000＝100 000(元)

③ 无形资产摊销＝60 000(元)

④ 处置固定资产、无形资产和其他长期资产的损失＝－50 000(元)

⑤ 固定资产报废损失＝19 700(元)

⑥ 财务费用＝11 500(元)

⑦ 投资损失＝－31 500(元)

⑧ 递延所得税资产减少＝0－7 500＝－7 500(元)

⑨ 存货的减少＝2 580 000－2 484 700＝95 300(元)

⑩ 经营性应收项目的减少＝(246 000－66 000)＋(299 100＋900－598 200－1800)＝－120 000(元)

⑪ 经营性应付项目的增加＝(100 000－200 000)＋(100 000－100 000)＋[(180 000－28 000)－110 000]＋[(226 731－100 000)－36 600]＝32 131(元)

五、案例分析

(1) A公司2013年度因上述交易或事项而确认的管理费用金额不正确，正确的金额为

672 万元(112＋280＋280)，因为银行贷款利息 150 万元应计入财务费用，而不属于管理费用。

(2) 上述业务使 A 公司 2013 年度营业利润减少了 56 万元不对，正确的金额为－206 万元(280＋224＋112－672－150)，因为银行贷款利息 150 万元属于财务费用，在计算营业利润时是作为减项。因出租机器设备取得租金收入 280 万元，属于营业外收入，因火灾造成存货短缺净损失 28 万元，属于营业外支出，这两项不包括在计算营业利润之中。

北京大学出版社本科财经管理类实用规划教材(已出版)

财务会计类

序号	书　名	标 准 书 号	主　编	定价	序号	书　名	标 准 书 号	主　编	定价
1	基础会计	7-301-24366-4	孟　铁	35.00	23	中级财务会计习题集	7-301-25756-2	吴海燕	39.00
2	基础会计(第2版)	7-301-17478-4	李秀莲	38.00	24	高级财务会计	7-81117-545-5	程明娥	46.00
3	基础会计实验与习题	7-301-22387-1	左　旭	30.00	25	高级财务会计	7-5655-0061-9	王奇杰	44.00
4	基础会计学	7-301-19403-4	窦亚芹	33.00	26	企业财务会计模拟实习教程	7-5655-0404-4	董晓平	25.00
5	基础会计学学习指导与习题集	7-301-16309-2	裴　玉	28.00	27	成本会计学	7-301-19400-3	杨尚军	38.00
6	基础会计	7-301-23109-8	田凤彩	39.00	28	成本会计学	7-5655-0482-2	张红漫	30.00
7	基础会计学	7-301-16308-5	晋晓琴	39.00	29	成本会计学	7-301-20473-3	刘建中	38.00
8	信息化会计实务	7-301-24730-3	杜天宇	35.00	30	税法与税务会计实用教程(第2版)	7-301-21422-0	张巧良	45.00
9	会计学原理习题与实验(第2版)	7-301-19449-2	王保忠	30.00	31	初级财务管理	7-301-20019-3	胡淑姣	42.00
10	会计学原理(第3版)	7-301-26239-9	刘爱香	35.00	32	财务会计学	7-301-23190-6	李柏生	39.00
11	会计学原理	7-301-24872-0	郭松克	38.00	33	财务管理学实用教程(第2版)	7-301-21060-4	骆永菊	42.00
12	会计学原理与实务(第2版)	7-301-18653-4	周慧滨	33.00	34	财务管理理论与实务(第2版)	7-301-20407-8	张思强	42.00
13	初级财务会计模拟实训教程	7-301-23864-6	王明珠	25.00	35	财务管理理论与实务	7-301-20042-1	成　兵	40.00
14	初级会计学习题集	7-301-25671-8	张兴东	28.00	36	财务管理学	7-301-21887-7	陈　玮	44.00
15	会计规范专题(第2版)	7-301-23797-7	谢万健	42.00	37	公司财务管理	7-301-21423-7	胡振兴	48.00
16	会计综合实训模拟教程	7-301-20730-7	章洁倩	33.00	38	财务分析学	7-301-20275-3	张献英	30.00
17	预算会计	7-301-22203-4	王筱萍	32.00	39	审计学	7-301-20906-6	赵晓波	38.00
18	会计电算化	7-301-23565-2	童　伟	49.00	40	审计理论与实务	7-81117-955-2	宋传联	36.00
19	政府与非营利组织会计	7-301-21504-3	张　丹	40.00	41	现代审计学	7-301-25365-6	杨　苗	39.00
20	管理会计	7-81117-943-9	齐殿伟	27.00	42	财务会计	7-301-26285-6	李巧巧	38.00
21	管理会计	7-301-21057-4	彤芳珍	36.00	43	财务管理	7-301-26267-2	刘　辉	45.00
22	中级财务会计	7-301-23772-4	吴海燕	49.00	44	初级会计学	7-301-26690-8	杨尚军	45.00

管理类

序号	书　名	标 准 书 号	主　编	定价	序号	书　名	标 准 书 号	主　编	定价
1	管理学	7-301-17452-4	王慧娟	42.00	14	统计学	7-301-24750-1	李付梅	39.00
2	管理学	7-301-21167-0	陈文汉	35.00	15	统计学	7-301-25180-5	邓正林	42.00
3	管理学	7-301-23023-7	申文青	40.00	16	统计学(第2版)	7-301-23854-7	阮红伟	35.00
4	管理学原理	7-301-22980-4	陈　阳	48.00	17	应用统计学(第2版)	7-301-19295-5	王淑芬	48.00
5	管理学原理	7-5655-0078-7	尹少华	42.00	18	统计学实验教程	7-301-22450-2	裘雨明	24.00
6	管理学原理	7-301-21178-6	雷金荣	39.00	19	管理运筹学(第2版)	7-301-19351-8	关文忠	39.00
7	管理学原理与实务(第2版)	7-301-18536-0	陈嘉莉	42.00	20	现场管理	7-301-21528-9	陈国华	38.00
8	管理学实用教程	7-301-21059-8	高爱霞	42.00	21	企业经营ERP沙盘应用教程	7-301-20728-4	董红杰	32.00
9	现代企业管理理论与应用(第2版)	7-301-21603-3	邸彦彪	38.00	22	项目管理	7-301-21448-0	程　敏	39.00
10	新编现代企业管理	7-301-21121-2	姚丽娜	48.00	23	项目管理	7-301-24823-2	康　乐	39.00
11	统计学原理(第2版)	7-301-25114-0	刘晓利	36.00	24	公司治理学	7-301-22568-4	蔡　锐	35.00
12	统计学原理	7-301-21061-4	韩　宇	38.00	25	企业经营ERP沙盘模拟教程(第2版)	7-301-26163-7	董红杰	45.00
13	统计学原理与实务	7-5655-0505-8	徐静霞	40.00					

市场营销类

序号	书　名	标 准 书 号	主　编	定价	序号	书　名	标 准 书 号	主　编	定价
1	市场营销学	7-301-21056-7	马慧敏	42.00	4	市场营销学(第2版)	7-301-19855-1	陈　阳	45.00
2	市场营销学：理论、案例与实训	7-301-21165-6	袁连升	42.00	5	市场营销学	7-301-21166-3	杨　楠	40.00
3	市场营销学实用教程(第2版)	7-301-24958-1	林小兰	48.00	6	市场营销理论与实务(第2版)	7-301-20628-7	那　薇	40.00

序号	书　名	标 准 书 号	主　编	定价	序号	书　名	标 准 书 号	主　编	定价
7	市场营销学(第 2 版)	7-301-24328-2	王槐林	39.00	15	客户关系管理实务	7-301-09956-8	周贺来	44.00
8	国际市场营销学	7-301-21888-4	董　飞	45.00	16	客户关系管理理论与实务	7-301-23911-7	徐　伟	40.00
9	营销策划	7-301-23204-0	杨　楠	42.00	17	社交礼仪	7-301-23418-1	李　霞	29.00
10	营销策划	7-301-26027-2	张　娟	38.00	18	社交礼仪	7-301-26998-5	颜　萍	30.00
11	市场营销策划	7-301-23384-9	杨　勇	40.00	19	商务谈判(第 2 版)	7-301-20048-3	郭秀君	49.00
12	广告策划与管理：原理、案例与项目实训	7-301-23827-1	杨佐飞	48.00	20	消费心理学(第 2 版)	7-301-25983-2	臧良运	40.00
13	现代推销与谈判实用教程	7-301-25695-4	凌奎才	48.00	21	零售学(第 2 版)	7-301-26549-9	陈文汉	39.00
14	消费者行为学	7-5655-0057-2	肖　立						

工商管理类

序号	书　名	标 准 书 号	主　编	定价	序号	书　名	标 准 书 号	主　编	定价
1	企业文化理论与实务(第 2 版)	7-301-24445-6	王水嫩	35.00	10	创业基础：理论应用与实训实练	7-301-24465-4	郭占元	38.00
2	企业战略管理实用教程	7-81117-853-1	刘松先	35.00	11	公共关系学实用教程(第 2 版)	7-301-25557-5	周　华	42.00
3	企业战略管理	7-301-23419-8	顾　桥	46.00	12	公共关系学实用教程	7-301-17472-2	任焕琴	42.00
4	生产运作管理(第 3 版)	7-301-24502-6	李全喜	54.00	13	公共关系理论与实务	7-5655-0155-5	李泓欣	45.00
5	运作管理	7-5655-0472-3	周建亨	25.00	14	东方哲学与企业文化	7-5655-0433-4	刘峰涛	34.00
6	运营管理实验教程	7-301-25879-8	冯根尧	24.00	15	跨国公司管理	7-5038-4999-2	冯雷鸣	28.00
7	组织行为学实用教程	7-301-20466-5	冀　鸿	32.00	16	企业战略管理	7-5655-0370-2	代海涛	36.00
8	质量管理(第 2 版)	7-301-24632-0	陈国华	39.00	17	跨文化管理	7-301-20027-8	晏　雄	35.00
9	创业学	7-301-15915-6	刘沁玲	38.00	18	公共关系理论与实务	7-301-26341-9	王志敏	33.00

人力资源管理类

序号	书　名	标 准 书 号	主　编	定价	序号	书　名	标 准 书 号	主　编	定价
1	人力资源管理(第 2 版)	7-301-19098-2	颜爱民	60.00	5	员工招聘	7-301-20089-6	王　挺	30.00
2	人力资源管理实用教程(第 2 版)	7-301-20281-4	吴宝华	45.00	6	人力资源管理：理论、实务与艺术	7-5655-0193-7	李长江	48.00
3	人力资源管理原理与实务(第 2 版)	7-301-25511-7	邹　华	32.00	7	人力资源管理实验教程	7-301-23078-7	畅铁民	40.00
4	人力资源管理教程	7-301-24615-3	夏兆敢	36.00					

服务管理类

序号	书　名	书号	编著者	定价	序号	书　名	书号	编著者	定价
1	会展服务管理	7-301-16661-1	许传宏	36.00	4	服务性企业战略管理	7-301-20043-8	黄其新	28.00
2	非营利组织管理	7-301-20726-0	王智慧	33.00	5	现代服务业管理原理、方法与案例	7-301-17817-1	马　勇	49.00
3	服务营销	7-301-21889-1	熊　凯	45.00					

经济、国贸、金融类

序号	书　名	书号	编著者	定价	序号	书　名	书号	编著者	定价
1	宏观经济学(第 2 版)	7-301-19038-8	蹇令香	39.00	6	外贸函电(第 2 版)	7-301-18786-9	王　妍	30.00
2	西方经济学实用教程	7-5655-0302-3	杨仁发	49.00	7	国际贸易理论与实务(第 2 版)	7-301-18798-2	缪东玲	54.00
3	管理经济学(第 2 版)	7-301-24786-0	姜保雨	42.00	8	国际贸易(第 2 版)	7-301-19404-1	朱廷珺	45.00
4	管理经济学	7-301-24573-6	钱　津	42.00	9	国际贸易实务(第 2 版)	7-301-20486-3	夏合群	45.00
5	矿业经济学	7-301-24988-8	李　创	38.00	10	国际贸易结算及其单证实务(第 2 版)	7-301-25733-3	卓乃坚	42.00

序号	书　名	书号	编著者	定价	序号	书　名	书号	编著者	定价
11	政治经济学原理与实务(第 2 版)	7-301-22204-1	沈爱华	31.00	24	货币银行学	7-301-21345-2	李　冰	42.00
12	政治经济学	7-301-24891-1	巨荣良	38.00	25	国际结算(第 2 版)	7-301-17420-3	张晓芬	35.00
13	国际商务(第 2 版)	7-301-25366-3	安占然	39.00	26	国际结算	7-301-21092-5	张　慧	42.00
14	国际贸易实务	7-301-20919-6	张　肃	28.00	27	金融工程学	7-301-18273-4	李淑锦	30.00
15	国际贸易规则与进出口业务操作实务(第 2 版)	7-301-19384-6	李　平	54.00	28	金融工程学理论与实务(第 2 版)	7-301-21280-6	谭春枝	42.00
16	国际贸易实训教程	7-301-23730-4	王　茜	28.00	29	国际金融	7-301-23351-6	宋树民	48.00
17	国际经贸英语阅读教程	7-301-23876-9	李晓娣	25.00	30	国际商务函电	7-301-22388-8	金泽虎	35.00
18	中国对外贸易概论	7-301-23884-4	翟士军	42.00	31	保险学	7-301-23819-6	李春蓉	41.00
19	国际贸易理论、政策与案例分析	7-301-20978-3	冯　跃	42.00	32	财政学(第 2 版)	7-301-25914-6	盖　锐	39.00
20	证券投资学	7-301-19967-1	陈汉平	45.00	33	财政学	7-301-23814-1	何育静	45.00
21	金融风险管理	7-301-25556-8	朱淑珍	42.00	34	兼并与收购	7-301-22567-7	陶启智	32.00
22	证券投资学	7-301-21236-3	王　毅	45.00	35	东南亚南亚商务环境概论(第 2 版)	7-301-25823-1	韩　越	42.00
23	货币银行学	7-301-15062-7	杜小伟	38.00					

法律类

序号	书　名	书号	编著者	定价	序号	书　名	书号	编著者	定价
1	经济法原理与实务(第 2 版)	7-301-21527-2	杨士富	39.00	4	劳动法和社会保障法(第 2 版)	7-301-21206-6	李　瑞	38.00
2	经济法	7-301-24697-9	王成林	35.00	5	国际商法	7-301-20071-1	丁孟春	37.00
3	国际商法理论与实务	7-81117-852-4	杨士富	38.00	6	商法学	7-301-21478-7	周龙杰	43.00

如您需要更多教学资源如电子课件、电子样章、习题答案等，请登录北京大学出版社第六事业部官网 www.pup6.cn 搜索下载。
如您需要浏览更多专业教材，请扫下面的二维码，关注北京大学出版社第六事业部官方微信(微信号：pup6book)，随时查询专业教材、浏览教材目录、内容简介等信息，并可在线申请纸质样书用于教学。

感谢您使用我们的教材，欢迎您随时与我们联系，我们将及时做好全方位的服务。联系方式：010-62750667，wangxc02@163.com，pup_6@163.com，lihu80@163.com，欢迎来电来信。客户服务 QQ 号：1292552107，欢迎随时咨询。